河南省"十四五"普通高等教育规划教材

现代企业管理

（第二版）

刘珂 主编　徐明霞 李卓杰 副主编

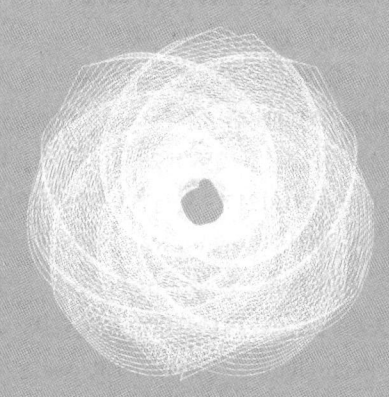

中国财经出版传媒集团

经济科学出版社

Economic Science Press

图书在版编目（CIP）数据

现代企业管理／刘珂主编 . —2 版 . —北京：经济科学出版社，2021.1（2023.5 重印）
ISBN 978 - 7 - 5218 - 2136 - 9

Ⅰ. ①现… Ⅱ. ①刘… Ⅲ. ①企业管理 - 高等学校 - 教材 Ⅳ. ①F272

中国版本图书馆 CIP 数据核字（2020）第 242884 号

责任编辑：周胜婷
责任校对：杨　海
责任印制：张佳裕

现代企业管理（第二版）
刘　珂　主　编
徐明霞　李卓杰　副主编
经济科学出版社出版、发行　新华书店经销
社址：北京市海淀区阜成路甲 28 号　邮编：100142
总编部电话：010 - 88191217　发行部电话：010 - 88191522
网址：www.esp.com.cn
电子邮箱：esp@esp.com.cn
天猫网店：经济科学出版社旗舰店
网址：http：//jjkxcbs.tmall.com
北京时捷印刷有限公司印刷
787×1092　16 开　20.25 印张　450000 字
2018 年 8 月第 1 版　2021 年 2 月第 2 版　2023 年 5 月第 4 次印刷
ISBN 978 - 7 - 5218 - 2136 - 9　定价：49.80 元
(图书出现印装问题，本社负责调换。电话：010 - 88191545)
(版权所有　侵权必究　打击盗版　举报热线：010 - 88191661
QQ：2242791300　营销中心电话：010 - 88191537
电子邮箱：dbts@esp.com.cn)

第二版前言

随着新一轮科技革命和产业变革的兴起，互联网、大数据、人工智能等现代信息技术广泛渗透到研发、生产、销售、消费的各个层面和环节，加速了生产方式和生活方式的变革，成为经济发展的重要引擎和不竭动力。在这种背景下，数据已成为新的生产要素，产业数字化是产业变革的必然趋势，更多的企业开始调整自身的经营管理范围，积极开展供应链重构、工业互联网平台建设、跨界经营、商业模式创新等活动，变革原有的管理模式，以实现可持续发展。为适应数字经济时代企业管理实践的新变化，本书编写团队对2018年出版的由郑州轻工业大学编撰的《现代企业管理》教材的内容进行了调整，旨在使学生在掌握基本管理理论的同时，关注数字经济时代管理思想和管理模式的变革，并给企业管理实践者提供借鉴。

本次修订对以下章节内容进行了更新。第一章加入了企业的功能与结构、现代企业制度、企业社会责任的内容，以突出企业的功能和责任，更好地反映"创新、协调、绿色、开放、共享"的发展理念。第三章加入了战略分析、跨界经营战略的内容，使读者把握和学会运用战略分析工具，更好地理解和实施跨界经营战略。第四章加入了人力资源激励的内容，以突显新时代人员激励的重要性。第六章、第七章是对原有章节内容的整合。全书新增第八章创新管理的内容，将创新管理概述、管理创新模式、盈利创新模式、商业模式创新、创新方法等内容写入，以反映创新的时代特征。第九章管理理论前沿是对原书内容的调整，融入了平台型战略、知识管理、大数据营销、商业模式设计、供应链重构、区块链管理等数字经济时代的管理模式，以适应企业管理实践的需要。修订后的教材突出了基础性、系统性、实用性和前瞻性的特点。

基于培养现代企业管理人才的需要，本书编写的出发点仍是将理论提高与技能培养相结合，以培养富有创新精神的应用型人才。在结构安排上做到编排合理、条理清晰、深入浅出、阐明透彻；在教学目标上要求融会贯通、突出实训，培养学生的分析问题和解决问题的能力。

本书的编写人员都是从事企业管理教学的教师，具有多年的教学与管理实践经验，能较好地把握企业管理的发展动态和前沿理论。本书由郑州轻工业大学经济与管理学院的刘珂担任主编，徐明霞、李卓杰担任副主编。其中第一章由刘珂编写，第二章和第七章由王光霁编写，第三章和第八章由徐明霞编写，第四章和第五章由李卓杰编写，第六章和第九章由刘芳宇编写。全书由刘珂统稿、修改、定稿。

在编写过程中，我们参考和引用了许多国内外有关的教材、专著、案例和文献资料，吸取了国内外最新的管理理论与研究成果,我们已在书后标明文献出处,并在这里向这些学者表示由衷的感谢。

由于编写组成员水平有限,书中难免存在不妥与错误之处,敬请广大读者不吝赐教。

编 者

2020 年 11 月于郑州

目　录

第一章　企业概述 ·· 1
　　第一节　企业 ·· 2
　　第二节　企业的分类 ·· 7
　　第三节　现代企业制度 ··· 12
　　第四节　公司制企业 ·· 14
　　思考题 ··· 24
　　案例研究 ·· 25

第二章　企业管理理论 ·· 27
　　第一节　管理 ·· 29
　　第二节　管理者 ·· 33
　　第三节　管理理论的发展 ·· 36
　　思考题 ··· 49
　　案例研究 ·· 50

第三章　战略管理 ·· 51
　　第一节　战略和战略管理概述 ·· 53
　　第二节　战略分析 ··· 58
　　第三节　公司战略 ··· 63
　　第四节　竞争战略 ··· 69
　　第五节　职能战略 ··· 73
　　第六节　跨界经营战略 ··· 75
　　思考题 ··· 78
　　案例研究 ·· 79

第四章　人力资源管理 ·· 81
　　第一节　人力资源管理概述 ··· 82
　　第二节　工作分析 ··· 87
　　第三节　人力资源规划 ··· 95
　　第四节　人力资源管理过程 ·· 100

第五节　人力资源激励 …………………………………………………… 119
　　思考题 …………………………………………………………………… 125
　　案例研究 ………………………………………………………………… 125

第五章　营销管理 ……………………………………………………………… 127
　　第一节　市场营销理念 …………………………………………………… 128
　　第二节　市场营销环境 …………………………………………………… 135
　　第三节　市场调查与预测 ………………………………………………… 142
　　第四节　目标市场营销 …………………………………………………… 149
　　第五节　市场营销组合策略 ……………………………………………… 154
　　思考题 …………………………………………………………………… 163
　　案例研究 ………………………………………………………………… 164

第六章　生产与运作管理 ……………………………………………………… 166
　　第一节　生产与运作管理概述 …………………………………………… 167
　　第二节　企业生产环境与生产过程组织 ………………………………… 170
　　第三节　质量管理 ………………………………………………………… 181
　　第四节　现场管理 ………………………………………………………… 201
　　第五节　先进生产方式 …………………………………………………… 205
　　思考题 …………………………………………………………………… 216
　　案例研究 ………………………………………………………………… 216

第七章　财务管理 ……………………………………………………………… 219
　　第一节　财务管理概述 …………………………………………………… 220
　　第二节　财务管理的内容 ………………………………………………… 224
　　第三节　财务分析 ………………………………………………………… 227
　　第四节　并购与控制 ……………………………………………………… 243
　　思考题 …………………………………………………………………… 254

第八章　创新管理 ……………………………………………………………… 255
　　第一节　创新管理概述 …………………………………………………… 257
　　第二节　管理创新模式 …………………………………………………… 261
　　第三节　盈利创新模式 …………………………………………………… 267
　　第四节　商业模式创新 …………………………………………………… 271
　　第五节　创新方法 ………………………………………………………… 275
　　思考题 …………………………………………………………………… 282
　　案例研究 ………………………………………………………………… 283

第九章　管理理论前沿 ………………………………………………………… 286
　　第一节　平台型战略 ……………………………………………………… 287

第二节　知识管理 …………………………………………………………… 292

第三节　大数据营销 ………………………………………………………… 295

第四节　商业模式设计 ……………………………………………………… 298

第五节　供应链重构 ………………………………………………………… 302

第六节　区块链管理 ………………………………………………………… 306

思考题 ………………………………………………………………………… 310

案例研究 ……………………………………………………………………… 310

参考文献 ……………………………………………………………………… 312

第一章 企业概述

学习目标

1. 了解企业的概念及其演变。
2. 了解企业的分类。
3. 理解现代企业制度。
4. 掌握公司制企业。

本章框架

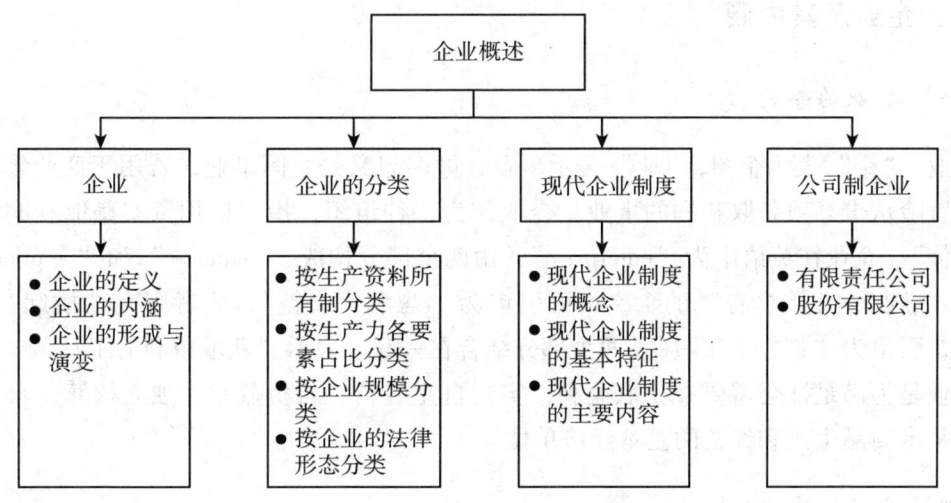

导入案例

疯狂扩张的代价

Z公司成立于1992年,是经国务院批准注册的国有大公司,注册资金6亿元人民币。

公司组建伊始,高层领导不是按规律经营,客观地分析内外环境,慎重地选择主业,制定正确的战略,脚踏实地打好公司发展的基础,而是四处"招兵买马",急速扩大规模。他们在全国各地迅速注册公司,短短一年时间之内,注册二级公司20多个,三级公司50多个,四级公司更是遍布全国。在注册资金不到位、资金不足的情况下,本应采取重点战略,以求在部分项目上取得突破,打下基础后再进行扩张,然而,该公司却采取分散兵力、盲目扩张的方式,对其下属的子公司,既没有正确有力的经营战略指导,也没有有效的控制机制,结果,这些子公司经营不力,与总公司的关系也极为不正常。挣钱的子公司失去控制,不挣钱的子公司却围着总公司,要贷款、要担保;欠了债、惹了官司的子公司,把官司推给总公司，致使总公司的财务部曾在一年之内被法院封了三次。由于盲目扩张，致使公司从1994年开始资金周转困难，债台高筑，对下属公司管理失控，陷入了全面危机。

几年过去了，偌大的一个公司，竟没有像样的主业支撑，没有知名的品牌，再加上内部管理的混乱，注定难逃失败的厄运。

于是，国务院及主管部门下令该公司内部整顿，收缩战线，确定主导产业。但是已病入膏肓的Z公司已无力自救，1997年，国务院不得不派驻工作组，对该公司进行全面清理整顿。一个曾红极一时的国有大公司就这样倒下了。

资料来源：梁震. 企业管理案例［M］. 南宁：广西科学技术出版社，2002.

第一节 企 业

一、企业及其内涵

（一）企业的含义

企业，"企"表示企图，"业"表示事业，顾名思义是企图事业，若用于商业领域，表示企图冒险从事某项获取利润的事业。企业作为一种组织，指"应用资本赚取利润的经济组织实体"。企业在英语中为"enterprise"，由两个部分构成，"enter－"和"－prise"，前者具有"获得、开始享有"的含义，可引申为"盈利、收益"；后者则有"撬起、撑起"的意思，引申为"杠杆、工具"。两个部分结合在一起，表示"获取盈利的工具"。

企业是为满足社会需要并获取盈利，实行自主经营、自负盈亏、独立核算、具有法人资格、从事商品生产和经营的基本经济单位。

（二）企业的内涵

从企业的概念中可以发现企业具有以下内涵。

1. 企业是经济性组织

人们把经济理解为经世济民，意思是要在限的资源条件下，以尽可能少的投入创造尽可能多的社会财富，以满足社会日益增长的物质文化需要。企业作为一个经济组织，不同于行政事业和福利性机构，它必须获取盈利。盈利既是企业创造附加值的组成部分，也是社会对企业所生产的产品和服务的认可与报酬。在发育完善的市场体系下，企业所获得的利润报酬与其为社会所做的贡献成正比；而不获利或亏损的企业则可认为是在占用、浪费、损害社会资源，是不应让其继续存在的。企业的经济性或获利性还意味着政府的税收与国民的福利、公益事业的发展，以及企业自身的扩大再生产、职工生活水平的不断提高。对于当今绝大多数企业来说，经济性不仅是一种要求，它还被认为是企业行动的最高目的：实现利润的最大化。

2. 企业是一个社会性单位

现代企业是一个向社会全面开放的系统，在企业的周围存在许多关系到企业生存的利益群体，如股东、经营者、员工、债权人、顾客、供应商、竞争者、国家等，如图 1-1 所示。随着 SA8000（企业社会责任标准）在全球范围的逐步推广，越来越多的企业利益相关者的利益受到重视，这就要求企业在追求盈利的同时，必须考虑社会的整体利益和长远发展，并自觉承担相应的社会责任。企业社会性的责任与功能有时与其经济性的责任与目的之间会形成矛盾，结果往往迫使企业在经济性方面妥协，因此企业利润最大化的目标一般是很难实现的。企业的社会性要求其管理者不仅要有经济头脑，还必须会解决社会问题和政治问题。

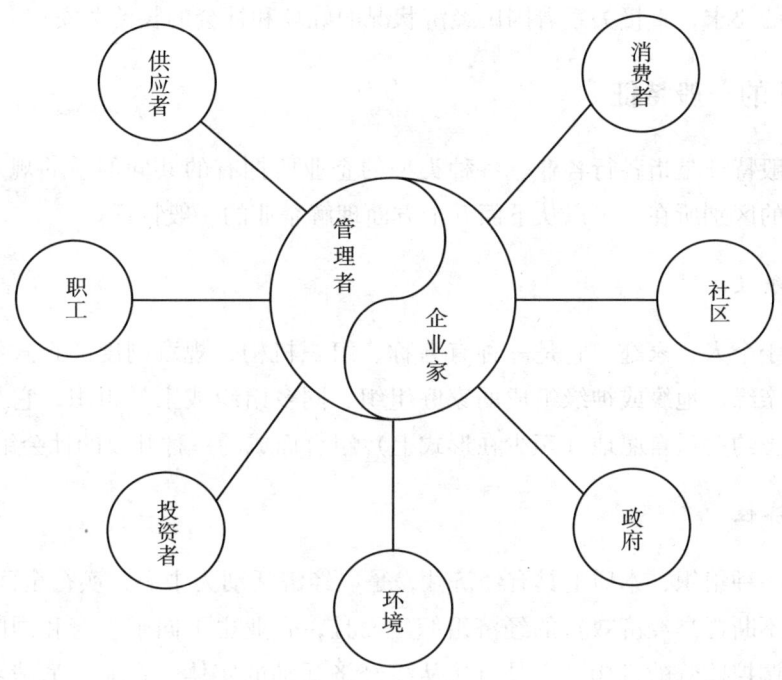

图 1-1　企业的利益相关者

3. 企业是一个独立法人

企业具有自己的独立财产与组织机构，能以自己的名义进行民事活动并承担责任，享有民事权利与义务。企业的法人特点规定了它需依法定程序建立组织，如必须在政府部门登记注册，应有专门的名称、固定的工作地与组织章程，具有独立的财产，实行独立核算，能够充分独立对外、自主经营等。同时，作为法人，企业也只对有限的自己负法律责任。例如，企业的行为并不殃及其员工；企业资产的清算仅对法人的注册资本与负债有效，并不涉及出资人的其他财产问题。因此，独立法人的特点决定了企业一定是自负盈亏、独立核算与自主经营的。

4. 企业是一个自主经营系统

市场经济体制对企业的最基本的要求就是自主经营、自负盈亏。自主经营就是指企业能够独立自主地对自己生产和经营活动做出决策和经营管理的权利,不受其他方面的直接干预。企业自主经营是市场机制发挥作用的基础。企业如果不能自主经营,就难以对市场信号做出反应并进行决策。

综上所述,企业作为国民经济的细胞,是市场经济活动的主要参加者。在生产领域,企业是生产的现场。在交换领域,企业是实现交换的基本环节。在分配领域,职工要从企业得到工资、奖金、津贴等,每个职工的最终收入,很大程度上取决于企业的经营活动成果。国家要从企业得到税金,国家的政治、经济、文化生活等很大程度上也受到企业经营活动成果的影响。在国家创新体系中,企业是创新的主体。总之,企业对整个社会经济技术的发展和进步有着不可替代的作用,从一定意义上讲,企业素质的高低,企业是否适应市场经济发展的要求,直接关系着国民经济状况的好坏和社会的长治久安。

二、企业的一般特征

企业的一般特征是指各行各业、各种类型的企业所拥有的共同的质的规定性,也就是企业与非企业的区别所在。可以从下面五个方面理解企业的一般特征。

(一)组织性

企业不同于个人、家庭,它是一种有名称、组织机构、规章制度的正式组织。企业不同于靠血缘、亲缘、地缘或神缘组成的家庭组织、同乡组织或宗教组织,它是由企业所有者和员工通过契约关系自愿地(至少在形式上)组合而成的一种开放的社会组织。

(二)经济性

企业作为一种组织,本质上具有经济性,是以经济活动为中心,实行全面的经济核算,追求并致力于不断提高经济效益的经济组织。而且,企业也不同于政府和国际组织对宏观经济活动进行调控监管的机构,它是直接从事经济活动的实体,企业与消费者同属于微观经济单位。

(三)商品性

企业作为经济组织,又不同于自给自足的自然经济组织,它是商品经济组织、商品生产者或经营者,其经济活动是面向市场进行的。不仅企业的产出(产品、服务)和投入(资源、要素)是商品,而且企业自身(企业的有形、无形资产)也是商品,企业的产权可以有偿地进行转让,可以说企业是"生产商品的商品"。

(四)营利性

企业作为商品经济组织,不同于以城乡个体户为典型的小商品经济组织,它是发达商品经济(即市场经济)条件下的基本单位,是单个的职能资本运作实体,以获取利润为直接目的，通过资本经营追求资本增值和利润的最大化。

（五）独立性

企业还是一种在法律和经济上都具有独立性的组织。企业作为一个整体对外完全独立，依法独立享有民事权利，独立承担民事义务和民事责任。企业与其他自然人、社团法人的法律地位完全平等，没有行政级别和行政隶属关系；它不同于民事法律上非独立的非法人单位，也不同于经济（财产、财务）上不能完全独立的其他社会组织。企业是拥有独立的、边界清晰的产权，具有完全的经济行为能力和独立的经济利益，实行独立经济核算，能够自觉、自律、自立，实行自我约束、自我激励、自我改造、自我积累、自我发展的独立组织。

三、企业的形成与演变

（一）企业的形成

企业是社会生产力发展到一定水平的结果，商品生产与商品交换的产物。在生产力水平很低、人们只能自给自足的情况下，维系人们协同劳动的组织形式是低级的、谋生型的。随着生产力水平的提高，自给自足的自然经济被商品经济代替，人们的劳动成为获取财富的创造性活动，这就诞生了"企业"这种全新的协同劳动组织。

在资本主义社会之前，虽然也有一些手工作坊，但它们并未形成社会的基本经济单位。严格意义上的企业是在资本主义早期发展中形成的，是同发达的社会分工和商品经济联系在一起的。企业的初期形态，主要是由资本所有者雇佣较多工人，使用一定的生产手段，在分工协作的基础上从事商品生产和商品的交换而形成的。由于企业这种组织形式能较好地应用当时的科学技术，显著提高劳动生产率，大幅度降低成本，带来高额利润，并能通过大批量生产商品，满足日益增长的社会需要，因而使社会生产力有了长足的发展。企业就是在这样一个漫长的演变过程中逐渐成为社会的基本经济单位的。

（二）企业的演变

企业既是社会生产力发展到一定历史阶段的产物，又是一个动态变化的经济单位，它随着人类社会的进步、生产力的发展、科学技术水平的提高而不断发展、进步。纵观企业的发展历史，大致经历了以下几个时期。

1. 手工业生产时期

手工业生产时期主要是指从封建社会的家庭手工业时期到资本主义初期的工场手工业时期。16~17世纪，西方一些国家由封建社会制度向资本主义制度转变，这些国家资本原始积累加快，不断向海外殖民扩张，大规模地剥夺农民土地，致使家庭手工业急剧瓦解，生产者脱离自己的生产资料，沦为雇佣劳动者。这样，原始积累就给资本主义工业的生产创造了必要的前提条件，资本主义工场手工业应运而生。

2. 工厂生产时期

随着资本主义的发展，18～19世纪西方各国相继进入工业革命时期。工业革命是资本主义的机器大工业代替以手工技术为基础的工场手工业的革命，从而引起了整个生产方式的重大变革。单家独户的家庭作业方式，演变为把劳动者、劳动工具和劳动对象集中在工厂中生产，这是最早出现的企业雏形。但是，当时的企业仍带有浓厚的手工作坊痕迹，无论是生产规模，还是生产手段都相当落后。在早期的企业中，绝大多数的资本所有者，既是管理者，也是生产者；技术的传递，采取师傅带徒弟的方法；工人的生产操作没有统一的章法。企业生产活动基本采用闭循环系统，即封闭式的"小而全"生产体系，外部环境的变化对企业生产经营活动的影响较小。工场手工业发展到建立工厂制度，是一次质的飞跃，它标志着企业的真正形成。

3. 企业生产时期

19世纪末至20世纪初，随着科学技术的进步、劳动生产力水平的迅速提高和社会分工的日益细致，自由竞争的资本主义向垄断资本主义过渡，工厂的发展十分迅猛，并产生了一系列变化，这一系列变化正是工厂时期过渡到企业生产时期的主要特征，其表现在以下几个方面。

（1）生产规模空前扩大，产生了垄断企业组织，如托拉斯、辛迪加、康采恩等。

（2）不断采用新技术、新设备，不断进行技术革新，生产技术有了迅速发展。

（3）建立了一系列科学管理制度，并产生了一系列科学管理理论。1911年美国工程师泰勒的代表作《科学管理原理》一书的出版，标志着企业管理从传统经验型管理进入科学管理阶段。

（4）管理权与所有权分离，企业里形成了一支专门的工程技术队伍和管理队伍。同时，随着职工队伍的技术水平不断提高，整个企业素质也有了明显提高。

（5）企业之间的竞争日益激烈，加速了企业之间的兼并，使生产进一步走向集中。同时，企业向国外拓展，跨国公司开始出现，并且不断发展。

（6）企业的社会责任改变，企业在整个社会经济生活中的作用越来越大，同时也渗透到政治、经济、军事、外交、文化等各方面。

从工厂生产时期过渡到企业生产时期，乃是企业作为一个基本经济单位的最后确立和形成时期。

4. 现代企业的发展

纵观企业的发展，技术革命是推动和制约企业发展的根本因素。自从企业产生以后300多年来，至少经历了三次技术革命：300多年前以大机器为中心的产业革命；100多年前以重工业为中心的技术革命；第二次世界大战后到现在的一系列技术革命。每次技术革命后，必然伴随着一场空前规模的产业结构调整，一大批适应社会经济发展需要的企业群体崛起，开拓出一系列新的生产领域。

20世纪70年代以来，科学技术以雷霆万钧之势迅猛发展，新产品、新材料、新能源层出不穷，从而促进企业发生了巨大变革。现代企业与近代企业相比，主要具有以下方面的特征。

（1）生产技术方面。企业拥有现代技术装备，采用机器体系进行生产，广泛采用现代科学技术新成就。生产过程的机械化、自动化程度不断提高，电子计算机及其他现代科技在生产过程中被广泛采用，科学技术在企业生产活动中所起的作用越来越显著。

实行精密的劳动分工和严密的协作，生产高度社会化。企业任何一种产品或劳务都是劳动者共同的劳动成果。

生产过程同外部环境紧密相连。现代企业在不同分工的基础上，建立起不同的专业化生产部门，承担各种产品不同阶段的生产，各专业化部门之间的联系与协作关系紧密。企业生产所需的原材料、零部件等，由其他生产单位提供；同时每个企业又以自己的产品或劳务为其他企业服务。所以，企业只有与外部环境相适应才能维持其连续生产。

（2）产权结构方面。现代企业广泛采用股份制公司结构形式，呈现企业产权多元化。通过多元化集聚资本，分散投资风险，并实施企业所有权与经营权的分离。同时股权分散化，持股者数量增多，股东社会化程度加深。

股份公司制度可以解决企业发展的资金问题，适于大规模生产经营活动的开展，专业化的企业管理提高了企业的经营效率，使企业能够适应复杂多变的市场环境，有利于保持企业的稳定性。

（3）组织结构方面。由于通信和交通的迅速发展，以电子计算机为核心的信息技术空前进步，企业与外部的联系方式、企业内部的业务流程都相应地发生了深刻变化。在这一背景下，企业组织结构呈现出如下特征。

①组织结构扁平化。企业减少中间层次，增大管理幅度，促进信息的传递与沟通，从而使企业具有活力。

②组织结构小型化。面对日趋复杂多变的信息时代，压缩企业规模，简化核算单位，已成为当今世界一切组织的普遍追求。资产运营、委托生产、业务外包等已为企业组织小型化提供了实现的条件。

③组织结构弹性化。传统的刚性管理已经不能适应现代企业的发展，弹性组织便应运而生。

④组织结构虚拟化。在知识经济时代，大量的劳动力将游离于固定的企业系统之外，分散劳动、家庭作业等将会成为新的工作方式，虚拟组织将会大量出现。

⑤组织结构网络化。这主要体现在企业形式集团化、经营方式连锁化、企业内部组织网络化、信息传递网络化。

第二节　企业的分类

企业作为一个生态有机体，有着多种属性与复杂形态。因此，可以按照不同的标准，将企业划分为多种类型。

一、按照生产资料所有制的性质分类

按生产资料所有制形式可将企业划分为全民所有制企业、集体所有制企业、私营企业、合营（或称联营）企业和外资企业。

（一）全民所有制企业

全民所有制企业也就是国有企业，它包括中央和地方各级国家机关、事业单位和社会团体使用国有资产投资举办的企业，以及实行企业化经营、国家不再核拨经费或部分经费的事业单位和从事经营性活动的社会团体。其特点是生产资料归国家或全民所有，企业作为独立的或相对独立的经济单位，拥有法人财产权，根据市场导向的原则进行自主经营，自负盈亏。

（二）集体所有制企业

集体所有制企业是社会主义劳动群众集体占有生产资料的企业。它有权独立自主地支配自己的资产和产品。它包括城乡使用集体投资举办的企业以及部分个人通过集体自愿放弃所有权并依法经工商管理机关认定为集体所有制的企业。

（三）私营企业

私营企业是指生产资料归公民私人所有，以雇佣劳动为基础的一种企业类型，包括所有登记注册的私营独资企业、私营合作企业和私营有限责任公司。其特点是完全自主经营，自负盈亏。

（四）合营企业

合营企业是指两个或两个以上不同单位或个人共同投入资金设备技术及其他资源，通过协议共同经营的企业。它的主要特点是共同投资、共同经营、共分利润、共担风险。合营的形式有：同一所有制或不同所有制的合营、公私合营、中外合营等。

（五）外资企业

外资企业是指外国投资者或企业和其他经济组织与个人，根据我国涉外经济的法律、法规规定，以合资、合作和独资的形式在中国境内开办的企业，包括中外合资经营企业、中外合作经营企业和外商独资经营企业三种形式。

二、按照企业所属经济部门分类

按企业所属的经济部门可将其划分为农业企业、工业企业、建筑安装企业、运输企业、商业企业、物资企业、邮电企业、旅游企业和金融企业。

农业企业是指从事农、林、牧、副、渔和采集等生产经营活动的企业。工业企业是指从事工业性生产和劳务等生产经营活动的企业。建筑安装企业是指从事土木建筑和设备安装工程施工的企业。运输企业是指利用运输工具专门从事运输或直接为运输生产服务的企业。商业企业是指在社会再生产过程中专门从事商品交换活动的企业。物资企业是指组织物资流通，并从事物资经营活动的企业。邮电企业是指通过邮政和电信传递信息，办理通信业务和邮政业务的企业。旅游企业是指以旅游资源、服务设施为条件，通过组织游览活动向游客出售劳务的服务性企业。金融企业是指专门从事经营货币或信用业务的企业。

三、按生产力各要素所占比重分类

按生产力各要素所占比重，可将企业分为劳动密集型、资金密集型和技术密集型企业。

（一）劳动密集型企业

劳动密集型企业是指技术装备程度较低、用人较多、产品成本中活劳动消耗所占比重较大的企业。换言之。劳动密集型企业是指那种单位劳动力占用的固定资产少、活劳动占产品成本比重大以及资本有机构成较低的企业，如纺织、食品、服装等企业。

（二）资金密集型企业

资金密集型企业是指在生产中需要投入较多的资金，工人的技术装备程度较高的企业。通常用资金与劳动力的比率来衡量，比率高的为资金密集型企业。随着社会生产力的发展和科学技术的进步，各个国家的工业在发展过程中都有一个从劳动密集型转变为资金密集型的过程。资金密集型企业具有技术装备先进、工艺过程复杂、原材料消耗量大和劳动生产率高等特点，如钢铁、机械制造、汽车、石油化工等企业。

（三）技术密集型企业

技术密集型企业又称知识密集型企业，是指综合运用先进科学技术成就的企业。这类企业拥有大量的科技人才，需要花费较多的科研时间和产品开发费用，能生产高、精、尖产品，如航天工业、大规模集成电路、生物工程等企业。

四、按照企业规模分类

按照企业规模可将企业划分为大型企业、中型企业、小型企业和微型企业。这主要是根据企业的资产规模、生产能力、销售收入、盈利水平等条件划分的。

2011年，工业和信息化部、国家统计局、国家发改委和财政部四部门研究制定了《中小企业划型标准规定》，规定指出，中小企业划分为中型、小型、微型三种类型，具体标准根据企业从业人员、营业收入、资产总额等指标，结合行业特点制定。农、林、牧、渔业营业收入50万元以下的为微型企业；工业从业人员20人以下或营业收入300万元以下的为微型企业；软件和信息技术服务业从业人员 10 人以下或营业收入 50 万元以下的为微型企业；房地产业营业收入 100 万元以下或资产总额 2 000 万元以下的为微型企业。①

五、按实体的集约程度分类

按实体的集约程度分类就是按构成最终实体数量的多少和形式予以分类，根据此种分类方法可把企业分为单一企业、多元企业、经济联合体、企业集团、连锁企业。

（一）单一企业

单一企业是指由一个工厂或一个商店构成的企业。单一企业经营范围和产品线往往比较狭窄、规模小、专业化程度高。其优点是可以组织大批量生产，劳动生产率高，有利于降低成本；缺点是品种单一，适应市场需求变化的能力差。单一企业具有法人地位，独立承担财产和经营责任。

（二）多元企业

多元企业是指由两个以上的工厂和商店组成的企业。它是按照专业化、联合化及合理性原则，由若干个分散的经济实体所形成的法人组织。多元企业有的是纵向联合，有的是横向联合，一般比单一企业规模大些。其优点是能扩大经营范围或增宽产品线，使企业资源的利用程度提高，适应市场变化的能力增强，降低经营风险；缺点是增加了管理难度，提高产品质量的任务艰巨。

（三）经济联合体

经济联合体是松散的、相对稳定的经济联合组织。联合的形式多种多样，包括生产要素的联合、工艺手段的联合、不同行业的联合和不同产业的联合等。其特点是：参加联合的各方本着自愿、互利、效益原则，在生产、科研、技术、设备、劳力、物资及销售等方面彼此联合；联合各方用契约的方式形成法律约束，独立核算、自负盈亏；各成员之间按等价有偿原则进行产品配套、物资协作以及技术转让等生产经营活动。

（四）企业集团

企业集团是在经济联合的基础上组建起来的，具有较紧密联系的企业群体组织，其核心是技术、经济和资金实力较雄厚的集团公司。集团公司本身是企业法人，且通过控股、参股来影响一批企业的经营方向和经营活动。其主要特点是：企业集团是以资产为纽带联合起来的若干独立企业法人所组成的集合体，是独立核算企业的复合型组织，集团成员可分为核心层、紧密层、松散层，在经营上共担风险，在利益上共负盈亏；集团核心一般为

---

① 我国中小企业划型标准新增"微型"类将获重点扶持［EB/OL］. http：//www.gov.cn/jrzg/2011 - 07/04/content_1899103.htm.

实力较强的大型企业，且成员众多，优势互补，因而经营范围广泛，产品线较宽并呈多样化发展，企业对市场需求变化的应变能力较强，但投资多且分散，管理工作复杂。

（五）连锁企业

连锁经营一般是指经营同类商品或服务的若干个经营单位，以一定形式组成一个联合体，通过对企业形象和经营业务的标准化管理，实行规模经营，从而实现规模效益。连锁企业的本质是把现代化工业大生产的原理应用于商业，改变传统商业那种购销一体、柜台服务、单店核算、主要依赖经营者个人经验和技巧来进行销售的小商业经营模式。

六、按企业的法律形态分类

企业按照法律形态主要分为独资企业、合伙企业、公司制企业。

（一）独资企业

我国目前的独资企业主要有两种：一是由单一的外国投资者在我国境内开办的不具有法人资格的外商独资企业；二是国内单个自然人开办的个人独资企业。不包括国内外企业在我国境内开办的全资分支机构，如办事处、营业部等。这里主要介绍个人独资企业。

个人独资企业，是指依照法律在中国境内设立，由一个自然人投资，财产为投资人个人所有，投资人以其个人财产对企业债务承担无限责任的经营实体。

1. 个人独资企业的特点

（1）个人独资企业的出资人是一个自然人，该自然人应当具有完全民事行为能力，并且不能是法律、行政法规禁止从事营利性活动的人。

（2）个人独资企业的财产归投资人个人所有，这里的企业财产不仅包括企业成立时投资人投入的初始财产，而且包括企业存续期间积累的财产。投资人是个人独资企业财产的唯一合法所有者。

（3）投资人以其个人财产，对企业债务承担无限责任。但个人独资企业投资人在申请企业设立登记时明确以其家庭共有财产作为个人出资的，应当依法以家庭共有财产对企业债务承担无限责任。

（4）个人独资企业不具有法人资格。

2. 个人独资企业的优缺点

其优点主要有：一是企业的建立与解散程序简单；二是经营管理灵活自由，企业主可以完全根据个人的意志确定经营策略，进行管理决策。

其缺点主要有：一是投资者对企业的债务承担无限责任，这说明独资企业不适宜风险大的行业；二是企业的规模有限；三是企业的存在缺乏可靠性，其存续完全取决于投资者个人的得失安危。

(二)合伙企业

合伙企业是指由两人（包括自然人或法人）以上根据共同协议而组成的营利性非法人组织。

合伙企业具有如下的法律特征：

（1）合伙具有团体性。合伙企业的人格、财产、利益和民事责任都具有相对独立性，这种独立性没有法人企业高，团体性也没有法人企业强。

（2）合伙协议是合伙企业形成的基础条件。自然人或法人要组成联合体合伙经营，必须在自愿的基础上签订合伙协议，通过合伙协议明确各合伙人之间的权利义务关系。

（3）合伙企业的合伙人共同出资、共同经营、共享收益、共担风险，并对合伙组织承担连带无限责任。除有限合伙企业中的有限合伙人不参与合伙企业的经营与对企业债务以其出资额为限承担有限责任外，其他合伙企业中的合伙人一般都在共同出资的基础上，共同经营合伙事务，共同分享企业收益和共同分担企业风险。

(三)公司制企业

公司制企业是按照《中华人民共和国公司法》（以下简称《公司法》）在中国境内设立的，采用有限责任公司或股份有限公司形式的企业法人。公司制企业是商品经济发展和现代化大生产的产物，是适合于现代企业经营的一种企业组织形式，为现代市场经济国家的企业普遍采用。公司制企业将在本章第四节详细介绍。

第三节 现代企业制度

一、企业制度的概念

企业制度是指在一定历史条件下形成的企业经济关系的总和，包括企业经济运行和发展中的一些重要规定、规章和行为准则。企业制度以企业产权制度为核心，包括企业的经营管理制度、组织结构设置等内容，主要表现为法律与政策、组织结构（部门划分及职责分工）、岗位工作说明、专业管理制度、工作流程、管理表单等各种规范性文件。

二、现代企业制度的概念

现代企业制度是相对于传统企业制度而言的，并从传统企业制度发展而来，是商品经济或市场经济及社会化大生产发展到一定阶段的产物。从企业组织发展的历史来看，企业组织形式经历了从独资企业到合伙企业再到公司企业的过程，公司制企业是现代企业制度的典型企业组织形式，除此之外，能够适应现代市场经济体制要求的其他企业组织形式，也是现代企业制度中的重要组成部分。简单地说，现代企业制度是指以完善的法人财产权为基础，以有限责任为基本特征，以专家为中心，以法人治理结构为保证，以公司企业为主要形态的企业制度。

三、现代企业制度的基本特征

现代企业制度的基本特征概括为"产权清晰、权责明确、政企分开、管理科学"十六个字。

（一）产权清晰

产权清晰是指企业资产的归属权和营运权清楚明确，谁是投资者，谁就是企业资产的最终所有者，资产的营运权则由企业法人行使。对产权主体的权利、义务和责任做出明确规定，保证了企业各方面关系的制度化、规范化，保证了企业各项活动的公平、公正和公开，同时也保证了企业能够按照市场需要组织生产经营活动的自主权。产权不明晰，往往造成企业产权在变动过程中无人对其真正负责的情况，国有产权的合法权益得不到有效保障，资产经营效率低下，国有资产从各种途径流失严重，企业的相关各方权责不明确，对企业资产产权归属发生纠纷。

（二）权责明确

权责明确是指合理区分与确定企业所有者、经营者和劳动者各自的权利和责任。所有者、经营者、劳动者在企业中的地位和作用是不同的，因此他们的权利和责任也是不同的。

所有者按其出资额，享有资产收益、重大决策和选择管理者的权利，企业破产时则对企业债务承担相应的有限责任。企业在其存续期间，对由各个投资者投资形成的企业法人财产拥有占有、使用、处置和收益的权利，并以企业全部法人财产对其债务承担责任。经营者受所有者的委托在一定时期和范围内拥有经营企业资产及其他生产要素并获取相应收益的权利。劳动者按照与企业的合约拥有就业和获取相应收益的权利。

与上述权利相对应的是责任。严格意义上说，责任也包含了通常所说的承担风险的内容。要做到"权责明确"，除了明确界定所有者、经营者、劳动者及其他企业利益相关者各自的权利和责任外，还必须使权利和责任相对应或相平衡。此外，在所有者、经营者、劳动者及其他利益相关者之间，应当建立起相互依赖又相互制衡的机制，这是因为他们之间是不同的利益主体，既有共同利益的一面，也有不同乃至冲突的一面。相互制衡就要求明确彼此的权利、责任和义务，要求相互监督。

（三）政企分开

政企分开的基本含义是政府行政管理职能、宏观和行业管理职能与企业经营职能分开。政企分开要求政府将原来与政府职能合一的企业经营职能分开后还给企业，改革开放以来进行的"放权让利""扩大企业自主权"等就是为了解决这个问题。

政企分开还要求企业将原来承担的社会职能分离后交还给政府和社会,如住房、医疗、养老、社区服务等。应注意的是,政府作为国有资本所有者对其拥有股份的企业行使所有者职能是理所当然的,不能因为强调政企分开而改变这一点。当然,问题的关键还在于政府如何才能正确地行使而不是滥用其拥有的所有权。

(四)管理科学

管理科学是一个含义宽泛的概念。从较宽的意义上说,它包括了企业组织合理化的含义;从较窄的意义上说,管理科学指企业管理的各个方面,如质量管理、生产管理、供应管理、销售管理、研究开发管理、人事管理等方面的科学化。管理致力于调动人的积极性、创造性,其核心是激励、约束机制。要管理科学,就要学习、创造,引入先进的管理方式,包括国际上先进的管理方式。对于管理是否科学,虽然可以从企业所采取的具体管理方式的先进性上来判断,但最终还要从管理的经济效率上,即管理成本和管理收益的比较上做出评判。

四、现代企业制度的主要内容

根据以上分析,在较为具体的层面,现代企业制度大体可包括以下内容:

(1) 企业资产具有明确的实物边界和价值边界,具有确定的政府机构代表国家行使所有者职能,切实承担起相应的出资者责任。

(2) 企业通常实行公司制度,即有限责任公司和股份有限公司制度,按照相关法律的要求,形成由股东代表大会、董事会、监事会和高级经理人员组成的相互依赖又相互制衡的公司治理结构,并有效运转。

(3) 企业以生产经营为主要职能,有明确的盈利目标,各级管理人员和一般职工按经营业绩和劳动贡献获取收益,而住房分配、养老、医疗及其他福利事业则由市场、社会或政府机构承担。

(4) 企业具有合理的组织结构,在生产、供销、财务、研究开发、质量控制、劳动人事等方面形成了行之有效的企业内部管理制度和机制。

(5) 企业有着刚性的预算约束和合理的财务结构,可以通过收购、兼并、联合等方式谋求企业的扩展,经营不善难以为继时,可通过破产、被兼并等方式寻求资产和其他生产要素的再配置。

第四节 公司制企业

公司制度是现代企业制度的主体。我国建立现代企业制度选择公司制形式。我国《公司法》确定了两种公司形式，即有限责任公司和股份有限公司。

一、有限责任公司

（一）有限责任公司的法律特征

有限责任公司是根据法律规定的条件成立，股东以其出资额为限对公司承担责任，公司以其全部资产对公司的债务承担责任的企业法人。有限责任公司的法律特征主要有以下几点：

（1）有限责任公司的股东仅以出资额为限对公司承担责任，公司以其全部资产为限对公司债务承担责任。有限责任公司是以股东出资为基础建立起来的法人组织，股东只对公司负以其出资额为限的责任，对公司的债权人不负责任；公司则以其全部资产为限承担责任。

（2）有限责任公司的股东人数有最高的限制。我国《公司法》规定，有限责任公司由50个以下股东共同出资设立。有限责任公司的股东，不限于自然人，法人和政府部门可以成为其股东。

（3）有限责任公司不能为公司募集股份，不能发行股票。我国《公司法》规定公司的设立方法有两种，一种是发起设立，另一种是募集设立。对于有限责任公司来说，是采取发起设立的公司，不向社会公众募集股份。有限责任公司成立后，股东所持有的是载明其出资额的权利证书，这种出资证明书，不能像股票那样在证券市场上买卖。

（4）有限责任公司兼有资合性和人合性。有限责任公司是将人合公司与资合公司的优点综合起来的公司形式。

有限责任公司的人合性表现在以下几个方面：第一，股东人数有一定的限制，一般在50人以下；第二，股东出资的转让有严格的限制，股东之间可以相互转让其出资，但股东以外的人转让其出资时，必须经全体股东过半数同意，并且股东享有同等条件下的优先购买权，同时还应在公司依法记载；第三，有限责任公司不得向社会集资；第四，公司的经营状况，不需要向社会公开。

有限责任公司的资合性表现在以下几个方面：

第一，股东对公司的债务只负有限责任，即以其出资额为限对公司债务承担责任。

第二，股东可以用货币出资，也可以用实物出资，如知识产权、土地使用权等可以用货币估价并可以依法转让的非货币财产，但是法律、法规规定不得作为出资的财产除外。

第三，实行"资本三原则"。资本三原则包括资本确定原则、资本维持原则和资本不变原则。资本确定原则指公司在设立时，必须在章程中对公司的资本总额做出明确规定，并须由股东全部认足，否则公司不能登记成立。资本维持原则指公司在其存续过程中，应经常保持与其资本额相当的财产，以防止资本的实质减少，保护债权人的利益，同时也防止股东对赢利分配的过高要求，确保公司本身业务活动的正常开展。资本不变原则指公司的资本一经确定，就不得随意改变，如需增减，必须严格按法定程序进行。

第四，有限责任公司的组织比较简单，因其由发起设立而不是募集设立，程序上较为简化，可以由一个或一个以上的人发起。股东人数少、规模较小的公司可以不设董事会等。

（二）有限责任公司的设立

1. 设立的条件

有限责任公司设立的条件主要包括以下几个方面：

（1）股东符合法定人数。股东符合法定人数是指有限责任公司的股东必须在50人以下，对有限责任公司股东人数做出限制，主要考虑到有限责任公司虽然以出资联合为基础组成，但股东是在相互了解、相互信任基础上进行的联合，所以人数不宜过多；同时有限责任公司不公开募集股份，管理上较为封闭，股东人数过多反而会影响公司的决策和经营。

（2）股东出资达到法定资本最低限额。公司资本是公司开展经营活动的物质条件，也是公司对外承担债务责任的保证。公司资本是由股东的出资组成的，股东出资必须达到法定最低限额包括两个方面的含义：一是设立有限责任公司，股东必须出资，不出资不能成为有限责任公司的股东；二是股东出资必须符合法律规定的要求。

（3）股东共同制定公司章程。设立有限责任公司，必须制定公司章程，制定公司章程必须符合法律的规定。公司章程由公司股东共同制定，如果是新设立的公司，则由参与设立的各个股东共同制定。共同制定是指在制定公司章程时，股东们取得协商一致，有共同的意思表示，体现全体股东的意志。

（4）有公司名称，建立符合有限责任公司要求的组织机构。设立公司，必须有确定的公司名称。按照《公司登记管理条例》的规定，设立公司应当申请名称预先核准。申请名称预先核准，应当由全体股东指定的代表或者共同委托的代理人向公司登记机关提出，并提交相应的文件。公司的运行是由公司的内部组织机构来进行的，没有相应的组织机构，公司就无法开展生产经营活动。设立公司，应当建立符合有限责任公司要求的组织机构。

（5）有公司住所。设立公司，必须有公司住所。没有住所的公司，不得设立。公司以其主要办事机构所在地为住所。

2. 设立的程序

有限责任公司的设立程序比较简单。股东订立公司章程并根据公司章程履行出资义务。建立公司机关、依法办理登记手续后，有限责任公司即可成立。

（1）设立人订立公司设立协议。设立人首先要对设立公司进行研究，确定设立公司的意向和方案。在此基础上，设立人要就设立公司的有关问题订立协议。公司设立协议内容通常包括：公司宗旨、经营范围、注册资本、投资总额、各方的出资数额和出资形式、公司的组织机构和经营管理、利润分配和风险共担的原则、设立人的权利义务等。公司设立协议是在公司设立阶段设立人之间就公司设立的有关事项以及设立人的权利义务所达成的协议。

（2）设立公司章程。设立公司必须订立公司章程，以确定公司的类型、宗旨、资本、组织机构等重大问题，为公司的设立和活动提供基本的准则。订立公司章程既是公司设立的一个重要条件，也是公司设立程序中必不可少的环节。有限责任公司的章程订立者是公司的首批股东，章程应当由全体股东在自愿协商的基础上共同制定。股东必须亲自或委托代理人参加公司章程的制定。公司章程必须经全体股东一致同意并由全体股东在公司章程上签名盖章。公司章程必须载明法律（公司法）要求必须载明的事项。

（3）履行出资义务。股东要按照《公司法》和公司章程规定的出资额、出资形式、出资缴纳期限缴纳出资。股东未按照《公司法》和公司章程规定的出资额、形式、期限缴纳出资额的，应当向已经按期足额缴纳出资的股东承担违约责任。公司成立后，应当向股东签发出资证明书。出资证明书应当载明下列事项：公司的名称、公司登记日期、公司注册资本、股东的姓名或者名称、缴纳的出资额和出资日期、出资证明书的编号和核发日期。

（4）办理设立登记。股东履行出资义务、缴纳出资后，应当依法办理设立登记。全体股东应当指定代表或者共同委托代理人向公司登记机关——公司所在地的工商行政管理局申请设立登记。申请设立登记应当提交登记申请书、公司章程、验资证明等文件。法律、行政法规规定需要经政府有关部门审批的，应当依法办理有关审批手续，并在申请设立登记时提交批准文件。申请公司符合《公司法》规定的条件的，经相关部门登记，取得公司营业执照，有限责任公司即成立。

二、股份有限公司

（一）股份有限公司的法律特征

股份有限公司是根据法律规定的条件成立，公司全部资本分为等额股份，股东以其所持股份为限对公司承担责任，公司以其全部资产对公司的债务承担责任的企业法人。股份有限公司的法律特征主要有以下几个方面：

（1）发起人符合法定人数。发起人是指依法筹办创立股份有限公司事务的人。我国《公司法》明确规定，设立股份有限公司，应当有2人以上200人以下的发起人。发起人应符合法定人数，发起人少于2人，或者超过200人，都不得设立股份有限公司。

（2）发起人认购和募集的股本达到法定资本最低限额。所谓法定资本最低限额，是指法律规定的股份有限公司注册资本的最低数额。股份有限公司是典型的资合公司，其股本由股东出资的全部财产构成。

（3）股份发行、筹办事项符合法律规定。发起人为了设立股份有限公司而发起股份，以及进行其他的筹办事项，都必须符合法律规定的条件和程序，不得有所违反。例如，向社会公开募集股份，应当依法报国务院证券监督管理机构核准，并公告招股说明书、认股书；应当同依法设立的证券公司签订承销协议，通过证券公司承销其发行的股份；应当在法定期限内召开创立大会，依法决定有关事项；应当在法定期限内依法向公司登记机关申请设立登记等。

（4）发起人制定公司章程，采用募集方式设立，经创立大会通过。股份有限公司的章程是指记载有关公司组织和行动基本规则的文件。公司章程对公司、股东、董事、监事、高级管理人员具有约束力。由于筹办创立股份有限公司事务的人是发起人,所以,在设立股份有限公司的过程中,公司章程应当由发起人制定。对于采取发起方式设立的股份有限公司,由于是由发起人认购公司应发行的全部股份,所以,全体发起人共同制定的公司章程对全体发起人即全体股东有约束力,无须以其他形式确认其效力,但是,发起人制定的公司章程,还应当经由其他认股人参加的创立大会,以出席会议的认股人所持的半数以上表决权通过,方为有效。

(5) 有公司名称,建立符合股份有限公司要求的机构。依照《公司法》的规定,在股份有限公司名称中要标明股份有限公司或者股份公司字样。建立符合股份有限公司要求的组织机构是指公司必须依照《公司法》的规定,建立股东大会、董事、监事,并依法行使其职权。

(6) 资本总额平分为金额相等的股份。股份有限公司的资本总额必须平分为每股金额相等的股份,出资多的股东只是占有数量较多的股份,而不能增加每股的金额。

(7) 股份可以自由转让,股本可以上市交易。股份有限公司可以公开向社会发行股票,股票可以自由转让或买卖,但是股东不能抽回资金。

(8) 公司账目要公开。股份有限公司要定期公布经营报告,让社会了解公司的财务状况和经营状况,便于接受股东的监督,使众多的股东了解和放心,也便于投资者及时做出投资与否的选择。因此,股份有限公司的透明度较高。

(二) 股份有限公司的设立方式

股份有限公司的设立,可以采取发起人设立或者募集设立的方式。

1. 发起设立

发起设立是指由发起人认购公司应发行的全部股份而设立公司。以发起设立的方式设立股份有限公司的,在设立时其股份由该公司的发起人认购,而不向发起人之外的任何社会公众发行股份。由于没有向社会公众公开募集股份,所以,以发起设立方式设立的股份有限公司,在其发行新股之前,其全部股份都由发起人持有,公司的全部股东都是设立公司的发起人。发起设立不向社会公众募集股份,因此,以发起设立的方式设立的股份有限公司,比较简单,只要发起人认足了股份就可以向有关部门申请设立登记,但它要求各个发起人有比较雄厚的资金,仅发起人就能够认购公司发行的全部股份。

2. 募集设立

募集设立是指由发起人认购公司发行的股份的一部分,其余股份向社会公开募集或者向特定对象募集而设立公司。以募集设立方式设立股份有限公司的,在公司设立时,认购公司应发行股份的人不仅有发起人,而且还有发起人以外的人。以募集设立方式设立的股份有限公司,发起人只需投入较少的资金,就能够从社会上募集到较多的资金,从而使公司能够迅速募集到较大的资本额。但是,法律对募集设立规定了较为严格的程序,以保护广大投资者的利益,保证正常的经济秩序。

(三) 发起人

根据我国《公司法》的规定，设立股份有限公司，应当有2人以上200人以下的发起人，其中须有半数以上的发起人在中国境内有住所。无论是自然人还是法人、中国人还是外国人，均有资格作为设立股份有限公司的发起人。作为自然人的发起人，必须是具有完全行为能力的人，无行为能力或者限制行为能力的人，不得作为发起人。同时，虽然中国人和外国人都可以作为发起人，但发起人必须有半数以上在中国境内有住所，这既便于一定数量的发起人能够具体办理设立股份有限公司的各种手续，也便于国家对发起人进行监管，防止发起人利用设立股份有限公司来损害广大社会公众的利益。

发起人承担公司筹办事务和发起人协议。股份有限公司发起人必须承担公司的筹办事务，例如制定公司章程、依法向国务院证券监督管理机构申请核准公开发行股份、依法选举董事会和监事会、依法公告招股说明书、制作认股书、与证券公司签订承销协议、与银行签订代收股款协议、让法定的验资机构验资并出具证明、依法召开公司创立大会等。发起人协议是指公司发起人之间签订的，明确规定各个发起人在公司设立过程中的权利和义务的协议。由于设立股份有限公司的发起人为多人，所以，每个发起人在公司设立过程中应当认购多少股份、应当具体去做哪些事务、各自的权利是什么等内容，都需要明确。

(四) 股份有限公司的注册资本

股份有限公司是典型的资合公司，股东以其认购的股份对公司承担有限责任，公司以其全部财产对公司的债务承担责任。因此，确定和维持公司一定数额的资本，并公之于众，使他人了解和掌握公司的信用状况，对于保护债权人的利益和社会交易的安全稳定十分重要。

1. 采取发起人方式设立的股份有限公司的注册资本

采取发起人方式设立的股份有限公司的注册资本是指公司全体发起人同意购买并且在公司登记机关依法登记的股本的全部数额。根据我国《公司法》的规定，股份有限公司采取发起设立方式的，注册资本为在公司登记机关登记的全体发起人认购的股本总额。公司全体发起人的首次出资额不得低于注册资本的20%，其余部分由发起人自公司成立之日起两年内缴足；其中，投资公司可以在五年内缴足。在缴足前，不得向他人募集股份。因此，采取发起人设立方式设立股份有限公司，法律并不要求其注册资本一次全部缴足，发起人可以分期缴纳。

2. 采取募集方式设立的股份有限公司的注册资本

由于采取募集方式设立的股份有限公司，发起人只需较少的投入，其他资金可以由社会上大批的小股资金聚集而来，所以，发起人没有必要对注册资本进行分期缴纳。为此，我国《公司法》规定，股份有限公司采取募集方式设立的，注册资本为在公司登记机关的实收股本总额，即公司的注册资本为公司实际收到的作为公司股本的财产总额。已由股东认购但实际并未缴纳的部分，不得计入公司的注册资本额。

（五）股份有限公司的股份发行

1. 股份发行的原则

股份是指由股份有限公司发行的股东所持有的通过股票形式来表现的可以转让的资本的一部分。股份有限公司的股份一般具有表明资本成分、说明股东地位、计算股东权责的含义。股份作为公司资本的一部分，是公司资本的最小构成单位，不能再分，所有股东持有的股份加起来即为公司的资本总额。

股份的发行是指股份有限公司为了筹集公司资本而出售和分配股份的法律行为。股份的发行应该遵循下列原则：

（1）公平原则。参与股份发行的当事人在相同条件下的法律地位是平等的，相同的投资者有相同的权利，相同的发行人在法律上负有相同的责任，不应当在相同的投资者之间存在不公平的待遇。股份有限公司每次发行股份时的发行条件和发行价格对于社会公众要相同。同次发行的股份，每股的发行条件、发行价格应当相同。任何单位和个人所认购的股份，每次应当支付相同的价额。

（2）公正原则。公司在发行股份时要依法处理发行中的问题，做到一视同仁。在股权发行中必须遵守统一制定的规则，当事人受到的法律保护是相同的，股份发行活动应当做到客观公正，依法行事，维护社会正义，保证有关公正原则的各项规范得以实施。

（3）同股同权原则。相同的股份在相同的条件下应当具有平等性。同一个公司，相同的股份，在享有的权利上是平等的，在股票上所体现的权利也应当是平等的。按持有股份的多少行使表决权，股利的分配也取决于持股的多少，不应当是相同的股份有不相同的权利和股利分配。

2. 股票的种类

股份有限公司的股份采取股票的形式。股票是指股份有限公司签发的证明股东按其所持有股份享有权利和承担义务的凭证。股票具有以下性质：一是有价证券。股票是一种具有财产价值的证券。股票记载股票种类、票面金额及代表的股份数，反映着股票持有人对公司的权利。二是证权证券。股票表现的是股东的权利。任何人只要合法占有股票，就可以依法向公司行使权利，比如要求公司分配股息，要求分配公司的剩余财产，而且公司股票发生转移时，公司股东的权益也应随之转移。三是要式证券。股票应当采用纸面形式或者国务院证券监督管理机构规定的其他形式，其记载的内容和事项应当符合法律的规定。四是流通证券。股票可以在证券交易所进行交易。

股票的种类有很多，我国目前发行的股票通常按三种方式分类。

（1）按股东的权利划分，股票可分为普通股和优先股。普通股是公司发行的无特别权利的股票，是公司资本构成中的基本部分，具有一切股票的基本特点，是最常见的投资形式，也是风险最大的投资形式。普通股只可以享受红利分享权、资产分配权、公司管理权、认股优先权等。优先股是指股份有限公司为吸引希望获得稳定收入但不参与公司经营决策的出资者，附加某种优惠条件而发行的股份。优先股比普通股具有一定的优先权，即优先领到公司股息，优先分配公司剩余财产。

（2）按股票是否记名划分，股票可分为记名股票和无记名股票。记名股票是指股东姓名记载在股票票面。无记名股票是指股东姓名不记载在股票票面。

（3）按股票的发行对象划分，在我国内地和香港发行的股票可分为 A 股、B 股和 H 股。A 股，即人民币普通股票，是由中国境内注册公司发行，在境内上市，以人民币标明面值，供境内机构、组织或个人（2013 年 4 月 1 日起，境内居住的港澳台居民可开立 A 股账户）以人民币认购和交易的普通股股票。B 股，也叫人民币特种股票，是以人民币标明股票面值，以外币认购和进行交易，在中国境内上市交易的股票；B 股公司的注册地和上市地都在境内。H 股，指注册地在内地、上市地在香港的中资企业股票。

3. 股票的发行价格

股票的发行价格是股票发行时所使用的价格，也是投资者认购股票时所支付的价格。股票发行价格一般由发行公司根据股票面额、股市行情和其他有关因素决定。股票的发行价格可以分为平价发行价格和溢价发行价格。平价发行是指股票的发行价格与股票的票面金额相同，也称之为等价发行、券面发行。溢价发行是指股票的实际发行价格超过其票面金额。股票可以按照票面金额发行，也可以按高于票面金额的价格发行，但不能以低于票面金额的价格发行。按照市场经济的要求，股票的发行价格应主要通过市场机制形成。

4. 发行新股的条件

股份有限公司登记成立后，即向股东正式交付股票。公司登记成立前不得向股东交付股票。股份有限公司公开发行新股必须符合下列条件：

（1）具备健全且运行良好的组织机构。
（2）具有持续赢利能力，财务状况良好。
（3）最近三年内财务会计文件无虚假记载，无其他重大违法行为。
（4）经国务院批准的国务院证券监督管理机构规定的其他条件。

5. 新股发行的程序

股份发行不但具备法定条件，还要履行法定程序。根据《公司法》的有关规定，新股发行要履行以下程序：

（1）股东大会对发行新股的有关事项做出决议。
（2）办理公司公开发行新股审核。
（3）公告招股说明书和财务会计报告。
（4）确定承销机构，签订协议。
（5）认股人认股、缴纳股款。

（六）股份转让

股份转让是指股份有限公司的股份持有人依法自愿将自己所持有的股份转让给他人，

他人取得股份成为股东的法律行为。

1. 股份转让的方式

股份转让是在依法设立的证券交易所进行的。证券交易所包括证券交易所和证券交易所以外的其他交易所。关于证券交易所的设立，《中华人民共和国证券法》（以下简称《证券法》）等法律、行政法规有所规定。按照现行规定，上市公司股票的转让在证券交易所进行。目前，我国境内依法设立的证券交易所有上海证券交易所和深圳证券交易所。同时，为确保股份依法有序转让和股份的转让自由，还可以采取由国务院根据我国的实际情况做出具体规定的方式进行。

2. 股份转让的限制

（1）股东转让股份的限制，包括发起人和上市交易股东。发起人持有的本公司股份，自公司成立之日起一年内不得转让。其目的是增强发起人在公司创办阶段的责任感和防止某些人利用创办公司的名义从事违法的投机行为。公司公开发行股份前已发行的股份自公司股票在证券交易所上市交易之日起一年内不得转让。其目的是确保上市公司上市初期的稳健运作和防止某些人从事一些违法投机行为。

（2）公司管理人员转让股份的限制，包括法律规定的限制和公司章程规定的限制。法律规定的限制有以下几点：一是公司董事、监事、高级管理人员应当向公司申报所持有公司的股份及其变动情况。二是这些人员在任职期间每年转让的股份不得超过其所持有本公司股份总数的25%，公司股票在证券交易所上市交易的，自上市交易之日起一年内不得转让。三是这些人员离职后半年内，不得转让其所持有的本公司的股份。其目的是防止这些人因了解公司情况从事投机行为，损害其他投资者的合法权益。需要说明的是，如果这些人属于法定限制的"发起人"，则同时执行有关发起人的限制性规定。

公司章程可以对法定的公司管理人员转让股份做出更严格的规定，这些规定属于授权规定，公司章程可以规定，也可以不规定。章程有规定的，执行章程规定；章程没有规定的，执行法律的规定。

（七）上市公司

上市公司是指其股票在证券交易所上市交易的股份有限公司。上市公司只是股份有限公司中的一小部分，并非所有的股份有限公司都是上市公司。上市公司具有以下两个特征：

一是必须是已向社会发行股票的股份有限公司，即以募集设立方式成立的股份有限公司，可以依照法律规定的条件，申请其股票在证券交易所内进行交易，成为上市公司。以发起设立方式成立的股份有限公司，在公司成立后，经过批准向社会公开发行股份后，又达到《公司法》规定的上市条件的，也可以申请成为上市公司。

二是上市公司的股票必须在证券交易所开设的交易所公开竞标交易。证券交易所是国家批准设立的专门为证券交易提供公开竞价交易场所的事业法人。上市公司的股票，依照法律、行政法规及业务规则上市交易。

1. 上市公司的法律特征

上市公司是股份有限公司的构成部分，也是最具有典型性的股份有限公司。与一般的股份有限公司相比，上市公司具有如下法律特征：

（1）上市公司是建立在股份公开发行基础之上的股份有限公司。按照《中华人民共和国证券法》（以下简称《证券法》）的规定，股份有限公司申请股票上市的条件之一就是"股票经国务院证券监督管理机构核准已公开发行"，说明公开发行股票是股份有限公司上市的前提。实践中，公开发行股票的股份有限公司又称"公众公司"，"公众公司"是上市公司的主要来源。

（2）上市公司是股份在证券交易所集中交易的股份有限公司。"上市"的含义就是公司股份"上市交易"，即进入证券交易所进行集中交易。我国上市公司目前的股份还有流通股和非流通股之分，只有流通股才能"上市交易"，非流通股正逐步通过"股权分置"等方式来解决"上市交易"的问题。

（3）上市公司是与证券市场紧密联系的股份有限公司。上市公司作为股份有限公司的典型形式，其主要功能的形成和释放，都离不开证券市场。正是借助和依托证券市场机制，上市公司才有可能真正建立一整套科学的法人治理结构，从而不断提高公司的效率。

（4）上市公司是股东人数众多的股份有限公司。正是由于上市公司与证券市场的关系，任何社会公众只要在证券市场购买了公司股票就成为该公司股东，因此，实践中的上市公司，股东人数动辄数万、数十万并不为奇。

（5）上市公司是必须有信息披露制度的股份有限公司。按照《公司法》的规定，信息披露是上市公司必须履行的一项法律义务。如果上市公司不履行这一义务或不按照规定披露信息，就可能承担相应的法律责任。

（6）上市公司是受法律严格规制的股份有限公司。就我国目前情况来看，对上市公司的规制，其严格性和严密程度不仅超过了其他任何一种公司形式，也为所有企业形式之冠。

2. 公司上市的条件

我国《证券法》第四十七条规定："申请证券上市交易，应当符合证券交易所上市规则规定的上市条件。证券交易所上市规则规定的上市条件，应当对发行人的经营年限、财务状况、最低公开发行比例和公司治理、诚信记录等提出要求。"

3. 公司上市的程序

公司股票上市交易，应当向证券交易所提出申请，由证券交易所依法审核同意，并由双方签订上市协议。我国2019年12月修订通过的《证券法》第九条规定："公开发行证券，必须符合法律、行政法规规定的条件，并依法报经国务院证券监督管理机构或者国务院授权的部门注册。未经依法注册，任何单位和个人不得公开发行证券。证券发行注册制的具体范围、实施步骤，由国务院规定。"

公司上市的具体程序如下：

（1）提出股票上市交易申请。根据我国《证券法》的规定，股份有限公司向证券交易所提出股票上市交易申请时，应当报送下列文件：上市报告书；申请股票上市的股东大会决议；公司章程；公司营业执照；依法经会计师事务所审计的公司最近三年的财务会计报告；法律意见书和上市保荐书；最近一次招股说明书；证券交易上市规则规定的其他文件。

（2）证券交易所依照法定条件和法定程序对股份有限公司的上市申请进行审核，做出同意或不同意的决定。对证券交易所做出的不予上市决定不服的，申请人可以向证券交易所设立的复核机构申请复核。

（3）和证券交易所签订上市协议，由证券交易所安排股份有限公司证券上市。

（4）进行上市公告。股票上市交易申请经证券交易所审核同意后，拟上市公司应当在规定的期限内公告股票上市的有关文件，并将该文件备置于指定场所供公众查阅。

4. 股票上市交易的暂停和终止

（1）上市公司有下列情形之一的，由证券交易所决定暂停其股票上市交易：

①公司股本总额、股权分布等发生不再具备上市的条件。

②公司不按照规定公开其财务状况，或者对财务会计报告作虚假记载者。

③公司有重大违法行为。

④公司最近三年连续亏损。

⑤证券交易所上市规则规定的其他情形。

（2）上市公司有下列情形之一的，由证券交易所决定终止其股票上市交易：

①公司股本总额、股权分布等发生不再具备上市条件的情形，在证券交易所规定期限内仍不能达到上市条件。

②公司不按照规定公开其财务状况，或者对财务会计报告作虚假记载，且拒绝纠正。

③公司最近三年连续亏损，在其后一年内未能恢复赢利。

④公司解散或者被宣告破产。

⑤证券交易所上市规则规定的其他情形。

思考题

1. 企业的内涵有哪些？
2. 企业的特点有哪些？
3. 企业的演变过程是怎样的？
4. 按照生产资料所有制，企业的分类有哪些？
5. 按照法律形态，企业的分类有哪些？
6. 什么是现代企业制度？现代企业制度有哪些基本特征？
7. 有限责任公司的法律特征是什么？有哪些设立方式？
8. 股份有限公司的法律特征是什么？有哪些设立方式？
9. 股份有限公司如何发行股票？

> **案例研究**

军工科研院所的转制

2018年某日，Z集团自动化研究所有限公司在公司军品科研大楼会议室召开了首次董事会，会议由公司董事长主持。会议审议并通过了《Z集团自动化研究所有限公司董事会议事规则》《Z集团自动化研究所有限公司总经理工作规则》《Z集团自动化研究所有限公司董事会秘书工作规则》、总经理聘任、经理层聘任、董事会秘书聘任、成立董事会战略与投资委员会、成立审计与风险管理（含法治工作职责）委员会、公司注册资本、公司组织架构、《战略与投资委员会工作规则》《审计与风险管理（含法治工作职责）委员会工作规则》等十余项议案。董事会期间成立的董事会战略与投资委员会、审计与风险管理（含法治工作职责）委员会积极履职，分别对《战略与投资委员会工作规则》《审计与风险管理（含法治工作职责）委员会工作规则》进行了审议，然后提交董事会研究决策。

此次董事会的圆满召开体现出Z集团自动化研究所改制转企后的"党委+董事会+监事会+经理"的现代公司治理结构已全面构建并开始履职，标志着Z集团自动化研究所顺利完成了由事业单位转为国有独资公司的运行，完成了混改工作进程的一个重大环节，在研究所的发展历程上具有里程碑式的意义。

一、军工科研院所市场化问题

从大方向看，美国军工行业的发展模式是以政府采购需求牵引的市场化经济投入，已经胜过完全依赖国家投入的苏联模式，结果表明军工行业市场化是大趋势。进行科研院所改制的根本目的，是使科研院所的发展适应市场化的要求，转变管理体制和运行机制，实现从"行政化"管理向"市场化"管理的转变，提高科研院所整体的创新能力和效率，增强其参与市场竞争的活力和能力，促进科技型企业成长。

目前，在军工科研院所市场化进程中存在以下问题。

（1）产权关系不明晰，需要分类，划清界限。军工科研院所隶属于军工集团公司，其资产、资产管理、行业管理权限归属不同国家部委、机关，军工集团公司与所属科研院所并未形成真正的产权关系，主要依靠行政管理、人事管理以及代行资产管理职能，限制了市场化运作。军工科研院所的事业单位属性，导致了其自身缺乏寻求发展的内在动力。作为事业单位，财产不是企业法人财产，企业对它没有处置权，这是军工企业普遍存在的问题，也是军工科研院所改革的必要之处。

（2）完全面向市场需求的管理机制问题，无法形成规模化的生产模式。绝大部分军工科研院所没能走向市场，基本上由国家下达任务并给予一定的经费，主要是围绕完成军用产品任务来配置资源和建立组织结构，无法以市场经济的方式来经营运作。军方作为唯一的需求单位，造成了科研院所的科研生产小批量、多品种，无法形成规模化的生产模式。

(3) 科研成果无法快速产生利润。军用产品科研生产存在保密的特殊性，在国家"民参军"政策出台之后，军品市场竞争日趋激烈，与民营企业相比，军工科研院所在市场需求研究、资本运作和营销模式等方面存在较大差距，与建立现代企业制度要求的经营管理体制机制差别较大。

(4) 绝大部分军工科研院所的军民融合发展模式尚未建立。民用产品生产企业往往在实现成果转化后，缺少科技人才和技术支撑，产品成本降不下来，以及产品和技术与市场兼容性差，无法实现产业化。同时，军用产品和民用产品两个标准，降低了军民融合的效率。面向军用产品和民用产品两个市场，军工科研院所在技术创新、成果转化、设施设备、组织管理等方面的共享程度还需要进一步提高。

从长远看，军工科研院所不走向市场经济是不行的，必须面对存在的问题，有的放矢地进行改革。

二、首家军工科研院所转制为企业

Z集团自动化研究所是军工科研院所分类改革的第一家转制为企业的单位，标志着生产经营类军工科研院所转制工作开始迈入实施阶段。

Z集团自动化研究所成立于1977年，是专业从事自动化与信息化技术的军民融合型研究所。研究所形成了信息与控制、先进制造两大专业方向，以信息与控制技术研发中心、智能制造技术研发中心、产业公司为平台，以特种产品、高端智能装备、基础电子、数控系统、辐射监测系统、传感器等系列产品为产业板块的军民融合式发展格局。

Z集团此前明确了未来三年的改革规划，到2020年完成各项改革任务，围绕供给侧结构性改革、混合所有制改革、现代企业制度建设、重点困难企业"一企一策"专项改革四条主线，扎实推进各项改革任务。

三、军工科研院所改制进入高潮期

在新一轮国企改革中，2018~2019年成为军工科研院所改制和资本化高潮期，部分重点公司的投资价值有望大幅提升。

军工行业改革虽已进入关键的实施阶段，但军工集团目前整体市场化程度不高，军民融合程度有待提升。目前军工集团资产证券化水平仅为30%左右，改制后将大幅提升。

央企下属的军工科研院所作为非经营性国有资产，一直由财政部门拨款。未来可能在综合平衡基础上采取新的投入方式继续支持，同时逐年调整基数和比例。改制后的科研院所如果继续从事军品研制生产，预计将直接承担国家技改项目。对以军用产品生产为主业的院所，预计将参照转制前的属性享有税收优惠政策。

资料来源：李锦. 完善现代企业制度 发展壮大军工企业［N］. 中国证券报，2018-04-28.

讨论题：

1. 军工科研院所在改制前面临的问题有哪些？
2. 军工科研院所为什么要进行改制？改制的好处是什么？

第二章　企业管理理论

学习目标

1. 理解管理的概念和职能。
2. 理解管理者。
3. 了解管理理论的发展。

本章框架

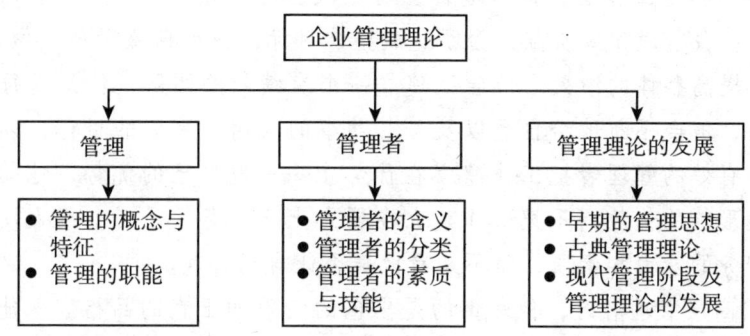

导入案例

有效的管理者

"我们为什么需要有效的管理者？谁是管理者？管理者工作中面临着哪些现实问题？有效性是可以学会的吗？"彼得·德鲁克（Peter Drucker）在其最有影响力的著作《有效的管理者》一书中，告诉人们：管理者的效率，往往是决定组织工作效率的最关键因素；并不是高级管理人员才是管理者，所有负责行动和决策而又有助于提高机构工作效能的人，都应该像管理者一样进行工作和思考。

德鲁克认为，在现代组织中，每个组织的工作者都可以成为一名管理者，他可能会被推上负责的岗位，凭借着自己的地位或知识，为真正改善组织的运作能力并获得成果做出自己的贡献。

德鲁克认为，管理者一般分为两种类型。一类管理者总是忙忙碌碌，但是通常没有什么绩效。他们总是公务缠身：记笔记，参加无数的会议，不停地出差；总是有许多想法——差不多每天一个新想法；今天他们可能想着成本节约的问题，明天也许在盘算着举办一个大型的公关活动。他们浪费了自己的大部分时间和精力却一事无成，大多数管理者都属于这一类型。另外一类管理者，他们冷静而深入地思考问题，然后埋头完成那些重要的工作任务。他们工作踏实而有条理。他们在一段时间内只集中精力完成一项任务,在第一项任务做完后,才着手完成下一项任务。他们才是卓有成效的管理者。他们只做正确的事情,而不会浪费时间和精力。集中资源于重要的事情,是卓有成效的关键所在。

德鲁克认为,一个卓有成效的管理者,一般具有以下六个特征:

(1) 重视目标和绩效,只做正确的事情。有效的管理者要把力量用在获取成果上,而不是工作本身。在开始一项工作的时候,他们首先想到的问题是:"人们要求我取得什么成果?"

(2) 一次只做一件事情,并只做最重要的事情,分清主次和轻重,能坚决地抛弃没有价值的想法。他极为审慎地设定自己的优先顺序,随时进行必要的检讨,决然地抛弃那些过时的任务,或者推迟做那些次要的任务;他知道时间是他最为珍贵的资源,必须极为仔细地使用它,他知道把时间用在什么地方。

(3) 作为一名知识工作者,他知道自己所能做出的贡献在于:创造新思想、远景和理念。他的原则是:我能做哪些贡献?为了达成整体目标,我如何激励他人做出自己的贡献?他的目标在于:提高整体的绩效。他尝试建立一个有绩效的团队;他知道每个人都有能力做出更多的贡献,他会不断地给自己以及与其共事的人树立更远的目标,以提高自己和他人的工作水平。有效的管理者把工作建立在优势上——他自己的优势,他的上级、同事和下级的优势以及形势的优势,不把工作建立在弱点上。配备人员时,用人所长,看他是否具备完成这项任务的能力和素质,而不是看他是否让自己喜欢。

(4) 在选用高层管理者时,他注重的是出色的绩效和正直的品格。他能敏锐地感觉到为一个关键职务选用人才,是一项非常艰巨的任务。这种用人的决策至关重要,必须经过相当长时间的深思熟虑。在这一点上,卓有成效的管理者也知道,还没有人能永无过失。他无须过分顾及人际关系,因为他知道这种关系是组织运作的副产品。如果给人一个合适的工作任务和必要的工具,就会自动地生成良好的人际关系;他不与那些他选拔出来的人员保持过分亲密的关系,并尽量避免形成派系和关系网。他与自己的下属保持一定距离,为的是使自己能够不偏不倚、合理地衡量他们的绩效。他知道人无完人,即使是最有能力的人也有弱点。他关心的是一个人能做什么,而不是他不能做什么。他致力于充分集中人员的知识和技能,利用这些优势达成组织的目标。

(5) 他知道增进沟通的重要性,他有选择性地搜集所需要的信息。他知道有些事物不能被量化,而过多的信息会导致混淆和混乱。

(6) 他只做有效的决策。有效的决策常常是根据"不一致的意见"做出的判断,而不是建立在"统一的看法"基础上的;快速做出的许多决策都是错误的决策;所需要的决策,为数不多,但却是根本性的决策;所需要的是正确的战略,而不是令人眼花缭乱的战术。

德鲁克对绩效评估有着独到深刻的见解。他认为绩效评估的目的必须是积极的,为的是发现每个员工的成绩,以及哪些方面做得非常出色。绩效评估不应该去评估某个人的潜能,潜能是根本无法评估的。一句话,绩效评估必须强调人的优点。德鲁克建议管理者在做绩效评估时,应该问4个问题:

（1）"哪方面的工作他做得比较出色？"

（2）"哪方面的工作最能发挥他的长处？"

（3）"若想充分发挥他的长处，他还需要学习或者获取哪些知识？"

（4）"如果我有一个孩子，我是否愿意让他/她在这个人手下工作？"如果愿意，是什么原因？如果不愿意，又是什么原因？

德鲁克还认为，卓有成效是可以学会的。在他的著作中，谈及美国一家制药公司的高级管理者，由于他的专注，取得了极为卓越的成就。在短短十年中，他将一个小型公司转变成了一个大型跨国公司。最为引人瞩目的是：他本人既不是一位化学家也不是一位科学家。最初的几年中，他专注于搞研发工作。后来，他开始组建一个大型跨国公司，并最终制订了新型战略计划，以适应现代医疗体制不断增长的需求。所以，卓有成效是可以学会的。这只是一个实践的过程。

资料来源：彼得·德鲁克.卓有成效的管理者[M].许是祥，译.北京：机械工业出版社，2019.

第一节 管 理

一、管理的概念与特征

（一）管理的概念

管理活动自古即有，但什么是"管理"，从不同的角度出发，可以有不同的理解。从字面上看，管理有"管辖""处理""管人""理事"等意，即对一定范围的人员及事务进行安排和处理。但是这种字面的解释不可能严格地表达出管理本身所具有的完整含义。关于管理的概念，至今仍未达成共识和统一。多年来，中外许多管理学者从不同的研究角度，对管理的概念做出了不同解释。科学管理的创始人泰勒认为，管理就是确切地知道你要别人干些什么，并使他们用最好的方法去干[1]。与泰勒同一时期的经营管理理论创始人，法国的法约尔认为，管理就是指计划、组织、指挥、协调和控制[2]。决策理论学派的代表人物，1978年诺贝尔经济学奖获得者，美国管理学家西蒙认为，管理就是决策[3]。管理大师彼得·德鲁克认为，管理是指一种以绩效责任为基础的专业职能[4]。当代管理过程学派的代表，美国管理学家哈罗德·孔茨在其所著的《管理学》（第10版）中把管理定义为：管理就是设计一种良好环境，使人在群体里高效率地完成既定目标[5]。周三多认为，管理是在社

---

[1] 弗雷德里克·泰勒.科学管理原理[M].马风才，译.北京：机械工业出版社，2013.
[2] 亨利·法约尔.工业管理与一般管理[M].迟力耕，张璇，译.北京：机械工业出版社，2013.
[3] 赫伯特·西蒙.管理行为[M].詹正茂，译.北京：机械工业出版社，2013.
[4] 彼得·德鲁克.卓有成效的管理者[M].许是祥，译.北京：机械工业出版社，2019.
[5] 哈罗德·孔茨.管理学（第10版）[M].马春光，译.北京：经济科学出版社，2003.

会组织中，为了实现预期的目标，以人为中心进行的协调活动①。芮明杰认为，管理是对组织的有限资源进行有效整合，以达成组织既定目标与责任的动态创造性活动。管理工作的中心是管理其他人，主要目的是通过其他人收到工作效果。管理通过协调其他人进行。管理人员必须同时考虑两个方面：一是其他人的活动，即其他人的工作；二是其他人，即人们。②

综合上述定义，我们可以对管理作如下定义：管理，就是在一定环境下，对组织的资源进行有效的计划、组织、领导和控制，通过组织中人、财、物信息等资源的优化配置，有效实现组织目标的活动。

根据上文的一般定义，可以进一步明确管理的内涵如下：

（1）管理的目的是为了实现组织的目标。

（2）管理工作要通过综合运用组织中的各种资源来实现组织目标。

（3）管理工作的过程是由一系列相互关联、连续进行的活动所构成的，这些活动包括计划、组织、领导、控制等，它们成为管理的基本职能。

（4）管理的本质是协调。

（5）管理工作是在一定的环境条件下进行的，有效的管理必须充分考虑组织内外的特定环境条件。

（二）管理的特征

（1）管理是科学性和艺术性的统一。管理的科学性是指管理反映了管理活动自身的特点和客观规律性。管理的艺术性是指管理者在管理实践活动中对管理原理运用的灵活性和对管理方式和方法选择的技巧性。

管理是科学性和艺术性的统一，意味着没有放之四海皆准的管理模式，我们所学习到的管理理论是一般性的、规律性的东西，而实践中的企业却因为所在行业的不同、所有制的不同、规模的不同、发展阶段的不同、战略的不同而各具特色，照抄照搬成功的管理模式未必能解决企业的实际问题，理论只有与实践结合起来，才能找到合适的管理方法或管理模式。

（2）管理是效率和效果的统一。管理是合理分配资源、利用资源的过程。由于资源是稀缺的，所以管理者必须关心这些资源的有效利用。有效的管理包括好效果和高效率。效率＝产出/投入，效果是活动的结果。高效率是正确地做事，好效果是做正确的事。管理工作要注意效率与效果的统一。

二、企业管理的职能

研究者发现，管理者往往会在管理活动中采用一些具有相似性的程序或具有某些共性内容的管理行为，即所谓的管理职能。具体来讲，管理职能是指对管理过程中各项行为的概括，是人们对管理工作应有的一般过程和基本内容所做的理论概括。

---

① 周三多．管理学：原理与方法（第6版）[M]．上海：复旦大学出版社，2014．
② 芮明杰．管理学原理 [M]．上海：格致出版社，2008．

20 世纪初，法国管理学家亨利·法约尔最早提出管理职能论，他认为所有的管理者都行使着五种管理职能：计划、组织、指挥、协调和控制。在法约尔之后，许多学者根据社会环境的新变化，对管理的职能进行了进一步的探究，有了许多新的认识。但当代管理学家们对管理职能的划分，大体上没有超出法约尔的范围。古利克和厄威克就管理职能的划分，提出了著名的管理七职能。他们认为，管理的职能是：计划、组织、人事、指挥、协调、报告、预算。到了 20 世纪 50 年代中期，美国两位管理学家哈罗德·孔茨和西里尔·奥唐纳把管理的职能划分为计划、组织、人事、领导和控制。20 世纪 60 年代，随着系统论、控制论和信息论的产生以及现代技术手段的发展，罗伯特·西蒙提出了决策职能，他认为，决策贯穿于管理过程的各个方面，管理的核心是决策。美国学者希克斯在总结前人对管理职能分析的基础上，提出了创新职能，突出了创新可以使组织的管理不断适应时代发展的论点。

在具体的管理过程中，各项职能往往很难划分得十分清楚。按理来说，一项管理工作总是要首先作决策，再制订计划，然后组织实施，最后协调控制整个进程。但实际上，管理人员常常并不是按顺序执行这些职能，而是同时执行这些职能。所划分的这些职能只是描述了管理活动的一般过程，对于具体领域中具体的管理活动并不一定完全与该描述相一致，在管理中实施的职能可能多一项，也可能少一项，尤其是对特殊性质的管理问题而言，更是如此。

实际上并没有绝对不变的管理职能，任何优秀的管理职能和技巧总是相对于特定的组织环境、管理主体、管理客体，有什么样的组织要素，就应有相应的管理职能。当组织环境、管理主体、管理客体发生变化时，管理职能就应相应地做出改变。虽然对于管理职能的研究有很多种观点，但是所有管理职能的划分都离不开计划、组织、领导和控制这四大最基本的职能。

（一）计划职能

计划是管理的首要职能，它领先于其他管理职能。计划对未来事件做出预测，以制订出行动方案。计划工作是为事物未来的发展规定方向和进程，重点要解决好两个基本问题：一是目标的确定。如果目标选择不对，计划再周密具体也枉费心机，这是计划的关键。二是进程的时序，即先做什么，后做什么，可以同时做什么，均不能错位，这是计划的准则。

在管理科学中，研究的是计划的动态过程，也就是说，要研究计划是如何产生的，从而探索制订计划的一系列科学程序和方法，为管理提供科学的计划决策。管理的计划职能就是要选择组织的整体目标和各部门的目标，决定实现这种目标的行动方案，从而为管理活动提供基本依据。因此，计划职能是管理的首要职能，是从现在通向未来的桥梁。

（二）组织职能

组织是指完成计划所需的组织结构、规章制度、人财物的配备等。它有两个基本要求：一是按目标要求设置机构、明确岗位、配备人员、规定权限、赋予职责，并建立一个统一的组织系统；二是按实现目标的计划和进程，合理地组织人力、物力和财力，并保证它们在数量和质量上相互匹配，以取得最佳的经济和社会效益。

从静态的角度分析，组织是指一种集合，为了达到某个特定目标，由分工合作、明确各自权力与责任的一群人构成的集合。

第一，目标是组织存在的前提，不论是明确的，还是隐含的。例如，大学的目标是为了培养高级人才；工厂的目标是生产顾客满意又有利润的产品；医院的目标是救死扶伤。

第二，组织必须分工与合作，才能产生较高的效率。运动场里的球迷有相同的目的，但没有分工与合作，不能称其为组织，一旦这些球迷组成了球迷协会，各个成员有了分工与合作的关系，这才成为一个组织。

第三，组织要有不同层次的权力与责任制度，以便实现组织的目标。要完成任务，必须具有完成该项任务所必需的权力，同时又要使其负有相应的责任。有权而无责，可能导致滥用权力，有责而无权，则不能令行禁止，这些都不利于组织目标的实现。

从动态的角度分析，组织的职能可以理解为一个过程，是指维持与变革组织结构，并使组织结构发挥作用且完成组织目标的整个过程。任何组织所处的环境总是在不断变化的，当环境变化到一定程度，组织结构也要发生相应的变化，以便与之相适应。否则，原来的组织结构将对工作造成障碍，影响有效地达到组织目标。

（三）领导职能

有人认为领导是一门促使下级以高度的热心和信心来完成工作任务的艺术；也有人认为，领导是一种程序，它使人们在选择目标和达到目标的过程中受指挥者的导向和影响；还有一些人认为，领导是一种说服他人热心追求目标的能力。领导职能是指通过各种信息沟通影响（指挥、激励）组织成员努力向目标迈进的行为或力量。这种行为或力量，人们常常称为影响力。

领导者的影响力来自两个方面：一是职位权力，由于领导者在组织中所处的位置是由上级和组织赋予的，所以人们出于习惯、受到组织约束，不得不服从这种权力。二是个人权力，这是由于领导者自身的某种特殊条件才具有的，如高尚的品德、丰富的经验、卓越的能力、良好的作风等。这种权力对人的影响是发自内心的、长远的。

领导者要使自己有影响力，就要正确行使职位权力和充分运用个人权力。总之，一要素质好，即具有一定的知识、能力和经验，善于集中群众的智慧；二要有权，即说话算数，有明确的组织赋予的权力；三要人和，即能和别人和睦相处，具有良好的人际关系，善于洞察下属的心理，创造和谐的工作环境，激励下属努力工作；四要公正，即为人正派，办事公道，具有献身精神，不利用职权谋取个人私利。管理的领导职能，强调的不是如何利用职权发号施令，而应当是如何在引导、带领、表率、激励上做文章。

（四）控制职能

控制是通过制定标准，并建立信息反馈系统，检查监督实际工作运行情况，及时发现问题并予以纠正。

控制，在现实生活中是一种很普遍的现象。汽车、飞机、轮船的驾驶，机器的操作，生产的调度，战争的指挥，都是控制活动。党纪国法的约束、良心的谴责，目的在于调节人们的社会行为，也是一种控制。

行为是为目标服务的，但有时行为不及或行为过度，都会影响目标的实现。所以，任何组织、任何活动都需要进行控制。由于环境条件不断变化，管理者受知识、经验、技巧、素质的限制，预测不完全准确，制订的计划在执行过程中可能会出现偏差。组织成员素质不齐致使指令不能丝毫不差地贯彻，组织结构与目标之间客观上的差异性致使计划走样，等等，这些都需要组织来控制。通过控制，对可控的偏差，查究责任，予以纠正；对不可控的偏差，修正原计划，使它符合实际。

第二节　管理者

一、管理者的含义

管理者是组织中从事管理活动的人员。大量事实证明，一个组织的成功与失败，在很大程度上取决于管理者。彼得·德鲁克指出，管理者是每个企业中富有活力的赋予企业生机的因素。缺乏管理者的领导，生产资源仍然是资源，但绝不会成为产品。尤其是在一种竞争的经济中，管理者的素质和工作状况决定着企业的成败，甚至决定着企业的生存，因为管理者的素质和工作能力是一个企业在竞争的经济中唯一能够拥有的有效的优势。

从广义上讲，管理者的含义是泛指所有执行管理职能，并对组织目标实现做出实质性贡献的人。这既包括执行传统意义上的管理职能，对他人工作负有责任的人，也包括承担特殊任务，不对他人工作负有责任的人，或者介于这两者之间的人。只要一个人利用其职位和知识，以个人的方式对组织做出实质性的贡献，使该组织工作有成果，就是一位管理者，而不管他对他人是否具有管理监督的权力，是否拥有下属，例如高级工程师、高级会计师、高级经济师等。

二、管理者的分类

组织中的管理者，由于他们的职责和权限不同，他们所起的作用和所处的地位也就不同。因此，可以按照不同的标准把一个组织的管理者划分为不同的类型。最基本的划分方法是按照管理者所处的组织层次和其从事工作的领域进行划分，即从组织的纵向和横向对管理者进行分类。

（一）按管理者所处的组织层次分类

管理者可分为高层管理者、中层管理者和基层管理者，如图2-1所示。高层管理者是指对整个组织的管理负有全面责任的人。他们的主要职责是：制定组织的总目标、总战略，掌握组织的大政方针并评价整个组织的绩效。在与外界的交往中，他们往往以组织"代表"的身份出现。

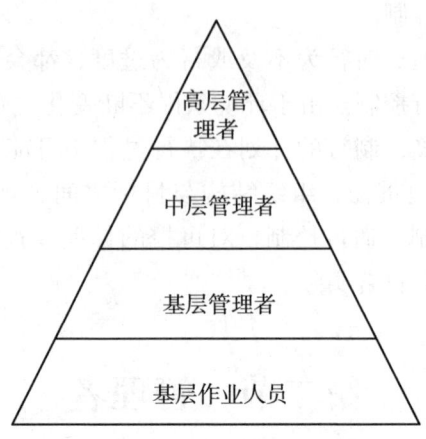

图 2-1　管理者的层级

中层管理者通常是指处于高层管理者和基层管理者之间的一个或若干个中间层次的管理者。他们的主要职责是：贯彻执行高层管理者所制定的重大决策，监督和协调基层管理者的工作。与高层管理者相比，中层管理者更注意日常的管理事务。

基层管理者也称一线管理者，是组织中处于最低层次的管理者，他们所管辖的仅仅是基层作业人员（操作者）而不涉及其他管理者。他们的主要职责是：给下属作业人员分派具体工作任务，直接指挥和监督现场作业活动，保证各项任务的有效完成。

上述三个不同层次的管理者，其工作内容和性质存在很大的差别。一般来说，基层管理者所关心的主要是具体的战术性工作，而高层管理者所关心的则主要是抽象的战略性工作。

（二）按管理者的职责任务分类

按管理者的职责任务划分，可分为决策指挥者、职能管理者和决策参谋人员。

1. 决策指挥者

决策指挥者指在组织各层次中拥有决策指挥权的管理者，通常是组织中或部门中的最高负责人或者主管。例如企业总经理、工厂厂长、车间主任。他们的基本职责是负责组织或组织内各层次的全面管理任务，拥有直接调动下级人员，指挥和支配该组织或部门的全部资源的权力。

2. 职能管理者

职能管理者只负责组织内某种职能的管理。例如企业的总工程师、工厂的设备维修部经理、车间的统计组组长，他们只负责组织中某项单一职能的管理，只对组织中某一职能或专业领域的工作目标负责，只在本职能或专业领域内行使职权、指导工作。职能管理者大多具有某种专业或技术专长，以他们的专业知识对组织目标的实现做出贡献。就一般组织而言，职能管理者主要包括以下类别：

（1）财务管理者。他们主要和组织的金融资源打交道，从事与资金筹集、预算、核算、投资、使用有关的管理工作。对工商类企业的领导者而言，财务知识是必不可少的。

（2）人事管理者，也叫做人力资源管理人员。他们主要负责人力资源的规划、员工的招募和选任、员工的培训和使用、绩效考核和奖惩等工作。

（3）业务管理者。他们主要负责计划、组织和控制日常业务活动的开展，对组织目标的实现负有直接责任。

（4）行政管理者。他们往往是通晓多种知识的全才，基本上对管理领域的各种工作都有了解并且熟悉。行政管理者并不专门从事某一特定的管理专业领域的工作，他们主要是做好后勤保障，以保证其他专业管理者和操作者专心于自己的工作，所以任何组织都少不了行政管理者和行政工作人员。

（5）其他管理者。由于社会上组织类型繁多，各种组织在发展目标、业务范围等方面都存在着差异，所以除了上述分类之外，许多组织还有一些其他的专职管理人员。例如，企业中的研究开发人员、市场营销人员等。

3. 决策参谋人员

决策参谋人员指为各级决策指挥人员提供决策建议的智囊人员。这类人员没有直接的决策指挥权，但他们以自己的知识影响组织决策，有时这种影响还比较大。所以通常将他们也称为管理人员。决策参谋人员的职责是收集、整理、提供与决策相关的各种信息，为决策者提供合理的建议、方案。

三、管理者的素质与技能

由于管理者担负着特殊的职能，因此对他们的素质和能力也有着特殊的要求，因为管理者素质与技能的优劣，关系到他所管辖的组织效能的高低。

一般地说，管理者的素质与技能要求包括以下内容：

（一）管理者的素质要求

（1）政治素质。对于管理者，特别是对领导干部政治素质的要求主要包括三个方面：一是要精通马克思主义的基本原理；二是要坚持党的基本路线；三是要全心全意为人民服务。

（2）品德素质。作为现代管理者应具备的道德素质主要有以下几点：一是强烈的事业心和高度的责任感；二是公道正派，与人为善；三是谦虚谨慎，作风民主；四是以身作则，清正廉洁。

（3）知识素质。对于一个管理者应力求掌握以下几方面的知识：一是自然科学知识；二是社会科学知识；三是专业知识。

（4）业务素质。作为管理者所应具备的专业素质，主要是指管理知识与技能，如科学决策能力、知人善任能力、组织协调能力、开拓创新能力等。

(二) 管理者的技能要求

管理技能是相对于管理者在具体管理方面的能力而言的，是对管理能力的概括和总结。这些管理技能包括技术技能、人际技能、概念技能。

（1）技术技能。技术技能是指使用某一专业领域内有关的工作程序、技术和知识完成组织任务的能力。

（2）人际技能。人际技能就是与周围的人打交道的能力，包括联络、处理和协调组织内外人际关系的能力，激励和诱导组织内人员的积极性和创造性的能力，正确地指导和指挥组织成员开展工作的能力。

（3）概念技能。概念技能是指能够洞察组织与环境相互影响的复杂性，并在此基础上加以分析、判断、抽象、概括并迅速做出正确决断的能力。

需要指出的是，上述管理技能对于不同管理阶层的管理者来说，重要性是不尽相同的。对于基层管理层次来讲，技术技能最为重要。中层管理人员的技术技能相对基层管理者而言要求有所降低，人际技能的重要性几乎相等，但在概念技能方面其要求则有所提高。对于高层管理者，概念技能和人际技能特别重要，一般来说，管理层次越高，概念技能的重要程度也越高。

第三节 管理理论的发展

一、早期的管理思想

企业管理最早是从传统管理阶段起步的。这一阶段是从18世纪末到20世纪初，也就是从资本主义工厂制度产生起，到资本主义自由竞争结束为止，共历时100多年。其标志是：近代工业代替了工场手工业，即由家庭作坊生产转为早期的工厂生产。

（一）资本主义简单协作阶段的管理及主要管理思想

工厂制度起始于资本主义简单协作阶段，随着资本主义的发展和工厂制度的形成，西方国家也面临着一场深刻的思想变革。有越来越多的人研究社会实践中的经济与管理问题。其中最早对经济管理思想进行系统研究的是英国经济学家亚当·斯密（Adam Smith）。亚当·斯密在其发表的《国民财富的性质和原因的研究》中，系统地论述了劳动价值和劳动分工理论。斯密认为劳动是国民财富的源泉，劳动创造价值是工资和利润的源泉[1]。这一理论观点揭示了资本主义经营的指导思想和剥削本质。

---

[1] 亚当·斯密全集（第2卷）：国民财富的性质和原因的研究（上卷）[M]. 郭大力，王亚南，译. 北京：商务印书馆，2014.

斯密在分析劳动分工的作用时指出,"劳动分工可以使工人重复完成单项操作,从而提高劳动熟练程度,提高劳动效率""劳动分工可以减少由于变换工作而损失的时间""劳动分工可以使劳动简化,使劳动者注意力集中在一种特定的对象上,有利于创造新的工具和改进设备"[①]。他的分析和主张不仅符合当时生产发展需要,而且也成了以后企业管理理论中的一条重要原理。

(二) 资本主义工场手工业阶段的管理与主要管理思想

随着资本主义经济的进一步发展,资本主义简单协作逐渐过渡到工场手工业阶段。该阶段是以手工工艺和雇用工人的分工为基础的资本主义工场生产。由于分工,劳动者的熟练程度得到大幅提高,使用的生产工具更为专门化,促进了劳动生产率的大幅度提高,为从手工工具生产过渡到大机器生产创造了前提条件。

工场手工业对生产过程各个阶段、各道工序、各个工种的比例、协调、控制提出了更高的要求。它更强调在劳动分工基础上的协调和提高劳动工效。

这一阶段具有代表性的是查理·巴贝奇(Charles Babbage)的管理思想。1832年,巴贝奇在《论机器和制造业的经济》一书中,全面阐述了自己的观点。巴贝奇认为斯密只注意到了劳动分工能提高效率,却忽视了劳动分工可以减少工资支出。巴贝奇对制针作业进行了典型调查。他把制针的生产制造过程分为七个基本操作工序,并按工序的复杂程度和劳动强度的大小雇用不同的工人,支付不同的工资。如果不实行分工,整个制造过程由一个人完成,那就要求每个工人都有全面的技艺,都能完成制造过程中技巧性强的工序,同时又要有足够的体力来完成繁重的操作。工厂主必须按照全部工序中技术要求最高、体力要求最强的标准来支付工资,这样工资成本就大大提高了。巴贝奇提出一个所谓"边际熟练"原则,即对每个工人的技艺水平、劳动强度划定界限,作为报酬的依据,用以降低工资成本[②]。

巴贝奇还提出人在生产劳动中的重要作用。他认为工人与工厂主之间存在利益的共同点,并竭力提倡所谓利润分配制度,即工人可以按照其在生产中所做的贡献分享部分利润。巴贝奇也很重视对生产的研究和改进,主张实行有益的建议制度。他认为工人的收入应该由三部分组成:按照工作性质所确定的固定工资;按生产效率所做贡献分得的利润;为提高效率而提出建议所应给予的奖励。提出按照生产效率不同来确定报酬的具有刺激作用的制度,是巴贝奇对管理理论的重要贡献[③]。

除巴贝奇外,这一时期的著名管理学者还有空想社会主义者罗伯特·欧文(Robert Owen)。他经过一系列试验,首先提出在工场生产中要重视人的因素,要缩短工人的工作时间,提高工资,改善住宅。他通过改革实验证实,重视人的作用和尊重人的地位,也可

[①] 亚当·斯密全集(第2卷):国民财富的性质和原因的研究(上卷)[M]. 郭大力,王亚南,译. 北京:商务印书馆,2014.

[②][③] 查理·巴贝奇. 论机器和制造业的经济[M]. 北京:外语教学与研究出版社,2003.

以使工厂获得更多的利润。所以有人也认为，欧文是人力资源管理的创始人①。

上述各种管理思想是与当时的工厂制度的形成相适应的。这些管理思想虽然不成体系，且各带有一定的片面性，但它对促进生产和管理理论的形成和发展有着积极的影响。

二、古典管理理论

早期的管理思想只是管理理论的萌芽，真正意义上管理理论体系的形成是在19世纪末至20世纪40年代，亦称该阶段为"科学管理阶段"。这个"科学"是相对于"传统"而言的。该阶段的主要管理理论发展有三个方面：泰勒的"科学管理理论"、法约尔的"一般管理理论"和韦伯的"行政组织理论"。管理理论界也把这三大理论体系统称为"古典管理理论"。这些理论成为现代管理理论的先驱和奠基。

（一）泰勒的科学管理理论

弗雷德里克·温斯洛·泰勒（F. W. Taylor）被誉为"科学管理之父"，是科学管理学派的杰出代表人物。

1. 泰勒的观点

泰勒所创立的管理理论有以下几个主要观点②：

（1）科学管理的根本目的是谋求最高工作效率。泰勒认为，最高的工作效率是工厂主和工人共同达到富裕的基础。它能使较高的工资与较低的劳动成本统一起来，从而使工厂主得到较多的利润，使工人得到较高的工资。这样，便可以提高他们扩大再生产的兴趣，促进生产的发展。所以，提高劳动生产率是泰勒创立科学管理理论的基本出发点，是泰勒确定科学管理的原理和方法的基础。

（2）达到最高工作效率的重要手段，是用科学的管理方法代替旧的经验管理。泰勒认为管理是一门科学。在管理实践中，建立各种明确的规定、条例、标准，使一切科学化、制度化，是提高管理效能的关键。

（3）实施科学管理的核心问题，是要求管理人员和工人双方在精神上和思想上来一个彻底变革。1912年，泰勒在美国众议院特别委员会所做的证词中强调指出：科学管理是一场重大的精神变革。他要求工厂的工人树立对工作、对同伴、对雇主负责任的精神。同时，也要求管理人员——领工、监工、企业主、董事会改变对同事、对工人以及对一切日常问题的态度，增强责任观念。通过这种重大的精神变革，可使管理人员和工人双方都把注意力从盈利的分配转到增加盈利数量上来。

2. 泰勒的管理制度

根据以上观点，泰勒提出了以下的管理制度。

（1）工时研究和标准化。具体做法是从执行同一种工作的工人中，挑选出身体最强壮、

---

① 罗伯特·欧文. 欧文选集［M］. 马清槐，吴忆萱，黄惟新，译. 北京：商务印书馆，1981.
② 弗雷德里克·泰勒. 科学管理原理［M］. 马风才，译. 北京：机械工业出版社，2013.

技术最熟练的一个人,把他的工作过程分解为许多个动作,在其最紧张劳动时,用秒表测量并记录完成每一个动作所消耗的时间,然后按照经济合理的原则加以分析研究,对其中合理的部分加以肯定,不合理的部分进行改进或舍去,制定出标准化的操作方法,并规定完成每一个标准操作或动作的标准时间,制定出劳动时间定额。

(2) 实行差别计件工资制。按照作业标准和时间定额,规定不同的工资率。对完成和超额完成工作定额的工人,以较高的工资率计件支付工资;对完不成定额的工人,则按较低的工资率支付工资。

(3) 科学地选择和渐进地培养工人。泰勒对经过科学选择的工人用上述的科学作业方法进行训练,使他们按照作业标准工作,以改变过去凭个人经验选择作业方法及靠师傅带徒弟的办法培养工人的传统做法。这样改进后,生产效率大为提高。例如,在搬运生铁的劳动试验中,经过选择和训练的工人,每人每天搬运量从12.5吨提高到47.5吨;在铲铁的试验中,每人每天的平均搬运量从16吨提高到50吨[①]。

泰勒认为,要给工人以进一步发展的机会,最终使其能够胜任"最高级、最有趣和最有利可图的工作",这样他们也就能够成为第一流的工人。

(4) 制定科学的工艺规程,并用文件形式固定下来以利推广。泰勒用了十年以上时间进行金属切削试验,制定出了切削用量规范,使工人选用机床转数和走刀量都有了科学标准。

(5) 分离管理和劳动,把管理工作称为计划职能,工人的劳动称为执行职能。泰勒指出,在旧的管理中,所有的计划都是由工人凭个人经验制订的,实行新的管理制度后,就必须由管理部门按照科学规律来制订计划。从事计划职能的人员称为管理者,负责执行计划职能的人称为劳动者。管理者和劳动者在工作中必须互相呼应、密切合作,以保证工作按照科学的设计程序进行。

泰勒从工时测定发展到对作业研究、工资制度、生产进度、车间组织、人员选拔、培训等一系列管理的基本问题的研究,经过毕生努力,他为管理革新奠定了基础。他的主要代表作有:《计件工资》(1895年)、《车间管理》(1903年)、《科学管理原理》(1911年)。

与泰勒同时代的对管理改革做出过贡献的代表人物,还有亨利·甘特、弗兰克·吉尔布雷斯夫妇、福特、亨利·法约尔等,他们的理论和实践构成了泰勒制。泰勒制着重解决的是用科学的方法提高生产现场的生产效率问题。

泰勒制应用在生产现场管理中虽然效果显著,但其推广却并不顺利。一方面是由于社会上传统意识的影响,另一方面是由于它本身存在着某些弱点。我们应当用历史的、辩证的观点给以客观的评价。泰勒制促进了当时工厂的普遍改革,将科学引进了管理领域,创立了一套科学管理方法和科学的操作程序,大幅度地提高了生产效率,推动了生产的发展。泰勒制为现代理论的形成和发展奠定了基础,为解决管理问题开阔了眼界。但是,泰勒把人看作是纯粹的"经济人",认为人的活动仅仅出于个人的经济动机,忽视了企业成员之间

[①] 弗雷德里克·泰勒. 科学管理原理 [M]. 马风才,译. 北京:机械工业出版社,2013.

的交往及工人的感情、态度等社会因素对生产效率的影响。泰勒制是适应历史发展的需要而产生的，同时也受到历史条件和倡导者个人经历的限制。当时，要增加企业的利润，关键是提高工人的劳动效率。泰勒本人长时间从事现场的生产和管理工作，故泰勒的一系列主张，主要是解决工人的操作问题以及生产现场的监督和控制问题，其管理的范围比较小，管理的内容也比较窄，基本没有涉及企业的供应、财务、销售、人事等方面的活动。

（二）法约尔的组织管理理论[①]

法国的亨利·法约尔（Henri Fayol）是和美国的泰勒齐名的古典管理理论的创始人。他的理论思想对管理理论界和企业界都有深刻的影响。法约尔职业生涯的大半时间是在法国的高芒特里—福尔尚布德—德卡斯维尔采矿、冶金联合公司度过的。他历任厂长、工程师、总经理，积累了管理大企业的经验。与此同时，他还在法国军事学院担任过管理教授，对社会上其他行业的管理进行过广泛的调查。他退休后创办了管理研究所。法约尔的经历决定了他的管理思想要比泰勒开阔。他的管理理论发表在1916年法国工业协会的刊物上。1925年出版的《工业管理与一般管理》一书是他的代表作。

法约尔认为，尽管人们对管理谈论得很多，但有关管理定义却是模糊不清的，尤其是管理职能和组织职能（活动）的区别。因此，法约尔从这一区别入手进行研究。

1. 企业的职能

法约尔认为，所有的企业组织，无论规模大小，总存在着以下六类基本职能（更确切的表述应该是"活动"）：

（1）技术职能：企业从事的生产、制造和加工活动。

（2）经营职能：企业从事的采购、销售和交换活动。

（3）财务职能：企业从事的资本筹措、资本的有效运用活动。

（4）安全职能：企业从事的保证员工劳动安全及设备使用安全等活动。

（5）会计职能：企业从事的存货盘点、财产目录的编制，成本核算、统计等活动。

（6）管理职能：企业从事的计划、组织、指挥、协调和控制活动。

在企业的绝大部分工作中，都包括以上六种基本职能。但在不同的工作中，这六项职能所占的比例各不相同。在企业高层工作中，管理活动所占比例最大；在直接生产和事务性工作中，管理活动所占的比例较小。

2. 管理的职能

法约尔对管理做出以下定义，"所谓管理，就是计划、组织、指挥、协调和控制"。这五个要素的内涵如下：

（1）计划：预测未来并制订行动计划。法约尔认为，管理意味着要尽可能准确预测企业未来的各种事态，确定企业的目标、完成目标的步骤，既要有长远的指导计划，也要有短期的行动计划。

[①] 亨利·法约尔. 工业管理与一般管理［M］. 迟力耕，张璇，译. 北京：机械工业出版社，2013.

（2）组织：确立企业在物质资源和人力资源方面的结构。法约尔认为，确定执行工作任务和管理职能的机构，由管理机构进一步确定完成任务所必需的机器、物资和人员，这是管理部门所要解决的中心问题。

（3）指挥：保证企业人员能履行赋予他的职能。指挥是为了企业人员的活动得到保证。管理人员应依靠自己的指挥能力，尽可能使下级有上乘的工作表现，增进下级的工作责任感，使整个企业的活动最有效。要实现这一目标，法约尔对行使指挥权的管理人员提出以下要求：透彻地了解下级；淘汰不胜任工作的人；十分了解约束企业和其雇员的协议；树立好的榜样；定期检查账目，并用概括的图表来促进该项工作；召开会议，主要助手也要参加，讨论决定统一指导和集中努力的问题；不要陷入日常琐碎的事务中去；力争使成员中充满团结、积极、主动和忠诚的精神。

（4）协调：让企业人员团结一致，使企业中的所有活动和努力得到统一和协调。协调企业各部门及各个员工的活动，指导他们走向一个共同的目标。

（5）控制：保证企业一切活动符合指定的计划、既定的原则和发布的命令。为保证控制要素的有效性，法约尔建议应把检验人员同被检验者分开，成立独立、公正的检验部门，以使控制能迅速及时地发挥作用。

3. 管理原则

法约尔在提出企业职能的基础上，还提出了管理人员解决问题时应遵循的14条原则：

（1）分工。劳动专业化是各个机构和组织前进和发展的必要手段。由于减少了每个工人所需掌握的工作项目，故可以提高生产效率。劳动的专业化，使实行大规模生产和降低成本有了可能。同时，每个工人工作范围的缩小，也可使工人的培训费用大为减少。

（2）权力与责任。法约尔认为，权力即下达命令的权利和强迫别人服从的力量。权力可区分为管理人员的职务权力和个人权力。职务权力是由职位产生的；个人权力是指由担任职务者的个性、经验、道德品质以及能使下属努力工作的其他个人特性而产生的权力。个人权力是职务权力不可缺少的条件。他特别强调权力与责任的统一。有责任必须有权力，有权力就必然产生责任。

（3）纪律。法约尔认为，纪律的实质是遵守公司各方达成的协议。要维护纪律就应做到：对协议进行详细说明，使协议明确而公正；各级领导要称职；在纪律遭到破坏时，要给予惩罚，但制裁要公正。

（4）统一命令。一个员工在任何活动中只应接受一位上级的命令。违背这个原则，就会使权力和纪律遭到严重的破坏。

（5）统一领导。为达到同一目的而进行的各种活动，应由一位首脑根据一项计划开展，这是统一行动、协调配合、集中力量的重要条件。

（6）员工个人要服从整体。法约尔认为，整体利益大于个人利益的总和。一个组织谋求实现总目标比实现个人目标更为重要。协调这两方面利益的关键是领导阶层要有坚定性和做出良好的榜样。协调要尽可能公正，并经常进行监督。

（7）人员的报酬要公平。报酬必须公平合理，尽可能使职工和公司双方满意。对贡献大、活动方向正确的职工要给予奖赏。

（8）集权。集权就是降低下级的作用。集权的程度应视管理人员的个性、道德品质、下级人员的可靠性以及企业的规模、条件等情况而定。

（9）等级组织原则。"等级链"即从最上级到最下级各层权力联成的等级结构。它是一条权力线，用以贯彻执行统一的命令和保证信息传递的秩序。

（10）秩序。秩序即人和物必须各尽其能。管理人员首先要了解每一工作岗位的性质和内容，使每个工作岗位都有称职的职工，每个职工都有适合的岗位。同时还要有条不紊地精心安排物资、设备的合适位置。

（11）平等。即以亲切、友好、公正的态度严格执行规章制度。雇员们受到平等的对待后，会以忠诚和献身的精神去完成他们的任务。

（12）人员保持稳定。生意兴隆的公司通常都有一批稳定的管理人员。因此，最高层管理人员应采取措施，鼓励职工尤其是管理人员长期为公司服务。

（13）主动性。给人以发挥主动性的机会是一种强大的推动力量。必须大力提倡、鼓励雇员们认真思考问题和创新的精神，同时也应使员工的主动性受到等级链和纪律的限制。

（14）集体精神。职工的融洽、团结可以使企业产生巨大的力量。实现集体精神最有效的手段是统一命令。在安排工作、实行奖励时不要引起嫉妒，以避免破坏融洽的关系。此外，还应尽可能直接地交流意见等。

法约尔的贡献是在管理的定义、管理的组织理论、管理的原则等方面提出了崭新的观点，为以后管理理论的发展奠定了基础。

（三）韦伯的行政组织理论[①]

德国的社会学家马克斯·韦伯（Max Weber）是另一位古典管理理论的代表人物。他提出了理想的行政组织体系理论，从而被称为"组织理论之父"。

马克斯·韦伯出生于德国一个有着广泛社会和政治联系的富裕家庭。他学术渊博，对社会学、宗教、经济学和政治学都有着广泛的兴趣。韦伯毕生从事学术研究，曾担任过大学教授、主编、政府顾问和作家。他的主要学术著作有：《经济史》《新教伦理和资本主义精神》《社会组织和经济组织理论》等。

1. 组织内部的权威关系

韦伯从研究组织内部的权威关系出发，揭示出不同组织的特性。韦伯认为有三种权威和相应的组织形态。

（1）"个人崇拜权威"相对应的"神秘化组织"。韦伯认为，以超凡的个人崇拜，如赋予上帝、救世主、领袖人物超自然、超人权利，在此基础上建立起来的组织是典型的"神秘化组织"，如"宗教""政治形式出现的小规模革命运动"。但是这种组织内在基础是不稳固的，一旦领袖人物死后，就会出现分裂。

[①] 马克斯·韦伯. 经济与社会（第二卷）[M]. 阎克文，译. 上海：上海人民出版社，2010.

（2）"传统惯例权威"相对应的"传统化组织"。以传统的惯例或先例为权威，在此基础上建立起来的组织，称为传统化组织。这些组织认为，过去一直采用的工作方法就是合理的。

（3）"理性合法权威"相对应的"理性化组织"。这种权威是以"法律"或"升上掌权地位的那些人……发布命令的权利"为基础的。下级对其服从是由于有了依法建立的等级制度，如企业、政府机构、军事组织或任何其他组织。这种类型的组织是以行政性组织形式出现的，韦伯认为这是现代社会中占主导地位的组织形态，也是最理想的组织形态。

2. 理想的组织形式的特点

韦伯把行政性组织视为组织的理想形式。这种理想的组织形式具有以下特点：

（1）实现劳动分工，组织中每个成员的权利和责任都有明文规定，并且把这些权利和责任作为正式职责，使其合法化。

（2）各种公职或职位按权力等级组织起来，形成一个自上而下的指挥链或等级体系。

（3）根据通过正式考试、训练或教育而获得的技术资格来选拔组织中所有的成员，并完全根据职务上的需要任用。

（4）除个别需要通过选举产生公职以外，所有担任公职的人都是任命的。

（5）行政管理人员是"专职的"管理人员，领取固定的薪金，有明文规定的升迁制度。

（6）行政管理人员不是所管辖的那个企业的所有者，只是其中的工作人员。

（7）行政管理人员必须严格遵守组织中规定的规则和纪律。这些规则和纪律是不受个人情感的影响，而在任何情况下都普遍适用的。

三、现代管理阶段及管理思想的发展

第二次世界大战前后，特别是20世纪50～70年代，世界的经济、政治情况发生了极大的变化。在政治上，要求和平、民主和独立的浪潮席卷全球，劳资矛盾空前尖锐。在经济上，资本主义企业的规模在激烈竞争中迅速扩大，呈现出市场国际化、生产经营国际化的态势。在技术上，科学技术急速发展，新兴工业不断出现，技术更新速度空前加快，生产过程机械化、自动化程度不断提高，职工队伍的结构、文化程度都有了新的变化。这些变化客观上要求有新的管理理论和管理方法来指导管理实践。

在这一阶段，有不少管理学家和企业家从事现代管理理论的研究。他们的思想非常活跃，研究的侧重点也互不相同，所以呈现出管理学派林立的局面。

（一）行为科学学派

行为科学是一门研究人类行为规律的科学。泰勒的科学管理理论把人看作"活的机器""机器的附件""经济人"等，而行为科学认为"人"不单是"经济人"，还是"社会人"，即影响工人生产效率的因素除了物质条件外，还有人的工作情绪。人的工作情绪又受人所在的社会及本人心理因素的影响。行为科学的发展，可以分为两阶段，第一阶段是人际关系学说，第二阶段是行为科学理论。

1. 人群关系论

"行为科学"的发展是从人群关系论开始的。人群关系论的代表人物是埃尔顿·梅奥（Elton Mayo）。梅奥曾参加1927~1932年在芝加哥西方电气公司霍桑工厂进行的试验工作，即引起管理学界重视的"霍桑试验"。

霍桑试验的目的是要找出工作条件对生产效率的影响，以寻求提高劳动生产率的途径。梅奥等人通过试验及访谈得出的主要结果是：生产效率不仅受物理的、生理的因素的影响，而且受社会环境、社会心理的影响。这一点是与科学管理的观点截然不同的。他们的观点主要表现在以下几方面①。

（1）企业的职工是"社会人"。即认为人不是孤立存在的，而是属于某一工作集体并受这一集体影响的。他们不是单纯地追求金钱收入，还要追求人与人之间的友情、安全感、归属感等社会的和心理的欲望的满足。

（2）满足工人的社会欲望，提高工人的士气，是提高生产效率的关键。梅奥等人认为"士气"高低决定于安全感、归属感等社会心理方面的欲望的满足程度。满足程度越高，"士气"就越高，生产效率也越高。"士气"又取决于家庭、社会生活的影响以及企业中人与人之间的关系。

（3）企业中实际存在着一种"非正式组织"。企业职工在共同工作、共同生产中，必然产生相互之间的人群关系，产生共同的感情，自然形成一种行为准则或惯例，要求个人服从。这就构成了"非正式组织"。这种非正式组织对于工人的行为影响很大，是影响生产效率的重要因素。

以上就是以霍桑实验为基础所提出的人群关系理论。人群关系理论是"行为科学"管理学派的早期思想，它只强调要重视人的行为；而行为科学还要求进一步研究人的行为规律，找出产生不同行为的影响因素，探讨如何控制人的行为以达到预定目标。

2. 组织行为理论

梅奥等人建立了人际关系学说以后，西方从事这门学科研究的成果大量出现。1949年在美国芝加哥大学举行的一次有管理学家、心理学家参加的跨学科的学术会议上，首次提出"行为科学"的名称。行为科学自提出开始就蓬勃发展，产生了一大批有影响力的行为科学家及其理论。行为科学综合运用与人有关的各种知识，采用系统分析的方法，研究一定组织中人的行为规律，从而提高对人的行为的预测和引导能力，以便更有效地实现既定目标。从行为科学研究对象所涉及的范围来看，其基本分为三个层次，即个体行为、团体行为和组织行为。

（1）有关个体行为的理论包括：其一，有关需要、动机和激励的理论，如需要层次理论、双因素理论、期望理论、公平理论、波特—劳勒模式、归因理论和强化理论等；

---

① 埃尔顿·梅奥. 工业文明的社会问题[M]. 时勘，译. 北京：机械工业出版社，2016.

其二，有关人的特性的理论，如 X 理论—Y 理论、不成熟—成熟理论和有关人性的四种假设等。

(2) 关于团体行为的理论包括：其一，有关团体动力的理论，如团体动力学；其二，有关信息交流的理论，如信息交流分类、正式信息交流网络、非正式信息交流渠道及信息交流效率的提高等；其三，有关团体及其成员相互关系的理论，如社会关系计量学、团体成员互相影响分析法、有关团体间竞争和冲突的理论等。

(3) 有关组织行为的理论包括：其一，有关领导行为的理论，如管理方格法、四分图理论、关于领导者特质论及支持关系理论等；其二，有关组织变革与发展的理论，如 Z 理论。

(二) 管理科学学派

现代管理理论的另一重要学派是管理科学学派。这一学派的理论与泰勒的"科学管理"理论实际上属于同一思想体系，但它又不是泰勒理论的简单延续，而是在它的基础上有新的发展。管理科学学派将近年来的最新科学技术成果应用到管理工作的各个方面，形成了许多新的管理思想和管理技术，使管理工作的科学性达到了新的高度。为了区别于泰勒的"科学管理"理论，学术界将新出现的一系列管理思想与管理技术，统称为"管理科学"。

管理科学理论有如下主要特点：

(1) 生产和经营管理各个领域的各项活动都以经济效果好坏作为评价标准，即要求行动方案能以总体的最少消耗获得总体的最大经济效益。

(2) 将衡量各项活动效果的标准定量化，并借助于数学模型找出最优的实施方案和描述事物的现状及发展规律，摒弃单凭经验和直觉确定经营目标与方针的做法。

(3) 依靠电子计算机进行各项管理。企业经营范围的扩大，决策问题的复杂化，方案选择的定量化，都要求及时处理大量数据和提供准确信息，而这些只有借助计算机才能做到。

(4) 特别强调使用先进的科学理论和管理方法，如系统论、信息论、控制论、运筹学、概率论等数学方法及数学模型。

管理科学学派的主导思想是使用先进的数学方法及管理手段，使生产力得到最为合理的组织，以获得最佳的经济效益，而较少考虑人的行为因素。

(三) 决策理论学派[①]

决策理论学派是以统计学和行为科学作为研究基础。自第二次世界大战以后，许多运筹学家、统计学家、计算机专家和行为科学家都力图在管理领域寻找一套科学的决策方法，以便对复杂的多方案问题进行明确的、合理的、迅速的选择。随着这方面研究工作的进展，决策理论得到了迅速的发展。

---

① 赫伯特·西蒙. 管理行为 [M]. 詹正茂, 译. 北京：机械工业出版社, 2013.

在这个学派中，做出突出贡献的是美国卡内基梅隆大学教授赫伯特·西蒙（Herbert Simon）。他长期讲授计算机和心理学等课程，还从事过经济计量学的研究。由于在决策理论研究中做出的重要贡献，1978年他获得了诺贝尔经济学奖。他的主要著作有：《管理行为》《组织》《经济学和行为科学中的决策理论》《管理决策的新科学》等。

决策理论学派的主要观点如下：

1. 管理就是决策

传统观点认为，决策是高层管理人员的事，是用来解决经济管理中的发展目标和经营方针等重大问题的。西蒙等人认为，管理活动的全部过程都是决策的过程。确定目标，制订计划，选择方案，是经营目标及计划决策；结构设计，生产单位组织，权限分配，是组织决策；计划执行情况检查，在制品控制及控制手段的选择，是控制决策。决策贯穿于整个管理过程，所以管理就是决策。

2. 决策分为程序性决策和非程序性决策

程序性决策即按既定的程序所进行的决策。对于经常发生的问题，往往可制定一个例行程序，凡遇到这一类问题，就按照既定程序进行决策，如存贮问题的决策就属于程序性决策。当问题的涉及面广，又是新发生的，非结构性的，或者问题极为重要而复杂，没有例行程序可以遵循，就多进行特殊处理。对这类问题的决策就称为非程序性决策。如开辟新市场、增加新产品的决策就属于非程序性决策。

企业里大多数管理部门在其日常业务中处理的问题一般是结构性、重复性问题，因此，可以利用常规的、标准的工作程序或事先编制的专门的程序进行决策。近年来，由于数学模型的发展，更为进行这类决策提供了方便。但是非程序决策方法的研究进展却比较缓慢，而这类决策方法是处于关键岗位的高层管理人员极为关注的。

（四）社会系统学派[①]

社会系统学派是从社会学的观点来研究各种组织和组织理论的。这一学派的代表人物是美国的管理学家巴纳德（Chester I. Barnard），其代表作是《经理人员的职能》。这个学派对管理学做出过许多重要贡献。把有组织的企业看成是一个受文化环境的压力和冲突支配的社会有机体，这对管理的理论和实际工作人员都是有帮助的。

巴纳德认为，一个协作系统是由相互协作的许多人组成的。个人可以对是否参与某一协作系统做出选择，这取决于个人的动机，包括目标、愿望和推动力，组织则通过其影响和控制的职能来有意识地协调和改变个人的行为和动机。对于个人目标和组织目标的不一致，巴纳德提出了"有效性"和"能率"两条原则。当一个组织系统协作得很成功，能够实现组织目标时，这个系统就是"有效性"的，它是系统存在的必要条件。系统的"能率"是指系统成员个人目标的满足程度，协作能率是个人能率综合作用的结果。这样就把正式组织的要求同个人的需要结合起来，这在管理思想上是一个重大突破。

---

① 切斯特·巴纳德. 经理人员的职能[M]. 王永贵, 译. 北京：电子工业出版社, 2016.

组织是一种人的行为和活动相互作用的社会协作系统，只有依靠管理人员的协调，才能维持一个"努力合作"的系统。他认为管理人员有三个主要职能：第一是制定并维持一套信息传递系统；第二是促使组织中每个人都能做出重要的贡献，包括职工的选聘和合理的激励方式等；第三是阐明并确定本组织的目标。

巴纳德还从五个方面论述了"领导的性质"这一关系到企业生存和发展的根本性的问题。

（1）构成领导行为的四要素：确定目标，运用手段，控制组织，进行协调。

（2）领导人的条件：平时要冷静、审慎、深思熟虑、瞻前顾后、讲究工作的方式方法；紧急关头则要当机立断，刚柔相济，富有独创精神。

（3）领导人的品质：活力和忍耐力、当机立断、循循善诱、责任心以及智力。

（4）领导人的培养和训练：通过培训增强领导人一般性和专业性的知识，在工作实践中锻炼平衡感和洞察力，积累经验。

（5）领导人的选拔：领导人的选择取决于两种授权机制——代表上级的官方授权（任命或免职），代表下级的非官方授权（接受或拒绝），后者即被领导者的拥护程度，是领导人能否取得成功的关键。领导人选拔中最重要的条件是其过去的工作表现。

巴纳德在组织管理理论方面的开创性研究，奠定了现代组织理论的基础，后来的许多学者如德鲁克、孔茨、明茨伯格、西蒙、利克特等人都极大地受益于巴纳德，并在不同方向上有所发展。

（五）系统管理学派[①]

系统管理学派用系统科学的思想和方法来研究组织管理活动及管理职能。孔茨认为，系统的观点和系统理论的应用的确提高了管理人员对企业管理实践的全面认识和分析洞察力。系统学派的代表人物有美国的卡斯特（F. E. Kast）等人，卡斯特的代表作是《系统理论和管理》。

系统管理学派认为，组织是一个由相互联系的若干要素所组成的开放系统，它具有系统的集合性、相关性、目的性和动态环境适应性，这些要素可以被称为子系统。系统的运行效果是通过各个子系统相互作用的效果决定的。组织不仅本身是一个系统，同时它又是社会系统的一个子系统，组织在与社会环境的相互作用中取得动态的平衡。

从系统观点来考察和管理企业有助于提高企业的效率与效益。因为它使得企业管理人员不至于因为只注意一些专门领域的特殊职能，而忽略了企业的总目标；也不至于忽略企业在这个更大的系统中的地位和作用。企业的系统管理就是把信息、能源、材料和人员等没有联系的资源，整合成为一个达到一定目标的整体系统。按系统观点组织资源的企业，并不会消除企业的各项基本管理职能，反而能把企业中的各个子系统和有关部门的关系网络看得更清楚。计划、组织、控制和信息联系等基本职能不是孤立的，而是围绕着系统及

[①] 丹尼尔·A. 雷恩. 管理思想史（第6版）[M]. 孙健敏，黄小勇，李原，译. 北京：中国人民大学出版社，2014.

其目标而发挥作用的。

但是,系统管理学派也有其先天的不足。西方学者认为,系统管理学派难以满足各方面对它的期望:对那些希望获得具体行动指南的企业经理们来说,它太抽象,不够成熟,难以付诸实施;对那些希望从事分析和研究的学者而言,它又太复杂,可变因素太多,不便于进行研究。尽管如此,仍然有相当多的人对系统理论及其在管理中的应用进行跟踪。而且,系统管理理论中的许多内容,很好地促进了自动化、控制论、管理信息系统、权变理论等的发展。

(六)权变理论学派

权变理论学派是20世纪70年代在西方形成的一种较新的管理思想学派。权变理论学派认为,在企业管理中没有一成不变、普遍适用的管理理论和方法,因为环境是复杂而多变的,管理方式或方法应该随着情况的不同而改变。权变理论学派目前的影响很大,许多管理学派及实际管理人员不仅接受了权变理论学派的思想,而且在管理理论与管理实践中积极地采用权变的管理思想及方法,如领导的权变理论、组织理论中的弹性组织原则等。权变理论学派的主要代表人物有伯恩斯和斯托克、钱德勒、琼·伍德沃德、劳伦斯、洛希、卢桑斯(Fred Luthans)、弗莱德·E. 菲德勒(F. E. Fidler)。

权变学派的管理思想主要有以下几点:

(1)人们是抱着许多不同的需要加入工作组织的,而人们的需要有不同的类型,有的人需要正规化的组织机构和规章制度,有的人却需要更多的自治,更多的责任,更多地发挥创造性的机会实现责任感。

(2)组织形式和管理方法要与工作性质和人们的需要相适应。

(3)组织机构和管理层次的划分,职工的培训和工作的分配、工资报酬、控制程度的安排都要从工作的性质、工作目标、职工素质等方面来考虑,不能千篇一律。

(4)当一个目标达到以后,可以激发职工的成就感,使之为达到新的、更高的目标而努力。

(七)经验主义学派

经验主义学派又称案例学派,这个学派对管理理论的研究是通过对大量管理的实例和案例的研究,来分析管理人员在个别情况下成功及失败的管理经验,从中提炼和总结出带有规律性的结论,这样可以使管理人员能够学习到更多的管理知识与管理技能。

经验主义学派认为管理学就是研究管理的经验。该学派的代表人物主要有:

(1)彼得·德鲁克。其代表作是《管理——任务、责任、实践》《创新与企业家精神》,由于他对管理学发展做出的巨大贡献,被美国《商业周刊》评为"管理大师中的大师"。

(2)欧内斯特·戴尔(Ernest Dale)。他是美国管理学家,并担任一些美国和国际性的大公司的言事和顾问,是欧内斯特·戴尔协会的主席。他的主要著作有:《公司组织结构的计划和发展》《伟大的组织》《组织中的参谋工作》《企业管理的理论与实践》等。

（3）艾尔弗雷德·斯隆（Alfred Sloan）。斯隆曾长期担任美国通用汽车公司的总经理和董事长。他是事业部管理体制的首创人之一。斯隆在1963年出版的《我在通用汽车公司的年代》一书中介绍了他在该公司的工作经验。

（4）亨利·福特（Henry Foul）。他是流水线大量生产管理技术的倡导者。

（5）威廉·纽曼（William Newman）。他是美国管理学家，哥伦比亚大学教授。他的主要著作有《管理的过程》等。

（八）管理过程学派

管理过程学派又叫管理职能学派、经营管理学派。作为当代管理理论的主要流派之一，主要致力于研究和说明"管理人员做些什么和如何做好这些工作"，侧重说明管理工作实务。开山鼻祖是法约尔，当代最著名的代表人物是哈罗德·孔茨。管理过程学派吸收其他管理学家的思想和主张，不断丰富各项管理职能的内容，具有广泛的影响。

管理过程学派的主要特点是将管理理论同管理人员所执行的管理职能，也就是管理人员所从事的工作联系起来。他们认为，无论组织的性质多么不同（如经济组织、政府组织、宗教组织和军事组织等），组织所处的环境多么不同，但管理人员所从事的管理职能却是相同的，管理活动的过程就是管理的职能逐步展开和实现的过程。因此，管理过程学派把管理的职能作为研究的对象，他们先把管理的工作划分为若干职能，然后对这些职能进行研究，阐明每项职能的性质、特点和重要性，论述实现这些职能的原则和方法。管理过程学派认为，应用这种方法就可以把管理工作的主要方面加以理论概括并有助于建立起系统的管理理论，用以指导管理的实践。

思考题

1. 为什么说管理既是一门科学又是一门艺术？
2. 如何理解企业管理的五大职能？
3. 高层管理者、中层管理者和基层管理者的职责区别是什么？
4. 要成为一名优秀的管理者，需要具备哪些技能？
5. 科学管理理论的代表人物有哪些？他们的主要观点是什么？
6. 泰勒的科学管理在今天的市场环境下是否适用？
7. 一般管理理论与科学管理理论的显著差异是什么？
8. 行为科学理论与科学管理理论的显著差异是什么？
9. 在你的身边存在非正式组织吗？你认为非正式组织对正式组织会产生什么影响？
10. 举例说明权变理论在企业管理实践中的应用。

案例研究

小郭最近被一家生产机电产品的公司聘为总裁。在他准备去接任此职位的前一天晚上，他浮想联翩，回忆起他在该公司工作20多年的情况。

他在大学时学的是工业管理，大学毕业后就到该公司工作，最初担任液压装配部门的助理监督。因为他对液压装配所知甚少，在管理工作上也没有实际经验，他感到几乎每天都手忙脚乱。可是他非常认真好学，他一方面仔细参阅该单位所制定的工作手册，努力学习有关的技术知识；另一方面监督长也对他主动指点，使他渐渐摆脱了困境，胜任了工作。经过半年多时间的努力，他已有能力独自承担液压装配的监督长工作。可是，当时公司没有提升他为监督长，而是直接提升他为装配部经理，负责包括液压装配在内的四个装配部门的领导工作。

在他当助理监督时，他主要关心的是每日的作业管理，技术性很强。而当他担任装配部经理时，他发现自己不能只关心当天的装配工作状况，他还得做出此后数周乃至数月的规划，还要完成许多报告和参加许多会议。他没有多少时间去从事他过去喜欢的技术职责。当上装配部经理不久，他就发现原有的装配工作手册已基本过时，因为公司已安装了许多新的设备，吸收了一些新的技术，这令他花了整整一年时间去修订工作手册，使之切合实际。在修订过程中，他发现要让装配工作与整个公司的生产作业协调起来有很多需要进一步研究的工作。他还主动到几个工厂去访问，学到了许多新的工作方法，他也把这些吸收到修订工作中去。由于该公司的生产工艺频繁发生变化，工作手册也不得不经常修订，小郭对此都完成得很出色。他工作了几年后，不但自己学会了这些工作，而且还学会如何把这些工作交给助手去做，教他们如何做好，这样他可以腾出更多时间用于规划工作和帮助他的下属工作得更好，用更多的时间去参加会议、批阅报告和完成自己向上级的工作汇报。

他担任装配部经理6年之后，正好该公司负责规划工作的副总裁辞职，小郭便主动申请担任此职务。在同另外5名竞争者较量之后，小郭被正式提升为规划工作副总裁。他自信拥有担任此新职务的能力，但由于此职务工作的复杂性，他在刚接任时碰到了不少麻烦。但是，他还是渐渐适应了，做出了成绩，以后又被提升为负责生产工作的副总裁，而这一职位通常是由该公司资历最深的、辈分最高的副总裁担任。现在，小郭又被提升为总裁。他觉得自己还没有足够的心理准备，不免为此而担忧！

讨论题：
1. 你认为小郭当上总裁后，他的管理职责与过去相比有了哪些变化？
2. 从管理者职能的角度，对小郭20多年的管理工作进行分析。

第三章　战略管理

学习目标

1. 了解战略、战略管理的含义。
2. 熟悉各种战略分析工具。
3. 掌握各种类型的公司战略。
4. 掌握各种类型的通用型竞争战略。
5. 了解并理解跨界经营战略。

本章框架

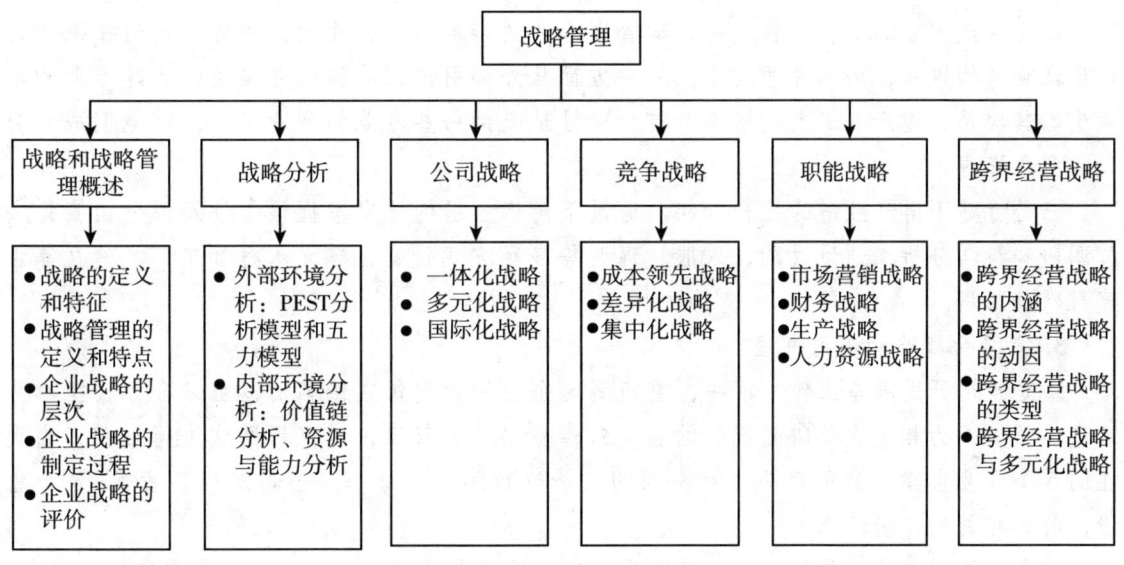

导入案例

SY 集团有限公司的差异化战略

　　SY 集团有限公司是一家拥有建筑工程施工总承包特级资质、工程设计建筑行业甲级资质、市政公用工程总承包一级资质、机电工程施工总承包一级资质、园林古建承包一级资质的集团公司。

　　从 2015 年起，SY 集团有限公司开始实施差异化战略管理，通过发挥集团目前所拥有的园林古建筑资质方面的优势，依托近几年国家大力提倡发展旅游产业、新兴特色小镇等传统古建筑的政策，实行差异化战略，打造成国内古建筑的第一品牌。

1. 选择差异化战略的原因

SY集团作为国家《传统建筑工程技术标准》的主编单位，负责《仿古建筑工程消耗量定额》的编制工作，近年来随着国家"一带一路"倡议的实施，为传统文化输出提供了有利契机，而传统文化最标志性的符号就是传统建筑，因此做大做强古建专业板块恰逢其时。SY集团也认识到，只有走差异化战略，将企业核心竞争力品牌做大做强，才能提升企业的盈利。

2. 差异化战略的总体设计

公司差异化战略管理的目标是，自2015年起，经过5~8年的发展，将古建筑板块的市场开发提升至占全集团市场开发的30%，利润贡献占全集团利润的60%。公司差异化战略的内容及措施如下：

一是古建市场开发。把市场营销的理念引入古建承揽任务的开发，主动对接市场，寻找资源，以推广"产品"的方式，开拓古建市场。加强战略合作，在市场的开发过程中，借船出海，借力发展，借助于有古建任务的社会资源，通过合作项目的方式增长公司的业绩。

二是古建人才的培养。首先是古建管理人才的培养。一方面内部培养，通过授课学习和现场观摩的方式，培养管理人才；另一方面从外部引进，从学校直接招聘古建专业的毕业生。其次是古建产业工人的培养。有针对性地吸纳一些专业的产业工人，使他们成为公司的竞争资源。

三是古建下游产业链的拉长加粗。通过下游产业链的开发掌握核心资源，分组安排人员调研和科学分析，通过收购、入股、混改等多种方式投资，建立木材加工厂、砖瓦等古建材料加工厂。

3. 差异化战略的应用流程

一是市场开发准备工作。第一，重新制定企业的古建筑宣传画册，由综合办公室牵头负责。第二，为相关人员印制统一的古建筑专业名片。第三，对市场区域进行细化，由现在的5个专业古建分公司牵头，对全国的省份进行划分，每个分公司对应负责5~8个省份，收集相关的市场信息。

二是加大对专业人员的培训。集团公司建立培训专项费用，设计培训内容和培训证书。人力资源中心牵头组织考试，考试结果与员工的月度补贴挂钩。

三是加强对专业下游供应商的考察、投资。集团建立专项费用，对下游木作、砖瓦、木雕、石雕、油漆、彩绘等材料进行考察，并分批编制出考察报告和投资可行性分析，由相关部门对投资可行性分析报告进行评审。

四是引进产业工人。人力资源部门确定产业工人引进的方案及薪酬体系，从现有合作的施工队伍中筛选相应的专业人员。

4. 公司差异化战略产生的效益

根据2016~2018年三年的公司利润数据，实施差异化战略以来，古建筑项目的收入年均增长达50%左右，对集团利润贡献同步增幅也在47%~60%。通过差异化战略管理，公司 24% 的收入为集团公司贡献了将近 50% 的利润,尤其是古建筑项目的利润更是高于普通建筑利润的近三倍,差异化战略效果突显。

资料来源:张铁飞. 差异化战略管理在施工企业中的应用 [J]. 中外企业家,2019,637 (11):115-116.

请思考:
1. 企业实施差异化战略的条件是什么?
2. 差异化战略的收益和风险是什么?

第一节 战略和战略管理概述

一、战略的含义和特征

(一)战略的含义

"战略"源于古代兵法,属军事术语,意译于希腊一词 "strategos",其含义是 "将军",词义是指挥军队的艺术和科学,也意指基于对战争全局的分析而做出的谋划。20 世纪 60 年代,战略思想开始运用于商业领域,鉴于市场经济激烈的竞争环境,为兼顾长、短期利益,促进企业长远发展,受美国经济学家安索夫《企业战略论》一书的影响,"战略"一词开始广泛应用于经济管理中,并由此延伸至社会、教育、科技等各个领域。

什么是企业战略?在管理学文献中,对战略的定义,可谓众说纷纭,莫衷一是。然而,在各种不同的定义中,呈现出一些核心和基础的要素,反映了一些常见和主要的特点。

对战略最为精彩的描述之一当属商业史学家小钱德勒在《战略与结构》中给出的定义:"战略可以定义为确立企业的根本长期目标并为实现目标而采取必需的行动序列和资源配置。"

伊戈尔·安索夫(1965)认为,战略是企业经营活动和产品、市场的共同主线,其主要的 4 个成分是产品/市场范围、成长方向、竞争手段和协同作用。

亨利·明茨伯格从不同的层次和侧面对战略进行了复合定义。他采用 5 个在英文中以 P 为头一个字母的词语来为战略做出一个综合的 5P 定义,亦即:计划(plan),总体规划与基本准则;计谋(ploy),可操作性较强的谋略和计策;模式(pattern),一系列决策中形成的某种共性;定位(position),在竞争图景中的位置选择;视角(perspective),经久一致的思维方式。

迈克尔·波特在《什么是战略》一文里兼容自己早期有关战略定位的理论创建以及后来资源本位企业观的主要论点,强调了战略的实质在于与众不同,在于提供独特的消费者价值。

钱·金和勒纳·莫博妮在《蓝海战略》中则认为,战略包括企业关于消费者价值的主张,关于企业利润的主张,以及在组织活动中关于人的主张,并着重强调创新和改变游戏规则对于战略的重要性。

针对"战略",我国学者也提出了各自不同见解:战略是确定企业长远发展目标,并指出实现长远目标的策略和途径;战略是企业面对激烈变化、严峻挑战的环境,为求得长期生存和不断发展而进行的总体性谋划;战略是指根据市场现状及远景预测,结合自身资源基础,规划的企业发展轨迹和确立的企业奋斗目标。无论给"战略"赋予何种定义,其本质都脱离不了要涉及经营环境分析、未来发展预测、远景目标设定、勾画远景目标轨迹和制定战略策略等要素。

企业经营不是一个短期的行为,面对动态的竞争环境,"战略"的内涵表现为远景的经营思考和经营决策。按"战略"在经济管理活动中的地位和作用,依据战略的本质特点,企业战略可以定义为:一个组织在广泛的环境中,利用各种资源以获得竞争优势的行动计划。

(二) 战略的特征

企业战略是设立远景目标并对实现目标的轨迹进行的总体性、指导性谋划,属宏观管理范畴,具有指导性、全局性、长远性、竞争性、系统性、风险性六大主要特征。

(1) 指导性。企业战略界定了企业的经营方向、远景目标,明确了企业的经营方针和行动指南,并筹划了实现目标的发展轨迹及指导性的措施、对策,在企业经营管理活动中起着导向的作用。

(2) 全局性。企业战略立足于未来,通过对国际和国家的政治、经济、文化及行业等经营环境的深入分析,结合自身资源,站在系统管理高度,对企业的远景发展轨迹进行全面的规划。

(3) 长远性。"今天的努力是为明天的收获""人无远虑、必有近忧"。首先,兼顾短期利益,企业战略着眼于长期生存和长远发展的思考,确立了远景目标,并谋划了实现远景目标的发展轨迹及宏观管理的措施、对策。其次,围绕远景目标,企业战略必须经历一个持续、长远的奋斗过程,除根据市场变化进行必要的调整外,制定的战略通常不能朝令夕改,要具有长效的稳定性。

(4) 竞争性。竞争是市场经济不可回避的现实,也正是因为有了竞争才确立了"战略"在经营管理中的主导地位。面对竞争,企业战略需要进行内外环境分析,明确自身的资源优势,通过设计适当的经营模式,形成特色经营,增强企业的对抗性和战斗力,推动企业长远、健康的发展。

(5) 系统性。立足长远发展,企业战略确立了远景目标,并需围绕远景目标设立阶段目标及各阶段目标实现的经营策略,以构成一个环环相扣的战略目标体系。同时,根据组织关系,企业战略需由公司战略、业务战略、职能战略三个层级构成。

(6) 风险性。企业做出任何一项决策都存在风险,战略决策也不例外。只要市场研究深入,行业发展趋势预测准确,设立的远景目标客观,各战略阶段人、财、物等资源调配得当,战略形态选择科学,制定的战略就能引导企业健康、快速的发展。反之,仅凭个人主观判断市场，设立目标过于理想或对行业的发展趋势预测存在偏差，制定的战略就会产生管理误导，甚至给企业带来破产的风险。

二、战略管理的含义和特点

（一）战略管理的含义

什么是战略管理？战略管理是指对企业战略的管理，包括战略制定/形成（strategy formulation/formation）与战略实施（strategy implementation）两个部分。

战略是直接左右企业能否持续发展和持续盈利最重要的决策参照系。战略管理则是依据企业的战略规划，对企业的战略实施加以监督、分析与控制，特别是对企业的资源配置与事业方向加以约束，最终促使企业顺利达成企业目标的过程管理。

安索夫最初在其1976年出版的《从战略规划到战略管理》一书中提出了"企业战略管理"。他认为，企业的战略管理是指将企业的日常业务决策同长期计划决策相结合而形成的一系列经营管理业务。

斯坦纳在他1982年出版的《企业政策与战略》一书中则认为，企业战略管理是确定企业使命，根据企业外部环境和内部经营要素确定企业目标，保证目标的正确落实并使企业使命最终得以实现的一个动态过程。

综上所述，战略管理可定义为：企业确定其使命，根据组织外部环境和内部条件设定企业的战略目标，为保证目标的正确落实和实现进行谋划，并依靠企业内部能力将这种谋划和决策付诸实施，以及在实施过程中进行控制的一个动态管理过程。

（二）战略管理的特点

企业全部管理活动的重点是制定战略和实施战略。而制定战略和实施战略的关键在于对企业外部环境的变化进行分析，对企业的内部条件和素质进行审核，并以此为前提确定企业的战略目标，使三者之间达成动态平衡。战略管理的任务就在于，通过战略制定、战略实施和日常管理，保持企业的动态平衡，实现企业的战略目标。战略管理具有以下特点。

1. 战略管理具有全局性

企业的战略管理是以企业的全局为对象，根据企业总体发展的需要而制定的。它所管理的是企业的总体活动，所追求的是企业的总体效果。虽然这种管理也包括企业的局部活动，但是这些局部活动是作为总体活动的有机组成部分在战略管理中出现的。

2. 战略管理的主体是企业的高层管理人员

由于战略决策涉及一个企业活动的各个方面，虽然它也需要企业上、下层管理者和全体员工的参与和支持，但企业的最高层管理人员介入战略决策是非常重要的。这不仅是由于他们能够统观企业全局，了解企业的全面情况，而且更重要的是他们具有对战略实施所需资源进行分配的权力。

3. 战略管理涉及企业大量资源的配置问题

企业的资源，包括人力资源、实体财产和资金，或者在企业内部进行调整，或者从企业外部来筹集。在任何一种情况下，战略决策都需要在相当长的一段时间内致力于一系列的活动，而实施这些活动需要有大量的资源作为保证。为保证战略目标的实现，需要对企业的资源进行统筹规划，合理配置。

4. 战略管理从时间上来说具有长远性

战略管理中的战略决策是对企业未来较长时期（5年以上）内，就企业如何生存和发展等进行统筹规划。虽然这种决策以企业外部环境和内部条件的当前情况为出发点，并且对企业当前的生产经营活动有指导、限制作用，但是这一切是为了更长远的发展，是长期发展的起步。

5. 战略管理需要考虑企业外部环境中的诸多因素

现今的企业都存在于一个开放的系统中，它们通常被那些不能由企业自身控制的因素影响。因此在未来竞争的环境中，企业要使自己占据有利地位并取得竞争优势，就必须考虑与其相关的因素，这包括竞争者、顾客、资金供给者、政府等外部因素，以使企业的行为适应不断变化中的外部力量，使企业能够继续生存下去。

三、企业战略的层次

一般来说，拥有多个战略业务单位（strategic business unit，SBU）的企业战略至少可以分为三个层次：公司层战略（corporate-level strategy）、业务层战略（business unit strategy）和职能层战略（functional-level strategy）。而对于只拥有单个战略业务单位的中小企业，其公司层战略和业务层战略是合二为一的。

（一）公司层战略

公司层战略又称总体战略，是企业最高层次的战略。公司层战略的关注范围是由多个战略业务单位组成的、从事多元化经营的企业整体。

（二）业务层战略

业务层战略也称竞争战略，它是在公司层战略的指导下，就如何在某个特定的市场上成功开展竞争制订的战略计划。战略业务单位是指其产品和服务有着不同于其他战略业务单位的外部市场，从事多元化经营的公司往往拥有多个战略业务单位。

（三）职能层战略

职能层战略是属于企业运营层面的战略，它是为了贯彻和实施公司层战略和业务层战略，在企业各职能部门制定的战略。职能层战略是企业内各主要职能部门的短期战略计划，一般可分为研发战略、生产战略、营销战略、人力资源战略和财务战略等。

公司层战略、业务层战略和职能层战略共同构成了企业完整的战略体系，只有不同层次的战略彼此联系、相互配合，企业的经营目标才能实现。

四、企业战略的制定过程

战略管理过程可以分为战略制定、战略实施和战略评价三个部分。其中战略制定包括战略分析和战略选择。

（一）战略制定

战略制定包括两个方面：战略分析与战略选择。战略分析包括企业使命与愿景、外部环境分析和内部资源与能力分析。战略选择包括三个阶段：制订备选方案、评估备选方案和选择方案。

（二）战略实施

战略实施就是将战略方案转化为实际行动并取得成果的过程。在这一过程中，企业通过分解战略目标设立年度目标、配置资源，建立有效的组织结构。战略实施主要应考虑三个主要问题：公司治理结构、组织结构和资源配置。

（三）战略评价与变革

战略评价就是将反馈回来的实际成效与预期的战略目标进行比较，如果有明显的偏差，就要采取有效的措施进行纠正，以保证组织战略目标的最终实现。

由于战略管理过程是一个动态发展的过程，企业进行战略变革就是为了取得或保持竞争优势，在外部环境与企业的内部资源与能力的动态平衡正在发生或将要发生变化时，对企业经营范围、核心资源与经营网络等战略内涵的重新定义。

五、企业战略的评价

（一）什么是战略评价

战略评价是检测战略实施进展，评价战略执行业绩，不断修正战略决策，以期达到预期目标。战略评价包括三项基本活动：考察企业战略的内在基础；将预期结果与实际结果进行比较；采取纠正措施以保证行动与计划的一致。

（二）战略评价的内容

战略评价主要从以下几个方面进行：
(1) 战略是否与企业的内外部环境相一致。
(2) 从利用资源的角度分析战略是否恰当。

(3) 战略涉及的风险程度是否可以接受。
(4) 战略实施的时间和进度是否恰当。
(5) 战略是否可行。

第二节 战略分析

战略分析包括对企业内外部的环境分析,其中外部环境分析包括宏观环境、行业环境、竞争者环境、利益相关者分析等,内部环境分析包括价值链分析、资源与能力分析、核心竞争力分析、SWOT分析等。本节内容主要介绍几种经典的分析框架工具。

一、外部环境分析

(一) 宏观环境分析

宏观环境分析一般分析构成企业战略外部环境的要素。分析外部环境的一个常用工具是PEST分析模型,即将企业所处的外部环境划分为政治环境(political)、经济环境(economic)、社会文化环境(sociocultural)、技术环境(technological)四个方面。这四个方面的因素都将会影响企业的战略决策、战略选择和战略实施情况。

(1) 政治环境分析。企业的政治环境是指制约和影响企业的各种政治要素及其运行所形成的环境系统,具体内容包括企业经营所在地的政治制度与体制、政治气氛、政治性团体、执政党的方针与政策,以及所在国家与地区的法律、法规等。具体来讲,构成政治环境的关键战略因素包括:政府的管制和管制解除、财政和货币政策的变化、特殊的地方及行业规定、世界原油、货币及劳动力市场、进出口限制、他国的政治条件、政府的预算规模等。这些因素往往直接影响着企业的经营状况,制约和影响企业的经营行为,尤其是影响企业较长期的投资行为。

(2) 经济环境分析。企业的经济环境是指构成企业生存和发展的社会经济状况及国家经济政策。社会经济状况包括企业外部的经济结构、产业布局、资源状况、经济发展水平以及未来的经济走势等,涉及国家、社会、市场及企业等多个领域。国家经济政策是国家履行经济管理职能、调控宏观经济水平和结构、实施国家经济发展战略的指导方针,对企业经济环境有着重要影响。具体来讲,关键的经济指标涉及国民生产总值变化趋势、进出口限制、汇率升降情况、货币市场利率水平、通货膨胀率水平、失业率水平、居民可支配收入水平、劳动生产率水平、财政货币政策的松紧、市场机制的完善程度、市场需求情况。这些因素往往直接影响着企业的经营,如利率上升会提高企业的利息支出。

(3) 社会文化环境分析。企业的社会文化环境是指企业所处国家或地区的社会结构、价值观念、宗教信仰、行为规范、生活方式、文化传统、消费偏好以及其他会影响需求的生活、人口等因素的形成与变动。相关因素具体包括教育水平、就业状况、城乡差别、社会保障、人口数量、人口地理分布、人口迁移、出生率、死亡率等。这些变化中的社会文化因素会改变社会对企业产品及劳务的需求,企业的战略决策和经营实践也会随之发生变化。

(4) 技术环境分析。企业的技术环境是指企业所在国家或地区的社会科技水平、社会科技力量、国家科技体制、国家科技政策和科技立法以及与这些要素直接相关的各种社会现象的集合,具体表现为企业所处社会环境中的技术水平、技术体制、技术政策、技术变迁与技术突破对企业的影响及其与政治、经济、社会环境之间的相互作用等。技术因素包括:具有划时代意义的发明创造;与企业生产有关的新技术、新工艺、新设备和新产品的发展趋势及应用前景。这些新的技术会影响到企业的生产效率、管理效率、销售增长情况等。

(二) 行业环境分析

哈佛大学战略学教授迈克尔·波特在《竞争战略》一书中提出企业所处的行业环境是企业外部环境的关键因素,行业结构、行业生命周期、行业竞争状况等对企业确定和竞争战略的选择影响极大,行业环境分析是制定企业经营战略的基石。迈克尔·波特创立了行业环境分析模型,也称行业吸引力分析模型或者五要素竞争力模型(five forces framework),通常被简称为"五力模型"。行业环境分析的五种力量分别是:潜在进入者的威胁(threat of new entrants)、供应商讨价还价的能力(bargaining power of suppliers)、顾客讨价还价的能力(bargaining power of buyers)、替代品的威胁(threat of substitutes)以及行业内部竞争对手间的竞争强度(rivalry)。整个行业的竞争态势和获利能力取决于这五种力量的现状、消长趋势及其相互作用关系,如图3-1所示。

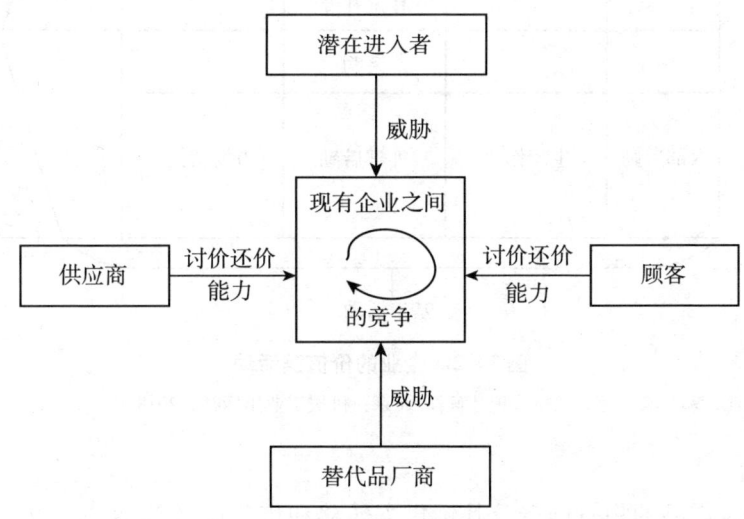

图3-1 波特的五力竞争模型

资料来源:魏江,邬爱其,等. 战略管理 [M]. 北京:机械工业出版社,2018.

在波特的五力模型分析框架中，竞争力量强被视为威胁，因为它挤压利润，该情形下一般不会出现某个企业获得非常高的收益的状况；而竞争力量弱则被视为机会，因为公司可以获得更多的盈利，该情形下会出现相当多的企业都可获得较高的收益。五种基本竞争力量的作用是不同的，可能会随时间和产业状况的变化而变化，问题的关键是在该行业中的企业应当找到能较好地防御这五种竞争力量的位置，识别每个竞争因素的关键组成部分，评价每个要素对企业的作用和重要性，确定这些要素的综合作用是否值得企业进入或继续留在某个行业。因此，企业在制定经营战略时，有必要对这五种基本竞争力量逐一加以分析，甚至对这五种基本竞争力量施加影响，使它们朝着有利于本企业的方向发展。波特的五力模型可以很好地分析企业参与竞争的行业和可能选择竞争的行业的潜在盈利能力。

二、内部环境分析

（一）价值链分析

迈克尔·波特教授在1985年出版的《竞争优势》一书中提出了价值链概念。价值链指的是每一种最终产品从其最初的原材料投入到达最终的消费者手中所要经过的所有作业环节。企业的价值链活动包括基本活动和辅助活动两大部分，如图3-2所示。

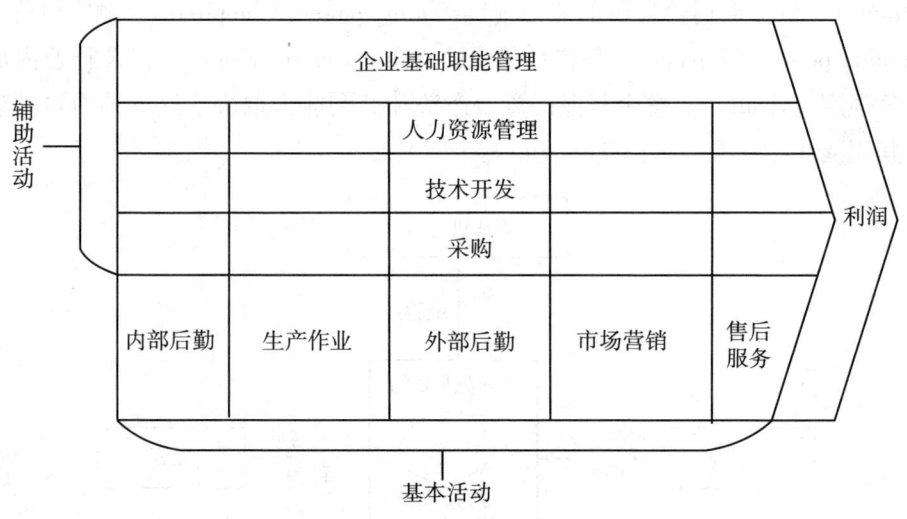

图3-2 企业的价值链活动

资料来源：魏江，邬爱其，等. 战略管理［M］. 北京：机械工业出版社，2018.

1. 基本活动

基本活动涉及产品的物质创造及其销售、转移和售后服务等活动。每一种基本活动对于形成和维持某一行业的竞争优势都可能是至关重要的。在任何企业中，基本活动都可以划分为五种基本类型。

（1）内部后勤：指与资源接收、储存以及向生产部门分配投入品相关的活动，如收货、原材料搬运和整理、仓储、库存控制、运输工具调度和向供应商退货等。

（2）生产作业：指生产运营时将生产要素投入转变成最终产品的活动，如机器加工制造、检测、装配、包装、设备维护、产品检验、打印清单、厂房设施管理和员工调动等。

（3）外部后勤：指与信息收集、存储和向用户进行实物分送有关的活动，如产成品的仓储、材料搬运、交货时运输工具的使用、订货的进度安排等。

（4）市场营销：指产品市场定位、营销方式确定及购买渠道疏通的各种活动，如市场调研、产品策划、广告促销、销售队伍、定价、销售渠道等。

（5）售后服务：指在售后提供维持与加强产品价值的活动，如安装、修理、培训、零部件供应和产品调整等。

2. 辅助活动

辅助活动是通过提供采购投入、技术、人力资源以及其他各种公司职能支持基本活动。辅助活动是辅助基本活动的活动，一般可以划分为四种类型。

（1）采购。采购是指在企业整个价值链各项活动中的投入，而不仅是内部后勤的采购活动，包括各项活动所需原材料、易耗品、机器设备、办公设备及建筑物等。其中，外购投入品包括原材料、其他在生产过程中所使用的物品，以及如办公设备、实验设备、机器设备和建筑物之类的固定资产。尽管外购投入品通常与基本活动相联系，但包括辅助活动在内的每种价值活动都存在着外购投入品，采购有扩展到整个企业范围内的倾向。

（2）技术开发。技术开发（不仅是指研究与开发中的技术开发）发生在企业许多部门，这里的技术包括技术诀窍、技术方式、方法或体现在关键设备中的技术。任何价值活动都包含着技术，技术开发由许多活动组成，通过这些活动的开展，有利于改进产品和工艺过程。一个企业的技术水平直接关系到企业产品的功能、质量、资源利用效率及企业运行效率。

（3）人力资源管理。人力资源管理包括各种涉及所有类型人员的招聘、雇用、培训、开发和激励等各种活动。人力资源管理活动同其他的辅助活动一样，存在于一个企业的不同部门里，对单项的基本活动、辅助活动和整个价值链都有着重要作用。在任何一个企业里，均可通过实施合理的雇员选拔、聘用和培训等人力资源政策来提高竞争优势。

（4）企业基础职能管理。企业基础职能管理包括企业总体管理、计划、财务、质量、企业管理信息系统、法律及其他各项管理活动。与其他辅助价值活动不同的是，通常企业基础职能支撑的是整个价值链而不是单项活动。企业基础职能的形式取决于企业是否实行多样化经营。

价值链分析旨在认识和了解企业价值增值的过程，通过价值链分析，可以帮助企业找到能够形成自身竞争优势的活动环节。价值链中的各项活动对企业竞争优势的形成所起的作用是不同的。要站在最终用户的角度来评价企业的价值链，要使企业整个价值体系做到整体最优，企业价值链分析就是要抓住企业价值增值链中的关键环节仔细进行分析，找到企业存在的优势及劣势。

(二）资源与能力分析

资源基础观（resource-based view，RBV）认为，为取得并维持竞争优势，企业的内部资源比外部因素更加重要。企业资源是指企业生产和运营过程中的各种投入要素，如资金、设备、员工技能、市场关系、专利以及管理者的才能等。企业资源通常也被划分为有形资源（tangible resources）和无形资源（intangible resources）两类。随着市场竞争的日益激烈，企业构建持续经营优势的重点逐步从有形资源的获得转向无形资源的获得。

1. 企业资源分析

（1）有形资源。有形资源是指那些可被看见和量化的资产，如生产设备、生产器械、分销中心以及正式的生产流程报告系统等。有形资源通常包括四种主要类型：财务资源、组织资源、实物资源和技术资源，如表3-1所示。

表3-1　　　　　　　　　　有形资源的分类与评估

资源类型	主要内容	主要指标
财务资源	企业的融资能力	资产负债率、资金周转率、各项开支、使用制度
	企业通过内部运营获得资金的能力	
	企业资金使用的弹性	
组织资源	正式的报告系统	企业流程的运行效率
	正式的计划、控制和协调系统	
实物资源	企业先进的工厂、设备和优越的地理位置	固定资产的现值、固定资产的折旧率、厂房的规模、固定资产的灵活性
	土地、建筑物及其替代用途	
	企业拥有的原材料	
技术资源	以专有技术（专利、版权、商业秘密）形式拥有的技术储备和专业知识与方法	专利数量和价值、专利产出

作为有形资源，企业的借款能力和物质设备的状况都是可见的。许多有形资源的价值可以在财务报表中反映出来，但是这些报表并不能反映公司所有资产的价值，因为它遗漏了一些无形资源。有形资源的价值也是有限的，因为它们很难进行更多的综合利用，也就是说，公司很难从有形资源中获得额外的业务或价值。

（2）无形资源。无形资源是指那些不易被看见和察觉的，同时也很难被竞争对手发现和模仿的，但深深地根植于公司的历史之中且随着时间的流逝不断积累的资产，也就是在财务报表上并不反映的资源，如知识、品牌、管理模式、组织制度、良好的声誉、与人们（如员工、顾客和供应商）的良好关系以及科技能力等。无形资源通常包括三种主要类型：人力资源、创新资源和声誉资源，如表3-2所示。

表 3-2　　　　　　　　　　　无形资源的分类与评估

资源类型	主要内容	主要指标
人力资源	员工培训与员工专业知识 员工对环境和变化的适应性 员工的投入与忠诚	员工在教育、技术与职业方面的合格证；相对于同行业的失业赔偿水平；员工的生产率与工作生活质量；关于劳动争端的记录；员工流失率
创新资源	研究设备 科技人员	创意；科研能力；研究设备投入资金；科技人员数量占总员工的比例
声誉资源	品牌名称 对产品质量、耐用性和可靠性的认识 企业在供应商、金融机构、政府、员工、合作伙伴和社区中的声誉	品牌识别；与竞争品牌的差距；顾客的重复购买率

与有形资源相比，无形资源是能力和核心竞争力的更高级别的来源。由于无形资源不可见，很难被竞争对手了解、购买、模仿或替代，因此，公司更倾向于以无形资源而非有形资源作为能力的基础。

2. 企业能力分析

企业能力是指企业配置资源，并发挥其生产和竞争作用，以完成预期任务和目标的能力。通常情况下，企业能力主要指企业职能模块的能力，包括研发能力、生产管理能力、营销能力、财务能力和组织管理能力等，如表3-3所示。

表 3-3　　　　　　　　　　　企业基础能力的构成

能力区域	能力构成
研发能力	研发计划、研发组织、研发过程、研发效果
生产管理能力	生产过程、生产能力、库存管理、人力管理、质量管理
营销能力	产品竞争能力、销售活动能力、市场决策能力
财务能力	筹集资金的能力以及使用、管理所筹资金的能力
组织管理能力	任务分配、岗位责任、集权和分权情况、组织结构、管理层次、管理范围的匹配

除此之外，在数字经济和信息技术时代，企业能力还包括战略谋划能力、创新能力、学习能力和整合能力等。

第三节　公司战略

公司战略需要回答企业应该经营哪些事业，以使企业的长期利益达到最大化的问题。

因此，公司战略注重把握企业内外部环境的变化，同时努力将企业内部各个部门间的资源进行有效的战略配置，并以企业的整体为对象。公司战略强调"做正确的事情"。该层次的战略以价值为取向，注重深远性和未来性，代表了企业的发展方向。

一、一体化战略

（一）一体化战略的含义和分类

所谓一体化战略就是企业将原来可独立进行的、相互连续或相似的经济活动组合起来。具体包括纵向一体化和横向一体化。

纵向一体化，指企业向原生产活动的上游和下游生产阶段扩展。现实中，多数大型企业均有一定程度的纵向一体化。该类扩张使企业通过内部的组织和交易方式将不同生产阶段联结起来，以实现交易内部化。纵向一体化包括后向一体化（backward integration）和前向一体化（forward integration）。后向一体化指企业介入原供应商的生产活动；前向一体化指企业控制其原属客户公司的生产经营活动。如化学工业公司可向石油冶炼、采油方向扩展，以实现后向一体化；也可向塑料制品、人造纤维等方向扩展，以实现其前向一体化。

横向一体化，指企业现有生产活动的扩展并由此导致现有产品市场份额的扩大。该类增长可以从三个方向进行：扩大原有产品的生产和销售；向与原产品有关的功能或技术方向扩展；与上述两个方向有关的向国际市场扩展或向新的客户类别扩展。通过横向一体化，可以带来企业同类生产规模的扩大，实现规模经济。由于该类增长与原有生产活动有关，比起其他类型增长更易于实现，故一般来说，企业早期的增长多以此为主，且实现的方式以内部增长为主。

横向一体化和纵向一体化的区别：实行纵向一体化战略，企业一般都要跨产业经营，而实行横向一体化战略，企业不会跨出原产业。

（二）纵向一体化战略的利弊

1. 纵向一体化的优势

（1）带来经济性。采取这种战略后，企业将外部市场活动内部化有如下经济性：内部控制和协调的经济性；信息的经济性（信息的获得很关键）；节约交易成本的经济性；稳定关系的经济性。

（2）有助于技术创新。在某些情况下，纵向一体化提供了进一步熟悉上游或下游经营相关技术的机会。这种技术信息对基础经营技术的开拓与发展非常重要。如许多领域内的零部件制造企业发展前向一体化体系，就可以了解零部件的装配技术信息。

（3）确保供给和需求。纵向一体化能够确保企业在产品供应紧缺时得到充足的供应，或在总需求很低时能有一个畅通的产品输出渠道。也就是说，纵向一体化能减少上下游企业随意中止交易的不确定性。当然，在交易的过程中，内部转让价格必须与市场接轨。

（4）削弱供应商或顾客的价格谈判能力。如果一个企业在与它的供应商或顾客做生意时，供应商和顾客有较强的价格谈判能力，且它的投资收益超过了资本的机会成本，那么，即使不会带来其他的益处，企业也值得去做此桩生意。因为一体化削弱了对手的价格谈判能力，这不仅会降低采购成本（后向一体化），或者提高价格（前向一体化），还可以通过减少谈判的投入而提高效益。

（5）提高差异化能力。纵向一体化可以通过在管理层控制的范围内提供一系列额外价值，来改进本企业区别于其他企业的差异化能力。例如烟厂为了保证生产出高质量的香烟，对周围各县的烟农进行扶持，使他们专为该烟厂提供高质量的烟草；葡萄酒厂拥有自己的葡萄产地也是一种一体化的例证。同样，有些企业在销售自己技术复杂的产品时，也需要拥有自己的销售网点，以便提供标准的售后服务。

（6）提高进入壁垒。企业实行一体化战略，特别是纵向一体化战略，可以使关键的投入资源和销售渠道控制在自己的手中，从而使行业的新进入者望而却步，防止竞争对手进入本企业的经营领域。企业通过实施一体化战略，不仅保护了自己原有的经营范围，而且扩大了经营业务，同时还限制了所在行业的竞争程度，使企业的定价有了更大的自主权，从而获得较大的利润。

（7）进入高回报产业。企业现在合作的供应商或经销商有较高的利润，这意味着他们经营的领域属于十分值得进入的产业。在这种情况下，企业通过纵向一体化，可以提高其总资产回报率，并可以制定更有竞争力的价格。

（8）防止被排斥。如果竞争者是纵向一体化企业，一体化就具有防御的意义。因为竞争者的广泛一体化能够占有许多供应资源或者拥有许多称心的顾客或零售机会。因此，为了防御，企业应该实施纵向一体化战略，否则可能面临着被排斥的处境。

2. 纵向一体化战略的局限性

（1）经营风险。纵向一体化会提高企业在行业中的投资，提高退出壁垒，从而增加商业风险（行业低迷时该怎么办），有时甚至还会使企业无法将其资源调往更有价值的地方。由于在所投资的设施耗尽以前放弃这些投资成本很大，所以，纵向一体化的企业对新技术的采用常比非一体化企业要慢一些。

（2）成本较高。纵向一体化迫使企业依赖自己的场内活动而不是外部的供应源，而这样做所付出的代价可能随时间的推移而变得比外部寻源还昂贵。产生这种情况的原因有很多。例如，纵向一体化可能切断来自供应商及客户的技术流动。如果企业不实施一体化，供应商经常愿意在研发、生产等方面积极支持企业。再如，纵向一体化意味着通过固定关系来进行购买和销售，上游单位的经营激励可能会因此有所减弱。反过来在从一体化企业内部某个单位购买产品时，企业不会像与外部供应商做生意时那样激烈地讨价还价。因此，内部交易会减弱员工降低成本、改进技术的积极性。

（3）不利于平衡。纵向一体化有一个在价值链的各个阶段平衡生产能力的问题。价值链上各个活动最有效的生产运作规模可能不大一样，这就使得完全一体化很不容易达到。对于某项活动来说，如果它的内部能力不足以供应下一个阶段的话，差值部分就需要从外部购买。如果内部能力过剩，就必须为过剩部分寻找顾客，如果生产了副产品，就必须进行处理。

（4）需要不同的技能和管理能力。尽管存在一个纵向关系，但是在供应链的不同环节可能需要不同的成功关键因素，企业可能在结构、技术和管理上各有所不同。熟悉如何管理这样一个具有不同特点的企业是纵向一体化的主要成本。例如，很多制造企业会发现，投入大量的时间和资本来开发专有机能和特许经营技能以便前向一体化进入零售或批发领域，并不是总如他们想象的那样能够给他们的核心业务增值，而且拥有和运作批发零售网络会带来很多棘手的问题。

（三）横向一体化战略的意义及风险

采用横向一体化战略，企业可以有效地实现规模经济，快速获得互补性的资源和能力。此外，通过收购或合作的方式，企业可以有效地建立与客户之间的固定关系，遏制竞争对手的扩张意图，维持自身的竞争地位和竞争优势。

不过，横向一体化战略也存在一定的风险，如过度扩张所产生的巨大生产能力对市场需求规模和企业销售能力都提出了较高的要求；同时，在某些横向一体化战略如合作战略中，还存在技术扩散的风险；此外，组织上的障碍也是横向一体化战略所面临的风险之一，如"大企业病"、并购中存在的文化不融合现象等。

二、多元化战略

（一）多元化战略的含义和分类

多元化战略（diversification strategy），又称多样化战略或多角化战略，是指企业在原主导产业范围以外的领域从事生产经营活动，通过开发新品或开展新业务来扩大产品品种或服务门类，以增加企业的产量和销量，扩大规模，提高盈利水平。

多元化战略包括以下几种类型：

（1）相关多元化：又称同心多元化战略（concentric diversification strategy）。其特点是，新增的产品或服务与原有产品或服务在大类别上、生产技术上或营销方式上是相似的、相关联的，可以共同利用本企业的专门技能和技术经验、设备或生产线、销售渠道或顾客基础。

（2）非相关多元化：又称复合多元化战略（conglomerate diversification strategy）。其特点是，新增的产品或服务与原有产品或服务毫不相关，不能共用企业原有的专门技能、设备、生产线、销售渠道等。

（3）既相关多元化又非相关多元化：这是指前两种战略的组合（combination），其特点是，企业经营的业务中，一部分是相关的多元化，可共同使用技术经验、生产设备、销售渠道等，另一部分却是不相关多元化，跨入别的产业。

（二）多元化战略的动因

（1）实施多元化战略有利于获得更多的战略协同机会。
（2）实施多元化战略有利于培养公司的整体竞争优势。
（3）实施多元化战略使企业能更好地匹配外部环境。

（三）多元化战略的风险

（1）企业多元化战略分散了企业资源。
（2）多元化战略加大了管理的复杂性和监管难度。
（3）多元化战略的实施很可能会导致企业核心能力的缺失或削弱，最终陷入"大"而不"强"的尴尬境地。

（四）多元化战略的管理关键

（1）处理好多元化战略与集中化战略的关系。
（2）正确分析企业经营所处的环境。
（3）处理好相关多元化与非相关多元化的关系。
（4）正确选择打算进入的业务。
（5）企业多元化经营的根本依托核心竞争力。

三、国际化战略

（一）国际化战略的概念

企业的国际化战略是公司在国际化经营过程中的发展规划，是跨国公司为了把公司的成长纳入有序轨道，不断增强企业的竞争实力和环境适应能力而制定的一系列决策的总称。企业的国际化战略将在很大程度上影响企业国际化进程，决定企业国际化的未来发展态势。

（二）国际化战略的种类

企业的国际化战略可以分为本国化战略、多国化战略和全球化战略三种。

1. 本国化战略

在母公司的利益和价值判断下做出的经营战略，其目的在于以高度一体化的形象和实力在国际竞争中占据主动，获得竞争优势。这一战略的特点是母公司集中进行产品的设计、开发、生产和销售协调，管理模式高度集中，经营决策权由母公司控制。这种战略的优点是通过集中管理节约大量的成本支出；缺点是产品对东道国当地市场的需求适应能力差。

2. 多国化战略

在统一的经营原则和目标的指导下，按照各东道国当地的实际情况组织生产和经营。母公司主要承担总体战略的制定和经营目标分解，对海外子公司实施目标控制和财务监督；

海外的子公司拥有较大的经营决策权，可以根据当地的市场变化做出迅速的反应。这种战略的优点是对东道国当地市场的需求适应能力强，市场反应速度快；缺点是增加了子公司和子公司之间的协调难度。

3. 全球化战略

全球化战略是将全球视为一个统一的大市场，在全世界的范围内获取最佳的资源并在全世界销售产品。采用全球化战略的企业通过全球决策系统把各个子公司连接起来，通过全球商务网络实现资源获取和产品销售。这种战略既考虑到东道国的具体需求差异，又可以顾及跨国公司的整体利益，已经成为企业国际化战略的主要发展趋势。但是这种战略也有缺陷，它对企业管理水平的要求高，管理资金投入大。

（三）现阶段我国企业国际化战略的基本模式

根据企业国际化经营的战略目标又可以将现阶段中国企业国际化经营归纳为4大类22种基本模式。一家企业在不同阶段会采取不同模式，亦可能同时采取多种模式。

1. 市场国际化

市场国际化战略的基本模式主要是为了获得市场，它包括10种方法，分别是：

（1）国内名牌自建销售网络走出国门。
（2）收购企业获得海外销售渠道。
（3）国内优势企业先建销售网络，再建生产基地，开拓国际市场。
（4）自建研发基地，开发适合当地市场的产品。
（5）国内领先企业并购重组跨国公司业务，全球资源整合，成为跨国公司。
（6）全球专业化的OEM制造商。
（7）工程承包和劳务输出。
（8）跨国服务：全球化视角下的业务拓展。
（9）外贸新做法：全球采购与销售。
（10）应对贸易壁垒的新举措：国外设厂。

2. 技术国际化

技术国际化战略的基本模式主要是为了获得技术。过去中国企业多通过在国内合资、合作，以"市场换技术"的方式获得技术；随着中国企业参与国际分工的逐步深入，一些企业，尤其是高新技术类企业，开始通过主动走出去的国际化方式获得技术。其主要包括以下4种方法：

（1）高新技术企业通过跨国并购获得技术，进入新领域。
（2）传统企业通过跨国并购获得技术，提高国内市场竞争力。
（3）技术型企业在国外建立研发机构，不断引进新技术和新产品。
（4）高新技术优势企业在国外建立研发机构，实行研发业务的全球化运作。

3. 资源国际化

资源国际化战略的基本模式主要是为了获得资源。这类企业国际化的主要内容是获得或控制国外自然资源。其战略目的是：满足国内市场需求，提高企业在国内的资源供给能力；引进国外资源，利用国内生产能力，满足国际市场的需求；利用境外资源和境外生产能力，开拓国外市场。其主要有 5 种基本方法：

（1）国家能源公司收购国外油气资源满足国内需求。
（2）国家能源公司收购国外石油公司获取系统性资源。
（3）能源外贸企业收购国外炼油资产实现业务转型。
（4）国内优势资源型企业利用国外资源开拓资源所在地市场。
（5）国内优势企业利用国外资源和国内生产能力满足国际需求。

4. 资本国际化

资本国际化战略的基本模式主要是为了获得国外资金。根据企业背景和上市目的不同，中国企业资本国际化的主要方法有 3 种：

（1）大型国企国外上市融资。
（2）民企绕道国外上市融资。
（3）新技术公司：与国外资本共成长。

第四节 竞争战略

20 世纪 80 年代中期，迈克尔·波特提出了三种"基本竞争战略"（generic competitive strategies），即成本领先战略、差异化战略、集中化战略。企业必须从这三种战略中选择一种，作为其主导战略。要么把成本控制到比竞争者更低的程度；要么在企业产品和服务中形成与众不同的特色，让顾客感觉到你提供了比其他竞争者更多的价值；要么企业致力于服务某一特定的市场细分、某一特定的产品种类或某一特定的地理范围。这三种战略架构差异很大，成功地实施它们需要不同的资源和技能，由于企业文化混乱、组织安排缺失、激励机制冲突，夹在中间的企业还可能因此而遭受更大的损失。

一、成本领先战略（overall cost leadership）

（一）成本领先战略的类型

成本领先战略也称为低成本战略，是指企业通过有效途径降低成本，使企业的全部成本低于竞争对手的成本，甚至是在同行业中最低的成本，从而获取竞争优势的一种战略。根据企业获取成本优势的方法不同，我们把成本领先战略概括为以下几种主要类型：简化产品型成本领先战略，就是使产品简单化，将产品或服务中添加的花样全部取消；改进设计型成本领先战略；材料节约型成本领先战略；人工费用降低型成本领先战略；生产创新及自动化型成本领先战略。

（二）成本领先战略的适用条件

1. 成本领先战略适用的外部条件

（1）现有竞争企业之间的价格竞争非常激烈。

（2）企业所处产业的产品基本上是标准化或者同质化的。

（3）实现产品差异化的途径很少。

（4）多数顾客使用产品的方式相同。

（5）消费者的转换成本很低。

（6）消费者具有较大的降价谈判能力。

2. 成本领先战略适用的内部条件

（1）持续的资本投资和获得资本的途径。

（2）生产加工工艺技能。

（3）认真的劳动监督。

（4）设计容易制造的产品。

（5）低成本的分销系统。

（三）成本领先战略的收益与风险

1. 收益

采用成本领先战略的收益在于：

（1）抵挡住现有竞争对手的对抗。

（2）抵御购买商讨价还价的能力。

（3）更灵活地处理供应商的提价行为。

（4）形成进入障碍。

（5）树立与替代品的竞争优势。

2. 风险

采用成本领先战略的风险主要包括：

（1）降价过度引起利润率降低。

（2）新加入者可能后来居上。

（3）丧失对市场变化的预见能力。

（4）技术变化降低企业资源的效用。

（5）容易受外部环境的影响。

二、差异化战略（differentiation）

所谓差异化战略，是指为使企业产品与竞争对手产品有明显的区别，形成与众不同的特点而采取的一种战略。这种战略的核心是取得某种对顾客有价值的独特性。

(一) 差异化战略的类型

企业要突出自己产品与竞争对手之间的差异性,主要有四种基本的途径:

(1) 产品差异化战略。产品差异化的主要因素有:特征、工作性能、一致性、耐用性、可靠性、易修理性、式样和设计。

(2) 服务差异化战略。服务的差异化主要包括送货、安装、顾客培训、咨询服务等因素。

(3) 人事差异化战略。训练有素的员工应能体现出下面的六个特征:胜任、礼貌、可信、可靠、反应敏捷、善于交流。

(4) 形象差异化战略。企业形象和品牌形象的差异。

(二) 差异化战略的适用条件

1. 差异化战略的外部适用条件

(1) 可以有很多途径创造企业与竞争对手产品之间的差异,并且这种差异被顾客认为是有价值的对少很少。

(2) 顾客对产品的需求和使用要求是多种多样的,即顾客需求是有差异的。

(3) 采用类似差异化途径的竞争对手很少,即真正能够保证企业是"差异化"的对手很少。

(4) 技术变革很快,市场上的竞争主要集中在不断地推出新的特色产品。

2. 差异化战略必须具备的内部条件

(1) 企业具有很强的研发能力,研究人员要有创造性的眼光。

(2) 企业具有以其产品质量或技术领先的声望。

(3) 企业在这一行业有悠久的历史或吸取其他企业的技能,并自成一体。

(4) 企业有很强的市场营销能力。

(5) 企业的研究与开发、产品开发以及市场营销等职能部门之间要具有很强的协调性。

(6) 企业要具备能吸引高级研究人员、创造性人才和高技能职员的物质设施。

(7) 企业的各种销售渠道能强有力地合作。

(三) 差异化战略的收益与风险

1. 收益

实施差异化战略的收益在于:

(1) 建立起顾客对企业的忠诚。

(2) 形成了强有力的产业进入障碍。

(3) 增强了企业对供应商讨价还价的能力。这主要是由于差异化战略提高了企业的边际收益。

(4) 削弱了购买商讨价还价的能力。一方面,企业通过差异化战略,使得购买商缺乏与之可比较的产品选择，降低了购买商对价格的敏感度。另一方面，通过产品差异化使购买商具有较高的转换成本，使其依赖于企业。

2. 风险

差异化战略也包含一系列风险。

（1）可能丧失部分客户。如果采用成本领先战略的竞争对手压低产品价格，使其与实行差异化战略的厂家的产品价格差距拉得很大，在这种情况下，用户为了大量节省费用，放弃取得差异的厂家所拥有的产品特征、服务或形象，转而选择物美价廉的产品。

（2）用户所需的产品差异的因素下降。当用户变得越来越老练时，对产品的特征和差别体会不明显时，就可能发生忽略差异的情况。

（3）大量的模仿缩小了感觉得到的差异。特别是当产品发展到成熟期时，拥有技术实力的厂家很容易通过逼真的模仿，减少产品之间的差异。

三、集中化战略（focus）

（一）集中化战略的类型

集中化战略也称为聚焦战略，是指企业或事业部的经营活动集中于某一特定的购买者集团、产品线的某一部分或某一地域市场上的一种战略。这种战略的核心是瞄准某个特定的用户群体，某种细分的产品线或某个细分市场。具体来说，集中化战略可以分为产品线集中化战略、顾客集中化战略、地区集中化战略、低占有率集中化战略。

（二）集中化战略的适用条件

具备下列四种条件，采用集中化战略是适宜的：

（1）具有完全不同的用户群，这些用户或有不同的需求，或以不同的方式使用产品。

（2）在相同的目标细分市场中，其他竞争对手不打算实行重点集中战略。

（3）企业的资源不允许其追求广泛的细分市场。

（4）行业中各细分部门在规模、成长率、获利能力方面存在很大差异，致使某些细分部门比其他部门更有吸引力。

（三）集中化战略的收益与风险

1. 收益

集中化战略的收益主要表现在：

（1）集中化战略便于集中使用整个企业的力量和资源，更好地服务于某一特定的目标。

（2）将目标集中于特定的部分市场，企业可以更好地调查研究与产品有关的技术、市场、顾客以及竞争对手等各方面的情况，做到"知彼"。

（3）战略目标集中明确，经济效果易于评价，战略管理过程也容易控制，从而带来管理上的简便。

2. 风险

集中化战略的风险主要表现在：

（1）由于企业全部力量和资源都投入了一种产品或服务或一个特定的市场，当顾客偏好发生变化，技术出现创新或有新的替代品出现时，就会发现这部分市场对产品或服务需求下降，企业就会受到很大的冲击。

（2）竞争者进入了企业选定的目标市场，并且采取了优于企业的更集中化的战略。

（3）产品销量可能变小，产品要求不断更新，造成生产费用的增加，使得采取集中化战略的企业成本优势得以削弱。

四、夹在中间

一个公司未能沿三个基本战略方向中的任何一个方向制定自己的竞争战略，即被夹在中间。这样的公司常常会处于极其糟糕的战略地位。夹在中间的公司几乎注定是低利润的。除非产业结构非常理想，并且其竞争对手也都处在夹在中间的境地。然而，产业的成熟会加大采取基本战略的企业和夹在中间的企业之间的差距，夹在中间的企业面对成本优势的竞争对手，会失去大量的低价格偏好客户，而对于高利润业务，又无法战胜那些做到了全面产品差异化的公司，最终只能寻找市场空隙，在夹缝中生存。夹在中间的企业是不折不扣的二流企业，它们的失败就是模糊不清的企业文化、相互冲突的组织结构、矛盾而无效的激励机制等原因所导致的。

第五节　职能战略

职能战略是指企业中的各职能部门制定的指导职能活动的战略。职能战略一般可分为营销战略、人事战略、财务战略、生产战略、研究与开发战略、公关战略等。职能战略是为企业战略和业务战略服务的，所以必须与企业战略和业务战略相配合。比如，企业战略确立了差异化的发展方向，要培养创新的核心能力，企业的人力资源战略就必须体现对创新的鼓励，要重视培训，鼓励学习；把创新贡献纳入考核指标体系，在薪酬方面加强对各种创新的奖励。

职能战略描述了在执行公司战略和经营单位战略的过程中，企业中的每一职能部门所采用的方法和手段。职能战略在以下几个方面不同于公司战略和经营单位战略。首先，职能战略的时间跨度要较公司战略短得多。其次，职能战略要较公司战略更具体和专门化，且具有行动导向性。公司战略只是给出公司发展的一般方向，而职能战略必须指明比较具体的方向。最后，职能战略的制定需要较低层管理人员的积极参与。事实上，在制定阶段吸收较低层管理人员的意见，对成功地实施职能战略是非常重要的。

一、市场营销战略

市场营销战略是涉及市场营销活动过程整体（市场调研，预测，分析市场需求，确定目标市场，制定营销战略，实施和控制具体营销战略）的方案或谋划。它决定市场营销的主要活动和主要方向。有效的市场营销战略是企业成功的基础。市场营销战略是一个完整的体系，其基本内容包括：市场细分战略、市场选择战略、市场进入战略、市场营销竞争战略和市场营销组合战略。

二、财务战略

财务战略就是根据公司战略、竞争战略和其他职能战略的要求，对企业资金进行筹集、运用、分配，以取得最大经济效益的方略。财务战略的基本目的，就是最有效地利用企业各种资金，在企业内部和外部各种条件的制约下，确保实现企业战略计划所规定的战略目标。

财务战略的任务：

（1）以企业战略目标为基础，利用最佳方式筹集企业所需资金，实现资金筹集的合理化。

（2）根据企业战略计划的要求，有效分配和调度资金，确定合理的资金结构，确保资金调度的合理化和财务结构的健全化。

（3）在企业战略经营过程中，采取各种必要措施，利用适当的财务计划和控制方法，配合各个职能部门，充分有效地利用各种资金，加速资金周转，讲求资金运用的效率化，促进企业的成长。

（4）制定和实施财务战略计划，确定长期和短期财务目标，在合理筹集、分配和运用资金的同时，力求实现资金收益的最大化。

三、生产战略

生产战略就是企业在生产的成本、质量流程等方面建立和发展相对竞争优势的基本途径，它规定了企业在生产制造和采购部门的工作方向，以实现企业总体战略服务。企业生产战略不能仅根据企业内部生产条件来确定，还应考虑市场需求和企业整体战略的要求。

四、研究与开发战略

研究与开发包括科学技术基础研究和应用研究，以及新产品、新工艺的设计和开发。对于企业来讲，研究与开发涉及市场、技术、产品、生产、组织等各方面，其中主要是技术、产品和生产方面的研究与开发。研究与开发战略的选择常常受企业总体战略和经营战略的影响，处于不同的环境条件下，企业可采取三种不同的研究与开发战略。第一种是在进攻与防守之间进行选择的基本型研究与开发战略；第二种是以新技术作为进入新市场的主要手段的渗透型研究与开发战略；第三种是竞争对手和技术自身产生技术威胁时的反应型研究与开发战略。

五、人力资源战略

人力资源战略是指根据企业总体战略的要求，为适应企业生存和发展的需要，对企业人力资源进行开发，以提高职工队伍的整体素质，并从中发现和培养出一大批优秀人才，所进行的长远性的谋划和方略。必须以企业总体战略的要求来确定人力资源战略的目标。为实现人力资源战略的目标，企业人力资源战略包括人力资源开发战略、人才结构优化战略、人才使用战略三个方面。

第六节 跨界经营战略

大数据时代，企业可以从大规模、多样化的数据中挖掘价值，改造原有的盈利和运营模式，从而创造巨大的经济价值。依赖或创造大数据资源，企业可以通过跨界经营来重新定义价值创造模式，提升企业运营效率，拓宽收入渠道，增加企业利润。

一、跨界经营战略的内涵

跨界经营是一种创新的思路，通过突破原有的行业惯例，嫁接外行业价值或全面创新，塑造价值跨越的行为。跨界经营战略是企业战略思维的转变，是一种开放、平等、协作、共享的互联网精神，体现了虚拟实体打通、时空约束打破、用户本位主义等互联网理念，已经成为企业普遍欢迎的战略模式。

跨界（crossover）即跨越边界，既可以是组织边界、地域边界，也可以是产业边界、技术边界。目前学者们对跨界有多种不同关注点和不同理解，当前学术界和业界尚未对跨界经营形成一致认识。

对跨界经营战略的理解，目前有三种不同的观点。第一种观点认为，跨界经营战略即企业为寻求新市场机会跨越地理边界、产品边界和产业边界，以进入者的身份进入新业务领域，创造出新产品，从而对新领域中的在位企业产生颠覆的战略行为。这种观点以企业的多元化战略决策为表征，与多元化战略存在较高相似性。但是，需要明确一点，互联网情境下跨界经营战略背后的逻辑并不完全是多元化的跨情景利用资源和能力优势。第二种观点认为，跨界经营战略实质是一种商业模式。这种观点是基于开放视角下的组织理论，强调跨界经营是企业与外部环境的互动过程，认为跨界经营是一种商业模式，更倾向于"跨界协同""跨界合作"来表达跨界。跨界是将原来不相干的甚至不兼容的元素连接起来，是一种跨行业、跨领域合作。张骁等（2019）认为，跨界经营是企业通过行业间的跨越与合作，以及行业内渗透与融合来管理企业边界的活动。这种观点强调跨界经营多是以不同产业间合作共赢的方式展开，将竞争关系转化为合作关系。例如，小米跨界智能家居产业链多是采用这种方式。第三种观点则是由"跨界合作"演变而来，强调跨界经营实质是实体经济价值链环节在结构分解后与互联网虚拟经济再融合的"跨链"重组。这种观点认为，实体产业与虚拟产业融合是跨界经营最显著的特征，更符合国家目前推广的"互联网＋"引导政策，也是学术界关注的重点。学者冯文娜（2019）形象地将跨界经营表述为互联网企业变"硬"或制造业变"软"的过程。

综上所述，跨界经营战略普遍指企业的经营范围超出了原有的经营边界，可以是以进入者的身份进入新的业务领域，可以是不同产业间的合作共赢，也可以是实体产业与虚拟产业跨界融合。总之，跨界经营战略属于企业扩张增长战略的一种类型。

二、跨界经营战略的动因

跨界经营战略当今十分盛行，有深层次的时代背景和社会原因。企业经营的外部环境发生了巨大变化，如经济发展方式转变、产业竞争格局改变、技术经济范式发生变革。这些使得企业的技术路线、生产方式、组织结构、管理模式、产业竞争范式等方面也发生变革，智能生产、创新驱动、数字集成、共享经济、弹性工作和灵活治理成为核心范式。企业跨界经营的动因有三点。一是科学技术进步使得企业间的交易成本降低，外部交易成本的降低促使企业进行跨界经营。二是企业为了提升组织资源使用效率和突破发展空间，跨界经营成为较合适的战略选择。三是社会消费需求的变化，消费者越来越倾向于个性化消费和消费体验，这使得企业不得不进行"互联网＋"跨界经营。

具体来讲，企业跨界经营的动因可以从经济理性、组织理性、个人理性三个方面进行理论解释。

（1）经济理性理论的"协同效应"。经济理性理论的核心思想是，企业价值的创造来源于多元化产生的协同效应，即努力做到价值最大化。具体从资源基础观的角度来看，企业资源是企业建立和保持竞争优势的主要依据，但也会存在组织资源冗余的情况，企业跨界经营正是有效融合冗余资源的过程，将资源在多个行业间进行转移和调配，体现了组织资源效用价值最大化的思想。企业跨界经营也正是平衡风险、收益的一种战略选择，以有效地实现协同效应。

（2）组织理性理论的"降低不确定性"。企业跨界经营的动因是为了控制更多的资源，降低被市场淘汰的不确定性。为了减少不确定性，企业从事跨界经营活动，直接影响在位企业所在行业的市场竞争结构，某种程度上实现反竞争的作用。为了降低经营活动的不确定性，企业的创新活动催化企业的跨界经营行为，使企业突破"短板效应"，增强竞争力。

（3）个人理性理论的"管理者个人动机"。这种理论认为，企业从事跨界经营活动是出于管理者的个人动机，用来分散专用性投资风险，尤其是在企业集团内部，跨界经营被看成是高层管理团队追求个人利益的表现。管理者希望通过多产业的发展来增加个人的权力，同时减少被替代的风险。一方面是为了提升自身的管理技能和影响力，另一方面也是为了减少职业风险。

除此之外，也可以从企业自身条件方面寻求企业跨界经营的内在动因。第一，企业的战略思维的影响。当企业的战略思维转变为横向求异性思维时，企业会自然涉及多个行业经营。企业会围绕组织价值、客户价值、伙伴价值，打破时间、空间、组织部门、知识、技术、市场等界限，使组织成员形成跨界融通的思考能力和解决问题能力，促成企业进行跨界经营。第二，企业的跨界能力的影响。"企业的本质是一个能力集合体"，根据这种观点，企业会形成三种层面的跨界能力。一是以资源为基础的核心能力，并随着创新活动而得以强化；二是企业的动态能力，即对外部环境的主动适应能力；三是企业的组织情绪能力。这三种能力都是企业跨界经营的关键因素和保障。第三，企业重组能力的影响。企业跨界经营需要组织与时俱进，能够提供跨界经营的组织制度与组织资源，以及与外界联络的良好机制，这些都需要企业有较强的重组能力，动态平衡外部环境变化与内部流程再造。当企业拥有较强的重组能力时，企业会根据外部环境的变化，选择业务组合、组织结构、流程制度、管理风格、公司文化等，进入新产业、新市场领域。

三、跨界经营战略的类型

由于跨界经营战略的学术定义并不统一，跨界经营的类型也会存在多种观点。本书按照跨界经营的层次，将跨界经营战略划分为业内跨界、业间跨界两种类型。

（1）业内跨界。业内跨界是企业的经营范围超出了原有的经营边界，但没有超出原有的行业范围。数字经济范式对产业变革的作用呈现为"自下而上，由表及里"，并表现为数字化生产、平台化协同、个性化定制等新的产业融合模式。以制造业为例，企业的业内跨界经营包括以下几种情况。一是通过产业链下游的消费品行业向产业链上游的原材料、设备等行业的扩张，这种扩张可以通过平台化协同来实现。二是从制造企业外围的营销和服务环节向制造企业的研发、设计、制造、工艺、加工等内部环节扩张，同样也可以通过数字化生产、平台化协同实现。企业可以依托持续完善和丰富的数字基础设施，通过大数据、云计算和人工智能高级数字技术，实现生产流程的数字化改造。三是平台化协同。通过数字经济催生的新平台和传统制造业构建平台化生态系统，促进制造业活动主体在研发、设计、制造、工艺、加工和供应链环节的协同发展，充分利用比较优势，节约资源、降低成本、提高效率。

（2）业间跨界。业间跨界是企业的经营范围超出了原有的经营边界，同时也超出了原有的行业范围。业间跨界可以不是核心能力的转移，更多的是冗余资源的创造性利用。一是企业以新进入者的身份进入一个全新的业务领域，企业不具备相关的专业知识和技能，而只是为了把企业资源最大效用地价值化，将现有的资源进行重组和调配。这种情况下，企业跨界经营时与在位企业形成竞争关系。二是企业以合作者的身份进入一个新的产业领域，与其他在位企业形成产业间的合作关系，共同搭建合作平台，降低成本，提高效率。这种情况下，企业跨界经营时与在位企业形成合作关系。三是企业的跨界经营体现了"互联网+"的思维，企业的跨界经营是将现有的实体产业与虚拟产业相融合，以形成范围经济，实现协同效应。这种情况下，企业跨界经营时实质上是开拓和延伸了自身的业务领域，形成一种产业生态系统。

四、跨界经营战略与多元化战略

企业的跨界经营战略很容易与多元化战略相混淆，二者在表现形式上很难区分，但是在实践中却存在本质区别。企业实施多元化战略主要是为了降低风险、增加收益，获得规模经济和范围经济。跨界经营战略的主要目标是在新领域内实现价值创新，获得外部协同优势和创新效益。跨界经营的本质是组织资源与能力同价值创新（顾客价值、伙伴价值、组织价值）的连接，是组织在发展理念上与新领域的特征形成连接并产生交叉效应。跨界经营战略与多元化战略在较多方面存在差异，如表3-4所示。

表3-4　　　　　　　　　　跨界经营战略与多元化战略的比较

项目	跨界经营战略	多元化战略
理论基础	网络理论、创新理论、连接红利	资源基础观理论、代理理论
动机	寻找价值与创造领域	降低风险、增加收益
表现形式	跨越组织、知识边界	产业的横纵向整合
发展类型	跨界经营、跨界创业、跨界整合	内部发展、外部并购
管理模式	授权式管理	分权式管理
优势	组织重组、价值创新、外部协同效应	规模经济、范围经济
成果归属	共享双赢或多赢	组织本身
典型案例	腾讯微信、诚品书店	宝洁、联合利华的多元化

资料来源：作者根据相关资料整理。

思考题

1. 什么是企业战略？战略的特征是什么？
2. 战略管理有哪些特征？
3. 企业战略分几个层次？各解决什么问题？
4. 企业外部环境分析常用的分析工具有哪些？
5. 什么是一体化战略？
6. 什么是多元化战略？
7. 简述现阶段我国企业国际化战略的基本模式。

8. 什么是成本领先战略？其收益与风险是什么？
9. 什么是差异化战略？企业实施差异化战略需要具备哪些条件？
10. 简述集中化战略及其利弊。
11. 企业的职能战略有哪些？
12. 什么是跨界经营战略？它与多元化战略的区别是什么？

案例研究

HDL 的企业战略管理策略

HDL 公司作为中国餐饮行业成功的典范，在餐饮界得到了相当的好评，在消费者中也享有很高的口碑。HDL 的企业战略管理分析和选择具有一定的科学合理性。

一、企业宏观环境分析

（1）政治环境。餐饮企业的标准参差不齐，技术知识含量低。在市场准入方面，我国于 2010 年 5 月 1 日起实施的《餐饮服务许可管理办法》规定，从事餐饮服务的单位和个人，必须取得《餐饮服务许可证》，并按照法律法规、食品安全标准的相关要求进行行业活动。

（2）经济环境。自从 2008 年经济危机以来，国际经济都处于萧条的状态，中国国内经济虽然受到了一些影响，但由于国家政策的扶持，波动较小，整体经济水平依旧处于平稳较快发展的阶段，这样的经济环境为整个餐饮行业的发展提供了良好的经济背景。

（3）技术环境。电子商务的兴起，买卖双方交易的方式不再单一，人们能够购买的渠道增多，为商家带来了更多的消费人群，HDL 企业积极运用这一技术为自己创造更大的商机。员工利用全自动化触摸屏机器进行便捷的订单操作，既能保证工作简单且又保证可操作性强，员工能够拥有更多的时间为客户服务。

二、企业五力模型分析

（1）潜在进入者的威胁。大规模采购可以降低成本，大规模采购可以为企业带来品牌效应。由于火锅行业的进入门槛较低，不同火锅品牌之间的差异并不大，火锅食材的新鲜度基本相同。火锅餐饮业的基本模式已经固定，产业学习曲线不明显。

（2）竞争因素。火锅行业相对低端，属于资本和劳动密集型产业，成本附加值低，产能间歇性过剩。由于火锅行业品牌较多，消费者信息、竞争对手信息等内容相对容易获取，因此信息复杂度低，火锅行业内部竞争依然激烈。

（3）供应商的议价能力。无论是设备供应还是食品供应，供应商公司都有稳定的市场领先地位。火锅菜品种类多，对原材料的需求量很大，很可能成为一些供应公司的重要客户。HDL 致力于研究新菜肴和促进创新，且拥有自己的加工和配送中心，因此供应商的讨价还价能力较低。

（4）替代品的威胁。火锅的主要替代品是快餐、西餐和其他类型的食品。随着社会经济的发展和人民生活水平的提高,人们的消费水平也越来越高,饮食中有越来越多的选择,许多人愿意尝试新的饮食方式和新口味。但是,就替代品的质量而言,HDL 仍然具有很强的竞争力。

(5) 消费者的议价能力。HDL 的诞生给传统的火锅行业带来了极大的震撼,其在市场竞争中更具明显优势。火锅行业有很多品牌,但大多数都受到地域限制。不同地区的品牌知名度存在差异,由于消费者的讨价还价能力较低,品牌认知度也不同。

三、战略选择

(1) 多元化战略。HDL 实施的纵向多元化战略相当明确,很少涉及不相关的行业。HDL 建立了从种植、养殖、包装和运输行业到餐饮业的绿色产业链。这一策略使 HDL 能够在确保产品质量的同时节省成本,并且还可以被视为成本领先战略。

(2) 差异化战略。HDL 不仅强调在产品和服务方面实施差异化战略,而且产品差异主要来自安全。当食品安全问题多次被报道后,食品安全成为 HDL 产品差异化的源泉。更重要的是,HDL 的服务差异化和细致入微的服务从源头上真正满足了客户,使其成为同一行业模仿的对象。

作为一个社会责任感较强的企业,HDL 持续以市场为导向,加强质量控制,在保证食品安全的基础上积极推动产品创新。在适当的时机不断扩大企业规模,以各种方式引入资金,加快规模,不断降低生产和物流成本。

资料来源:沈远,王方鑫,汪云霄. 浅析海底捞的企业战略管理策略 [J]. 商场现代化, 2019 (12): 12 - 13.

讨论题:
1. HDL 公司还可以采取哪些扩张战略?
2. HDL 公司是否可以实施跨界经营战略?

第四章 人力资源管理

学习目标

1. 了解人力资源及人力资源管理的概念。
2. 掌握工作分析的步骤及职位说明书的编写方法。
3. 了解人力资源规划的程序。
4. 理解人力资源过程的实践与技巧。
5. 了解人力资源激励的方法。

本章框架

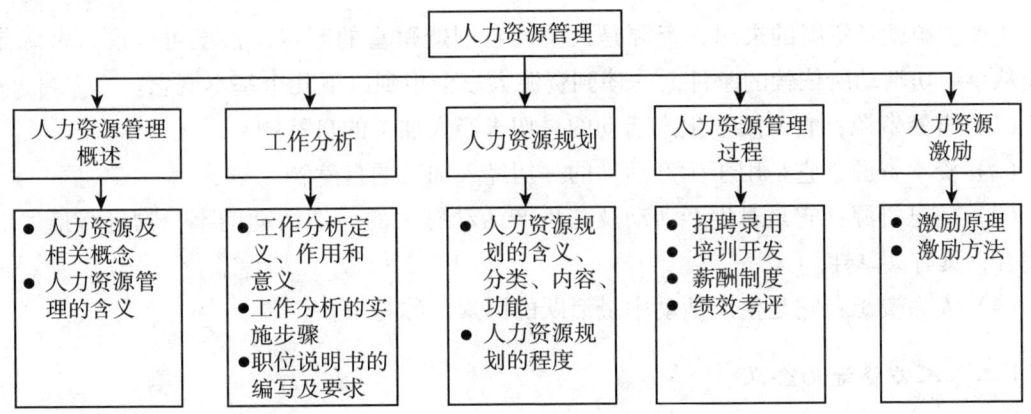

导入案例

S 公司的管理困境

S 公司是 J 市的一家民营高科技企业,由几位志同道合的伙伴于 1994 年合作创办。在公司成立之初资金并不宽裕的情况下,几位合伙人主动提出不领取工资直至公司盈利为止。在他们不计报酬、努力工作的精神感召下,公司的员工们也时常义务加班。公司内部关系融洽、士气高涨。经过公司上下的共同努力,1996 年该公司已发展为一家集开发、生产、经销于一体的中型高科技企业,在省内 IT 业界树立了一定的知名度。

1996~1999 年,公司处于高速发展阶段。企业经济效益连年大幅增长,员工待遇也随之不断改善,加之公司所处行业属于朝阳产业,员工普遍感觉在这样的公司有希望,同时还吸引了大批具有专业技术知识的年轻人加入公司。

然而,自 2000 年公司进入稳定期以来,随着经济效益增幅的减小,公司内部出现了安于现状、不思进取的氛围,人心涣散的迹象十分严重,尤其是中层管理者的流失问题急需解决。

中层管理者流动频繁，使公司的管理出现脱节现象，其他员工的士气大受影响，企业生产率明显下降，公司从此陷入恶性循环。最近，员工中开始流传一种说法：凡是从本公司跳槽的人都能在现职岗位上做得不错，待遇比在公司时好，工作强度也比本公司小；其他公司对处于同一层次的员工评估还不单纯以业绩为标准。另外，人员流动多倾向于国内的知名外企。

针对企业面临的以上问题，公司总经理感到非常棘手，准备请人力资源部经理为自己提些建议并共同商讨对策，使公司早日摆脱目前的困境。

第一节　人力资源管理概述

一、人力资源及相关概念

（一）资源

所谓资源就是资财的来源，资源是人类社会创造财富的起点，甚至可以说，资源是指人类从事一切活动所依赖的条件。一谈到资源大家会想到以下几个基本概念。

(1) 自然资源：它是用于生产活动的一切未经人加工的自然物。

(2) 资本资源：它是用于生产活动的一切经人加工的自然物。

(3) 信息资源：它是对生产活动及与生产活动有关的一切活动的事、物进行描述的符号集合，具有共享性。

(4) 人力资源：它是生产活动中最活跃的因素，称为第一资源。

（二）人力资源的含义

人力资源（human resources）是指一定范围内的人口总体所具有的劳动能力的总和，或者说是指能够推动社会和经济发展的具有智力和体力劳动能力的人的总称。

人力资源不同于一般的资源，它的特殊性主要表现在以下几个方面。

(1) 人力资源是一种"活"资源，而物质资源是一种"死"资源。物质资源只有通过人力资源的有效开发、加工和制造才会产生价值。

(2) 人力资源是指存在于人体内的体力资源和智力资源。从企业的角度考察人力资源，则是指能够推动整个企业发展的劳动者的能力的总称。它包括量和质两个方面。从量的角度划分，人力资源包括现实的劳动能力和潜在的劳动能力；从质的角度划分，人力资源包括智力劳动能力和体力劳动能力。

(3) 人力资源是创造利润的主要来源，特别是在高新技术等行业，人力资源的创新能力是企业利润的源泉。

(4) 人力资源是企业可以开发的资源，人的创造能力是无限的，通过对人力资源的有效管理可以极大地提高企业的生产效率，从而实现企业的目标。

（三）人力资源的数量和质量

1. 人力资源的数量

人力资源的数量指一个国家或地区中具有劳动能力、从事社会劳动的人口总数。

人力资源的数量可以从现实人力资源数量和潜在人力资源数量两个方面来计量。我国规定男子16~60周岁，女子16~55周岁，这部分人口被视为劳动年龄人口。在现实中，劳动适龄人口内部存在一些丧失劳动能力的病残人口；此外，还存在因各种原因暂时不能参加社会劳动的人口。在劳动适龄人口之外，也存在一些具有劳动能力，正在从事社会劳动的人口。如图4-1所示，潜在的人力资源数量由图中的④⑤⑥⑦⑧五个部分构成，现有的人力资源数量由图中的①②③三个部分构成。

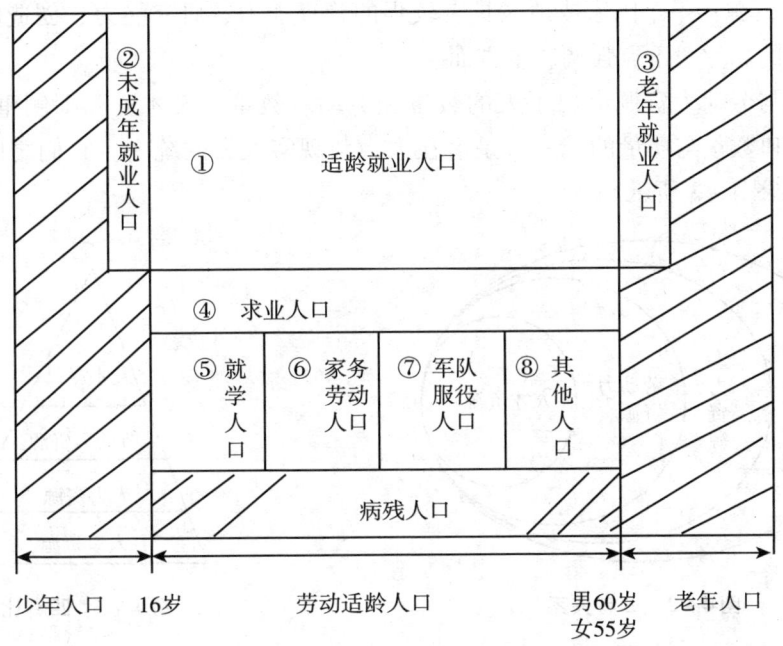

图4-1 人力资源数量构成

2. 人力资源的质量

人力资源的质量指的是人力资源的体质、智能、知识、技能及劳动态度。

（1）体质：包括力量、速度、耐力、柔韧度、灵敏度等人体运动的功能状态，以及对一定劳动负荷的承受能力和消除疲劳的能力。

（2）智能：人们认识事物、运用知识改造客观世界的能力，含思维能力、记忆力、观察力、想象力、判断力等。

（3）知识：人们在学习和实践活动中所掌握的各种理论和经验。

（4）技能：人们运用知识经验并经由练习而习惯化了的动作体系。

（5）态度：对工作相对稳定的心理反应倾向（认知、情绪、行为倾向）。

（四）人口资源、人力资源、劳动力资源与人才资源的关系

（1）人口资源：一个国家或地区的人口总和。主要是数量概念。

（2）人力资源：一个国家或地区具有劳动能力的人口数量。其广义上指全部人口中剔除已丧失劳动能力的人口；狭义上指劳动力资源，是质量与数量的统一。

$$人力资源 = 劳动力资源 + 未成年就业人口 + 老年就业人口$$

（3）劳动力资源：一个国家或地区有劳动能力，在"劳动年龄"范围之内的人口总数。主要是数量概念。

$$劳动力资源 = 劳动适龄人口 - 丧失劳动能力者$$

（4）人才资源：一个国家或地区具有较强的管理能力、研究能力、创造能力和专门技术能力的人们的总称。重点强调质量方面。

人口资源与劳动力资源突出了人的数量和劳动者数量；人才资源则侧重了人的质量；人力资源是人口数量与质量的统一，是潜在人力与现实人力的统一。它们之间的关系和比例如图4-2、图4-3所示。

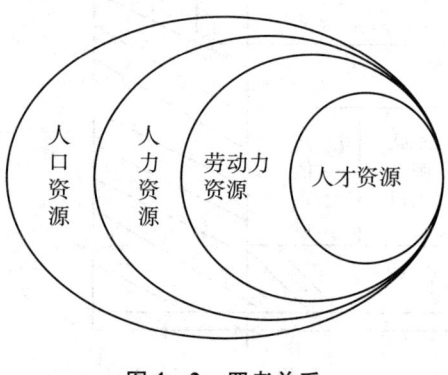

图4-2　四者关系

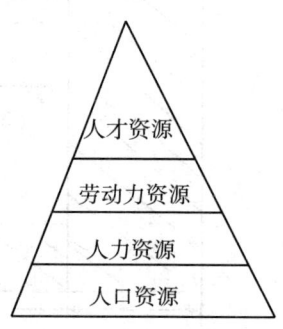

图4-3　四者比例

（五）人力资源与人力资本

人力资本就是人口质量投资，是凝聚在劳动者身上的知识、技能及其所表现出来的能力。人力资本理论的创始人是美国芝加哥大学教授西奥多·舒尔茨（T. W. Schultz），他在1960年出任美国经济学会会长时，发表了《人力资本投资》的就职演说，该演说精辟地阐述了他关于人力资本的观点。舒尔茨认为，人力资本是通过对人力资源投资而体现在劳动者身上的体力、智力和技能，它是另一种形态的资本，与物质资本共同构成了国民财富，而这种资本的有形形态就是人力资源[①]。

---

① 西奥多·舒尔茨. 对人进行投资[M]. 吴珠华，译. 北京：商务印书馆，2017.

1. 人力资本理论的基本观点

（1）人口质量重于人口数量。人力资本理论的出发点是提高人口质量，增强人口素质。这一理论批评了古典经济学家李嘉图、马尔萨斯等人只重视土地和人口数量的作用，看不到人口质量的经济价值，当今世界经济发展的关键在于人口的质量。

（2）人力资本投资与物力资本投资都是经济发展不可缺少的生产性投资，但是在现代化经济条件下，人力资本投资作用大于物力资本投资的作用。例如，二战后美国的农业生产增长，只有20%是物力投资结果，80%主要是教育或与教育有关的科学技术作用，或者说主要是人力资本的结果。

（3）教育投资是人力资本的核心。其一，教育投资是一种生产性投资。其二，提高人口质量的关键是教育投资。因为各国人口的先天因素和潜在能力基本上是均衡的，或者说是相近似的，但是后天得到的知识、技能和能力，却是有差别的。人口质量与素质是不完全相同的，根本原因就是各国的教育投资水平不同，社会平均教育程度不同。其三，教育投资比物力投资更有利，会带来更多的利益。

（4）教育投资收益率高于物力投资的收益率，因此，资本积累的重点应从物力资本转移到人力资本，要追加教育投资总量。

（5）教育投资收益率是可以测算的，基本上同物力形态投资收益率测算相同。其基本公式为：

$$收益率 = 收益 \div 成本$$

2. 人力资源与人力资本的区别

（1）概念的范围不同。人力资源包括自然性人力资源和资本性人力资源。自然性人力资源是指未经任何开发的遗传素质与个体；资本性人力资源是指经过教育、培训、健康与迁移等投资而形成的人力资源。人力资本是指所投入的物质资本在人身上所凝结的人力资源，是可以投入经济活动并带来新价值的资本性人力资源。人力资本存在于人力资源之中。

（2）关注的焦点不同。人力资源关注的是价值问题，而人力资本关注的是收益问题。

（3）性质不同。人力资源所反映的是存量问题，而人力资本反映的是流量和存量问题。

（4）研究角度不同。人力资源是将人力作为财富的源泉，是从人的潜能与财富的关系来研究人的问题。而人力资本则是将人力作为投资对象，作为财富的一部分，是从投入与收益的关系来研究人的问题。

（六）人力资源的特性

1. 人力资源具有生物性和社会性双重属性

一方面，人力资源存在于人体之中，是一种"活"的资源，与人的自然生理特征相联系，即其生物性，也是人力资源的最基本特点。另一方面，人力资源还具有社会性。从一般意义上说，人力资源是处于一定社会范围的，它的形成要依赖社会，它的分配（或配制）要通过社会，它的使用要处于社会经济的分工体系之中。从本质上讲，人力资源是社会资源。

2. 人力资源具有智力性

它包含着智力的内容。一般的动物只能靠自身的肢体运动做功，取得其生存资料；人类则把物质资料作为自己的手段。人类创造了工具，通过自身的智力，使器官得到延长、放大，从而使得自身的能力无限扩大，推动数量巨大的物质资料，获得丰富的生活资料。人类的智力具有继承性，这是指人力资源所具有的劳动能力随着时间的推移不断积累、延续和增强。

3. 人力资源具有能动性

人能有目的地进行改造外部世界的活动。人具有意识，这种意识不是低水平的动物意识，而是对自身和外部世界具有清晰看法的，对自身行动做出抉择的，调节自身与外部关系的社会意识。这种意识使人在社会生产中居于主体地位，使人力资源具有了能动作用，能够让社会经济活动按照人类自己的意愿发展。

4. 人力资源具有再生性

人力资源是一种可再生资源，其再生性即人口的再生产和劳动力的再生产，通过人口总体内各个体的不断替换更新和劳动力再生产的过程得以实现。人力资源的再生性不同于一般生物资源的再生性，除了遵守一般的生物学规律之外，它还受人类意识的支配和人类活动的影响。

5. 人力资源具有时效性

人力资源的形成、开发、使用都具有实践方面的限制。从个体的角度看，作为生物有机体的人，有其生命的周期；而作为人力资源的人，能从事劳动的自然时间又被限定在生命周期的中间一段；人能够从事劳动的不同时期（青年、壮年、老年）其劳动能力也有所不同。

6. 人力资源是经济资源中的核心资源

人力资源是一切资源中最为宝贵的资源。这是因为，一切生产活动都是由人的活动引起和控制的过程。在生产中，作为劳动者的人，居于主体地位，与物的要素相比，人的要素起着决定性的作用。由于有了人类的劳动，各种自然资源才成为经济资源，才进入生产过程而成为生产要素。也正是由于有了高智能的人类，各种经济资源才能得到深层次的开发和利用，从而发挥出更大的效益。

7. 人力资源主体——劳动者是生产者与消费者的统一体

在社会生产过程中，人是作为劳动或生产者存在的。劳动者运用自己的体力和智力，对各种以物的形式存在的经济资源进行开发利用，生产出各种产品和提供服务，以满足人类的社会需求。在对各种经济资源开发利用的过程中，劳动者通过学习和总结经验，不断提高自身的素质。素质高的劳动者，又在新一轮社会生产过程中，把对经济资源的开发利用提高到一个新水平，提供更符合社会需要的产品和服务，如此循环往复，螺旋上升。

劳动者在进行生产的同时，还要不断地进行生活消费，不仅本人要消费，而且要为失去劳动能力的老人和尚未具备劳动能力的孩子提供必需的生活消费。因此，劳动者不仅是生产者，而且是消费者。

二、人力资源管理的含义

人力资源管理是指企业运用法律化、制度化和科学化等手段和方法,对企业的人力资源进行量和质的综合管理。

上述基本含义包含五个方面的基本概念,前三个是手段,后两个是目的。第一是法律化手段。企业掌握和适用现行有效的劳动法律、法规、规章和规范性文件,对企业人力资源进行管理,依法规范和调整企业与员工的权利义务关系。第二是制度化手段。企业依据劳动法律法规,制定一系列的内部规章制度,对企业的人力资源进行管理,也就是用制度管人管事。第三是科学化手段。企业运用科学的预测、规划、核算、分析与设计、招聘与配置、培训与开发、绩效考评、薪酬确定与支付等方法,对企业的人力资源进行管理,以实现管理目标。第四是量的管理。企业根据生产经营发展需要及其变化,对企业员工进行针对性的培训和适当的组织协调,使劳动力与生产资料的结合保持最佳比例,使人和物都充分发挥最佳效应。第五是质的管理。主要是指企业采用现代化的科学方法,树立以人为本的理念,对人的思想、心理和行为进行有效的管理(包括对个体和群体的思想、心理和行为的协调、控制和管理),以充分发挥人的主观能动性,挖掘人的最大潜能,以达到组织目标,促进生产工作效率的极大提高。总而言之,现代人力资源管理就是一个人力资源的获取、整合、保持激励、控制调整及技能智力开发的过程。通俗地说,它是求才、用才、育才、激才和留才的过程和结果。

第二节 工作分析

一、工作分析概述

工作分析的研究首先产生于美国。1895年,泰勒和吉尔布雷斯夫妇在动作和时间研究的基础上,进一步提出了"工作分析"和"工作评价"的科学管理方法并获成功。由此,工作分析和工作评价制度在欧美各国的工商企业中得到广泛推广。工作分析在企业界的推广成功,对西方国家的公务员制度产生了重要影响。1883年,美国国会通过《公务员制度法案》正式开始施行公务员制度。1905年,芝加哥市政府确认公务人员以职务为分类基础的原则。1912年,芝加哥市政府正式实行职位分类。1923年,美国政府制定第一个联邦政府职位分类方案《职位分类法》。美国实行职位分类制度的经验受到许多国家的重视,他们结合本国实际对职位分类进行了各种改进,进一步推动了职位分类的发展和完善。

(一)工作分析的含义

工作分析是对组织中某特定工作(职务)的目的、任务或职责、工作权限、隶属关系、工作条件、任职资格等相关信息进行收集,以对该工作做出明确规定,并确定胜任这一工作所需要的行为、条件、人员的过程。工作分析又称职位分析、岗位分析。

工作分析的基本内容由工作描述（job description）和工作规范（job specification）两大部分组成，在实际工作中，常把这两份文件的主要内容编写在一起，统称为工作说明书。

工作描述是指具体说明某一工作的目的和任务、内容和特征、职责和权限、标准和要求、时间和地点、流程和规范、环境和条件。

工作规范又称任职要求，具体说明从事某项工作的任职者所必须具备的教育背景、工作经验、生理要求和心理要求等。

具体来说，工作分析就是要为管理活动提供与工作有关的各种信息，即6W1H：用谁（who）、做何事（what）、何时（when）、何地（where）、如何（how）、为何（why）、为何人（for whom）。

（二）工作分析的作用

工作分析对于人力资源研究和人力资源管理具有非常重要的作用。全面深入地进行工作分析，可以使组织充分了解工作的具体特点和对工作人员的行为要求，为做出人事决策奠定坚实的基础。在人力资源管理中，几乎每一个方面都涉及工作分析所取得的成果。总的来说，这些作用可以分为三个部分：组织决策（如组织结构开发）；工作和设备设计；人力资源管理。

具体地说，工作分析有以下八个方面的作用。

1. 选拔和任用合格的人员

通过工作分析，能够明确地规定工作职务的近期和远期目标；掌握工作任务的静态和动态特点；提出有关人员的心理、生理、技能、文化和思想等方面的要求，选择工作的具体程序和方法。在此基础上，确定选人用人的标准。有了明确而有效的标准，就可以通过心理测评和工作考核，选拔和任用符合工作需要和职务要求的合格人员。

2. 制定有效的人力资源预测方案和人力资源计划

每一个单位对于本单位或本部门的工作职务安排和人员配备，都必须有一个合理的计划，并根据生产和工作发展的趋势做出预测。工作分析的结果，可以为有效的人力资源预测和计划提供可靠的依据。在职业和组织面临不断变化的市场和社会要求的情况下，有效地进行人事预测和计划，对于企业和组织的生存与发展尤其重要。一个单位有多少种工作岗位，这些岗位目前的人员配备能否达到工作和职务的要求，今后几年内职务和工作将发生哪些变化，单位的人员结构应相应地做怎样的调整，几年甚至几十年内人员增减的趋势如何，后备人员的素质应达到什么水平等问题，都可以依据工作分析的结果做出适当的处理和安排。

3. 设计积极的人员培训和开发方案

通过工作分析，可以明确工作者所应具备的技能、知识和各种心理条件。这些条件和要求，并非人人都能够满足和达到，必须要不断培训，不断开发。因此，可以按照工作分析的结果，设计和制定培训方案，根据实际工作要求和聘用人员的不同情况，有区别、有针对性的安排培训内容和方案，以培训促进工作技能的发展，提高工作效率。

4. 提供考核、升职和作业的标准

工作分析可以为工作考核和升职提供标准和依据。工作的考核、评定和职务的提升如果缺乏科学依据，将影响职工的积极性，使工作和生产受到损失。根据工作分析的结果，可以制定各项工作的客观标准和考核依据，也可以作为职务提升和工作调配的条件和要求。同时，还可以确定合理的作业标准，提高生产的计划性和管理水平。

5. 提高工作和生产效率

一方面，工作分析有明确的工作任务要求，建立起规范化的工作程序和结构，使工作职责明确，目标清楚；另一方面，工作分析明确了关键的工作环节和作业要领，使职工能充分地利用和安排工作时间，能更合理地运用技能，分配注意和记忆等心理资源，增强他们的工作满意感，从而提高工作效率。

6. 建立先进、合理的工作定额和报酬制度

工作和职务的分析，可以为各种类型的各种任务确定先进、合理的工作定额。所谓先进、合理，就是在现有工作条件下，经过一定的努力，大多数人能够达到，其中一部分人可以超过，少数人能够接近的定额水平。它是动员和组织职工、提高工作效率的手段，是工作和生产计划的基础，也是制定企业部门定员标准和工资奖励制度的重要依据。工资奖励制度是与工资定额和技术等级标准密切相关的，把工作定额和技术等级标准的评定建立在工作分析的基础上，就能够制定出比较合理公平的报酬制度。

7. 改善工作环境

通过工作分析，可以确定职务的任务特征和要求，建立工作规范，而且可以检查工作中不利于发挥人们积极性和能力的方面，并发现工作环境中有损于工作安全、加重工作负荷、造成工作疲劳与紧张以影响社会心理气氛的各种不合理因素。有利于改善工作设计和整个工作环境，从而最大限度地调动工作积极性和发挥技能水平，使人们在更适合于身心健康的安全舒适的环境中工作。

8. 加强职业咨询和职业指导

工作分析可以为职业咨询和职业指导提供可靠和有效的信息。职业咨询和指导是现代人力资源管理的一项重要内容。

（三）工作分析的基本术语

（1）工作要素。它是工作中不能再继续分解的最小动作单位。

（2）任务。它是为了达到某种目的所从事的一系列活动，可由一至多个工作要素组成。

（3）职责（责任）。它是员工在工作岗位上需要完成的主要任务或大部分任务，可由一至多个任务组成。

（4）职位（岗位）。它是在一定时期内，组织要求员工个人完成的一至多项责任。职位与员工一一匹配，两者数量相等。

（5）职务（工作）。它是由一组主要职责相似或相关的职位组成的，一种职务可以有一至多个职位。职位分类是指将所有职位，按其业务性质分为若干职组、职系（从横向上讲）；然后按责任的大小、工作难易、所需教育程度及技术高低分为若干职级、职等（从纵向上讲），对每一职位给予准确的定义和描述，制成职位说明书，以此作为对聘用人员管理的依据。职系（series）是指一些工作性质相同，而责任轻重和困难程度不同，所以职级、职等也分不同的职位系列。简而言之，一个职系就是一种专门职业，如教师系列。工作性质相近的若干职系总和而成为职组（group），也叫职群。我国现有27个职组43个职系。职级（class）是分类结构中最重要的概念。它指将工作内容、难易程度、责任大小、所需资格皆很相似的职位划分为同一职级，实行同样的管理与报酬。

（6）职务族（亦称为工作族）。职务族是由两个或两个以上的工作组成。这些工作或者要求工作者具有相似的特点，或者包括多个平行的任务。例如，生产工作和销售工作就是两个职务族。

（7）职业。职业是指在不同组织、在不同时间，从事相似活动、要求有相似的专业技能的一系列职务的总称。

（8）职业生涯是指一个人在其工作生活中所经历的一系列职位、工作或职业。

二、工作分析的实施

（一）工作分析的具体步骤

工作分析由于是相对比较专业且耗时较大的一项人力资源管理工作，一般组织和实施可以由中介的咨询机构、高等院校、科研机构、企业或政府部门来操作。然而，为了在工作分析中实现资源互补，提高工作效率，可以选择由外聘专家进行设计指导，再由组织自身来实施操作。如果想少花钱多办事、办好事，可以首先考虑聘请高校与科研机构专家，因为这样不需要太多的经营费用。

无论是一个组织内部的工作分析活动，还是全国范围内的工作分析活动，都需要共同的组织和实施步骤。按照这些基本步骤进行操作是其获得成功的关键要素。工作分析需要很多的工作信息，它是一个对工作进行全面了解的过程，这个过程可以分为一脉相承的四个阶段：准备阶段、调查阶段、分析阶段与完成阶段。

1. 准备阶段

（1）确定分析目的。工作分析的第一步，就是确定工作分析所得出的信息将被用于何种目的，只有这样才能确定采用何种技术和方法来搜集和获取这些信息。

一般来说，企业进行工作分析的目的包括以下一些情况：建立一个新的企业或部门时，组织的设计与人员招聘需要进行工作分析；由于战略的调整及业务的发展，使工作内容、工作性质发生了变化，需要进行工作分析；企业由于技术创新、劳动生产率的提高，需要重新进行定岗、定员；建立新制度的需要，比如绩效考核、晋升、培训机制的研究需要进行工作分析。

（2）组成工作分析小组，分工负责与协作，制作工作进度表。为了保证工作分析的顺利进行，在准备阶段还要成立专门的工作分析小组，从人员上为该工作的开展做好准备，而小组成员的构成是一个关键。

小组成员一般由四类人员组成。一是企业的高层领导作为小组组长，最好是企业的"一把手"，例如总经理。二是外部专家。所聘专家不但应具有工作分析方面的理论功底，更重要的是要对我国企业内部现状有深入了解和把握，最好是有在国内其他企业从事工作分析的实践经验。三是人力资源部门相关人员，他们是工作分析的主要负责人和实施者。四是各个职能部门的"一把手"和一些部门的特殊员工，这样有利于协调各个部门的工作，同时能更好地了解各个部门的相关岗位信息。

工作分析实施计划的制订，应依据公司需要、任务量（职位复杂性与多少）、专家意见及工作小组实施能力的强弱来做出。

（3）对工作分析人员进行培训。通过专门的培训课程让工作分析小组成员真正理解工作分析的过程和实施要点，向涉及工作分析的工作人员及参加工作分析的岗位代表宣传、解释工作分析的作用、意义。

（4）确定样本。当需要分析的工作较多而它们彼此又比较相似时（如流水线上工人所做的工作），如果要对他们所做的工作一个一个地进行分析，必然非常耗费时间，因此，为节约成本，提高效率，不必对每个职务都进行分析，选择有代表性的工作显然是十分必要同时也是比较合适的。确定调查和分析对象的样本，同时考虑样本的代表性。

（5）做好其他必要的准备。除了以上工作外，最好开个工作分析动员大会，让领导和各个部门加以重视；确定各个职能部门的联系人，由于各职能部门对工作分析小组的成员可能并不熟悉，在工作分析中可以让这个中间联系人来接洽相关访谈等事宜。

2. 调查阶段

在调查阶段所做的工作是：

（1）编制各种调查问卷和提纲。

（2）根据具体的对象进行调查，如面谈、观察、参与、实验等，比较方便的是通过电脑问卷。

（3）收集有关工作的特征及需要的各种数据，如规章制度、员工对该岗位的认识等。

3. 分析阶段

分析阶段的主要任务是对有关工作特征和工作人员的调查结果进行深入全面的分析。具体工作如下：仔细审核已收集到的各种信息；创造性地分析、发现有关工作和工作人员的关键成分；归纳、总结出工作分析的必须材料和要素。

4. 完成阶段

完成阶段的任务是根据信息收集和分析编制工作说明书。

（二）工作分析中信息的收集方法

1. 利用现有资料

应尽量利用现有资料，如岗位责任制、作业统计以及人事档案等资料。该方法的优点是比较方便，有利于降低成本；能为进一步工作提供基础信息。缺点是可能存在差异；一般不能单独使用。

2. 问卷调查

问卷设计是一项非常专业的工作，必须将需要获得的信息转化为简单明确的问题。通常问卷可分为两类：其一，结构性问卷，仅在设计好的问卷中勾选答案；其二，非结构性问卷，对设计好的问题作主观的陈述性表达。问卷法的最大优点是比较规范化、数量化，适合于用计算机对结果进行统计分析。但它的设计比较费工，也不像访谈那样可以面对面地交流信息，因此，不容易了解被调查对象的态度和动机等较深层次的信息。问卷法还有两个缺陷，一是不易唤起被调查对象的兴趣；二是除非问卷很长，否则就不能获得足够详细的信息。

3. 观察法

观察法指对工作实况作现场观察并记录有关工作情况。研究者认为有经验的员工并不总是很了解自己完成工作的方式。许多工作行为已成习惯，干起工作来并未意识到工作程序的细节。因此，研究者主张采用观察法对工作人员的工作过程进行观察，记录工作行为的各方面特点，了解工作中所使用的工具设备，了解工作程序、工作环境和体力消耗。观察时，可以用笔记录；也可以用事先预备好的观察项目表，一边观察，一边核对。在运用观察项目表时，需事先对该工作有所了解。这样，制定的观察项目表才比较实用。观察前先进行访谈将有利于观察工作的进行。该方法的优点是能了解更多、更深刻的第一手信息；适用于主要用体力活动来完成的工作。缺点是不适用于脑力劳动成分比较高以及既紧急又偶然的工作；有些员工会产生反感；可能导致操作变形；不能得到有关任职资格要求的信息。

4. 访谈法

访谈法又称面谈法，是指就某一工作面对面地询问任职者、主管或专家等，以此来获取所需信息。优点是能了解深层次的想法和意见；应用范围广泛；能简单而迅速地搜集到多方面信息；能了解到直接观察不易发现的问题；能提供解释的机会。缺点是访谈技巧的训练耗时多、成本高；由于被调查者不配合，会导致信息失真。

5. 工作日志法

工作日志法又称工作写实法，是指任职者按时间顺序、详细记录自己的工作内容与工作过程。优点是可靠性较高；费用较少；对分析高水平和复杂的工作比较有效。缺点是只适用于周期较短，状态稳定的工作；整理信息的工作量大；会因不认真而遗漏填写的内容；不适用对大量工作进行分析。

6. 工作实践法

直接参与某项工作，通过亲身体验直接获取工作特点和要求的信息。该方法的优点是避免由于不善表达或不了解工作等造成信息传递中断；有利于获得第一手工作信息。缺点是运用面很窄；仅适用于在短期内就可掌握其方法的工作；不适用需大量训练或有危险的工作。

7. 关键事件法

关键事件法是由熟悉工作的专家找出工作中对绩效有重大影响的关键事件和行为。其优点是：能直接描述具体活动，可获得动态信息；建立的行为标准比较准确。其缺点是：收集、归纳事件并进行分类要耗费大量时间；不能提供完整的描述。

三、工作说明书编写及要求

（一）工作说明书的内容

工作说明书的编写并无固定的模式，需根据工作分析的特点、目的和实际要求，具体确定有关内容与格式（见表4-1）。但是一些基本内容是工作说明应该包括的。

表4-1　　　　　　　　　　　　工作说明书范例

单位		岗位名称		分析时间	
部门		岗位编号		分析人员	
任职条件	年　龄		性别		文化程度	
	职　称		身体状况			
	专业要求					
	工作经验					
	技能要求					
	知识要求					
	心理素质要求					
	其他特别技能要求					

工　作　职　责	工　作　权　限
1.（职责一）	
2.（职责二）	
3.（职责三）	

工作关系	内部工作关系 1. 2. 3. 4. 5.	间接上级 ↓ 直接上级 ↓ 所属员工 ↓ 直接下级	外部工作关系 1. 2. 3. 4. 5.

工作特征	使用工具/设备	
	工作场所	
	工作时间	
	所需记录文档	

任职者签名：	直接主管签名：	单位主管签名：
日期：	日期：	日期：

（1）工作标识：包括工作的名称、编号、工作所属部门或班组、工作地位、工作说明书的编写日期、编写人、审核人和文件确认时间等项目。

（2）工作综述：描述工作的总体性质，即列出主要工作的特征以及主要工作范围。

（3）工作活动和程序：包括所要完成的工作任务、职位责任、所使用的工具以及机器设备、工作流程、与其他人联系、所接受的监督以及所实施的监督等。

（4）工作条件与物理环境：简要地罗列有关的工作条件，包括工作地点的温度、湿度、光线、噪声程度、安全条件、地理位置等。

（5）内外软性环境：包括工作团队中的人数、完成工作所要求的人际交往的数量和程度、各部门之间的关系、工作现场内外的文化设施、社会习俗等。

（6）工作权限：包括工作人员决策的权限和行政人事权限、对其他人员实施监督权以及审批财务经费和预算的权限等。

（7）工作的绩效标准：工作说明书中还包括有关绩效标准的内容，即完成某些任务或工作量所要达到的标准。这部分内容说明企业期望员工在执行工作说明书中的每一项任务时所达到的标准或要求。比如，要确定绩效标准，只要把下面的话补充完整就可以了："如果你做到这样……我会对你的工作很满意。"对于工作说明书中的每一职责和任务都能按照这句话指引叙述完整，自然就贴近和形成一套较完整的绩效标准。

（8）聘用条件：包括工作时数、工资结构、支付工资的方法、福利待遇、该工作在组织中的正式位置、晋升的机会、工作的季节性、进修与学习的机会等。

（9）工作要求：主要说明担任此职务的人员应具备的基本资格和条件，基本分为三种。一是一般要求，包括年龄、性别、学历、工作经验；二是身体要求，包括健康状况、力量与体力、运动的灵活性、感觉器官的灵敏度；三是心理要求，包括观察能力、学习能力、解决问题的能力、语言表达能力、人际交往能力、性格特点、品格气质、兴趣爱好等。

（二）工作说明书编写要求

工作说明书在组织管理中的地位极为重要，是人力资源部门与相关用人部门招聘人员和考核的重要决策和参考依据。一份实用性强的工作说明书应符合下列要求。

（1）清晰明白。在编写工作说明书时，对于工作的描述必须清晰透彻，让任职人员读过以后，可以准确地明白其工作内容、工作程序与工作要求等，无须再询问他人或查看其他说明材料。应避免使用原则性的评价，同时对较专业且难懂的词汇必须解释清楚，以免在理解上产生误差。这样做的目的是为了使用工作说明书的人能够清楚地理解这些职责。

（2）具体细致。在说明工作的种类、复杂程度、任职者须具备的技能、任职者对工作各方面应负责任的程度这些问题时，用词上应尽量选用一些具体的动词，尽量使用能够准确地表达工作要求的语言。比如运用"安装""加工""设计"等词汇，避免使用笼统含糊的语言，例如负责、处理等。如在一个岗位的职责描述上，使用了"处理文件"这样的词句，显然有含混不清的成分，"处理"是什么意思呢？因此，在具体的编写时，需要仔细区分到底是对文件进行分类，还是进行分发。

（3）简短扼要。整个工作说明书必须简短扼要，以免过于复杂、庞大，不便于记忆。在描述一个岗位的职责时，应该选取主要的职责进行描述，一般不超过十项为适，对于兼顾的职责可做出必要的补充或说明。

（三）编写时应注意的事项

（1）以符合逻辑的顺序来编写。一般说来，一个岗位通常有多项工作职责，在工作说明书中罗列这些工作职责并非是杂乱无章的、随机的，而是要按照一定的逻辑顺序来编排，这样才有助于理解和使用工作说明书。

（2）尽量使用通俗易懂的语言。应尽量避免过于强调技术性的文字或概念，所描述工作说明书不仅要让上级能够理解，更重要的是上岗人员能实实在在地领会，因此，当遇到技术性的问题时，应尽量转化成较为通俗的解析。

（3）应该表明各项职责重要性。许多具体的工作，所出现的频率、各项职责所占的时间比重都有所不同。因此，可考虑按权重程度自上而下排列，或者结合各项职责出现的频率高低，在对应的备注栏上说明职责在总的职责中占的比例。要较好地编写工作说明书，不仅要清楚其岗位工作的主要内容，而且对其职责大小与次序的划分也是明确的。在实际编写方面，可按照各项职责的重要程度、难易程度和任职者花费的时间等进行具体分析，关键是客观如实和具有可操作性（即做什么、如何做、做得好）。

工作说明书一般由人力资源部门统一归档管理。需要注意的是，工作说明书的编写并不是一劳永逸的工作。实际中组织内经常出现职位增加、撤销的情况，更普遍的情形是某项工作的职责和内容出现变动。每一次工作信息的变更都应该及时记录在案，并迅速反映到工作说明书的调整之中。在这种情况下，一般由职位所在部门负责人向人力资源部提出申请，并填写标准的工作说明书修改表，由人力资源部门进行信息收集并对工作说明书做出相应的修改。

第三节　人力资源规划

一、人力资源规划概述

（一）人力资源规划的含义

人力资源规划有时也叫人力资源计划，是指在企业发展战略和经营规划的指导下进行人员的供需平衡，以满足企业在不同发展时期对人员的需求，为企业的发展提供符合质量和数量要求的人力资源保证。简单地讲，人力资源规划就是对企业在某个时期内的人员供给和人员需求进行预测，并根据预测的结果采取相应的措施来实现人力资源的供需平衡。

（二）人力资源规划的分类

组织的人力资源规划是组织整体规划的重要组成部分，而且人力资源规划要适应整个组织的整体计划。人力资源规划可以按时间、范围、重要程度等，进行不同的分类。企业在制定规划时，可以根据具体情况灵活选择。

（1）根据规划的时间跨度划分，人力资源规划可以分为长期规划、中期规划和短期规划。

（2）根据规划的层次划分，人力资源规划有两个层次：一是总体规划，二是业务规划。

（3）根据规划是否独立，可以分为独立的人力资源规划和从属的人力资源规划。

（三）人力资源规划的内容

从内容的性质上讲，企业的人力资源规划可以分为战略规划和策略规划。战略规划阐述了人力资源管理的原则和目标；策略规划则重点强调具体每项工作的实施计划和操作步骤。一个完整的人力资源规划应该包括以下几个方面。

（1）总规划。人力资源总规划阐述人力资源规划的总原则、总方针和总目标。

（2）职务编制规划。职务编制规划阐述企业的组织结构、职务设置、职务描述和职务资格要求等内容。

（3）人员配置规划。人员配置规划阐述企业每个职务的人员数量，人员的职务变动，职务人员空缺数量等。

（4）人员需求规划。通过总规划、职务编制规划、人员配置规划可以得出人员需求规划。需求计划中应阐明需求的职务名称、人员数量、希望到岗时间等。

（5）人员供给规划。人员供给规划是人员需求规划的对策性规划，主要阐述人员供给的方式（外部招聘、内部招聘等）、人员内部流动政策、人员外部流动政策、人员获取途径和获取实施规划等。

（6）教育培训规划。包括教育培训需求、培训内容、培训形式、培训考核等内容。

二、人力资源规划的程序

人力资源规划程序如图4-4所示。

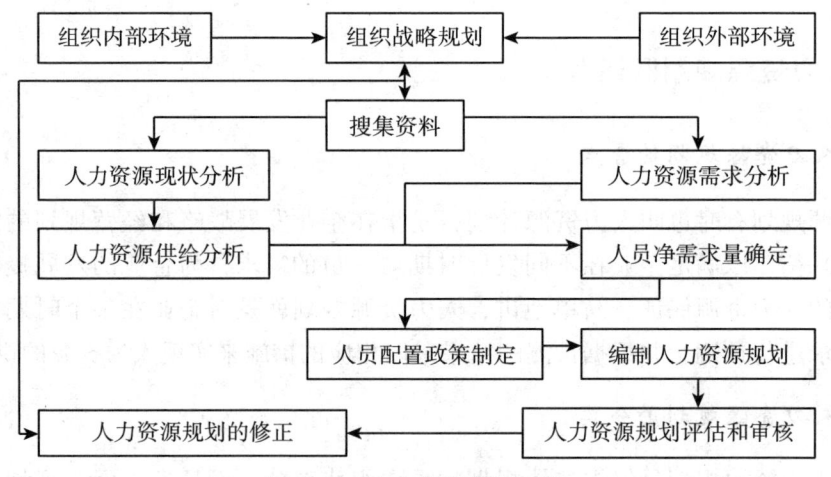

图4-4　人力资源规划程序

（一）明确组织战略规划

人力资源规划要以组织的战略目标为依据。

（二）搜集资料

影响企业经营管理的因素很多，包括社会的政治、经济、文化、法律环境等，以及企业内部的各种因素，而这些因素是企业制定人力资源规划的硬约束，任何企业在制定人力资源规划时都必须首先考虑它们。

（三）分析人力资源现状

人力资源的供给：理清企业内部现有人员的数量、质量、结构以及人员分布情况，以及外部就业的情况。人力资源的需求：根据企业内部情况确定人员的需求数量和技能等情况。

（四）人力资源预测

1. 人力资源预测的含义

预测是指对未来环境的分析。人力资源预测是指在企业的评估和预言的基础上，对未来一定时期内人力资源状况的假设。人力资源预测可分为人力资源需求预测和人力资源供给预测。需求预测是指企业为实现既定目标而对未来所需员工数量和种类的估算；供给预测是确定企业是否能够保证员工具有必要能力以及员工来自何处的过程。

2. 人力资源需求的预测

（1）对影响人力资源需求的因素进行分析。影响人力资源需求的因素很多，概括起来主要有两大方面。

企业的内部因素主要有：第一，企业的发展。由于企业的发展需要增加职工或提高现有职工的素质。而企业的发展或规模的扩大一般会反映在企业的综合经营计划上（包括长期的计划和年度的计划），所以我们可以根据企业的综合计划来预测企业对职工数量、结构和技能等方面的需求。第二，现有人力结构状况。企业现有的人力结构状况如何，会影响到企业对人力资源的需求。因此，应对企业现有人员的数量、类别、素质和年龄结构进行分析。对人员数量的分析，主要是分析现有人员数量是否与企业现有的工作量或业务量相适应。对人员类别的分析，主要是分析企业各类不同人员的构成是否合理，需要做何调整。人员素质分析，就是分析现有人员的年龄结构是否合理，是否需要补充新人等。

企业的外部因素主要包括：第一，宏观经济环境。如政府的各种法令和产业政策、财政金融以及市场需求、供给状况等都会影响到企业的投资和发展决策，从而影响到企业对人力资源的需求。第二，技术的发展状况。如自动控制技术的广泛应用和电脑的普及，会促使一些企业的劳动率大幅度提高，导致企业对人员需求特别是对第一线的生产工人需求的大幅度减少。第三，市场竞争状况。由于市场竞争激烈化，要求企业不断提高劳动生产率，降低成本，同时还要提高质量，开发新产品，以便在竞争中处于有利地位。所有这些，都会影响到企业对人力资源的需求。

（2）选择需求预测的方法。可供选择的人力资源需求预测的方法很多，概括起来可分为判断性预测和统计分析预测两种方法。而常用的判断性预测的方法主要有：德尔斐法、名义分组技术和管理人员判断法。常用的统计分析预测的方法主要有：一元回归和多元回归分析法；此外还有生产率比率法、人员比率法、时间序列分析法、随机分析法。企业选择何种预测法，主要取决于时间长短、组织类型、组织规模和分散程度、可得信息的准确性和确定性。预测的结果也只能是大体准确，并非完全准确和精确。

常用的人力资源需求预测方法有如下几种。

①现状预测法。这是一种最简便的预测方法，适用于短期的预测。这种方法假定组织的员工总数与结构完全能适应预期的需求，管理者只需要安排适当的人员在适当的时间内去补缺即可，如替补晋升和跳槽者的工作岗位。

②经验预测法。这种根据以往的经验进行预测的方法，简便易行。有些组织常采用这种方法做预测。例如，组织认为车间里一个管理者（如工头）管理10个员工最佳，因此依据将来生产员工增加数就可以预测管理者（如工头）的需求量。又例如，依照经验，一个员工每天可以加工10件上衣，则若要扩大生产规模即可按产量（如上衣件数）计算出员工的需求量。运用这种方法，还可以计算出有关方面的预报数。

③微观集成法。组织的各个部门根据自己单位、部门的需要预测将来某时期内对各种人员的需求量，然后人力资源管理的规划人员把各部门的预测综合起来，形成总体预测方案。这种方法由上而下布置预测工作，再由下而上逐级进行预测和汇总。它属于管理人员评估法中的一种，叫由下而上预测法，适用于短期预测和组织的生产/服务比较稳定的情况。

管理人员评估法中还有一种由上而下的预测法。它是指上级管理人员先拟出预测计划，并逐级传达到下级，开展讨论和进行修改，上级听取并集中大家的意见后进行修改，得出总的预测和计划。这种方法适用于短期预测，在组织作总体调整和变化时尤其方便。

④描述法。人力资源管理的规划人员通过对组织在将来某一时期的目标和因素进行描述（假定性的）、分析和综合，预测人力资源需求量。由于这是假定性的描述，因此人力资源需求就有几种备选方案，目的是适应和应付环境与因素的变化。

⑤德尔斐法。这种方法也叫专家评估法，一般采用问卷调查或小组面谈的形式，听取专家们对未来有关因素趋向的分析意见和应采取的措施，并通过多次反复以达到在重大问题上取得较为一致的意见和看法。这种方法适用于长期预测，调查对象既可以是个人或面对面的专家小组，也可以是背靠背的专家小组。面对面的方式，专家之间可能相互启发；背靠背的形式可以免除某一权威专家对其他专家影响，而使每位专家独立发表看法。

⑥计算机模拟法。这是人力资源需求预测中最为复杂的一种方法。这是指在计算机中运用数学模型按描述法中假定的几种情况对人力资源需求进行模拟测试，并通过这种模拟测试确定人力资源需求的预测方案。当然，也可以使用这种方法对某一种情况的几种备选

方案进行模拟测试，以选择一种最佳方案。后一种应用带有评估和择优的意思，也就是说，可以用于评估人力资源政策和项目。

⑦外推预测法。外推预测法是数学中的一类计算方法，有着广泛的用途。最简单的形式是直线外推，也可以有曲线，如指数平滑法，还可以有更复杂的形式。这种方法适用于短期和中期预测。

⑧回归分析法。这是数理统计学中的方法，比较常用。它是处理变量之间相互关系的一种统计方法。这种方法中，最简单的是一元线性回归分析，也可以是多元线性回归分析和非线性回归分析。一般而言，人力资源需求量变化起因于多种因素，故可考虑用多元线性回归分析。

⑨劳动生产率分析法。这是一种通过分析和预测劳动生产率，进而根据目标生产/服务量预测人力资源需求量的方法。因此，这种方法的关键部分是如何预测劳动生产率。如果劳动生产率的增长比较稳定，那么预测就比较方便，使用效果也较佳。劳动生产率预测，可直接用外推预测法；也可以对劳动生产率的增长率使用外推预测。这种方法适用于短期预测。

⑩人员比例法。这是根据已确定的各类人员之间、人员与设备之间、人员与产量之间的各种科学的比例关系来预测人力资源需求的一种方法。

各种组织的规模和所处环境不尽一致，人力资源需求预测方法也有差异。但是预测工作总是要做的，而且大部分组织都是在这种预测的基础上制订人力资源计划的。制订短期规划可以选择一些较为简单的方法，而制定中、长期计划则可以选择一些较为复杂的方法。

3. 人力资源的供给分析

通过对组织内现有人力资源供给的认真测算和员工流动情况的调整，就可以预测出在未来某一时间里组织的人力资源供给情况。

组织内现有人力资源状况可以从组织的信息系统中提取。一般而言，组织的信息系统都有人力资源数据信息库。数据信息库里的信息较详细而全面，具体包括：人员数据、工作历史数据、培训与发展；个人发展计划资料、目前各个岗位所需要的技能；有关对员工的人数、年龄状况、学历层次、所学专业等方面的综合性信息资料。

由于各工作岗位上的技术要求有可能变化，因此人力资源数据信息库应收集有关员工潜力以及员工晋升、个人发展、受过的培训与教育等方面的资料；更要特别注意收集和保留员工技能方面的信息资料（包括技能、知识及经验等）。这对评测人才的未来技术发展方向大有益处。

企业人力资源供给预测的方法常用的有以下几种。

（1）技能清单法。技能清单是一个用来反映员工工作能力特征的表格，这些特征包括培训背景、工作经历、持有的证书、通过的考试、主管的能力评价等。清单是对员工整体状况的反映，有助于判断哪些员工可以补充组织当前的职位空缺。

（2）管理人员接替图法，也称职位置换法。它记录各个管理人员的工作绩效、晋升的可能性和所需的训练等内容，由此决定有哪些人员可以补充组织重要职位空缺。最终目标是确保组织在未来能有足够的合格管理人员的供给。

（3）马尔可夫模型。这种方法用于分析具有等时间间隔的时刻点上各类人员的分布状况。在具体运用中，假设给定时期内从低一级向上一级或从某一职位转移到另一职位的人数是起始时刻总人数的一个固定比例，即转移率一定。在给定各类人员起始人数、转移率和未来补充人数的条件下，就可以确定出各类人员的未来分布状况，做出人员供给的预测。

（4）企业外部人力资源供给预测。企业所需要的人力资源除了充分挖掘内部潜力进行补充外，从企业外部招聘引进也是一条不可缺少的途径。影响企业外部人力资源筹措的因素很多，如人口和社会体制背景、国家的就业政策、用人单位的竞争状况、就业者的就业心理等。企业外部人力资源预测就是要根据这些影响因素，预测企业未来可供利用的外部人力资源状况。

（五）人力资源的供需平衡

企业完成人力资源供需预测以后，就可以确定对劳动力的净需求，而在确定了净需求后，就可以制定相应的人力资源政策，以保持人力资源的平衡即达到净需求，既无多余，也无短缺。企业平衡劳动力资源有两种人事政策：一是解决人力资源缺乏的政策；二是处理冗员的政策。

（1）人力缺乏的调整方法。人力缺乏的调整方法有：适当加班加点；提高设备和人员的工作效率；聘用兼职人员；聘用临时的全职人员；聘用正式员工或引进人才；通过工作扩大化等提高利用率。

（2）人力过剩的调整方法。人力过剩的调整方法有：通过扩大经营规模、开发新产品、实行多种经营等吸收过多的供给；可以采取提前退休、降低工资福利、工时压缩、转业培训、冗员辞退等方式减少供给。

第四节　人力资源管理过程

一、人员招聘与选拔

随着经济的发展，各行各业对人才的需求也越来越强烈，企业要发展就必须不断地吸纳人才。招聘，就是替企业或机构的职位空缺挑选具有符合该职位所需才能的人员的过程；求才的目的在于选择最适宜、最优秀的人才。

人员招聘与选拔是组织寻找、吸引那些有能力又有兴趣到本组织任职，并从中选出适宜人员予以录用的过程。在这里，人员选拔是人员招聘的一个环节，也是最重要的环节。

（一）人员招聘与选拔的程序

人员招聘与选拔程序是指从出现职位空缺到候选人正式进入公司工作的整个过程。这个过程通常包括识别职位空缺、确定招聘渠道、制订招聘计划、选择招聘方法、回收招聘资料、招聘评估等一系列环节，如图4-5所示。

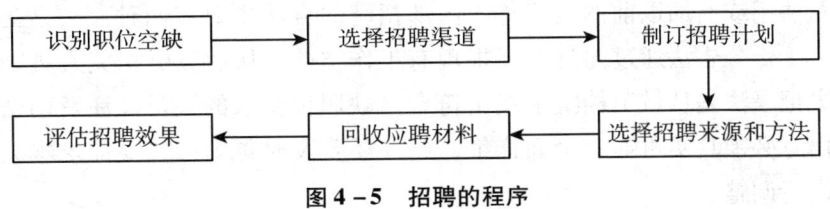

图4-5 招聘的程序

1. 招聘需求分析

根据企业的人力资源规划和工作分析，在掌握有关各类人员的需求信息，明确哪些职位空缺的情况后，人力资源管理部门要考虑招聘是否是最好的方法。因为除了招聘，企业还可以通过现有人员加班、工作的重新设计、外包等手段解决人力不够的问题。

2. 选择招聘渠道

一般来说，企业的招聘渠道有两个：一是外部招聘；二是内部招聘。内部招聘与外部招聘的利弊分析如表4-2所示。企业可根据实际情况确定利用何种招聘渠道，但要注意的是在选择时有一个基本原则：内部招聘优先。

表4-2　　　　　　　　　　　　两种招聘渠道的利弊分析

招聘渠道	优势	劣势
内部招聘	1. 有利于提高员工的士气和发展期望 2. 对组织工作的程序、企业文化、领导方式等比较熟悉，能够迅速地展开工作 3. 对企业目标认同感强，辞职可能性小，有利于个人和企业的长期发展 4. 风险小，对员工的工作绩效、能力和人品有基本了解，可靠性高 5. 节约时间和费用	1. 容易引起同事间的过度竞争，发生内耗 2. 竞争失利者感到心里不平衡，难以安抚，容易降低士气 3. 新上任者面对的是"老人"，难以建立起领导声望 4. 容易产生"近亲繁殖"问题，思想、观念因循守旧，思考范围狭窄，缺乏创新与活力
外部招聘	1. 为企业注入新鲜的"血液"，能够给企业带来活力 2. 避免企业内部相互竞争所造成的紧张气氛 3. 给企业内部人员以压力，激发他们的工作动力 4. 选择的范围比较广，可以招聘到优秀的人才	1. 对内部人员是一个打击，感到晋升无望，会影响工作热情 2. 外部人员对企业情况不了解，需要较长的时间来适应 3. 对外部人员不是很了解，不容易做出客观的评价，可靠性比较差 4. 外部人员不一定认同企业的价值观和企业文化，会给企业的稳定造成影响

3. 制订招聘计划

如果企业根据实际情况认为招聘是一个最佳方式的话，就要编制招聘计划。招聘计划包括：招聘人数、招聘标准、招聘对象、招聘时间和招聘预算等。

4. 选择招聘的来源和方法

（1）企业内部招聘。内部征召候选人的来源主要有：公开招聘、晋升、平级调动、岗位轮换、重新雇用或召回以前的员工等。内部招聘的方法主要有两种：一是工作公告；二是档案记录。工作公告法通过向员工通报现有工作空缺，从而吸引相关人员来申请这些空缺职位。档案记录法是从员工档案中找出符合空缺职位要求的人员。注意两个方面：一是档案资料的信息必须真实可靠、全面详细，此外还要及时更新；二要征求本人的意见，看其是否愿意进行调整。

（2）企业外部招聘。企业外部招聘的来源主要有大中专院校及职业技工学校、人才交流会、职业介绍所、竞争者与其他公司以及行业协会。外部招聘的方法一般有广告招聘、就业中介机构招聘、人员举荐等方法，此外还有校园招聘、网络招聘、猎头公司等。其中广告招聘、通过就业中介机构招聘是最为常见的外部招聘方法，特别是网络招聘及通过猎头公司进行招聘是近几年来随着信息技术和网络的发展从国外引进的外部招聘的新方法，它们也在人员招聘中发挥了重要作用。

5. 回收应聘材料

企业通过有关的途径把招聘信息发布出去以后，还要对应聘者的应聘材料进行回收，以便进行下一步的选拔录用。招聘人员在回收应聘材料的过程中，并不是被动地收取，还要进行初步筛选，剔除那些明显不符合要求的人员，从而减轻选拔录用的工作量。需要强调的是，初步筛选剔除的应聘者不一定就不优秀，只是不符合此次招聘的要求而已，对于这些人员的信息，企业还是应当保留起来，建立一个专门的招聘信息库，这样以后进行招聘时还可以使用这些信息，避免重复工作，也可以加速招聘的进程。

6. 评估招聘效果

这是招聘工作的最后一项工作。一般来说，评估工作主要从人员的数量、质量、招聘效率等方面来进行，包括招聘成本和效率评估以及招聘工作评估两项内容。研究表明，通过不同的招聘渠道和方法，产生的招聘效果是大大不同的。用不同的方法招聘进来的员工也可能表现出不同的工作绩效、不同的流失率、不同的缺勤率。如果对招聘工作进行及时评估就可能找到招聘工作中可能存在的问题，从而适时地对招聘工作进行修整，提高下一轮的招聘工作质量。

（1）招聘成本和效率评估。招聘成本评估是指对招聘中的费用进行调查、核实，并对照预算进行评价的过程。招聘成本评估是鉴定招聘效率的一个重要指标，如果成本低，录用人员质量高，就意味着招聘效率高；反之，则意味着招聘效率低。相同的招聘成本水平，如果录用的人数多或录用人员的素质高，也意味着招聘效率高；反之，意味着招聘效率低。

招聘预算费用包括招聘广告费或中介机构费用、招聘测试费、体格检查费和其他费用，一般来说按4：3：2：1比例分配预算较为合理。在招聘工作结束之后，要对实际的招聘费用进行度量、审核和计算，并与预算经费进行对比，就可以知道是否符合预算以及主要差异出现在哪些环节上。

（2）招聘工作评估。招聘工作评估就是对招聘过程中的工作要项进行评估，它是判断招聘工作质量的另一个重要指标。具体来说，招聘工作评估包括征召评估和甄选评估两项工作。对人员征召工作的评估主要有两方面的内容：量的评估和质的评估。人员甄选工作的评估也有两个方面的内容，一是效率评估，二是正确率评估。

最后，在做完以上工作后，就要撰写招聘总结。招聘总结由招聘主要负责人撰写，并要真实地反映招聘的全过程，明确指出招聘成功之处和失败之处。

（二）选拔测试方法

1. 材料法

材料法即是通过一些材料信息来考查和选拔人才的方法。像申请表、简历分析、证明材料、推荐信、背景调查等都是材料法的一些常见形式。材料法主要了解的是个人的基本信息及背景材料，它可以为其他测评方法（如面试）提供一定的参考。

申请表可以说是选拔过程的第一步。典型的申请表需要求职者的背景资料，如姓名、地址、教育程度、社会关系、工作经历、特长、兴趣爱好、要求的职位等。一张填好的申请表可以达到三个基本目的。第一，确定求职者是否符合工作所需要的最低资格要求，以便确定最少的候选人；第二，申请表可以帮助招聘者判断求职者具有或不具有某些与工作相关的属性，例如，可以通过工作经历来判断其经历是否与招聘的工作岗位所需能力有关；第三，申请表中所包含的资料可被用来"警示"任何与求职者有关的潜在问题领域，例如，经常的工作变换可看作是不稳定的表现等。由于职务的不同，以及招聘工作的差异，通常会有多种申请表格。申请表的设计关键在于保证每个项目均与胜任某项工作有一定关系。申请表比较客观，易审核，成本低，所以它是选拔人才过程中被普遍使用的技术之一。

个人简历是以自我记录和评价形式表现出来的个人资料，它和申请表一样，既可以判定求职者是否符合工作所需要的最低资格要求，又可以了解求职者的基本信息、行为表现史等。而且，个人简历比较客观，不易受到文化、意识形态等方面的影响，还具有公关效果，所以，个人简历的应用非常广泛和普遍。

证明材料在人事选拔中也被普遍使用，但它的信效度仍然无法达到我们所需要的水平。证明材料既可以用于证明过去的经历，证明求职者提供材料的真实性，又可用于提供目前以及未来可能的绩效水平信息。对证明材料的使用应以事实材料作为核查的基础。

推荐信实际上是证明材料的另一种形式，但人力资源经理并不认为推荐信十分有用。在一项调查中，仅有12%的回答者认为推荐信"很有价值"，而且大部分人力资源经理认为电话推荐比书面推荐更可信，因为电话推荐需要更直接的交流和更坦率的评价[①]。

背景调查是一种直接证实候选人的事实信息的有效方法。有研究表明，领导与一般同事提供的材料比较真实，所属人事部门提供的材料并不真实，而亲戚朋友提供的材料往往会夸大其词，因此背景调查对于证实个人信息，消除有关疑问是很有必要的。

---

① 周广亮，刘珂. 人力资源管理［M］. 北京：中国铁道出版社，2013.

2. 面试法

面试技术兴起于 20 世纪 50 年代的美国，它有着广泛的应用。面试是指在特定时间、地点所进行的，在主考官面前被测人用口述方式回答问题，通过主考人和求职者双方面对面的观察、交谈等双向沟通形式，来了解被测者的素质特征、能力状况以及求职动机等方面情况的一种人员甄选与测评技术。主考官根据被测人在面试过程中的行为表现，观察分析被测评人回答问题的正确程度来予以评定成绩。一般来说，面试可以分为开放式面试、结构化面试和半结构化面试。开放式面试没有既定的模式、框架和程序，招聘者可以"随意"向求职者提出问题，而对求职者来说也无固定答题标准的面试形式。结构化面试是近些年来逐步发展、成熟并被广泛采用的一种面试形式，它首先要对职位进行分析，确定面试的测评要素，在每一个测评维度上预先编制好面试题目并制定出相应的评分标准，面试过程要遵循一种客观的评价程序等；它类似于一种标准化的面试。而半结构化面试就是介于开放式面试和结构化面试之间的一种形式。它结合两者的优点，有效避免了单一方法上的不足。总的来说，面试的方法有很多优势，面试过程中的主动权主要控制在评价者手中，具有双向沟通性，可以获得比申请表中更为丰富、完整和深入的信息，并且面试可以做到内容的结构性和灵活性相结合。

3. 测验法

测验是人才选拔中的重要工具，它的主要特点就是标准化程度高。测验的种类很多，但大致可分为这样几大类，即纸笔考试、心理测验和工作取样测验。

纸笔考试就是我们通常所说的考试。考试应用的领域非常广泛，自我国科举首创笔试以来，一直沿用至今，并且现在笔试已逐步向标准化、客观化发展；但考试更偏重于知识和技能的考察，所以它考察人的素质的全面性程度常常受到质疑。

心理测验是现代人员测评过程中的一种非常重要的技术。心理测验可以反映求职者的能力特征，预测其发展潜能，也可以测定求职者的人格品质及职业兴趣等。心理测验包含能力测验（智力测验、特殊能力测验，如机械能力测验等）、人格测验（其中也包括一些职业价值观测验、诚信度测验等）及倾向测验（像能力倾向测验、个性倾向测验、职业倾向测验等）。心理测验是一种标准化、客观化程度较高的测验，但其中有一些心理测验的信效度仍并不理想。心理测验也可以分为自陈测验、评价量表及投射测验，自陈测验和评价量表的操作较为简单，易标准化，但受文化程度、文化背景等的影响；投射测验虽解释和评价较为复杂，但它不易受文化背景等的影响，而且它更适合于含蓄的东方人，所以，投射测验可能会有更广阔的发展空间。

工作取样测验要求求职者实际完成（或模拟）一些空缺职位的职责。它比其他任何选拔方法具有更高的一一对应特点。工作取样测验是直接对行为进行评价。工作取样测验的效度决定于职务分析的好坏，这与情境访谈是一样的。首先进行职务分析，然后确定关键行为，再设计打分系统。与情境访谈所不同的是，工作取样测验在行为确认后，要设计一个操作性的测验对求职者进行测试。工作取样测验的主要缺点是设计与使用过程中的费用太高，而且它在专业的适用范围上过于单一，缺乏通用性。

4. 评价中心法

评价中心法很早就用于人事选拔。它是一种综合性的方法，它使用各种不同的技术对许多心理维度进行评定；它是一种为组织判断和预测那些与组织的工作绩效目标相关联的个体行为，以评价求职者操作能力及管理素质为中心，所进行的一种标准化活动程序，是一种比较全面的测评方法。它最突出的特点就是情景模拟性，所以它的核心部分就是情景模拟测评。情景模拟测评主要有以下几种形式：公文篮测验、小组讨论（包括无领导小组讨论和有领导小组讨论）、即席发言、角色扮演、管理游戏、小组任务（包括无领导小组任务和有领导小组任务）、书面案例分析、事实判断、面谈模拟、与人谈话等。到目前为止，除公文篮测验和无领导小组讨论略有研究外，学者对其他形式的研究甚少。从实际的使用频率看，使用频率较高（大于50%）的有公文篮测验、案例分析及无领导小组讨论；而其他形式的技术使用频率并不高，一些形式，如角色扮演、小组任务等甚至都没有实际的调查数据。评价中心法的效度一般是较高的，但此种技术费用太大，测评过程耗时较长，所以它的应用并非十分广泛，它更适合于高层管理者的选拔。

5. 其他方法

当然，除了以上介绍的这些常用选拔方法之外，还有一些非标准化的方法，如笔迹法。笔迹法在西欧国家较为流行，它作为一种投射技术已吸引了众多研究者，但真正作为一种标准的测评工具，还有待进一步研究和发展。

二、培训开发

（一）培训的含义

培训是指以组织为主体，有计划地组织员工从事学习和训练，提高员工知识技能，改善行为，增进绩效，使组织和员工共同实现发展目标的活动。培训的对象是企业的全体员工；培训的内容应与员工的工作有关；目的是要改善员工的工作业绩并提升企业的整体绩效；培训开发的主体是企业。员工培训其实质是进行员工的人力资本投资。

（二）员工培训的意义与特点

1. 培训的意义

企业在面临全球化、高质量、高效率的工作系统挑战中，培训显得更为重要。培训使员工的知识、技能与态度明显提高与改善，由此提高企业效益，获得竞争优势。具体体现在以下几个方面。

（1）能提高员工的职业能力。员工培训的直接目的就是要发展员工的职业能力，使其更好地胜任现在的日常工作及未来的工作任务。在能力培训方面，传统的培训重点一般放在基本技能与高级技能两个层次上，但是未来的工作需要员工更广博的知识，培训员工学会知识共享、创造性地运用知识来调整产品或服务的能力。同时，培训使员工的工作能力提高，为其取得好的工作绩效提供了可能，也为员工提供更多晋升和较高收入的机会。

（2）有利于企业获得竞争优势。面对激烈的国际竞争，一方面，企业需要越来越多的跨国经营人才，为进军世界市场做好人才培训工作；另一方面，员工培训可提高企业新产品研究开发能力。员工培训就是要不断培训与开发高素质的人才，以获得竞争优势，这已为人们所认识。尤其是人类社会步入以知识经济资源和信息资源为重要依托的新时代，智力资本已成为获取生产力、竞争力和经济成就的关键因素。企业的竞争不再依靠自然资源、廉价的劳动力、精良的机器和雄厚的财力，而主要依靠知识密集型的人力资本。员工培训是创造智力资本的途径。智力资本包括基本技能（完成本职工作的技术）、高级技能（如怎样运用科技与其他员工共享信息、对客户和生产系统进行了解）以及自我激发创造力。因此，这要求建立一种新的适合未来发展与竞争的培训观念，以提高企业员工的整体素质。

（3）有利于改善企业的工作质量。工作质量包括生产过程质量、产品质量与客户服务质量等。毫无疑问，培训使员工素质、职业能力提高并增强，将直接提高和改善企业工作质量。培训能改进员工的工作表现，降低成本；培训可增加员工的安全操作知识；提高员工的劳动技能水平；增强员工的岗位意识，增加员工的责任感，规范生产安全规程；增强安全管理意识，提高管理者的管理水平。因此，企业应加强对员工敬业精神、安全意识和知识的培训。

（4）有利于高效工作绩效系统的构建。在21世纪，科学技术的发展导致员工技能和工作角色的变化，企业需要对组织结构进行重新设计（如工作团队的建立）。今天的员工已不是简单接受工作任务，提供辅助性工作，而是参与提高产品与服务的团队活动。在团队工作系统中，员工扮演着许多管理性质的工作角色。他们不仅具备运用新技术获得提高客户服务与产品质量的信息、与其他员工共享信息的能力；还具备人际交往技能和解决问题的能力、集体活动能力、沟通协调能力等。尤其是培训员工学习使用互联网及其他用于交流与收集信息工具的能力，可使企业工作绩效系统高效运转。

（5）满足员工实现自我价值的需要。在现代企业中，员工的工作目的更重要的是为了"高级"需求——自我价值实现。培训不断教给员工新的知识与技能，使其能适应或能接受具有挑战性的工作与任务，实现自我成长和自我价值，这不仅使员工在物质上得到满足，而且使员工得到精神上的成就感。

2. 员工培训的特性

员工培训的对象是在职人员，其性质属于继续教育的范畴。它具有鲜明的特征。

（1）广泛性。员工培训涉及的面很广泛，不仅决策层管理者需要培训，而且一般员工也需要受训；员工培训的内容涉及企业经营活动或将来需要的知识、技能等，而且员工培训的方式与方法也具有更大的广泛性。

（2）层次性，即员工培训的深度，也是培训网络现实性的具体表现。不仅企业战略不同，培训的内容及重点不同，而且不同知识水平和不同需要的员工，所承担的工作任务不同，知识和技能需要也各异。

（3）协调性。员工培训是一个系统工程，它要求培训的各环节和培训项目相协调，使培训运转正常。首先要从企业经营战略出发，确定培训的模式、培训内容、培训对象；其次应适时地根据企业发展的规模、速度和方向，合理确定受训者的总量与结构；最后还要根据员工的培训人数，准确合理地设计培训方案、培训的时间、地点等。

（4）实用性。员工培训的投资应产生的一定回报。员工培训系统要发挥其功能，即培训成果转移或转化成生产力，并能迅速促进企业竞争优势的发挥与保持。首先，企业应设计好的培训项目，使员工所掌握的技术、技能、更新的知识结构能适应新的工作。其次，应让受训者获得实践机会，为受训者提供机会或动员其主动抓住机会来应用培训中所学的知识、技能和行为方式。最后，为培训成果转化创造有利的工作环境，构建学习型组织。学习型组织是一种具有促进学习能力、适应能力和变革能力的组织。

（5）长期性和速成性。随着科学技术的日益发展，人们必须不断接受新的知识，不断学习，任何企业对其员工的培训都将是长期的，也是永恒的。员工学习的主要目的是为企业工作，所以，培训一般针对性较强，周期短，具有速成的特点。许多培训是随经营的变化而设置的，如为改善经济技术指标急需掌握的知识和技能以及为掌握已决定进行的攻关课题、革新项目急需的知识和技能，为强化企业内部管理急需掌握的管理基本技能等。

（6）实践性。培训应根据员工的生理、心理及其工作经验等特点，在教学方法上注重实践教学方法。应针对工作实际多采用启发式、讨论式、研究式以及案例式的教学，使员工培训有效果。

（三）员工培训的内容与形式

1. 员工培训的内容

员工培训的内容与形式必须与企业的战略目标、员工的职位特点相适应，同时考虑适应内外部经营环境变化。一般地，任何培训都是为了提供员工在知识、技能和态度三方面的学习与进步。

（1）知识的学习。知识学习是员工培训的主要方面，包括事实知识与程序知识的学习。员工应通过培训掌握完成本职工作所需要的基本知识，企业应根据经营发展战略要求和技术变化的预测，以及将来对人力资源的数量、质量、结构的要求与需要，有计划、有组织地培训员工，使员工了解企业的发展战略、经营方针、经营状况、规章制度、文化基础、市场及竞争等。依据培训对象的不同，知识内容还应结合岗位目标来进行。如对管理人员要培训计划、组织、领导和控制等管理知识，还要他们掌握心理学、激励理论等有关人的知识，以及经营环境如社会、政治、文化、伦理等方面的知识。

（2）技能的提高。知识的运用必须具备一定技能。培训首先对不同层次的员工进行岗位所需的技术性能力培训，即认知能力与阅读写作能力的培训。认知能力包括语言理解能力、定量分析能力和推理能力等三方面。有研究表明，员工的认知能力与其工作的成功有重要关系。随着工作变得越来越复杂，认知能力对完成工作显得越来越重要。阅读能力不够会阻碍员工良好业绩的取得。随着信息技术的发展，不仅要开发员工的书面文字阅读能力，而且要培养员工的电子阅读能力。此外，企业应更多培养员工的人际交往能力。尤其是管理者，更应注重判断与决策能力、改革创新能力、灵活应变能力、人际交往能力等的培训。

（3）态度的转变。态度是影响能力与工作绩效的重要因素。员工的态度与培训效果和工作表现是直接相关的。管理者重视员工态度的转变使培训成功的可能性增加。受训员工的工作态度怎样？是如何形成的？受什么影响？这些既是复杂的理论问题，又是实践技巧。通过培训可以改变员工的工作态度，但不是绝对的。关键的是管理者工作本身。管理者要在员工中树立并保持积极的态度，同时善于利用员工态度积极的时间来达到所要求的工作标准。管理者根据不同的特点找到适合每个人的最有效的影响与控制方式，规范员工的行为，促进员工态度的转变。

2. 员工培训的组织形式

为适应不同的培训目的、不同的培训内容、不同的受训者等，员工培训的组织形式也多种多样。

（1）从培训职能部门的组建看，培训有学院模式、客户模式、矩阵模式、企业办学模式和虚拟培训组织模式五种模式。

（2）从培训的对象看，培训有管理人员培训、专业技术人员培训、基层员工培训及新员工培训。

（3）从员工培训的时间看，培训有全脱产培训、半脱产培训与业余培训等。

（四）员工培训系统

有效的培训系统是员工培训的重要保障，精心设计员工培训系统是非常重要的。员工的培训系统包括培训需求的确定、培训目标的设置、培训方法的选择、培训的实施、培训成果的转化及培训评价和反馈等几个环节。

1. 培训需求分析

培训需求分析对是否需要进行培训来说是非常重要的。它包括组织分析、任务分析与人员分析三项内容。组织分析是指在企业的经营战略指导下，决定相应的培训，并为其提供可利用的资源、管理以及对培训活动的支持。任务分析包括任务确定及对需要在培训中加以强调的知识、技能和行为进行的分析。人员分析可帮助培训者确定谁需要培训，即通过分析员工目前绩效水平与预期工作绩效水平来判断是否有进行培训的必要。培训需求分析是确定是否需要培训的一个过程。

2. 制订培训计划

制订培训计划的第一步是明确培训目标。培训目标是指培训活动的目的和预期成果。培训目标一般包括三方面的内容：一是说明员工应该做什么；二是阐明可被接受的绩效水平；三是受训者完成指定学习成果的条件。培训目标确定应把握以下原则：一是使每项任务均有一项工作表现目标，让受训者了解受训后所达到的要求，具有可操作性；二是培训目标应针对具体的工作任务，要明确；三是培训目标应符合企业的发展目标。

制订培训计划的第二步是设计培训项目。培训项目是培训目标的具体操作化，即告诉人们应该做什么，如何做才能完成任务，达到目的。主要包括以下内容：选择设计适当的培训项目；确定培训对象；培训项目的负责人，包含组织的负责人和具体培训的负责人；培训的方式与方法；培训地点的选择；根据既定目标，具体确定培训形式、学制、课程设置方案、课程大纲、教科书与参考教材、培训教师、教学方法、考核方法、辅助器材设施等。

3. 培训的实施阶段

培训实施是员工培训系统的关键环节。在实施员工培训时，培训者要完成许多具体的工作任务。要保证培训的效果与质量，必须把握以下几个方面。

（1）选择和准备培训场所。选择什么样的培训场地是确保培训成功的关键。首先，培训场地应具备交通便利、舒适、安静、独立而不受干扰，能为受训者提供足够的自由活动空间等特点。其次，培训场地的布置应注意一些细节。检查空调系统以及临近房间、走廊和建筑物之外的噪声；场地的采光、灯光与培训的气氛协调；培训教室结构选择方形，便于受训者看、听和参与讨论；墙壁及地面的颜色要协调，天花板的高度要适当；桌椅高度适当，椅子最好有轮子，可旋转，便于移动等；教室电源插座设置的数量及距离也要适当，便于受训者使用；墙面、天花板、地面及桌椅反射或吸音能保持合适的音响清晰度和音量。最后，注意座位的安排，即应根据学员之间及培训教师与学员之间的预期交流的特点来布置座位。一般地，扇形座位安排对培训十分有效，不仅便于受训者从任何角度进行观看，也便于受训者相互交流。当然，也可根据培训目的与方法来布置教室，如果以讲座和视听演示为主要培训方法，那么传统教室的座位安排就比较合适。总之，选择和准备培训场所应以培训效果为目的。

（2）课程描述。课程描述是有关培训项目的总体信息，包括培训课程名称、目标学员、课程目标、地点、时间、培训的方法、预先准备的培训设备、培训教师名单以及教材等。课程描述是从培训需求分析中得到的。

（3）课程计划。详细的课程计划非常重要，包括培训期间的各种活动及其先后顺序和管理环节。它有助于保持培训活动的连贯性，有助于确保培训教师和受训者了解课程和项目目标。课程计划包括课程名称、学习目的、报告的专题、目标听众、培训时间、培训教师的活动、学员活动和其他必要的活动。

（4）选择培训教师。员工培训的成功与否与任课教师有着很大关系。教师不仅是知识、态度和技能的传授者，而且也是受训者职业探索的帮助者。企业应选择那些有教学愿望、表达能力强、有广博的理论知识、丰富的实践经验、扎实的培训技能、热情且受人尊敬的人作为培训教师。

（5）选择培训教材。培训教材一般由培训教师确定。教材有公开出版的、企业内部的、培训公司的以及教师自编的四种。培训教材应该是对教学内容的概括与总结，包括教学目标、练习、图表、数据以及参考书等。

（6）确定培训时间。为适应员工培训的特点，应确定合适的培训时间，包括何时开始、何时结束、每期培训的周期等。

4. 评估培训效果

培训结果的评价是对培训效果转移情况的评价，即对员工接受培训后在工作实践中的具体运用或工作情况的评价。对培训效果的评价要考虑评价的时效性。有些培训的效果是即时性的，如对操作人员进行一种新设备操作技能的培训，其培训效果在培训中或在培训结束后就会表现出来，则即时性评价能说明培训的效果；而有些培训的效果要通过一段时间才能表现出来，如对管理人员进行的综合管理能力的培训，在这种情况下，对受训者长期的或跟踪性的评价则是必需的。

（五）员工的培训方法

要使员工培训更有效，适当的培训方法是必要的。培训方法大致可分为三类：演示法、专家传授法和团队建设法。下面介绍各种培训方法及其优缺点和适应范围，为培训者提供设计和选择培训方法的建议。

1. 讲座法

讲座法（lecture）指培训者用语言表达其传授给受训者的内容。讲座的形式多种多样。不管何种形式的讲座，它都是一种单向沟通的方式——从培训者到听众。尽管交互式录像和计算机辅助讲解系统等新技术不断出现，但讲座法仍是员工培训中最普遍的方法。讲座法的成本最低、最节省时间；有利于系统地讲解和接受知识，易于掌握和控制培训进度；有利于更深入地理解难度大的内容；而且可同时对多人进行教育培训。因此，它可作为其他培训方法的辅助手段，如行为模拟与技术培训，讲座可以于培训前向受训者传递有关培训目的、概念模型或关键行为的信息。讲座法的不足在于受训者的参与、反馈与工作实际环境的联系不够——这些会阻碍学习和培训成果的转化，它的内容具有强制性，不易引起受训者的注意，信息的沟通与效果受教师水平影响大。

2. 角色扮演

角色扮演法是设定一个最接近现状的培训环境，指定受训者扮演角色，借助角色的演练来理解角色的内容，从而提高积极地面对现实和解决问题的能力。利用角色扮演培训员工应注意以下问题：

（1）在角色扮演之前向受训者说明活动目的，使其感到活动有意义、愿意去学习。

（2）培训者还需要说明角色扮演的方法、各种角色的情况及活动的时间安排。

（3）在活动时间内，培训者要监管活动的进程、受训者的感情投入及各小组的关注焦点。

（4）在培训结束时，应向受训者提问，以帮助受训者理解这次活动经历。

角色扮演有助于训练基本技能，有利于培养工作中所需素质和技能，有利于受训者态度、仪容和言谈举止的改善。角色扮演不同于情景模拟，两者的区别主要表现在：角色扮演提供的情景信息十分有限，而情景模拟所提供的信息通常都很详尽；角色扮演注重人际关系反应，寻求更多的信息，解决冲突，而情景模拟注重于物理反应（如拉动杠杆、拨个号码）；情景模拟的受训者的反应结果取决于模型的仿真程度，而在角色扮演中结果取决于其他受训者的情感与主观反应。

3. 视听法

视听教学法是利用幻灯片、视频、录像、录音等视听教材进行培训的方法。这种方法利用人体感觉（视觉、听觉、嗅觉等）去体会，比单纯讲授给人的印象更深刻，是最常用的培训方法之一，被广泛运用在提高员工沟通技能、面谈技能、客户服务技能等方面。视听教学法有以下优点：

（1）视听教材可反复使用，能更好地适应学员的个别差异和不同水平的要求。

（2）教材内容与现实情况比较接近，易于使培训者借助感觉去理解，加上生动的形象更易引起兴趣。

（3）视听教材使受训者受到前后连贯一致的指导，使项目内容不会受到培训者兴趣和目标的影响。

（4）将受训者的反应录制下来，能使他们在无须培训者进行解释的情况下观看自己的现场表现，受训者也无法将业绩表现不佳归咎于外部评价者的偏见。

但是，视听教学也存在一些缺点：视听设备和教材的购置需花费较多的费用和时间，且合适的视听教材也不易选择，学员易受视听教材和视听场所的限制。因此，该方法很少单独使用，通常与讲座一起向员工展示实际的生活经验和例子。

4. 情景模拟法

情景模拟是一种模拟真实生活情况的培训方法，受训者的决策结果可反映其在被"模拟"的工作岗位上工作时可能发生的情况。该方法常被用来传授生产和加工技能以及管理和人际关系技能。模拟环境必须与实际的工作环境有相同的构成要素。模拟的环境可通过模拟器仿真模拟出，模拟器是员工在工作中所使用的实际设备的复制品。该方法培训的有效性关键在于模拟器对受训者在实际工作中使用设备时遇到的情形的仿真程度，即模拟器应与工作环境的因素相同，其反应也要与设备在受训者给定的条件下的反应完全一致。仿真模拟法的优点在于，能成功地使受训者通过模拟器简单练习，增强员工的信心，使其能够顺利地在自动化生产环境下工作。不足之处在于，模拟器开发很昂贵，而且工作环境信息的变化也需要经常更新，因此，利用仿真模拟法进行培训的成本较高。

最近出现的模拟现实技术可运用于情景模拟领域，即虚拟现实。它是为受训者提供三维学习方式的计算机技术，即通过使用专业设备和观看计算机屏幕上的虚拟模型，让受训者感受模拟环境并同虚拟的要素进行沟通，且利用技术来刺激受训者的多重知觉。在虚拟现实中，受训者获得的知觉信息的数量、对环境传感器的控制力以及受训者对环境的调试能力都会影响到"身临其境"的感觉。虚拟现实适用于工作任务较为复杂或需要广泛运用视觉提示的员工培训。它的优点在于它能使员工在没有危险的情况下进行危险性操作；可以让受训者进行连续学习，还可以增强记忆。开发虚拟现实培训项目的障碍就是劣质设备会影响真实感。

5. 商业游戏

商业游戏是指受训者在一些仿照商业竞争规则的情景下收集信息并将其进行分析、做出决策的过程。它主要用于管理技能开发的培训。参与者在游戏中所做的决策的类型涉及各个方面的管理活动，包括劳工关系（如集体谈判合同的达成）、市场营销（如新产品的定价）、财务预算（如购买新技术所需的资金筹集）等。游戏能够激发参与者的学习动力。把从游戏中学到的内容记录下来，可以发现：游戏能够帮助团队队员迅速构建信息框架以及培养参与者的团队合作精神；游戏采用团队方式，有利于营造有凝聚力的团队。与演示法相比，游戏法显得更加真实，是一种更有意义的培训活动。

6. 个案研究法

个案研究法是将实际发生过或正在发生的客观存在的真实情景，用一定视听媒介，如文字、录音、录像等描述出来，让受训者进行分析思考，学会诊断和解决问题的方法。它特别适合于开发高级智力技能，如分析、综合及评价能力。该方法的优点是提供了一个系统的思考模式，在个案学习过程中，接受培训可得到一些管理方面的知识和原则，建立一些先进的思想观念，有利于受训者参与企业的实际问题的解决，还可以使受训者在对个案情况进行分析的基础上，提高其承担具有不确定结果风险的能力。为使个案研究教学法更有效，学习环境必须能为受训者提供案例准备及讨论案例分析结果的机会；安排受训者面对面地讨论或通过电子通信设施进行沟通，并提高受训者对个案分析的参与度。因此，个案研究的有效性基于受训者愿意而且能够分析案例，并能坚持自己的立场，以及做好案例的开发和编写工作。

7. 互联网培训

互联网是一种广泛使用的通信工具，通过它能快速廉价地收发信息，获取和分配资源。互联网培训主要是指通过公共的（因特网）或私有的（内部局域网）计算机网络来传递，并通过浏览器来展示培训内容的一种培训方式。互联网上的培训可以为虚拟现实技术、动画、人际互动、员工间的沟通以及实时视听提供支持。互联网上的培训复杂程度各不相同，分为六个层次。从最简单的层级到最高的层级排序是：培训者和受训者之间沟通；在线学习；测试评价；计算机辅助培训；声音自动控制以及图像等多媒体培训；受训者与互联网上的其他资源相结合进行培训传递、知识共享。

8. 探险性培训法

也称为野外或户外培训法，是指利用设计好的室外活动来开发受训者的团队协作和领导技能。其优点是：参与性强，受训者积极性高；能增进感情和合作精神；可明显提高处理人际关系的技能；能促进行为方式转变；能提高反应能力和生理、心理素质。其缺点是：对受训者身体素质要求较高；培训效果难以转移到工作情景中；受教师水平影响较大；费用较高，时间较长，使用范围有限。

三、绩效管理

企业人力资源管理活动的任何方面都离不开绩效考核，绩效考核不是一项孤立的工作，它是完整的绩效管理过程的一个环节，所以绩效考核之前的全部管理工作都会对最终的考核结果产生重要的影响。

(一) 绩效与绩效管理的概念

1. 绩效

绩效是指员工在工作过程中所表现出来的与组织目标相关的,并且能够被评价的工作业绩、工作能力和工作态度,其中工作业绩指工作的结果,工作能力和工作态度则指工作的行为。它体现了员工对组织的贡献和价值。

按实施主体,绩效分为组织绩效、部门或团队绩效、员工与管理者个人绩效。按考核角度,绩效分为任务绩效、周边绩效和管理绩效。任务绩效(task performance)与被考核人员(部门)的工作目标、职责、工作结果直接相联系。周边绩效(contextual performance)也叫关系绩效。当员工主动地帮助工作中有困难的同事,努力保持与同事间良好的工作关系,或通过额外的努力而准时完成某项任务时,他们的表现为周边绩效。管理绩效是对于管理人员而言,管理绩效是其整体工作绩效的重要部分。

2. 绩效管理

(1) 绩效管理是有效管理员工以确保员工的工作行为和产出与组织目标保持一致,进而促进个人与组织共同发展的持续过程。具体而言,它包括以下三层含义:

①绩效管理是建立共识的过程。

②绩效管理是一个持续的管理过程。

③绩效管理的最终目的是最大可能地取得个人和组织的成功。

(2) 绩效管理是一个持续的、不间断的管理过程,而不仅仅是对绩效结果的考核。绩效管理的关键在于将管理的思路与理念贯穿于整个绩效管理的过程中。

绩效管理流程如下:绩效计划、绩效反馈、绩效评估、绩效反馈。四个阶段构成一个完整的绩效管理周期(见图4-6)。在不同的阶段,管理人员和员工有各自的职责。

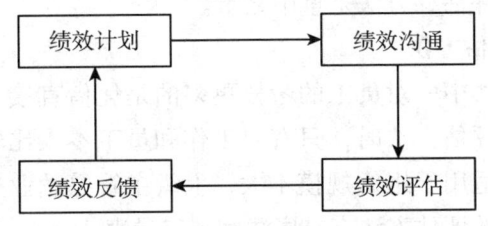

图4-6 绩效管理系统

①绩效计划。绩效计划是一个双向沟通的过程。管理者与被管理者需要在对被管理者绩效的问题上达成共识。在共识的基础上,被管理者对自己工作目标做好承诺。管理者和被管理者共同的投入和参与是进行绩效管理的基础。

制订绩效计划的主要依据是工作目标和工作职责,在员工的绩效计划表中至少应包含以下内容:员工在本次绩效期间内所要达到的工作目标是什么?达成目标的结果是怎样的?这些结果可以从哪些方面去衡量?评判标准是什么?从何处获得关于员工工作结果的信息?

员工的各项工作目标的权重如何？

②绩效沟通。制订绩效计划后，在实施与管理的过程中主要需要做以下两件事：一是持续的绩效沟通，二是对工作表现的记录。

③绩效评估。在绩效期结束的时候，依据预先制订好的计划，主管人员对下属的绩效目标完成情况进行评价。评价的依据就是在绩效期间开始时双方达成一致意见的关键绩效指标。同时，在绩效实施与管理过程中，所收集到的能够说明被评价者绩效表现的数据事实，可以作为判断被评价者是否达到关键绩效指标要求的证据。

④绩效反馈。绩效管理过程并不是到绩效评价打出一个分数就结束了，主管人员还需要与下属进行一次面对面的交谈。通过绩效反馈面谈，使下属了解主管对自己的期望，了解自己的绩效，认识自己有待改进的方面；下属也可以提出自己在完成绩效目标的过程中遇到的困难，请求上司指导。

经过上面四个环节，就经历了一个绩效管理的循环。在这个循环中所得到的绩效评价的结果具有多种用途。它的结果可以供管理人员为人力资源管理的决策提供信息，还可以为员工个人在绩效改进、职业生涯发展方面提供借鉴。我们可以把它们分成"管理应用"和"开发应用"。管理应用，指的就是将绩效考核的结果应用于人力资源管理中计划、招聘、甄选、薪酬、晋升、调配、辞退等各项具体的人力资源决策中；开发应用，考虑的是绩效考核可以提供员工优劣势的信息，据此帮助员工识别如何在现有的岗位上提高其工作业绩，如何加强员工的学习和开发，以及为员工的职业生涯设计提供建议等。

（二）员工绩效考评的方法

绩效评估是对员工工作绩效进行评估，以便形成客观公正的人事决策的过程。绩效评估作为一种有效的人力资源管理方法，它的结果可直接应用到员工的晋升、离职调动以及报酬的决定等方面。因此，绩效评估在企业管理中的地位是很重要的，而要想进行更好、更有利于企业发展的绩效评估，方法是重中之重。

1. 基于经验的绩效评估方法

在这种类型的评估方法中，对员工的考核更多的是凭借直接上级主管的个人经验进行评价。在运用基于经验的评估方法时，只有对工作和员工本人比较熟悉时才可能起到绩效考核的应有作用。该方法适用于组织规模不大，上级主管熟悉业务并且能够直接观察到员工工作行为的场合。具体的评估方法有排序法和评定量表法。

（1）排序法。排序法是指员工的绩效通过与其他员工的绩效比较来评价的，也就是说，员工比较系统地使用排序而不是评分，排序形式有简单排序、配对比较或强制分布等类型。使用这种绩效考核方法，企业所花费的时间和精力较少。它简便易行，在许多企业中得到广泛的应用。但是它的评判标准是模糊或不实在的，使人容易做表面文章。

（2）评定量表法。评定量表法是通过设计量化指标对员工的绩效进行考核。它的开发成本也很小，适用于组织中的几乎所有工作，但由于分数没有明确的规定，所以得到准确的评价相对困难，容易出现偏松或偏紧倾向。

2. 基于职位职责的绩效评估方法

这种评估方法的前提是进行工作分析，具体分为关键事件法、行为锚定等级评价法和行为观察评价法三种方法。

（1）关键事件法。关键事件法是客观评价体系中最简单的一种形式。在应用这种评价方法时，负责评价的主管人员把员工在完成工作任务时所表现出来的特别有效的行为和特别无效的行为记录下来，形成一份书面报告。评价者在对员工的优点、缺点和潜在能力进行评论的基础上提出改进工作绩效的意见。

（2）行为锚定等级评价法。行为锚定等级评价法是一种将同一职务工作可能发生的各种典型行为进行评分度量，建立一个锚定评分表，以此为依据，对员工工作中的实际行为进行测评分级的考评办法。行为锚定等级评价法实质上是把关键事件法与评级量表法结合起来，兼具两者之长。

（3）行为观察评价法。行为观察评价法是行为锚定等级评价法的一种变异形式。与行为锚定等级评价法一样，行为观察评价法也是从关键事件中发展而来的一种绩效评价方法。

3. 基于战略的绩效评估方法

这种管理方法主要有两个：关键业绩指标法和平衡记分卡。

（1）关键业绩指标法。关键业绩指标法的优点是将企业战略分解为相应的指标体系来完成，而且绩效指标的完成程度体现了企业战略的完成程度。它的缺点是，虽然正确强调了战略的成功实施必须有一套与战略实施紧密相关的关键业绩指标来保证，但却没有能进一步将绩效目标分解到企业的基层管理及操作人员中；再者，关键业绩指标法没能提供一套完整的对操作具有具体指导意义的指标框架体系。

（2）平衡记分卡。平衡记分卡把战略放在了企业管理过程的核心地位，以一种深刻而一致的方法描述了战略在公司各个层面的具体体现，从而具有独特的贡献和意义。平衡记分卡克服了单纯利用财务手段进行绩效管理的局限，从四个不同的视角，提供了一种考察价值创造的战略方法。

一是财务视角：企业增长、利润率以及风险的战略。

二是顾客视角：企业创造价值和差异化的战略。

三是内部运作流程视角：使各种业务流程满足顾客和股东需求的战略。

四是学习和成长：创造一种支持公司变化、革新和成长的战略。

利用平衡记分卡，公司的管理人员可以测量自己的公司如何为当前以及未来的顾客创造价值。平衡记分卡已经成了新战略管理过程的运作体系。

4. 360度反馈法

杰里·W. 吉雷提出了360度反馈法（360° feedback）的定义，又称"360度绩效考核法"或"全方位考核法"，最早由被誉为"美国力量象征"的企业英特尔公司首先提出并加以实施。360度绩效反馈是指由员工自己、上司、直接部属、同仁同事甚至顾客等全方位的各个角度来了解个人的绩效：沟通技巧、人际关系、领导能力、行政能力……通过这种理想的绩效评估，被评估者不仅可以从自己、上司、部属、同事甚至顾客处获得多种角度的反馈，也可从这些不同的反馈清楚地知道自己的不足、长处与发展需求，使以后的职业发展更为顺畅。

四、薪酬管理

管理者必须在工作与奖励之间建立恰当的联系，有效的奖励可以引导员工努力工作。员工最关心的莫过于自己的报酬，如果优秀的人才觉得自己的所得不如自己的付出，或者不如其他同类企业相同职位的工资，就很有可能心生不满，对工作不认真，甚至做出离职的决定，这对企业而言是一个重大的损失。因此，员工的薪酬管理如何才能更有效，也是提高企业人力资源竞争力的一个方面。

（一）薪酬的有关术语

1. 薪酬

薪酬是指员工向其所在组织提供劳动或劳务而获得所在组织给予的直接货币和间接货币形式的回报。它主要包括工资、奖金、津贴与补贴、股权、福利等具体形式。支付方式有以工资、奖金、红利等为表现形式的直接货币报酬，以及以保险、休假等为表现形式的间接货币报酬。其实质体现了市场的公平交易，是员工向组织让渡其劳动或劳务使用权的价格表现。

2. 工资

工资是组织付给员工为其完成工作任务的基本现金报酬。它是薪酬系统最基本的部分。基本工资一般反映了工作的价值，而不反映同一工作的员工差异。工资可分为固定工资、计时工资和计件工资三种。

（1）固定工资指企业按周、月、季、年的固定日期支付给员工相对固定数量的现金报酬。

（2）计时工资指企业根据员工工作时间（一般以小时为单位）支付给员工较为稳定比例的现金报酬。

（3）计件工资指企业根据员工完成任务的数量支付给员工较为稳定比例的现金报酬。

3. 奖金

奖金是指组织由于员工超额劳动或有杰出的表现和贡献而支付给员工工资以外的报酬。奖金与绩效直接挂钩，是对员工的一种额外奖励。

4. 佣金

佣金是指由于员工完成某项任务而获得的一定比例的（常常以金钱作为基数单位）现金报酬。

5. 福利

福利是指组织为其员工所提供的除工资、奖金以外的一切补充性报酬，它往往不以货币形式直接支付，而以实物或服务形式支付。

（二）薪酬系统

1. 薪酬系统的组成

薪酬系统由直接薪酬和间接薪酬所组成。直接薪酬可分为工资和奖金，间接薪酬是指福利，具体如图4-7所示。

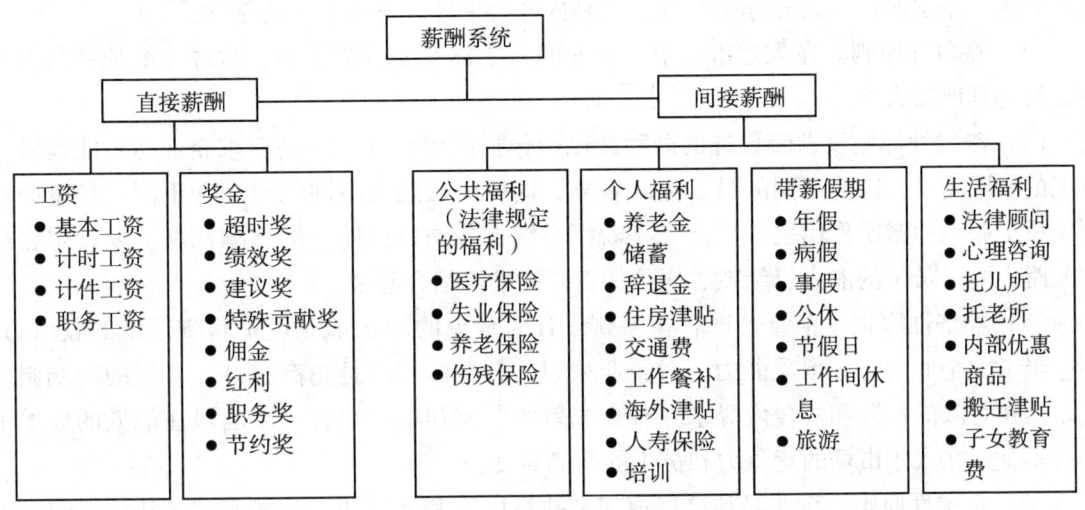

图4-7　薪酬系统的组成结构

2. 薪酬系统的功能

（1）维持和保障功能。对员工而言，薪酬系统具有维持和保障功能。劳动是员工脑力和体力的支出，员工作为组织劳动力要素的供应者，组织只有给予足够的补偿，才能使其不断投入新的劳动力。这种补偿既包括员工消费必要的能够实现劳动力正常再生产的生活资料，也包括员工知识更新所需要支付的学习、培训、进修等方面的费用。

（2）激励功能。薪酬系统的激励功能与人力资源管理的总功能是一致的，即能够吸引企业所需的人力资源，激发他们强烈的工作动机，鼓励他们创造优秀的业绩，并愿意持久地为本企业努力工作。

（三）薪酬管理的概述

1. 薪酬管理的概念

薪酬管理是指组织通过与员工互动、了解员工需要，建立一套完善、系统、科学、高效的薪酬制度体系，以达到吸引、留住和激励员工，进而达到组织获利、提高组织竞争力的一系列管理活动。薪酬管理主要包括三个环节的内容，一是确定薪酬管理目标，二是制定薪酬政策，三是薪酬的控制与调整。

2. 薪酬制度设计原则

企业薪酬制度的确立与实施对调动员工的积极性、创造性有着极大的促进作用，而要做到这一点,在进行薪酬制度设计时,必须体现以下原则。

(1) 战略导向原则。企业的薪酬体系构建要与企业发展战略有机地结合起来,使企业的薪酬体系成为实现企业发展战略的重要杠杆之一。

(2) 公平原则。企业员工对薪酬分配的公平感,也就是对薪酬发放是否公平的判断与认识,是企业管理者在设计薪酬制度和进行薪酬管理时需要首先考虑的因素。薪酬的公平性可分为三个层次:一是外部公平性,二是内部公平性,三是个人公平性。

(3) 竞争性原则。在人才市场中,企业的薪酬标准要有吸引力,这样才能战胜其他企业,招聘到所需人才。

(4) 激励性原则。薪酬设计的激励性原则包括两层含义。一是要求企业尽可能地满足员工的实际需要,因为不同的员工需求各异,同样的激励在不同的时期和不同的环境中对同一员工起到的激励作用也不同。二是薪酬系统在各岗位或职务的薪酬标准上要设定合理的差距,要与员工的能力、绩效、岗位的责任标准等结合起来。

(5) 经济性原则。企业管理者在薪酬设计时考虑的因素不应仅是薪酬系统的吸引力,还应当考虑企业的财务承受能力。对企业来说,薪酬标准不是越高越好,合理的薪酬制度应该是在有限的资源和资金内寻求一种最高效的薪酬和福利组合,以确保在最低的成本下保持本企业在人才市场的竞争力和员工的高满意度。

(6) 合法性原则。企业必须严格遵守和执行国家和地方的与薪酬有关的法律法规,如关于最低工资的规定、禁止使用童工等的相关规定,这是任何一个企业在设计薪酬系统时都必须遵循的原则。

3. 薪酬设计的程序

薪酬设计的程序如图 4-8 所示。

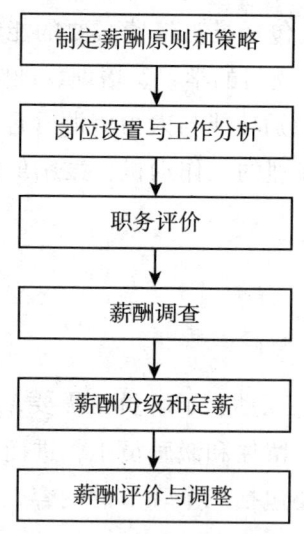

图 4-8 薪酬设计的程序

(1) 制定薪酬原则和策略。企业薪酬策略是企业人力资源策略的重要组成部分,需要根据企业的使命、愿景和核心价值观等制定员工的薪酬原则和策略。薪酬策略作为薪酬设计的纲领要对以下内容做出明确规定：对员工本性的认识；对员工总体价值的认识，对管理骨干、专业技术人才和营销人才的价值估计；企业基本工资制度和分配原则；企业工资分配政策和策略。

（2）岗位设置与工作分析。岗位设置要分析研究的内容：通过对工作内容、责任者、工作岗位、工作时间、怎样操作以及为何要这样做等进行分析，然后将该职务的任务要求和责任、权力等方面进行书面描述。工作分析主要从工作描述和对工作者的要求两方面入手。

（3）职务评价。职务评价的方法分为量化评价法和非量化评价法两大类。非量化评价方法有两种：排序法和分类法。量化评价方法有三种：计点法、因素比较法和海氏评价法。

（4）薪酬调查。为了确保企业薪酬制度的内在公平性和外在公平性，需要开展市场薪酬调查，了解和掌握本地区、本行业的薪酬水平，及时制定和调整本企业对应工作的新手水平和企业的薪酬结构。常用的薪酬调查方法有问卷调查法、面谈调查法、文献收集法和电话调查法。

（5）薪酬分级和定薪。薪酬分级与定薪在职务评价后进行，企业根据确定的薪资结构线，将众多类型的职务薪资归并组合成若干等级，形成一个薪资等级系列，从而确定企业内每一职务具体的薪资范围，保证员工个人薪酬的公平性。

（6）薪酬评价与调整。为保证薪酬制度的适用性，应随着市场环境、组织战略的变化，相应调整薪酬结构。

第五节 人力资源激励

一、激励原理

（一）激励的概念

通俗地讲，激励调动人的积极性，发挥其潜能。具体地讲，激励是指通过外部刺激（如设立适当的奖励机制），借助于必要的信息沟通，激发人的需求或动机，以便引导、维持、同化或使之出现有利于组织目标的行为。通常受到激励的人表现出比没有受到激励的人更大的积极性。

为了引导组织成员为组织目标的实现做出有益的贡献，管理者不仅要根据组织活动的需要和个人素质与能力的差异，将不同的人安排在不同的工作岗位上，为他们规定不同的职责和任务，还要分析他们的行为特点和影响因素，有针对性地开展工作，创造并维持一个良好的工作环境，以调动他们的工作积极性，改变和引导他们的行为，使之符合实现组织目标要求。这正是管理者的激励工作所需完成的任务。

激励是针对人的行为动机而进行的工作。企业领导者通过激励使下属认识到，用符合要求的方式去做需要他们做的事会使自己的需求得到满足，从而表现出符合组织要求的行为。

为了进行有效的激励，收到预期的效果，领导者必须了解人的行为规律，知道职工的行为是如何产生的，产生以后会发生何种变化，这种变化的过程和条件有何特点等。

（二）激励的过程

需要引起动机，动机导致行为，行为带来结果；动机的主要来源有内在原因、外在原因。产生动机的根本原因是人的生理和心理需要；行为有其方向性，是有目标的，是达到目标的一种手段；行为是需要引导的，也是可以引导的。激励过程如图4-9所示。

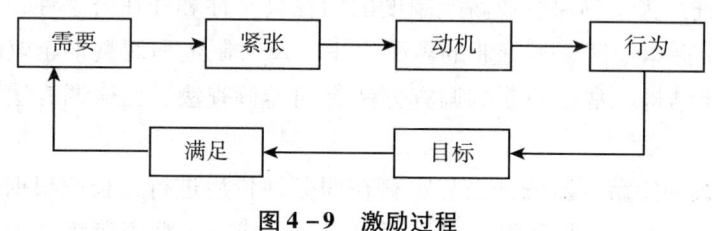

图4-9 激励过程

1. 需要

需要是指客观的刺激作用于人的大脑所引起的个体缺乏某种东西的状态。这里所说的客观刺激包括身体内部的刺激如饥饿，也包括身体外部的刺激如食物的香味、电视机广告等。个体缺乏的可能是个人体内维持生理作用的物质因素（如水、食物等），也可能是社会环境中的心理因素（如爱情、友谊、社会赞许等）。个人缺乏这些东西时，身心便失去平衡，而出现紧张不安的状态，感到不舒服，就会寻求满足需求的办法。因此，这种不安和紧张就成为一种内在的驱动力，促使个体采取某种行动。例如，饥饿会使人去寻找食物，孤独会使人去寻找关心。满足需求是形成人的行为动机的根本原因。一个人的行为总是直接或间接、自觉或不自觉地为了实现某种需求的满足。

需要可以分为外在性需要和内在性需要。前者所指向的目标，是当事者自身所无法控制而由外界环境来支配的。在组织中，外在性需要是靠组织所掌握和分配的资源（或奖励）来满足的。内在性需要是由工作本身提供满足的需要。

2. 动机

动机是引起和维持个体行为，并将此行为导向某一目标的愿望或意念。动机是行为产生的内在的直接原因，它引导人们从事某种活动，规定行动的方向。人的动机是个体和环境相互作用的结果，因时、因地、因情及因个人内部的身心状况不同而表现出不同的反应。

有的人之所以懒惰，不是他没有动机，而是因为他的动机没有被激发出来。人的行为在正常的情况下都是有动机的，动机的产生必然是因为有某种未被满足的需求。但反过来，并不是有需求就会产生引发行为的动机。一个人可能同时存在多种需求，在不同时期需求也会不同，人的行为产生和变化随人的需求变化而变化，当人的需求还处于萌芽状态时，它以模糊的形式出现在人的意识中，这时的需求是一种意向，当需求不断增强，人比较明确地知道是什么使其不安，并意识到可以通过什么手段来满足需求时，意向转化为欲望；当人的心理进入欲望阶段后，在一定的外界条件刺激下就可能形成为满足此种需求而行动的动机。因此，只有当人的欲望达到一定的强度时，动机才会形成。

3. 行为

行为是指个体在环境影响下所引起的内在生理和心理变化的外在反应。一般情况下，内在因素是根本，起着决定作用；外在因素是条件，起着导火线的作用。动机形成以后，那些强烈的动机，人们称之为优势动机，可以引发行动。

4. 需要、动机、行为与激励的关系

由上可知，人的任何动机和行为都是在需要的基础上产生的，没有需要，也就无所谓动机。人们产生某种需要后，只有当这种需要具有某种特定目标时，需要才会产生动机，动机才会成为引起人们行为的直接原因。但并不是每个动机都必然引起行动，在多种动机下，只有优势动机才会引发行为。

因此，要使员工产生组织所期望的行为，可以根据员工的需要设置某些目标，并通过目标导向使员工出现有利于组织目标的优势动机，并按照组织所需要的方式行动。管理者实施激励，即是想方设法做好需要引导和目标引导，强化员工的动机，刺激员工的行为，从而实现组织目标。

（三）激励的原则

1. 目标结合原则

在激励机制中，设置目标是一个关键环节。目标设置必须同时体现组织目标和员工需求。

2. 物质激励和精神激励相结合的原则

物质激励是基础，精神激励是根本。在两者结合的基础上，逐步过渡到以精神激励为主。

3. 引导性原则

引导性原则是激励过程的内在要求。外在的激励措施能不能达到预期的效果，不仅取决于激励措施本身，还取决于被激励者对激励措施的认识和接受程度。对于被激励者，激励应该是自觉接受而非管理者强加的。管理者应设置实现组织目标的具体要求，并确保每位员工都清楚，通过激励将个体成员的积极性集中体现到组织目标上来，实现个体与集体的协调发展。如护士长应积极投入工作，以身作则，引导护士以实际行动热爱护理事业，热爱自己的集体。

4. 合理性原则

激励的合理性原则包括两层含义：其一，激励的措施要适度。要根据所实现目标本身的价值大小确定适当的激励量；其二，奖惩要公平。

5. 明确性原则

激励的明确性原则包括三层含义：其一，明确。激励的目的是需要做什么和必须怎么做。其二，公开。特别是分配奖金等大量员工关注的问题时，更为重要。其三，直观。实施物质奖励和精神奖励时都需要直观地表达它们的指标，例如授予奖励和惩罚的方式。直观性与激励影响的心理效应成正比。

6. 时效性原则

要把握激励的时机，"雪中送炭"和"雨后送伞"的效果是不一样的。激励越及时，越有利于将人们的激情推向高潮，使其创造力连续有效地发挥出来。

7. 正激励与负激励相结合的原则

所谓正激励就是对员工的符合组织目标的期望行为进行奖励。所谓负激励就是对员工违背组织目的的非期望行为进行惩罚。正负激励都是必要而有效的，不仅作用于当事人，而且会间接地影响周围其他人。

8. 按需激励原则

激励的起点是满足员工的需要，但员工的需要因人而异、因时而异，并且只有满足最迫切需要（主导需要）的措施，其效价才高，其激励强度才大。因此，领导者必须深入地进行调查研究，不断了解员工需要层次和需要结构的变化趋势，有针对性地采取激励措施，才能收到实效。

（四）激励的方式

激励可以分为物质性激励、精神性激励和竞争性激励三种方式。

1. 物质性激励

物质性激励是人们对物质、金钱、财产等的占有欲，表现为一种发自内心的物质利益上的动力。它的作用首先来自人们生存的基本需要，每个人都有这种需要，只是表达的方式和程度不同，一般来讲，当人们拥有一定的物质财富后，物质财富增加所产生的激励作用的边际增长率是递减的。

2. 精神性激励

精神性激励是人们追求精神上、心理上和事业上的满足而产生的内在动力。它是发自内心、主动的力量。一般而言，文化层次越高、个体素质越高的人往往有更大的抱负和理想，这种激励作用会越强。对于缺乏物资基础或没有力量实现自我理想的人，精神性激励的作用就会很小。

3. 竞争性激励

竞争性激励主要产生于外界强大的竞争压力。这种竞争与外部环境有直接关系。如果竞争公平合理则会形成一种推动力，激发人们向目标奋进；如果竞争不公平则会产生一种反作用力，会对人们产生消极作用。竞争性的激励由于来自外界，所以对于接受者来讲是被动的，特别是在目标不明确、操作性不强、不被理解的时候，接受者往往行动上迟缓，采用观望、逃避的方式。因此要使用这种激励发挥作用，必须真正形成竞争环境，行为者的工作效率必须是可察的,而且要存在约束其行为的机制。

这三种激励的强度和方式有所不同,前两者的作用形成两种拉力,后者的作用形成一种推力。它们作用于行为者一身,可以相辅相成。三者的强弱应随被激励者的行为特点而有所差异。

二、激励的一般形式和实务

(一) 激励的一般形式

激励的一般形式包括工作激励、成果激励、批评激励和培训激励。

1. 工作激励

工作激励是指通过分配恰当的工作,满足职工自我实现和尊重的需要,从而激发职工的内在工作热情的方法。工作分配要尽量考虑到员工的特长和爱好,做到人尽其才;要使工作具有挑战性,充分发挥员工的潜能;要让员工参与管理,树立员工的主人意识。

2. 成果激励

成果激励是一种重要的激励手段,即利用人们对于成就感的追求来激发人们的工作积极性的方法。在运用成果激励的方法时,首先,要对职工的工作成果进行正确的评价。评价的正确与否,不仅影响到职工获得的奖励大小,还影响到职工的积极性。因此,领导者应通过民主的方法建立尽可能量化的指标体系,并让全体职工都知道,这样不仅使职工明确了努力的方向,而且还明确了努力的结果是什么。其次,是对工作成果的奖励。

3. 批评激励

批评激励是指通过批评来激发职工改正错误行为的信心和决心,达到激励的效果。批评得恰当,掌握好火候,可以达到四两拨千斤的效果。但如果批评得不当,就会众叛亲离,反而对工作不利,所以我们要讲究科学而有效的批评艺术。第一,批评应因人而异,不同的人采取不同的方法。第二,批评要有诚意,不能轻视被批评者。第三,不可以权压人。第四,巧妙运用暗示。第五,责备无效,多加称赞。

4. 培训激励

企业培训是培养和训练员工的学习活动。学习是一种刺激与反应之间的联合,个人与环境所形成的场地力量支配学习行为,动机的变化表示对学习的满意程度。员工的学习行为可以通过对其后果的控制和操作而加以影响和改变。这种控制和操作的方式就是培训激励。培训激励是职工教育管理的重点。它对于调动员工的学习积极性、主动性,促进员工知识技能水平的提高,具有十分重要的作用。

(二) 现代激励实务

1. 绩效工资

绩效工资,又称绩效加薪、奖励工资或与评估挂钩的工资,是以员工被聘上岗的工作岗位为主,根据岗位技术含量、责任大小、劳动强度和环境优劣确定岗级,以企业经济效益和劳动力价位确定工资总量，以职工的劳动成果为依据支付劳动报酬，是劳动制度、人事制度与工资制度密切结合的工资制度。

与传统工资制相比，绩效工资制的主要特点：一是有利于雇员工资与可量化的业绩挂钩，将激励机制融入企业目标和个人业绩的联系之中；二是有利于工资向业绩优秀者倾斜，提高企业效率和节省工资成本；三是有利于突出团队精神和企业形象，增大激励力度和雇员的凝聚力。绩效工资体系的不完善之处和负面影响主要是：容易导致对绩优者的奖励有方，而对绩劣者约束欠缺的现象；而且在对绩优者奖励幅度过大的情况下，容易造成一些雇员谎报业绩的行为，因此，对雇员业绩的准确评估和有效监督是绩效工资实施的关键。

2. 分红

分红激励是企业股东将部分分配利润奖励给为企业发展做出突出贡献的骨干员工的激励方式，主要采用岗位分红权和项目收益分红两种方式。分红激励可以看做是广义的股权激励的一种，分红激励跟股权激励最大的区别在于，股权激励是一个长期激励，而分红是短期的。股权激励来自于未来股权的增值，分红激励就是来自于分红，分红就是每年年底的利润奖励。

3. 员工持股计划

员工持股计划属于一种特殊的报酬计划，是指为了吸引、保留和激励公司员工，通过让员工持有股票，使员工享有剩余索取权的利益分享机制和拥有经营决策权的参与机制。一般可分为非杠杆型的员工持股计划与杠杆型的员工持股计划。

（1）非杠杆型的员工持股计划。非杠杆型的员工持股计划是指由公司每年向该计划贡献一定数额的公司股票或用于购买股票的现金。这个数额一般为参与者工资总额的25%，当这种类型的计划与现金购买退休金计划相结合时，贡献的数额比例可达到工资总额的25%。

（2）杠杆型的员工持股计划。杠杆型的员工持股计划主要是利用信贷杠杆来实现的。这种做法涉及职工持股计划基金会、公司、公司股东和贷款银行四个方面。

4. 知识工资

知识工资是一种将薪水与知识、技能联系起来，而不是仅仅与员工所做的工作相联系的薪酬，有时候也称为技能工资。广义上的知识工资包括技能工资，是指当员工成功获得与工作相关的能力、知识和技能并出现有利于工作效率提高的行为时，企业予以其奖励的薪酬类型。知识工资计划是薪酬领域的重要创新，在知识工资制度下，员工不再仅仅把报酬看成是一种应有权利，而且还是企业对其成功获得或运用与工作相关的知识和技能的一种重要奖励。组织使用知识工资计划，是为了奖励获得了不同广度、不同深度和不同结构知识的员工，其特点是奖励员工的潜能，而不是员工的现实绩效。

5. 灵活工时制度

灵活工时制度相对于常规工作时间而言，是一种能够对工作时间灵活安排的工时制度。实行灵活工时制度，意味着要把注意力放在员工的工作业绩上，而不是工作时间的长短上。一般允许表现出色的员工在家里工作，并且制定自己的弹性日程表。

思考题

1. 简述人力资源管理与传统人事管理的区别与联系。
2. 简述工作分析的主要步骤。
3. 简述工作（岗位）说明书应该具备的主要内容。
4. 简述面试的类型及面试中应该注意的问题与技巧。
5. 对培训的实施过程进行分析。
6. 什么是绩效？如何理解绩效管理？它与绩效考核的关系是什么？
7. 在现实的企业中如何设计整套的员工绩效管理？
8. 简述薪酬设计的程序。
9. 企业应如何采取有效的激励措施？

案例研究

A 公司的清扫工作该由谁来做？

A 公司于1998 年10 月正式成立，开发与生产电子产品，该公司原来是一家国有研究机构，公司现任总经理是原研究机构的高级工程师，他在技术领域和学术造诣上堪称泰斗，对于现代企业管理却不甚精通。为了配合总经理的工作，公司为他配备了两名总裁助理，他们都是近年从高校招聘的本科毕业生，了解企业管理知识。公司设立财务、人力资源、营销和生产四个职能部门，部门经理分别为杨某、张某、王某和李某。杨某、张某和王某都是原来研究机构的技术骨干，李某是总经理的一个朋友，以前从事私营企业经营。在四个职能部门当中，李某主管的生产部实际上处于中心位置。在生产部门之下，依次设有各车间、班组。

公司满怀信心地投入了运营，各路人马按部就班，各司其职。然而，开业尚不足两个月，公司在内部员工职责权限划分上接连出现了问题。

先是在组装车间，一个包装工不小心将大量液体洒在操作台周围的地板上。正在一旁的包装组长见状立即走上前要求这名工人打扫干净。不料这名工人一口回绝道："我的职责是包装产品，您应该让勤杂工处理这样的工作。况且，我的工作职责中没有要求我打扫卫生。"组长无奈，只得去找勤杂工，而勤杂工不在。因为，勤杂工要在正班工人下班后才开始清理车间。于是，包装组长只好自己动手，将地板打扫干净。

第二天，包装组长向车间主任请求处分包装工，得到了同意。谁料人力资源部门却不予支持，反而警告车间越权。车间主任感到不解，并向李某反映了这一情况，请求得到支持。包装组长更是满腹委屈，他反问道："难道我就该什么都负责？我的职责中也没要求我做清扫工作呀。"

李某觉得自己的车间主任受了委屈，就向总经理反映了这一问题，要求总经理警告人力资源部不要过多地干涉车间内部事务，否则生产运作会受到不利的影响。但总经理却说："我只管战略性的重大事务。内部的分工与沟通，你们自己去协商。"

李某尽管感到很吃惊，但还是表示理解总经理的指示，并且与人力资源经理张某进行协商。张某的态度也很积极，马上让秘书拿来工作说明书一起分析。包装工的工作说明书规定：包装工以产品包装工作为中心职责，负责保持工作平台以及周围设备处于可操作状态。勤杂工的工作说明书规定：勤杂工负责打扫车间，整理物品，保持车间内外的整洁有序。为了保证不影响生产，工作时间为生产休息时刻。包装组长的工作说明书规定：包装组长负责使班组的生产有序、高效，并协调内部工作关系。车间主任的工作说明书规定：车间主任负责本车间生产任务的完成，并且可以采取相应的措施对员工加以激励。人力资源部门的职责主要包括员工的招聘、选拔、培训、考评、辞退、奖惩、工资福利等。

因为员工奖惩权归人力资源部门，因此人力资源部坚持认为生产部门对员工的处分决定是越权。生产部门则认为，对员工的奖惩应由自己决定，否则难以对员工进行有效管理，包装组长更是感到委屈，并声称要辞职。协商陷入了僵局。

讨论题：
1. A公司的员工在工作中产生矛盾的原因是什么？应该如何解决矛盾？
2. 你认为应该采取什么措施防止类似事件再次发生？

第五章 营销管理

学习目标

1. 了解市场营销理念的演进。
2. 理解市场营销环境分析。
3. 掌握市场调查与预测。
4. 掌握目标市场营销。
5. 掌握市场营销组合策略。

本章框架

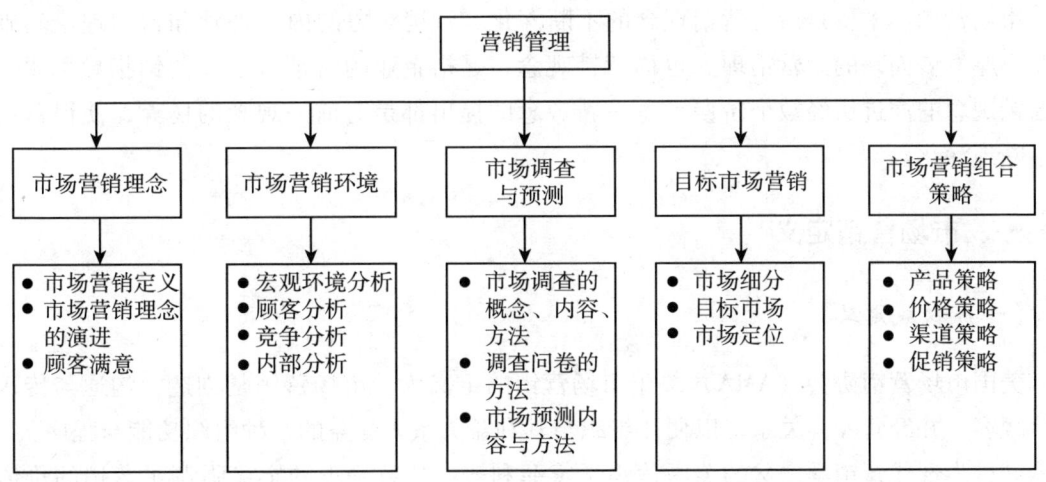

导入案例

美国某制鞋公司意欲开拓太平洋赤道附近某岛国市场。总经理决定先派遣一名营销员对该国进行市场调研以搜集信息。不久，总经理接到了这位营销人员的电报："此地人皆赤脚，无穿鞋之习惯，鞋子定无销路。我将立即返回。"总经理不甘心，又派出第二名营销人员去该国核实情况。几天后，总经理接到了如下回电："此地赤脚成习惯，故市场潜力巨大，若在此推销，销路定广。"两种截然不同的调查结果，使总经理心里很不踏实，于是他决定再派出第三名营销人员去该国考察。几周后，总经理接到了一份非常详细的报告："此地居民皆赤脚。由于气候炎热多雨，此地人脚板较宽且多患有脚疾，故极需穿鞋保护。但市场上现有的鞋型皆不能适应其需要，公司的鞋子太窄。因此，应特制一些较大尺码的鞋子来这里投放市场。考虑到这里的官员思想很封闭，反对外国人来此做生意，因此应先树立公司的形象，比如捐资为他们兴办学校等福利事业，以克服进入障碍，估计约需2万元。据预测，若鞋型适当，每年可销 3 万双，投资利润率可达 15%，望速做决策。"看过报告，总经理宽慰地笑了，于是果断接受第三名营销人员的建议，迅速设计制造了尺寸适当的鞋子投放该地市场，赚取了一笔可观的利润。市场营销正在企业中发挥着越来越大的作用，为企业的成功奠定基础。

资料来源：王健. 市场营销案例新编（第 2 版）[M]. 北京：北京交通大学出版社，2009.

伴随着经济发展和企业管理需要而出现的市场营销学，是 20 世纪发展最快的管理学科之一，它是现代企业和企业家营销实践的总结。这门基于哲学、数学、经济学、管理学和行为科学之上的学科，已经成为企业在变化多端的市场环境和日趋激烈的竞争中求生存、谋发展的锐利武器。现代营销管理学以其独特而系统的理论及方法，向中国企业展示了通往成功之路的竞争谋略。

第一节 市场营销理念

市场营销学主要是沿着营销理念的不断深化、营销对象的内涵外延和营销理论基础的不断丰厚发展而来的。营销理念也称营销观念，是指企业的营销哲学或营销指导思想。市场营销观念的演进历经数个阶段，每一新观念的提出都是对前一观念的扬弃，使得营销观念不断地深化。

一、市场营销定义

（一）权威定义

美国市场营销协会（AMA）关于市场营销的定义为：市场营销是创造、沟通与传送价值给顾客，并经营顾客关系，以便让组织与其利益关系人受益的一种组织功能与程序[1]。

被誉为现代营销学之父的美国营销学家菲利普·科特勒下的定义强调了营销的价值导向：市场营销是个人和集体通过创造，并同他人交换产品和价值，以满足需求和欲望的一种社会和管理过程[2]。

科特勒于 1984 年提出，市场营销是指企业的这种职能：认识目前未满足的需要和欲望，估量和确定需求量大小，选择和决定企业能最好地为其服务的目标市场，并决定适当的产品、劳务和计划（或方案），以便为目标市场服务[3]。

美国的营销学家麦卡锡于 1960 年对微观市场营销下了定义：市场营销是企业经营活动的职责，它将产品及劳务从生产者直接引向消费者或使用者，以便满足顾客需求及实现公司利润，同时也是一种社会经济活动过程，其目的在于满足社会或人类需要，实现社会

---

[1] 彭诗金. 市场营销学 [M]. 北京：中国铁道出版社，2010.
[2][3] 菲利普·科特勒. 市场营销：原理与实践（第 16 版）[M]. 楼尊，译. 北京：中国人民大学出版社，2015.

目标①。

这一定义虽比美国市场营销协会的定义前进了一步,指出了满足顾客需求及实现企业盈利为公司的经营目标,但这两种定义都说明,市场营销活动是在产品生产活动结束时开始的,中间经过一系列经营销售活动,当商品转到用户手中就结束了,因而把企业营销活动仅局限于流通领域的狭窄范围,而不是视为企业整个经营销售的全过程,即包括市场营销调研、产品开发、定价、分销广告、宣传报道、销售促进、人员推销、售后服务等。

而被誉为"服务营销理论之父""世界CRM大师"的芬兰营销学家克里斯丁·格隆罗斯给的定义强调了营销的目的:营销是在一种利益之上,通过相互交换和承诺,建立、维持、巩固与消费者及其他参与者的关系,实现各方的目的②。

(二) 新式定义

2004,美国市场营销协会更新了市场营销的新定义:市场营销既是一种组织职能,也是为了组织自身及利益相关者的利益而创造、传播、传递客户价值,管理客户关系的一系列过程③。

二、市场营销理念的演进

市场营销理念是指企业在进行市场营销活动时持有的基本认识和基本思想。由于市场环境的不断变化,企业在不同时期产生了不同的市场营销观念。这种市场营销理念是指导企业进行市场营销活动的基本指导思想和经营哲学,它是一种观念、一种态度或一种企业思维方式。企业的市场营销理念可归纳为五种:即生产观念、产品观念、推销观念、市场营销观念和社会营销观念。

(一) 生产观念

生产观念产生于供不应求的卖方市场,是一种最古老的营销观念之一。生产观念的基本思想是以生产为中心,其中心任务是集中一切力量改善设备和工艺,增加产量,生产什么就销售什么,根本不用考虑顾客的要求。生产观念认为消费者喜欢那些可随处买得到且价格低廉的产品,企业应致力于提高生产效率,以生产为中心,扩大生产,降低成本以扩展市场。其实质是重生产、轻营销的哲学思想,因此,生产观念也成为"生产中心论"。

生产观念在西方盛行于19世纪末20世纪初,这种营销观念与西方当时的生产力水平相适应。那时,资本主义国家处于工业化初期,市场需求旺盛,企业只要提高产量、降低成本,便可获取丰厚利润。企业的中心问题在于扩大生产物美价廉的产品,而不必过多地关注市场需求。

---

①③ 郭国庆,陈凯. 市场营销学(第五版)[M]. 北京:中国人民大学出版社,2015.
② 李弘,董大海. 市场营销学(第六版)[M]. 大连:大连理工大学出版社,2010.

（二）产品观念

产品观念产生于市场供不应求向供过于求的转变期，它几乎与生产观念同时盛行。在这种市场形势下，企业营销管理者认为，消费者喜欢精心制作的产品，因此企业应致力于生产优质产品，提高生产效率，并不断改进产品，使之日臻完善；消费者喜欢高质量、多功能和具有特色的产品，消费者能够鉴别产品的质量和功能，并且愿意付出较多的钱购买质量上乘的产品，企业只要努力制造出好的产品，就不愁挣不到钱。其实质是重质量、轻营销，"酒香不怕巷子深"就是这种观念的真实写照。

产品观念指导下的企业在设计产品时很少让顾客介入，它们相信本企业的工程师知道该怎样设计和改进产品，它们甚至不考察竞争者的产品，因此也常出现顾客"不识货""不买账"的情况。企业往往从自我出发，孤芳自赏，使产品改良和创新处于"闭门造车"的状态，而不是放在市场需求上，在市场营销管理中缺乏远见，只看到自己的产品质量好，看不到市场需求在变化，从而产生"市场营销近视症"。"营销近视"是指不适当地将注意力放在产品上，而不是顾客需求上。出现产品观念是由于消费者的购买力有所提高，市场竞争也在深化，但总体上还处在供不应求状况。企业若只强调自己的产品质量好，看不到顾客的需求在变化，必使企业营销陷入困境。

（三）推销观念

推销观念产生于20世纪30年代至第二次世界大战结束前后，卖方市场向买方市场的过渡时期，是在生产观念基础上发展起来的一种营销哲学。大萧条过后，世界资本主义工业得到了大发展，社会产品日益增多，许多商品开始供过于求，企业面临着严重的产品销售问题。为了谋求生存和发展，企业纷纷重视推销工作，研究推销术，大力进行广告宣传等，以诱导消费者购买产品。推销观念认为：消费者购买具有惰性，若顺其自然，消费者或者不会足量购买某种产品，或者不会足量购买本企业的产品，企业销售什么，消费者就接受什么。因此，企业必须积极推销和大力促销，这样就有可能促使顾客购买更多商品。这种观念的实质是重推销，轻营销。

在推销观念的指导下，企业相信产品是"卖出去的"而非"买去的"，商品销售能否成功，关键取决于企业的推销能力。因此，企业期望通过产品的推广和广告，以求说服、刺激、诱惑，甚至强制消费者购买。推销观念在一时或许会获得成功，但很难长久维持。我国某企业靠夺得中央电视台黄金时间段"标王"而使销售量大增，两年之后却陷入严重亏损的局面，后因拖欠货款被法院裁定拍卖注册商标。

（四）市场营销观念

市场营销观念是20世纪50年代中期才正式形成的一种新的营销哲学，这种观念的产生和应用是对在这之前各种营销观念的一种质的变革。它的核心是从以企业的需要为经营出发点变为以满足消费者的需要为经营出发点。市场营销观念认为：实现企业目标的关键，在于确定目标市场的需要和欲望，并能比竞争者更有效地满足目标市场的需要和欲望。其出发点是满足顾客的需要。

市场营销观念是对传统营销观念的挑战，它穿透企业销售的表观现象，从更深的层次揭示市场的本质。市场营销观念依据"消费者主权论"，相信决定企业生产何种产品的主动权不在于生产者，不在于政府，而在于消费者。抛弃"一切以企业为中心"的旧观念，树立"一切以顾客为中心"的新观念。

市场营销观念具有以下四个特点：

（1）以消费者需求为中心，实行目标市场营销。

（2）运用市场营销组合手段，树立整体产品概念，刺激新产品开发，全面满足消费者的需求。

（3）通过满足消费者需求而实现企业获取利润的目标。

（4）市场营销部门成为指挥和协调企业整个生产经营活动的中心。企业中各部门与营销或销售部门的活动协调一致，开展整体营销活动——生产适销对路的产品；制定适宜的价格；采取适当的促销方式和手段；利用适合的分销渠道，达到在满足顾客需要和利益的基础上，获取企业的合法利润的目的。

以上四个特点构成了市场营销的四大支柱，即目标市场、顾客需求、整体营销和企业盈利。市场营销观念改变了以企业为中心的旧观念的思维逻辑，它力求在企业营销管理中贯彻顾客至上的原则，将管理的中心放在发现和了解顾客需要上，并使其满意，从而实现企业的目标。

（五）社会营销观念

20世纪70年代西方国家普遍出现能源短缺、环境污染、通货膨胀和失业率提高、消费者保护运动等问题，要求企业在进行市场营销活动时统筹兼顾三个方面的利益，即企业利润、顾客需要和社会利益。西方营销学界提出了一系列的新概念，如生态营销、绿色营销等，其共同特点是认为企业不仅要考虑消费者的需要，还要兼顾到整个社会的利益，考虑到社会的可持续发展问题。

社会营销观念是对市场营销观念的补充和修正。其基本思想是：企业提供产品，不仅要满足顾客的需要和欲望，而且要符合顾客和社会的长远利益，企业要关心与增进社会福利，营销要有利于并促进社会的可持续发展。这种观念提出，企业的任务是确定目标市场的需要、欲望和利益，并以保护和提高顾客和社会福利的方式，比竞争者更有效、更有力地向目标市场提供满足需要、欲望和利益的物品和服务。在这个观念的指导下，现代企业可以很好地将企业利益、消费者利益、社会利益有机地结合起来，因此可以说，社会营销观念是一种迄今为止最完善的市场营销观念。

企业在尽可能地满足消费者需求之时，往往出现这样的情况，即在满足个人需求时，与社会公众利益发生冲突。而市场营销观念回避了消费者需求、企业利益和社会利益的矛盾。社会营销观念要求企业在制定营销策略时，必须统筹兼顾企业利益、顾客需要及社会利益三者之间的关系。

（六）五种营销观念的比较

上述五种营销观念的比较如表 5-1 所示。

表 5-1　　　　　　　　　　　五种营销观念的比较

观念	背景	表现	基本思想	经营手段	缺陷
生产观念	卖方市场，物资短缺，供不应求	企业能生产什么，就卖什么	以生产为中心	大量生产，低成本，标准化	忽视顾客需要
产品观念	卖方市场，但供不应求的现象得到了缓和或趋于缓和	生产高质量的产品	以产品为中心，其中心任务是提高产品质量，改善产品性能，降低产品价格	提高生产效率，改进产品的质量和性能	营销近视症
推销观念	供求平衡或供大于求，卖方市场向买方市场转化，产品的销售成为企业的主要矛盾	企业卖什么，就让人们买什么	以销售为中心，其中心任务是主动推销和积极促销	十分注意运用推销术和广告术来大力推销产品，同时采取低价格和宽渠道的手段，力求赢得更多的顾客	强行推销
市场营销观念	20世纪50年代产生于供大于求和买方市场的西方发达国家	顾客需要什么，企业就生产什么	以顾客为导向，企业的中心任务是满足顾客的需求和欲望	创造需求，顾客让渡价值	社会问题
社会营销观念	市场营销观念一味地强调满足消费者需求，却忽略了消费者需求、消费者利益和长期社会福利之间隐含的冲突	兼顾企业利润、顾客需要和社会利益	既要满足消费者需求，又要符合消费者和社会的长期利益	主要强调企业的社会责任，在满足需求的同时履行社会责任	

五种营销观念的产生和存在都有其历史背景和必然性，都是与一定的历史条件相联系、相适应的。五种营销观念分别适应了不同时代的发展和需要，也科学地阐明了企业经营成功的原因。随着企业经营实践进一步的发展和市场环境条件进一步的变化，企业的营销观念也将不断地发展和变化，在适应新的市场环境和经营实践的过程中不断地得到充实和完善，产生新的营销观念。

三、顾客满意

研究表明：顾客满意不仅影响其是否再购买，还影响其他顾客的购买，即关系到能否保持老顾客，能否吸引新顾客，因此，使顾客满意是企业赢得顾客、占领市场的关键。

(一) 顾客与顾客满意的含义

1. 顾客

什么是顾客？顾客对企业有多重要？顾客的种类有哪些？我们的顾客在哪里？这些问题已成为企业经营者殚精竭虑考虑的问题。

从营销学的角度我们可以认定顾客就是市场，是由产品或服务的购买者构成的，包括个人和组织集团。顾客有多少，我们的市场就有多大。顾客决定着企业的生死存亡，一个没有顾客的企业是不能生存和发展的。顾客对企业的重要性不言而喻，决定着企业的利润、企业对社会的贡献，主宰着员工的就业。

作为一个企业，必须了解顾客，关注顾客，分析顾客，并为其提供服务。顾客按时间可以分为过去（曾经购买过）的老顾客、现在（正在交易）的新顾客、未来（可能发生交易）的潜在顾客。按所处位置分为内部顾客（从业人员、基层员工、主管，甚至股东）和外部顾客（现实顾客、潜在顾客、各类公众等）。按其对企业的价值来分，可以分为重要顾客、一般顾客和负顾客（传播负面信息的顾客）。按照满意程度可以分为满意顾客、忠诚顾客和不满意顾客，按交易次数可以分为交易顾客和关系顾客，交易顾客只关心产品或服务的价格，可能仅仅因为略微的价格差异，就更换供应商；关系顾客希望能找到可信赖的供应商，他们往往寻找能供应可靠商品的、注重顾客关系的企业。

2. 顾客满意

顾客满意是顾客的一种主观感受状态，是顾客对企业产品和服务满足其需求程度的体验和综合评价。顾客购买后是否满意，取决于实际效果和期望效果的差异。如果实际效果小于期望效果，顾客不满意；如果实际效果等于期望效果，顾客满意；如果实际效果大于期望效果，则顾客高度满意。研究表明，顾客满意既是顾客本人再购买的基础，也是影响其他顾客购买的重要因素。

对企业来说，顾客满意不仅关系到能否保持老顾客，而且关系到能否吸引新顾客。因此，使顾客满意，是企业赢得顾客、占领和扩大市场、提高效益的关键所在。有关研究还进一步表明，吸引新顾客要比维系老顾客花费更高的成本。在激烈竞争的市场上，维持老顾客，培养顾客忠诚感具有重要意义。而要有效地维持老顾客，仅仅使其满意是不够的，只有使其高度满意，才能有效地做到。一项消费者调研资料显示，44%宣称满意的顾客经常变换其所购买的品牌，而75%高度满意的顾客却很少改变购买[①]。这些情况说明，高度

[①] 彭诗金. 市场营销学 [M]. 北京：中国铁道出版社，2010.

的满意能培养一种对品牌感情上的吸引力,而不仅仅是一种理性偏好。

(二) 顾客让渡价值

1. 顾客让渡价值的含义

顾客让渡价值是指顾客总价值与顾客总成本之差;顾客总价值是指顾客购买某一产品与服务所期望获得的一组利益;顾客总成本是指顾客为购买某一产品所耗费的时间、精神、体力以及所支付的货币资金等。顾客让渡价值的决定因素如图 5-1 所示。

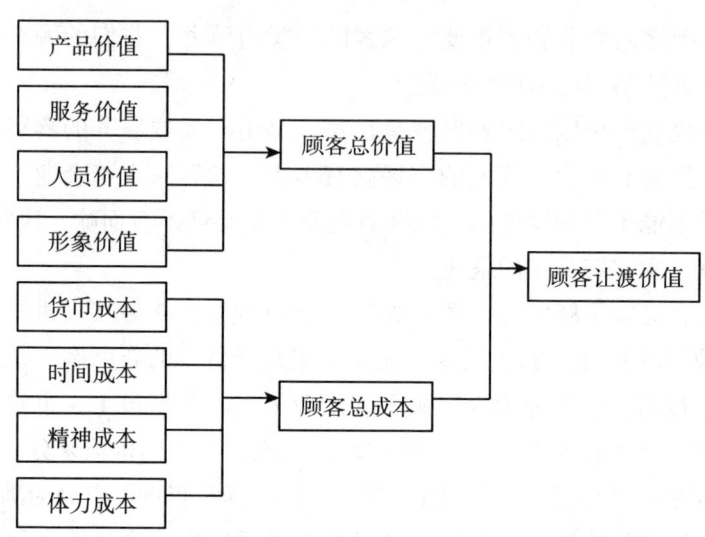

图 5-1 顾客让渡价值

顾客让渡价值可如下式表示:

顾客让渡价值 = 顾客总价值 - 顾客总成本

由于顾客在购买产品时,总希望把有关成本包括货币、时间、精神和体力等降到最低限度,而同时又希望从中获得更多的实际利益,以使自己的需要得到最大限度的满足。因此,顾客在选购产品时,往往从价值与成本两个方面进行比较分析,从中选择出价值最高、成本最低,即"顾客让渡价值"最大的产品,作为优先选购的对象。

企业为在竞争中战胜对手,吸引更多的潜在顾客,就必须向顾客提供比竞争对手具有更多"顾客让渡价值"的产品,这样,才能提高顾客满意程度,进而更多地选择本企业产品。为此,企业可从两个方面改进自己的工作:一是不断地提升顾客的总价值,二是不断地降低顾客总成本。

2. 顾客总价值

使顾客获得更大"顾客让渡价值"的途径之一,是增加顾客的总价值。顾客总价值由产品价值、服务价值、人员价值和形象价值构成,其中每一项价值的变化均对顾客总价值产生影响。

$$顾客总价值 = f(产品价值,服务价值,人员价值,形象价值)$$

产品价值是指产品的价值,是由产品的功能、特性、品质、品种等所产生的价值。

服务价值是指服务的价值,它是指伴随产品,企业向顾客提供的各种附加服务,比如咨询、特殊服务等产生的价值。顾客在选择产品时,不仅注意产品本身价值的高低,而且更加看重产品附加价值的大小。特别是在同类产品的质量与性质大体相同或类似的情况下,企业向顾客提供的附加服务越完备,产品的附加价值越大,顾客从中获得的实际利益就越大,从而购买的总价值越大;反之,则越小。

人员价值是指企业员工的经营思想、知识水平、业务能力、工作效率与工作作风、应变能力等所产生的价值。一个综合素质较高又具有顾客导向营销思想的员工,会比知识水平低、业务能力差、营销思想不端正的员工为顾客创造的价值更高,从而创造更多的满意的顾客。

形象价值是指企业及其产品在社会公众中形成的总体形象所产生的价值,包括企业的产品、技术水平、产品质量等所构成的价值,企业及其员工的职业道德行为、服务态度、作风等行为形象所产生的价值,以及企业的价值观念、管理哲学等理念形象所产生的价值等。企业应高度重视自身形象塑造,为顾客带来更大的价值。

3. 顾客总成本

使顾客获得更大"顾客让渡价值"的另一途径,是降低顾客的总成本。顾客总成本不仅包括货币成本,而且还包括时间成本、精神成本、体力成本等非货币成本。在货币成本相同的情况下,顾客还会考虑所花费的时间、精神、体力等因素,因此这些成本也是构成顾客总成本的重要因素。

$$顾客总成本 = f(货币成本,时间成本,精力成本)$$

所谓的货币成本是指顾客在获取产品时的货币支出。在货币成本相同的情况下,才会比较其他的成本。尤其是那些经济收入相对较低的顾客,对货币成本的大小较为敏感。

时间成本是指顾客为获取产品所付出的时间。在其他成本一定的情况下,时间成本越低,顾客总成本越小,从而"顾客让渡价值"越大。

精力成本包括精神成本和体力成本,是指顾客购买产品时,在精神和体力方面的耗费与支出。同理,在顾客总价值与其他成本一定的情况下,精神与体力成本越小,顾客为购买产品所支出的总成本就越低,从而顾客让渡价值越大。

第二节 市场营销环境

任何事物的存在和发展,都离不开它所处环境的影响,市场营销活动也是一样。企业的营销活动是在一定的动态环境中进行的,既要受到自身条件的限制,也要受到外部环境的影响。企业营销环境的变化,既可能给企业带来发展的机会,也可能对企业形成威胁。企业必须对市场营销环境的变化进行跟踪分析，主动地、充分地使企业的营销活动与市场营销环境相适应。这样才能使企业的营销活动产生最佳的效果，从而实现企业的营销目标。

一、宏观环境分析

宏观环境是指给企业造成市场机会和环境威胁的主要社会力量，包括人口、经济、科技、自然、政治法律及社会文化六大因素。

（一）人口环境

企业的营销活动是对人的活动。人口构成的基本状况，如人口规模、构成和密度等是影响企业营销策略的最基本因素。

1. 人口规模

人口数量是直接影响市场规模的重要因素之一，许多日用品的需求与人口数量高度正相关。一般来说，在经济发展和收入水平相等的条件下，人口规模大，则市场规模就大。截至2017年，世界人口超过76亿，我国人口达到14亿。由于经济发展的不平衡性，人口增长差异较大。发达国家及地区，人口增长较慢，而欠发达国家及地区，人口增长较快[①]。

2. 结构

（1）年龄结构。不同年龄的人群其需求不同，人口年龄呈老龄化上升趋势。

（2）性别结构。性别不同需求差异较大，女性比男性更喜欢打扮。

（3）家庭结构。家庭是市场需求的基本单位，家庭规模趋于小型化。

（4）民族结构。不同的民族其消费习俗、文化生活特点不同，决定了其差异性的需求。

（5）社会结构。城市、农村人口的消费需求不同，农村是一个广阔的市场，潜力巨大。

3. 分布

由于自然地理条件及经济发展程度的影响，人口分布是不均匀的，城市人口比较集中，而农村的人口相对分散；随着经济的发展，人口的区域流动性越来越大，其特点是农村流向城市，内地流向沿海。

（二）经济环境

经济环境是指企业市场营销活动所面临的社会经济条件及运行状况和发展趋势。

（1）收入。国民收入表明一个国家的经济发展水平，用来衡量一个国家居民的富裕程度。个人收入决定了消费者的购买力水平。个人收入是指个人从多种来源所得到的收入（包括工资、利息、奖金、福利、第二职业的收入、股票分红等）。各个国家及地区在收入

---

① 联合国. 世界人口展望（2017年修订版）.

水平和分配上差异很大。收入不同将导致消费结构不同。

(2) 储蓄。消费者的消费模式还会受到储蓄的影响，近几年，我国城乡居民储蓄存款不断增加。

(3) 信贷。信贷也叫信用消费，是个人金融服务的一种形式。信用消费是影响消费者购买力和支出的重要因素。

另外，经济发展水平、城市化程度、基础设施等均影响企业的市场营销。

(三) 科技环境

科学技术是第一生产力。科学技术创造了很大的奇迹，对国民经济的影响巨大。每一种新科技都是一种"创造性的毁灭力量"。新的科学技术可为企业提供无限商机，有利于增强企业的竞争能力，有利于企业改善经营管理，甚至能影响零售业结构和消费者购物习惯，企业必须给予足够的重视，善于把握机会。

(四) 自然环境

自然环境主要指营销者需要或受营销活动所影响的自然资源，包括自然资源、地形地貌和气候条件。自然环境是人类生存最基本的活动空间和物质来源，企业的营销活动自然也离不开自然环境的限制。随着人类社会的发展，人与自然和谐相处愈发显得重要，但目前人类所面临的自然环境却不容乐观，自然环境正面临诸多危机，主要表现为：自然资源逐渐枯竭；自然环境受到严重污染。随着工业化的高度发展，企业所面临的自然环境也随之日益恶化。环境问题对企业而言，一方面是市场营销环境危机，另一方面也是市场营销环境机会。企业在社会舆论的压力和政府的干预下，不得不采取一定的措施控制污染或转移投资，这样会使企业成本增加，但与此同时，也给控制污染、研究开发无污染的新包装材料等行业和企业带来发展的良机。目前环境技术是当今世界发展最快的产业之一，且发展前景非常广阔。从世界范围看，环境保护意识和市场营销观念相结合所形成的绿色市场营销概念正成为新世纪市场营销的主流。

(五) 政治法律环境

市场营销决策在很大程度上受政治与法律环境变化的影响。政治与法律环境直接与一个国家的体制、宏观政策联系起来，它规定了整个国家的发展方向及政府采取的措施。

(六) 社会文化环境

社会文化环境是指一个国家、地区或民族的传统文化，如风俗习惯、伦理道德、价值观念等；其具有较长期的持续性，不易改变。社会文化特征影响和制约着人们的行为。因此，企业在做市场营销决策时，要充分考虑当地的传统文化，努力适应不同的市场文化环境。

二、顾客分析

管理大师德鲁克说：企业成功的关键不在于厂商，而在于顾客。因此，企业应了解自己的顾客。顾客分析是企业市场营销活动的出发点，不同类型的顾客，其消费行为、对企业的回报、伦理道德是不同的。因此，我们首先应甄别顾客的类型，其次进行消费者市场和消费者购买行为分析，以及生产者市场和生产者购买行为分析。

（一）甄别顾客类型

（1）好顾客与差顾客。好顾客想方设法履行合同，而差顾客则相反。

（2）高回报顾客与低回报顾客。公司80%的销售额或利润，来自于大约20%的顾客，而绝大多数（80%）的顾客仅为公司贡献了20%的销售额或利润。这20%的顾客就是高回报顾客，而80%的顾客就是低回报顾客。

（3）忠诚顾客与游移顾客。忠诚顾客倾向于固定购买某一品牌的产品，而游移顾客的购买活动则随机性较大。

（4）现实顾客与潜在顾客。有购买能力、愿意购买的顾客为现实顾客，而想买却无力购买或有能力购买却不愿购买的顾客为潜在顾客。

（二）消费者市场与消费者购买行为分析

消费者市场是指为了个人消费而购买商品的个人和家庭的集合。

1. 消费者市场特点

消费者市场是一个复杂而多变的市场，与其他类型的市场相比，具有其特殊性。

（1）购买者的分散性。消费者人数众多，分布面广，每次购买量少，但购买次数较多。

（2）需求的层次性。消费者的经济实力差异较大，导致需求具有层次性。

（3）需求的扩展性。人们的需求是无止境的，不会永远停留在一个水平上，随着经济的发展、消费者收入的提高，其需求也在扩展。

（4）购买的非专业性。消费者大多缺乏专门的产品知识，其购买呈非专业性购买的特点。

2. 消费者购买行为模型

在消费者购买行为模型中，我们应考察以下几个问题：

（1）哪些人构成该市场（Who）？

（2）他们购买什么东西（What）？

（3）他们为什么购买（Why）？

（4）谁参与购买（Who）？

（5）他们如何购买（How）？

（6）他们何时购买（When）？

(7) 他们于何地购买（Where）？

3. 影响消费者购买行为的因素

消费者生活在复杂的社会之中，其购买行为要受到众多因素的影响，主要有文化因素、社会因素、个人因素和心理因素。

文化的差异将引起消费行为的差异；每一个国家的文化中又包含有具体的亚文化；社会阶层是社会中按等级排列的具有相对同质性、持久性的群体。

社会因素包括相关群体及家庭、角色与地位。相关群体是指能影响消费者购买行为的个人和集体；家庭成员在购买活动中往往起着不同的作用并相互影响；一个人在群体中的位置可用角色与地位来确定，消费者在做出购买选择时，会考虑自己相应的角色和地位。

个人因素是指消费者年龄、性别、职业、收入、生活方式等对购买行为的影响。

心理因素是指消费者的购买行为受到动机、知觉、学习、价值观念等心理因素的影响。

4. 消费者的购买程序

在复杂的购买行为中，消费者的购买决策由五个过程构成。第一，确定需求。每个消费者都有需要与欲望，消费者都会对需要与欲望加以清理、确认，以决定是否采取和如何采取行动。第二，收集信息。接下来，消费者会针对自己的需要与欲望收集信息。第三，综合评价。在收集了一定数量的信息之后，消费者会对多种备选消费品进行评估。第四，购买决策。在消费者对备选消费品进行评估后，消费者就会做出到底购买哪种产品的决策，并采取购买行动。第五，用后感受。消费者购买后，可能获得满足，这将鼓励他今后重复购买或向别人推荐此产品，如果不满意，就会采取完全不同的做法。

（三）生产者市场与生产者购买行为分析

1. 生产者市场特点

生产者市场与消费者市场相比有其自身的特点。

（1）购买者的集中性。购买者的数量较少、购买规模较大、购买的次数少，供需双方的关系比较密切，购买者地理位置也比较集中。

（2）生产者市场的需求具有派生性和波动性。生产者市场的需求是由消费者市场的需求派生出来的，且随着消费者市场需求的变化而变化，如消费者饮酒的需求将引起酒厂对粮食、酒瓶、酿酒设备的需求，连锁引起相关企业对化肥、玻璃、钢材等产品的需求。消费者市场的微小波动会引起生产者市场的巨大波动。

（3）生产者市场的需求缺乏弹性。即受价格的影响比较小，价格下降不能引起大量的采购，同样，价格上升也不会引起采购量大减。采购对企业的成本控制影响较大，管理严格的企业其采购有着严密的程序和制度。一般来说，采购的数量越多，价值越高，参与决策的人员就越多，决策的论证时间就越长。

（4）专业性购买。生产者市场的购买是较理性的，采购任务由受过专门训练、具有专门知识的人员来承担。

2. 影响生产者购买行为的因素

生产者市场的购买者做出购买决策要受到许多因素的影响。主要有：

（1）环境因素。营销环境及其变化，诸如市场需求水平、经济展望、利息、竞争状况、政治法律变化、科技变革等，都会对生产者市场的购买决策产生重大影响。

（2）企业因素。如企业的影响目标、战略、采购政策、制度、程序、组织结构等。以追求低成本为目标的企业，会对低价产品更感兴趣。

（3）个人因素。参与购买的人员，其职务、地位、年龄、性格、风险态度等都会影响对采购产品和供应商的看法，从而影响购买决策。

3. 生产者购买行为的主要类型

根据购买行为的复杂程度，生产者的购买行为主要有：

（1）直接重购。这是最简单的购买行为，是指生产者的采购部门依照供应商过去的供货情况，订购以往采购过的产品。

（2）修正购买。购买者要修改采购产品的规格、型号或其他条件，或者准备寻求新的供应商。

（3）新购。这是一种最为复杂的购买类型，是指采购者首次购买某种产品，新购产品大多为一些不常购买的项目，如大型设备等。

三、竞争分析

竞争是市场经济的特征，市场竞争所形成的优胜劣汰，是推动市场经济运行的强大力量。市场竞争说到底是企业之间竞争能力的竞争，竞争者的一举一动对企业营销活动的影响极大，因此，企业必须研究竞争者，以求有的放矢，在激烈的竞争中求得生存。

（一）行业竞争分析

1. 竞争类型

经济学家认为，行业动态决定于需求与供给的基本情况，供求影响行业结构；行业结构又影响行业行为。行业的竞争类型有：

（1）完全竞争行业，是指行业内竞争者很多、很小，相互之间的产品差异很小，无一家可自主定价。

（2）完全垄断行业，是指行业内仅一家企业，可自由决定供给量及价格。

（3）寡头垄断行业，是指行业内只有少数几家企业，每一企业决策必须判断竞争对手的反应。

（4）垄断竞争行业，是指行业内竞争者比寡头垄断多，比完全竞争少，企业可部分决定价格，但定价的可变动范围很小。

2. 影响行业竞争的五种力量

供方、替代品、买方、新进入者及行业内的竞争程度，形成了影响行业竞争的五种力量。决定企业盈利能力的根本因素是行业吸引力，五种力量的集合力决定企业在行业内取得平均投资收益率的能力。

3. 竞争地位

依据各企业在行业竞争中所扮演的角色不同，及其市场占有率高低，来划分企业的竞争地位。

（1）市场领导者指拥有最大的市场占有率，在价格变化、新产品开发、促销策略等对其他企业起着领导作用的企业。绝大多数的行业都有一个公认的市场领导者。

（2）市场挑战者指具有较高的市场占有率，仅次于市场领导者。他们往往是一些相当大的企业，例如汽车行业的福特公司、饮料行业的百事可乐。

（3）市场跟随者指具有较低的市场占有率，他们没有实力与市场领先者抗衡。

（4）市场补缺者是指那些市场占有率最低的企业，是一些规模较小的企业，无力与大、中企业竞争，在市场上往往扮演着拾遗补阙、见缝插针的角色。

（二）竞争者分析

（1）识别竞争者。识别竞争者实际上是确定企业的竞争对手是谁。我们的企业往往是以产品竞争观念来判别其竞争对手，即从产品的角度来判定，将能提供同类产品的企业视为竞争对手，如东方航空公司的竞争对手是南方航空公司；我们还可以市场竞争观念即从市场的角度来判定竞争对手，将能满足顾客相同需求的企业视为竞争对手，如东方航空公司的竞争对手，还有铁路运输、公路运输企业等。

（2）判定竞争者的战略。企业最直接的竞争者是那些处于同一行业同一战略群体的企业。区分战略群体有助于认识如下问题：不同战略群体的进入与流动障碍不同；同一战略群体内的竞争最为激烈；不同战略群体之间存在现实或潜在的竞争。

（3）判定竞争者的目标。我们应清楚：竞争者在市场上追求什么？竞争者的行为推动力是什么？竞争者的最终目标当然是利润，但每一个企业对长期利润和短期利润的重视程度差异很大。

（4）评估竞争者的优势和劣势。竞争者能否实现其目标，实施其战略，取决于竞争者的资源和能力。因此，我们应根据所获信息资料综合评估竞争对手的实力。

（5）估计竞争者的反应模式。单凭如上分析还不足以解释其可能采取的行动，应继续评估竞争者的反应模式。竞争中常见的反应模式有：从容型、选择型、凶暴型、随机型。

（6）选择竞争者。在了解竞争对手之后，企业就应确定与谁展开最为有力的竞争。

四、企业内部分析

企业内部分析亦称企业分析，是企业制定市场营销战略及策略的基础。进行企业分析之目的，在于对企业营销管理思想的反思、业绩的考察，分析企业资源的运用，以期对企业的能力有清醒的认识。

（一）影响营销战略直接性的企业内部因素

（1）营销战略定位分析。营销战略定位分析是对企业所提供的标的和企业形象进行策划，并通过制定和实施有效的营销组合策略，使其能在目标市场的顾客头脑中建立起独特的和有价值位置的过程，主要是围绕产品和服务进行策划。

（2）营销组合策略。第一，产品策略，企业只有在产品上不断创新，使之富有特点和个性，才能在激烈的市场竞争中立于不败之地。第二，价格策略，尽管非价格因素在现代市场营销过程中的作用越来越突出，但价格依然是一个决定性的因素。第三，促销策略，可激发顾客的购买欲望和购买行为。第四，销售渠道策略，企业生产出来的产品，只有通过一定的市场销售渠道，才能在适当的时间、地点，以适当的价格供应给顾客。

（3）营销组织管理。营销组织管理包括营销计划、规章制度、工作程序、人员激励、顾客服务等。

（4）营销战略绩效。绩效指标可以分为目前状况指标、计划完成性指标、历史比较指标和横向比较指标等。

（二）影响营销战略间接性的企业内部因素

（1）企业总体战略因素。营销战略是企业战略的一部分，前者是目，后者是纲。营销战略受企业战略的影响和制约。

（2）其他职能因素。企业的其他职能对营销战略也有重要影响，也应作为营销战略规划的内部环境因素加以分析。

（3）企业领导因素。企业领导特别是主要领导的智商、经验、热情、能力等对企业战略具有重要的影响，当然对营销战略也有影响。但对营销战略影响最大的还是企业领导关于营销战略的知识水平和对营销战略的态度。

（4）企业文化因素。企业文化的影响虽然看不见摸不到，但确确实实在起作用，因此，建立以战略营销为导向的企业文化并不断深化其内涵，为营销战略管理创造良好的氛围，也是企业管理的一项重要任务。

（5）企业可利用资源。资源是基础，在内部分析中，对人力、资金、技术、设备、信息等资源的系统分析和管理，也是必不可少的内容。

第三节　市场调查与预测

企业获取市场信息、进行市场研究、开展市场预测都离不开市场调查。市场调查是企业进行营销决策、改善经营管理的基础。系统掌握市场营销调研的流程、方式、方法，以及常用的市场营销预测方法，是企业市场营销科学决策的重要信息情报保障。

一、市场调查

(一) 市场调查的概念

1. 市场

市场是指具有特定的需要和欲望,并愿意和能够以交换来满足需要和欲望的所有现实顾客和潜在顾客的集合。我们可用以下公式来表示:

$$市场 = f(人口、购买力、购买欲望)$$

人口的多少、购买力的大小、购买欲望的强弱决定了市场的规模。我们将买方的集合称为市场;卖方的集合称为行业。

2. 市场调查

市场调查又称市场营销调查、市场研究、市场调研,是指为成功营销进行的以市场为对象的调查研究活动或调查工作过程,是利用科学的方法系统地、客观地对市场活动过程的事实进行收集、筛选、鉴别、分类、汇总和整理分析,以发现问题和解决问题,它是一种经济调查。

(二) 市场调查的内容

开展市场调查的第一步是明确调查的内容,在某种程度上,它比选择调查方式和方法更重要。市场营销调查可以分为市场环境调查、消费者市场调查、生产者市场调查以及流通渠道调查等几个方面。

1. 市场环境调查

市场环境调查是指从宏观上调查和把握企业运营的外部影响因素及产品的销售条件等。对企业而言,市场环境调查的内容基本上属于不可控制的因素,包括政治、经济、社会文化、技术、法律和竞争等,它们对所有企业的生产和经营都产生巨大的影响。因此,每一个企业都必须对主要的环境因素及其发展趋势进行深入细致的调查研究。

2. 消费者市场调查

消费者市场调查是指对以满足个人生活需要为目的的商品购买者和使用者(即最终消费者)组成的市场进行调查。消费者市场是最终产品的市场,它是最重要的市场调查内容。消费者市场上交易的商品是生活资料。市场上的购买者是消费者个人和一些企事业单位。消费者个人购买商品的目的是满足个人的生活消费需要,企事业单位从消费者市场上购买商品,也是直接用于非生产性消费,这是消费者市场区别于其他市场的基本特征。对消费者市场进行调查,应从这个基本实际出发,掌握市场需求变化。

3. 生产者市场调查

生产者市场调查是指对为了满足加工制造等生产性需要而形成的市场(也称为生产资料市场)的调查。生产者市场又可细分为:工业市场、农业市场和服务市场。其他还有:

中间市场、政府市场、国际市场等。生产者市场是初级产品和中间产品的消费市场。生产者市场调查主要是调查生产者市场的生产消费需求、生产者市场的供应以及产品的生命周期三个方面。

4. 流通渠道调查

流通渠道调查是指对商品在流通过程中所形成的市场的调查。从某种意义上说，市场是由多样化的商品流通渠道组成的。商品在从生产者向消费者转移的过程中，生产与消费之间有一定的时间与空间距离，必须经由必要的转售过程才能实现，从而在流通过程中形成了不同的市场，其中包括批发商业市场、零售商业市场等。调查商品在流通过程中所形成的不同市场，充分发挥它们的积极作用，是社会再生产得以顺畅发展的必要条件。

（三）市场调查的方法

市场营销调查有各种各样的分类方法，每种调查方法各有其特点，常用的市场营销调查方法有：访问调查法、观察调查法、实验调查法和文案调查法。

1. 访问调查法

访问调查法也称询问调查法或问卷调查法，是指按事先拟好的调查问卷，通过询问的方式向被调查者了解并收集市场情况和信息资料的一种调查方法。访问调查法是在市场调查活动中运用最为广泛的一种获取第一手资料的方法。这种方法的特点是：以调查问卷作为纽带，调查人员和被调查者以直接或间接的方式进行接触。访问调查法有多种具体的调查方法，根据调查人员同被调查者接触方式的不同可分为：面谈调查、电话调查、邮寄调查、留置调查和网上调查等。

2. 观察调查法

观察调查法是由调查人员直接或通过仪器在现场观察被调查者的行为并记录其行为痕迹来取得第一手资料的调查方法。利用这种方法进行调查，调查人员和被调查者没有直接的接触，被调查者不需要回答问题，调查人员只是通过观察被调查者的行为、态度和表现来了解情况。其常用的方法有：直接观察法、亲身经历法、痕迹观察法、行为记录法。观察调查法具体应用于：消费者的需求调查；零售企业经营状况的调查；广告效果的调查；库存情况的调查；商品生产数量和质量的调查等。

3. 实验调查法

实验调查法是指在调查中，通过在一定条件下改变某些变量而保持其他变量不变，以此来衡量这些变量的影响效果，从而取得第一手资料的调查方法。实验调查法常用来研究某种商品在改变包装、价格、广告等因素时会产生的效果。实验调查法的常用方法：实验组事前事后对比实验；控制组与实验组对比实验；控制组的事前事后对比实验。

4. 文案调查法

文案调查法是指对现成的信息资料进行收集、分析、研究和利用的行为过程，是获取第二手资料的方法。文案调查法与其他调查方法相比较，其特点是：所获得的信息资料比较多，资料的获得也较为方便、容易和迅速，这些第二手资料分为内部资料和外部资料。

无论是从企业内部还是从企业外部，收集过程所花的时间比较短，而且调查的费用也比较低。文案调查的方法主要有以下几种：文献资料筛选法；报刊剪辑分析法；情报联络网法；网络搜索法。

（四）调查问卷的设计

调查问卷，也称为调查表。它是一种以书面形式向被调查者了解情况，以获取所需资料和信息的载体。调查问卷是在市场调研中取得第一手资料的技术手段，是实现调查任务的一种重要工具。它可以使调查内容系统化、标准化，它也是进行资料整理、统计、分析的基础。要做好市场调研，完善的调查问卷是获取好的市场调研结果的重要因素之一，调查问卷设计的质量直接影响到市场调研与市场预测的结果。

1. 调查问卷的设计原则

在设计调查问卷时，除了要正确地根据调查目的要求确定调查主题和调查项目之外，还要求我们遵循以下原则。

（1）联系性原则。调查问卷中的每一个问题必须是和调查主题密切相关的；那些可有可无的问题或者与调查主题虽有着一定的关系但是被调查者无法回答或者不愿意回答的问题，不宜列入调查问卷中。

（2）可接受性原则。调查问卷的设计要让被调查者容易接受。

（3）逻辑性原则。在设计调查问卷时，要注意调查问卷中问题的排列顺序，同类问题放在一起，容易回答的问题放在前面，以提高被调查者回答问题的效率。

（4）简明性原则。调查内容要简单明了，调查问卷中的问题不要过多，如果调查内容过多，所花费的调查时间过长，就会引起被调查者的反感，影响调查效果。一般来说，回答问题的时间应该控制在半小时之内。

2. 调查问卷的设计程序

设计调查问卷一般按以下基本步骤进行。第一步：明确调查对象的类型。不同的调查对象具有不同的特点，问卷必须针对具体的调查对象的特点进行设计，这样才能够保证问卷的合理性。第二步：根据调查目的的要求和确定的调查主题，拟订出调查内容提纲。第三步：根据调查主题，确定被调查者项目，被调查者项目并非越多越好，而是要与调查的主题有关。第四步：根据调查对象的特点，按照调查内容提纲，罗列出具体的调查细目，即具体的调查问题，要注意项目之间的逻辑性。第五步：根据不同的问题，确定不同的命题方式。第六步：设计调查问卷的初稿。第七步：将设计成的调查问卷初稿，在小范围内进行实验性调查，以便发现问题。第八步：修改后定稿并印刷调查问卷。

3. 调查问卷的模式

调查问卷一般由六个部分构成：前言、被调查者项目、调查项目、结束语、填表说明、编号。常用的调查问卷有两种模式：一览表式和单一表式。一览表式是指将若干个被调查对象和相应的调查项目依次填写在一张表内登记填写的问卷。单一表式是指将一个被调查对象和相应的调查项目依次填写在一张表内登记填写的问卷。单一表式又分为表格式和问卷式。

二、市场预测

(一) 市场预测的概念

市场预测是指在市场营销调查获得的市场信息和各类统计资料的基础上,对市场中的各种现象进行分析、计算、推测和判断,进而为企业制定规划和决策提供可靠依据的活动。在以市场导向为特征的商品经济中,企业对市场需求状况或各类现象的研究,不仅要着眼于现实,更重要的是把握和预测未来,也就是说,应具有超前性。在科学技术日新月异、消费需求千变万化、市场竞争越演越烈的今天,市场预测已成为企业生存与发展的关键。

市场预测的类型很多,可按不同的标志加以区分,常用的有:按时间划分、按空间划分、按方法划分、按性质划分等。

1. 按市场预测时间的长短分类

按市场预测项目未来时间的长短不同分类,市场预测可分为:

(1) 近期市场预测,一般是指以周、旬或月为时间单位(或预测周期)的市场预测。

(2) 短期市场预测,一般是指一年以内的市场预测,它可适用于制定年度、季度和月计划的工作,它是企业编制各种年度计划的重要依据之一。

(3) 中期市场预测一般是指一年以上、五年以下的市场预测,它是制订年度计划和修订长期计划的依据。

(4) 长期市场预测一般是指五年或五年以上的市场预测,它适合于对市场长期趋势的分析和规划工作,以此为依据来明确宏观经济或企业发展的方向和具体目标。

2. 按市场预测的空间范围划分

按市场预测的空间范围分类,市场预测可分为宏观市场预测和微观市场预测。宏观市场预测是研究整体市场需求的发展变化及趋势,其内容涉及国民经济全局的市场预测,其空间往往是全国性的市场预测。微观市场预测一般是指企业所进行的市场预测。从空间范围来看,表现为当地市场或企业产品或业务所涉及地区的市场预测。微观市场预测的范围比较小,其预测的过程及其内容也非常具体、细致,为企业根据市场变化合理安排生产和经营活动提供准确、具体的市场信息。

3. 按市场预测的方法划分

按市场预测的方法分类,市场预测可分为定性分析预测法和定量分析预测法。定性分析预测方法是依据预测者对市场有关情况的了解和经验及分析,主观判断做出的市场预测。定量分析预测法是根据大量的历史观察值,用数理分析手段建立数学模型,进行市场预测的方法。

总之,市场预测类型多种多样,在研究实际问题时,要根据研究对象的主要特点,根据市场预测目的的要求,选择适当的市场预测类型,以满足预测者分析总量的需要。

(二) 市场预测的内容

企业进行市场预测，主要是根据已有资料预测企业目标市场的未来发展趋势，预测企业的市场占有率变化，以便及时调整企业的经营发展方向，做出正确的经营决策，使企业在激烈的市场竞争中立于不败之地。由于不同经济管理部门和不同企业的决策和计划的具体要求不同，其市场预测内容有不同的侧重点。

1. 市场需求预测

市场需求预测是指在一定时期、一定的市场范围内，关于消费者和社会集团对某种商品或某种生产资料的有支付能力的需求的预测。

市场需求预测大致分成消费品市场需求预测和生产资料市场预测两大类。

（1）消费品市场需求预测，主要是针对消费者和社会团体对消费品未来的需求和需求变化的原因及其变动趋势的预测。它主要包括消费品的结构和具体消费品的数量、品种、规格、花色、型号、款式、质量、包装、品牌及所需时间等方面的预测。

（2）生产资料市场需求预测，主要研究物质资料生产部门（如工业和农业）对生产资料未来的需求，分析影响需求变化的原因及其变动趋势。

2. 市场供应预测

市场供应预测，是对在一定时期内可以投放市场以供出售的商品的品种、数量、质量和时间的预测。市场供应预测主要包括了对进入市场的商品资源总量及其构成和各种具体商品的市场可供量的变化趋势的预测。具体来说，它包括对可供市场销售的商品资源的预测；对商品生产能力的预测；对企业预期的利润的预测；对同行业、同类产品生产能力及竞争能力的预测；对企业产品销售量及市场占有率的预测；对国家进出口商品的变动趋势的预测。

3. 市场商品销售情况预测

市场商品销售情况预测，是指对市场商品的价格、销售量、商品的市场生命周期及其变动趋势的预测。

市场商品销售情况预测，首先是对重要商品市场供求关系方面的预测，这是指对列入国家指令性计划和指导性计划的市场供求变动趋势的预测，对关系国计民生的重要商品（如粮食、汽车等）的品种、规格、花色、功能等具体需求变动趋势的预测。通常，国家或地区经济预测机构公布的经济信息和预测资料中包含了这方面的内容。其次，对于具体企业来说，市场商品销售情况预测，主要是针对本企业具体经营的商品或竞争商品所进行的价格、销量、成本、利润、市场生命周期及其市场占有率等方面的预测，并研究它们的变动趋势。

4. 科学技术发展前景预测

科学技术发展前景预测，是关于现代科学技术的未来发展和重大突破所引起的对社会、经济、市场等生产、生活各方面造成的影响所做的分析和预测。

在这迅速变化的社会中，科学技术发展前景预测可帮助企业把握科学技术发展的方向，特别是掌握与本企业产品有关或与其原材料、工艺、设备等有关学科的科技发展水平、发展方向、发展速度和发展趋势等方面的情况，为企业制定科学技术决策及长远产品发展规划提供依据。而且新技术的突破和应用（如电子计算机和信息技术）可能对人们的生活和生产方式产生重大影响，通过科学技术发展前景预测，有助于企业了解市场、分析市场和预测市场，并进行科学决策。

5. 经济政策调整动向预测

经济政策调整动向预测，是指对国家或地区未来的经济政策调整变化趋势和变化程度方面所做的预测。

国家和地方各级政府、企业管理部门（如工商管理部门和环保部门等）的政策法令或经济措施或体制改革等，会对企业生产经营带来巨大的影响。例如，国家开发西部的政策、北京奥运会的规划建设、国家税制方面和会计制度的改革、住房贷款政策的变化、教育领域的改革措施以及汽车等商品的关税政策调整等，都会对市场、企业和消费者产生影响。企业经营者应对这些新政策、法令的颁布和重大经济改革措施出台的前兆做出反应，预测它们正式起动的时间和效果，并在经营等各方面尽快做好准备。

6. 外贸进出口的发展和变化预测

外贸进出口的发展和变化预测，是指关于对外贸易进出口商品总额、重要商品进出口数量、价格及其贸易收支变动趋势的预测。

随着我国国内市场与国外市场的联系越来越密切，外资企业的进入和境外商品的涌入将使国内市场的竞争愈来愈激烈。企业通过外贸进出口方面的发展和变化预测，特别是对本行业或同类产品进出口数量等方面的预测，可掌握市场需求和供应的结构变化，从而制定相应的经营对策。

此外，政治形势的变化、文化教育事业的发展、就业人员的比例、社会风俗习惯等的变化，都是影响市场未来变化的重要因素，也都应当作为市场预测的内容。但企业在具体项目预测时，不能包罗万象，应全面分析市场预测项目的性质，将影响预测目标的重要因素或基本成分作为市场预测的内容。

（三）市场预测的方法

市场预测的方法大致分为两大类：定性分析预测法和定量分析预测法。

1. 定性分析预测法

定性分析预测法，又称判断分析预测法，是凭借预测者在市场活动实践中获得的经验、知识和综合分析能力，通过对有关资料的分析推断，对未来市场发展变化趋势做出关于性质和程度的估计和测算的方法。这种方法有着非常显著的特点：节省时间、节省费用、灵活多变，如果运用得当，极具实用价值。定性分析预测法也有明显的不足，如过分依赖于预测者个人或群体的素质（知识、能力、经验等），所以如果使用该方法独立进行市场预测，特别是对大领域、长周期或企业战略性规划项目进行预测，其预测的范围、深度和精确度都受到一定的限制。

2. 定量分析预测法

定量分析预测法，是根据一定的数据资料，运用数学方法来确定各市场变量之间的数量关系，并据此来预测市场未来的变化的方法。

定量分析预测法的特点是"凭数据预测"，它能够通过模拟各变量之间的数量关系，较准确地测算出市场未来的发展变化趋势和具体程度。这种方法由于直接应用了数理统计的理论，整个预测过程都比较严谨，具有较强的科学依据，所以预测结果比较精确，预测效率比较高。但这种方法也有自己的局限性，如对预测项目的历史数据资料要求较高，某些因素由于不能量化而不能计入预测模型，并对预测人员的科技水平和能力要求较高等。目前对我国企业来说，大多数预测人员不具备这样的素质，企业自身也不具备这样的条件，所以应用此方法进行普遍的、经常性的或重大项目的市场预测有一定的难度。

定量分析预测法大致分为两大类：时间序列分析法和因果关系分析法。时间序列分析法中有常用平均法和趋势延伸法；因果关系分析法中有回归分析预测法和经济计量预测法。

3. 市场预测方法的选择

市场预测中可供采用的预测方法有很多，每种预测方法都有自己适用的不同的市场现象表现出的发展变动规律。企业进行市场预测时所选用的预测方法是否合适，一方面表现在预测方法本身是否具有科学的依据，另一方面表现在预测方法的适用性是否得到了发挥。如果企业选择的预测方法不适合所预测的市场现象的发展变化规律，则取得的市场预测结果必然是不准确的。所以企业在进行市场预测时，挑选预测方法必须十分慎重。一般情况下，企业进行市场预测时，应根据以下几个条件选择预测方法：选择预测方法的条件；预测人员的水平；各种预测方法或模型的特征。

第四节　目标市场营销

目标市场营销也叫 STP 营销，其中 S（segmenting）为市场细分；T（targeting）为目标市场；P（positioning）为市场定位。

购买者是一个庞大而复杂的整体，由于消费心理、购买习惯、收入水平、地理位置等差异，不同的顾客对同类产品的消费需求和消费行为有较大的差异。对于某一企业而言，没有能力也没有必要全都予以满足，只需满足部分顾客的部分需求即可。

一、市场细分

市场是企业从事营销活动的舞台和战场。我们必须将整个市场进行分割，从中找到自己的经营领域。

（一）市场细分的概念

要准确掌握市场细分的含义就必须明确注意：市场细分并不是通过产品分类来细分市

场,也就是说,并非将整体市场划分成汽车市场、钢材市场、服装市场、食品市场等,而是指企业根据顾客对同类产品需求所表现出的差异性,将所有顾客划分成若干个群体。因此,市场细分的实质是将顾客进行分类。市场细分是指在市场分类的基础上,根据顾客需求的特点,将顾客分成不同的顾客群,这些顾客群称为细分市场。同一细分市场的顾客,有着较多相似的需求;不同细分市场的顾客需求,具有较大的差异性。市场细分的过程其实就是我们日常所说的求同存异的过程。

(二) 市场细分的作用

市场细分是现代营销的重要基石,没有市场细分就没有目标市场选择,也就不存在目标市场营销。市场细分现在已经成为企业市场营销的一个核心内容并成为营销成败的一个关键性问题。它对于企业改善经营管理,更好地为顾客服务,具有重要的现实意义。

(1) 有利于企业发现最好的市场机会。通过市场细分,可以发现哪些市场需求得到了满足,哪些只得到部分满足,哪些未得到满足。通过市场细分,可以发现哪些产品竞争激烈,哪些产品较少竞争,哪些产品还待开发。

(2) 有利于企业提高经济效益。通过市场细分,企业可以发现最好的市场机会,确定其目标市场,集中使用企业的人力、物力及其财力,将有限的企业资源用于产生最大的经济效益的地方。

(3) 有利于提高企业的竞争能力。企业的竞争能力受多种因素的影响而存在差异,通过有效的市场细分,可改变这种差异。市场细分后,每一细分市场上,竞争对手的优势及其劣势明显地暴露出来,企业可把握机会,攻击对手之弱点,有效开发本企业的资源优势,以提高竞争能力。

(三) 市场细分的标准

市场细分要依据一定的细分标准来进行,正确选择细分标准是进行目标市场营销的开始。

1. 消费者市场细分的标准

消费者市场细分的标准可归纳为四大类:地理因素、人口因素、心理因素和行为因素。这些因素有的相对稳定,但大多数处于动态变化之中。

(1) 地理因素是指按照消费者所处的地理位置来细分市场,包括国家、地区、城市规模、地形和气候等。这种按消费者生活的地理环境来细分市场的方法,是一种传统的细分方法。俗话说:"一方水土养一方人",消费者居住的地区和地理条件不同,其需求和欲望也不同,分析研究不同地区消费者的需求特点、需求总量及其发展变化趋势有一定意义,有助于企业开拓区域市场。

(2) 人口因素是指按照人口统计变量来细分市场,包括年龄、性别、家庭规模、家庭生命周期、收入、职业、宗教、国籍等。运用人口统计因素细分市场,就是根据人口统计变量因素将市场进行细分。由于不同国籍或民族的、不同年龄和性别的、不同职业和收入的消费者，其需求和爱好是大不相同的，因此，人口统计变量与消费者对商品的需求爱好和消费行为有密切关系，而且人口统计变量资料比较容易获得和进行衡量。由此，人口因素是市场细分中常用以区分消费者群体的标准。

（3）心理因素是指按照消费者的心理特征细分市场，包括个性、购买动机、生活方式等。消费者的个性往往影响了其购买决策和购买行为，可以说，消费过程就是他们自觉或不自觉地展示自己性格的过程。为此，营销者越来越注意给他们的产品赋予品牌个性，树立品牌形象，以符合相对应的目标消费者的个性，进而求得其目标市场的认同。

（4）行为因素是根据消费者不同的购买行为来细分市场。即企业按照消费者购买或使用某种产品的时机、消费者所追求的利益、使用者情况、使用频率、对品牌的忠实程度等行为变量来细分市场。

2. 生产者市场细分的标准

细分消费者市场的标准，有些同样适于生产者市场，如追求的利益、使用者情况、使用数量、品牌忠诚度和态度等。但是，生产者市场毕竟具有不同于消费者市场的特点，它比消费者市场更加复杂，交易数额巨大。因此，产业市场的细分依据也有其独特性，需要使用一些其他变量，常用的如最终顾客、顾客规模、采购方式、产品用途等。

二、目标市场选择

市场细分之后我们会得到若干相对清晰的可以量化的"子市场"，紧接着就要进行目标市场的选择。其实，市场细分就是让企业学会放弃。因为资源有限，不得不放弃一些市场，而将有限的资源用到"刀刃"上。应当放弃哪些市场？如何判断哪一个市场对企业来说吸引力最大？哪个市场与本企业的实力相匹配？要回答这些问题，企业就必须根据自身的特点，评估各个细分市场，并选择合适的目标市场。

（一）目标市场的概念

目标市场是指企业决定为之服务的细分市场。即企业识别各个不同的顾客群，选择其中一个或几个作为目标市场，运用适当的市场营销组合，集中力量为目标市场服务，满足目标市场的需要。目标市场的选择标准：

（1）分析细分市场是否有适当的规模和发展潜力。
（2）分析细分市场结构是否具有良好的行业吸引力。
（3）分析细分市场是否符合企业本身的目标和资源。

（二）目标市场选择的程序

（1）评估细分市场的规模和潜力。在评估整个细分市场的基础上，进而详细评估每一细分市场。相对企业的实力，拟作为目标市场的细分市场应具有适当的规模和潜力。一般来说，大企业重视销量大的细分市场，忽视销量小的细分市场；小企业应避免进入大的细分市场。而缺乏增长潜力的细分市场，短期会达到饱和状态，影响企业的销量增长。

(2) 评估企业在"准目标市场"的竞争能力。市场的规模、潜力均理想的细分市场未必有利可图，要考虑该细分市场的竞争情况。即要创造企业的相对竞争优势，该目标市场应有一定的吸引力。

(3) 企业的目标和资源。若细分市场不符合企业的发展目标，则应放弃。若企业缺乏进入该细分市场营销所必需的资源，则不宜进入。

(三) 目标市场选择策略

根据企业选择目标市场的方式，可将企业的目标市场选择策略分为三种：无差异营销策略、差异性营销策略和集中性营销策略。

(1) 无差异营销策略。无差异营销策略又称大众营销策略，是指企业不考虑细分市场间的区别，将目标市场视为一个整体，不进行细分，生产单一的产品，采用单一的营销组合策略，去满足整个市场的需求。它强调需求的共性，漠视需求的差异，它凭借单一的产品、统一的包装、价格、品牌、广泛的分销渠道和大规模的广告宣传，树立该产品长期稳定的市场形象。例如，可口可乐公司在早期营销阶段，只提供一种口味、统一包装和广告内容的饮料。

(2) 差异性营销策略。差异性营销策略又称多重细分市场策略，是指企业选择两个或两个以上的细分市场作为目标市场，为之服务，并根据各自需求差异，分别提供不同的产品，制订不同的营销组合策略，以满足不同细分市场的需求。例如，通用汽车公司生产不同型号、不同规格的汽车来满足不同收入、不同个性顾客的需求。需要注意的是，此种策略会使企业成本增加，应防止过度细分市场。

(3) 集中性营销策略。集中性营销策略又称单一细分市场策略，是指企业在整体市场中仅选择一个细分市场为其目标市场，集中力量为之服务。此战略尤其适于资源薄弱的中小企业。企业将资源集中在某个细分市场上，专业化营销。不求在较多市场上获取较小市场占有率，只求在少数较小市场上获取较高的市场占有率。

细分市场非常大，通常会吸引很多竞争者，而缝隙市场相当小，只吸引一个或少数竞争者。通过集中性营销，公司对缝隙市场上的消费者需求有更多的了解，会获得特别好的声誉，从而达到很强的市场定位。但集中性营销也有很高的风险。在商业上仅仅依靠一个或几个细分市场，一旦细分市场情况变得糟糕，或者很强的竞争者决定进军该细分市场时，公司就会损失很大。所以，许多企业选择将鸡蛋放在几个篮子的做法，以规避风险。

(四) 影响目标市场选择策略的因素

企业在选择目标市场时，应综合考虑企业、产品和市场等多方面因素。

(1) 企业资源或实力。当企业生产、技术、财物等方面实力很强时，可以考虑采用差异性或无差异性营销策略。

(2) 产品特点。产品特点包括产品的同质性、功能、价格等。

（3）产品的生命周期。产品因所处的生命周期的阶段不同，而表现出的不同特点亦不容忽视。产品处于投入期，同类竞争产品不多，竞争不激烈，企业可采用无差异性营销策略。当产品进入成长期或成熟期，同类产品增多，竞争日益激烈，为确立竞争优势，企业可考虑采用差异性营销策略。当产品步入衰退期，为保持市场地位，延长产品生命周期，全力对付竞争者，可考虑采用集中性营销策略。

（4）竞争者的策略会直接影响企业的竞争策略，而竞争者的数目在很大程度上决定了竞争的激烈程度。企业可与竞争对手选择不同的目标市场覆盖策略，即差异性营销策略。

三、市场定位

企业通过市场细分，确定目标市场之后就要进行定位。定位是市场营销学中一个十分重要的概念。通常在目标市场上存在着许多同类产品，这些产品在顾客心目中都有着一定的位置。如何对产品进行设计，使之在目标顾客心目中与竞争对手的产品相对能处于更有利的地位，这就是定位要解决的问题。

市场定位是指对企业的产品及企业的形象进行设计，使企业及产品在目标顾客的心目中占有独特的、有价值的位置，树立企业及产品的特定形象。定位的目的是为了在顾客心目中树立产品形象和企业形象。

市场定位是一个多维的过程，一般而言它包括三个相互关联的阶段：产品定位阶段；品牌定位阶段；公司定位阶段。这三个阶段每一层都是上一层的基础，随意抽掉其中的一层，便成为空中楼阁。没有好的产品定位和品牌定位，企业定位是难以树立起来；反过来，较高的企业定位可以维持公司的产品及品牌定位。因此，在进行市场定位时，必须将三者有机结合起来。

企业在进行市场定位时，首先必须确定市场上是否已有同类产品或替代品，它们的位置如何；然后分析市场状况，找出自己产品的位置，结合自身的竞争优势制订定位计划；最后的沟通与传播过程决定着市场定位的最终成败，企业须调动全面资源为其服务，以完成从产品定位到品牌定位，再到企业定位的全部任务。

（一）市场定位的方式

市场定位的方式有三种：

（1）避强定位，是指企业力图避免与实力最强或较强的其他企业直接发生竞争，而将自己的产品定位于另一市场区域内，使自己的产品在某些特征或属性方面与最强或较强的对手有比较显著的区别。

（2）迎头定位，这是一种与在市场上居支配地位的竞争对手"对着干"的定位方式，即企业选择与竞争对手重合的市场位置，争取同样的目标顾客，彼此在产品、价格、分销供给等方面少有差别。

（3）重新定位，就是二次定位，包括：重新进行领域界定、重新进行市场细分、重新选择目标市场、重新分析竞争对手和重新寻找自己的优势。但这一过程绝不是上一次定位的简单重复,而是在原来基础上的一次扬弃。在重新定位之后,所有的营销传播工具,包括广告、渠道公共等必须重新整合,以配合定位诉求的改变。

(二) 市场定位的策略

常用的市场定位策略有六种:

(1) 产品属性和利益定位。产品本身的属性以及由此获得的利益能使消费者体会到它的定位。在有些情况下,新产品应强调一种属性,这种属性是其他竞争者所不具有的又是顾客认可和接受的,这种定位往往容易收效。

(2) 产品功能定位,就是通过对产品功能的突现、强调,使顾客认识到购买此产品能得到比其他同类产品更多、更好的利益和满足,借此给顾客留下印象。功能定位策略主要包括多功能定位、重点功能定位和单一功能定位。

(3) 品牌比附定位,就是攀附名牌、比拟名牌来给自己的产品定位。它以竞争者品牌为参照物,依附竞争者找到自己的位置。比附定位的目的是提升自身品牌的价值与知名度。企业可以通过各种方法和同行中的知名品牌建立一种内在联系,使自己的品牌迅速进入消费者的头脑,占领一个牢固的位置,借名牌之光使自己的品牌生辉。

(4) 价格定位,是依据产品的价格特征,把产品价格确定在某一区域,在顾客心目中建立一种价格类别的形象,通过顾客对价格所留下的深刻印象,使产品在市场占据一个较显著的位置。但是,低价位未必能赢得市场的认可,因为许多消费者还持有"便宜无好货"的观念。

(5) 消费者类型定位,主要以某类消费群体为诉求对象,突出产品专为该类消费者群体服务,以获得目标消费群体的认同。

(6) 销售渠道定位,就是通过建立特别的产品销售途径和方式,赋予产品某种特色,从而有利于其在顾客心目中留下深刻的印象,占有一席之地。

第五节 市场营销组合策略

市场营销组合策略是企业市场营销理论的重要组成部分,企业必须围绕着其目标市场来制定市场营销组合策略。市场营销组合也称之为4P策略,包括:产品策略(product)、价格策略(price)、销售渠道策略(place)和促销策略(promotion)。

一、产品策略

产品是企业赖以生存的基础,一个企业缺少产品,营销就成为无源之水,无本之木;有了好的产品,营销就是"为有源头活水来"。企业在制定营销策略时,产品策略是市场营销组合策略的基础,若没有产品策略作为基础,其他定价、促销及渠道策略部无从谈起。

(一)产品的整体概念

现代市场营销学大师科特勒认为:产品是指提供给市场,能满足某种欲望和需要的所有东西。产品整体概念包含核心产品、形式产品和附加产品三个层次,如图5-2所示。

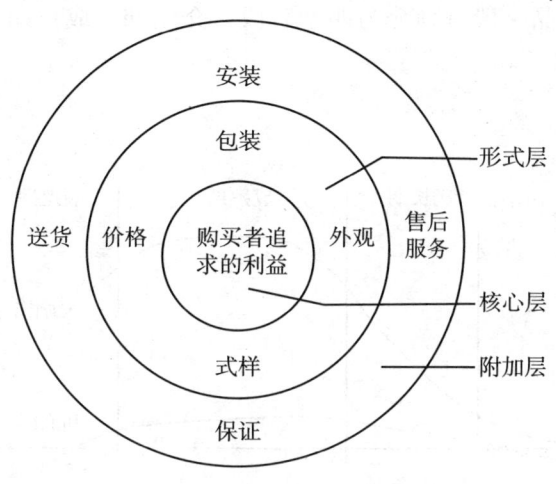

图5-2 产品整体概念

(1)核心产品(实质产品)。核心产品是指向顾客提供的基本效用和利益,是顾客真正要买的东西,是产品整体概念中最基本、最主要的部分。消费者购买某种产品,并不是为了获得产品本身,而是为了满足某种特定的需求。

(2)形式产品。形式产品是指核心产品的实现形式,是其展现的全部外部特征,包括产品的质量、外观、特色、品牌、包装等。产品的基本效用必须通过某些具体的形式才能得以实现,因此,企业设计产品时,应着眼于用户所追求的核心利益,同时也要重视如何以独特形式将这种利益呈现给消费者。

(3)附加产品。附加产品是指顾客在购买产品时所得到的附加服务和利益,包括服务、保证、信贷、免费送货等。不同企业提供的同类产品在核心和形式产品层次上越来越接近,企业要赢得竞争优势,应着眼于比竞争对手提供更多的附加利益。

核心产品、形式产品和附加产品作为产品的三个层次,是不可分割且紧密相连的,它们构成了产品的整体概念。其中,核心产品是基础,是本质;核心产品必须转变为形式产品方可得以实现;在提供产品的同时,还须提供广泛的服务和附加利益,形成形式产品。

(二)产品的生命周期

任何产品在市场上都不会万寿无疆,有其诞生之时,就有其衰亡之日。产品有其成长之规律,这就是产品的生命周期。

所谓产品生命周期,是指产品在市场上的销售情况及获利能力随着时间的推移而变化,这种变化的规律就像人和其他生物的生命一样,从诞生、成长到成熟,最终走向衰老死亡。这个过程在营销学中是指产品从投放市场开始到被市场所淘汰,企业停止生产,最终退出市场为止所经历的全部时间。

产品生命周期是指产品的市场寿命,是产品在市场上存在的时间,长短受顾客需求变化、产品更新换代的速度等因素的影响。产品只有经过研制开发、试销,然后进入市场,它的生命才算开始。产品一般可划分为四个阶段:介绍期、成长期、成熟期及衰退期,如图 5-3 所示。

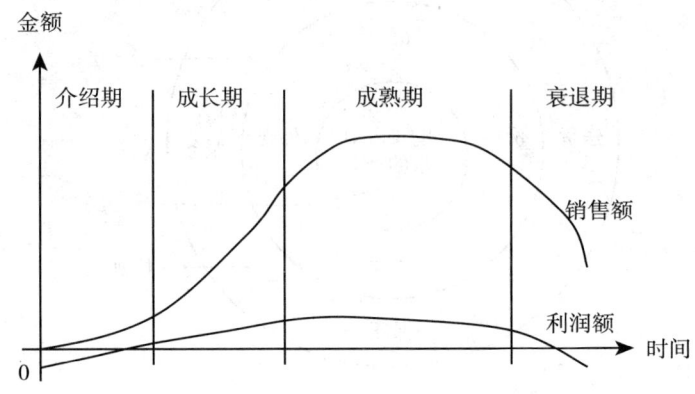

图 5-3 产品生命周期的基本模式

产品生命周期各阶段的划分是相对的,一般来说,各阶段的分界是以产品销售额和利润额的变化为根据的。需要说明的是,不同产品的生命周期是各不相同的。例如,汽车的生命周期已有上百年的历史,至今尚未结束,而时装的生命周期只有短短的几个月;由于经济发展不平衡,使得同一种产品在不同的国家,甚至不同的地区,其生命周期可能处于不同的阶段;并非所有产品的生命周期都有完整的四个阶段。

产品在其生命周期的不同阶段,有其不同的特点,企业对此必须有清醒的认识,并针对各阶段的各自特点,分别制定不同的营销策略。

(三) 新产品的开发

随着科学技术的进步,产品的生命周期越来越短,新产品的开发成为企业竞争能力的基本标志。

市场营销学中所说的新产品是从市场和企业两个角度来认识的。对市场而言,第十次出现的产品也为新产品;对企业而言,第一次生产销售的产品才是新产品。

依据新产品的范围分类,可分为世界级新产品、国家级新产品、企业级新产品;依据新产品的新颖程度分类,可分为全新型新产品、换代型新产品、改进型新产品、仿制型新产品。

新产品的开发方式很多,归纳为:第一,创新(自行研制)。创新是新产品开发的一种重要方式，可分为：全新新产品和改进新产品。全新新产品，即从基础理论研究开始，经过应用研究和开发研究，直到试制成功新产品，并投放市场。改进新产品即利用已有的基础理论，进行应用研究和开发研究，直到试制成功新产品，并投入市场。第二，移植（引进）。移植是新产品开发的又一重要方式，也是经济技术比较落后的国家发展经济、赶超世界先进水平的成功经验。需要指出的是，在引进的基础上，必须做好引进项目的吸收与消化工作，绝不能总跟在别人的后面跑。第三，改进。改进原有产品，使之具有新的功能和新的用途，亦是新产品开发的又一方式，这种方式投资少，见效快。各个企业可以根据自己企业的具体情况，选择不同的新产品开发方式。可以重点选择某一种方式进行新产品的开发，也可以同时选择几种新产品的开发方式。

（四）产品的品牌、包装及服务策略

1. 品牌策略

品牌是指用于识别产品的名称、术语、符号、象征或设计，或是他们的组合。其目的是将不同的产品区别开。品牌含义有：其一，品牌名称，指品牌中能够用语言表达的部分；其二，品牌标志，指品牌中可被识别，而不能用语言表达的部分，包括符号、图案色彩及文字；其三，商标，指企业依法在政府有关管理部门登记注册并取得专用权的品牌或品牌的一部分。

品牌是有价值的，它是企业的无形资产，知名品牌的价值甚至超过企业有形资产，不同品牌的价值差异很大。企业在制定品牌策略时，需作如下决策：

（1）品牌化策略。决策企业是否需要使用品牌，若需要使用，制定何种品牌。

（2）品牌使用者策略。决策使用谁的品牌。企业可以使用自己（制造商）的品牌，中间商的品牌，也可混合使用前两者的品牌。

（3）品牌数量策略。决策使用多少品牌，诸如个别品牌策略、统一品牌策略、分类品牌策略及企业名称加个别品牌策略。

（4）品牌延伸策略。企业利用其成功品牌的声誉来推出改进产品或新产品。品牌延伸通常有两种做法：纵向延伸和横向延伸。

（5）品牌重新定位策略。由于某些市场情况发生变化，企业需对产品品牌进行重新定位。

2. 包装策略

传统的市场营销学中谈及的包装是一种静态的含义，包括包装物、装潢以及标签。包装的主要作用是保护产品，这是包装最原始和最基本的功能；还要便于运输、携带和储存；应具有美化产品，促进销售的功能。一流的包装可增加产品附加价值，提高企业收入。

具体的包装策略包括类似包装策略、差异包装策略、配套包装策略、复用包装策略、等级包装策略、附赠品包装策略、改变包装策略等。需要注意的是防止过度包装，依照国际通行标准，包装成本一般不超过产品成本的15%，最多不超过20%。

3. 服务策略

在产品差异越来越小的情况下，企业之间的竞争更多地体现在服务方面，服务的内容包括售前服务和售后服务。

售前服务是指产品购买之前的各项服务工作，包括为消费者介绍产品，提供各种技术咨询。售后服务是指产品销售以后的各项服务工作，包括安装调试、提供维修、提供零件、技术培训、特种服务等。服务的方式主要有固定服务和流动服务。

二、价格策略

在营销组合策略中，价格是唯一能产生收入的因素，因此科学而艺术的定价是产品成功进入市场的重要因素之一。现代市场营销理论认为，产品的最高价格取决于产品的市场需求；产品的最低价格取决于产品的成本；在最高价格与最低价格的幅度内，企业对产品的定价，取决于竞争者同类产品的价格。

（一）影响定价的因素

影响企业定价的因素有两类，一类是企业不可控制因素，包括社会劳动生产率、市场的供求关系、社会经济状况、价格弹性、顾客需求、竞争者行为、市场结构、政府干预等；另一类是企业可控制因素，包括产品成本、产品特征、销售渠道与促销宣传、企业的整体营销战略和策略以及企业的定价目标等。

（二）定价方法

企业常用的定价方法有三类，分别是以成本为导向、以需求为导向、以竞争为导向的定价方法。

成本定价法是以成本为基础，加上一定的利润来制定价格。企业处在不同的市场营销环境中，需要补偿的成本有所不同，因而选择不同的成本，就形成了不同的成本定价方法。诸如，成本加成定价法、盈亏平行定价（保本）法、目标收益定价法和变动成本定价法。

需求定价法是以顾客对产品价值的感受和需求强度来定价，而不是依据卖方成本来制定价格，具体有理解价值定价法和差别需求定价法。

竞争定价法是依据竞争者的价格为基础进行定价，使本企业的产品价格与竞争者的价格相同或保持一定的距离。常用的方法有随行就市定价法和投标定价法。

（三）定价策略

企业在市场营销的过程中，为了更好地发挥价格手段的作用，尚需制定一定的价格策略，以提高企业的整体效益。

常用的定价策略有：

（1）新产品定价策略。这是营销策略中一个十分重要的问题。它关系到新产品能否顺利地进入市场，能否站稳脚跟，能否获得较大的经济效益。目前，国内外关于新产品的定价策略，主要有三种，即撇脂定价策略、渗透定价策略和满意定价策略。

（2）折扣定价策略。它是通过减少一部分价格以争取顾客的策略，在现实生活中应用十分广泛。用折扣法定价就是降低定价或打折等方式来争取顾客的一种售货方式，常见的折扣定价策略有数量折扣、回款折扣、季节折扣、过季产品折扣等方式。有的产品是常年生产，通常会采用季节折扣和功能折扣。

（3）心理定价策略。它是针对消费者的不同消费心理，制定相应的商品价格，以满足不同类型消费者需求的策略。心理定价策略一般包括尾数定价、整数定价、声誉定价、招徕定价、组合定价和分档定价等具体形式。

（4）地区定价策略。对于卖给不同地区（包括当地和外地不同地区）顾客的某种产品，企业要决定是分别制定不同的价格，还是制定相同的价格。也就是说，企业要决定是否制定地区差价。地区定价策略包括产地交货定价策略、统一交货定价策略、分区定价策略、减免运费定价策略和基点定价策略。

（5）差别定价策略，也叫价格歧视。它是指企业按照两种或两种以上不反映成本费用的比例差异的价格销售某种产品或劳务。差别定价的形式有：顾客差别定价、产品形式差别定价、产品部位差别定价、销售时间差别定价等。

（6）分档定价策略，是指拉开档次定价。如对价值相差不大或同一型号但质量稍有不同的商品，有意识地专门制定不同的价格。

三、销售渠道策略

销售渠道策略是企业市场营销组合策略中的一个重要策略。在现代市场经济条件下，多数生产企业并不是把产品直接销售给最终消费者，生产者同消费者之间存在着时间、地点、数量和所有权等方面的差异和矛盾，只有通过一定的分销渠道，才能在适当的时间、适当的地点，按适当的数量和价格，把产品从生产者转移到消费者手中。

（一）销售渠道的概念

销售渠道也称分销渠道，它是指产品由企业向最终顾客移动过程中所经过的各个环节。销售渠道的起点是企业即生产者，终点是顾客，中间环节包括拥有产品所有权的商人、中间商和帮助转移产品所有权的代理中间商。销售渠道的作用在于使用中间商后，可减少交易次数，提高工作效率，节省时间和人力消耗，降低交易成本。

（二）分销渠道的类型

（1）直接渠道与间接渠道。直接渠道，是指生产企业不通过中间商环节，直接将产品销售给消费者。直接渠道是工业品分销的主要类型。例如大型设备、专用工具及技术复杂需要提供专门服务的产品，都采用直接分销。消费品中有部分也采用直接分销类型，诸如鲜活商品等。间接渠道,是指生产企业通过中间商环节把产品传送到消费者手中。间接分销渠道是消费品分销的主要类型,工业品中有许多产品诸如化妆品等采用间接分销类型。

(2) 长渠道和短渠道。分销渠道的长短一般是按通过流通环节的多少来划分,具体包括如图5-4所示的四层。零级渠道,即制造商—消费者。一级渠道,即制造商—零售商—消费者。二级渠道,即制造商—批发商/代理商—零售商—消费者。三级渠道,即制造商—代理商—批发商—零售商—消费者。可见,零级渠道最短,三级渠道最长。

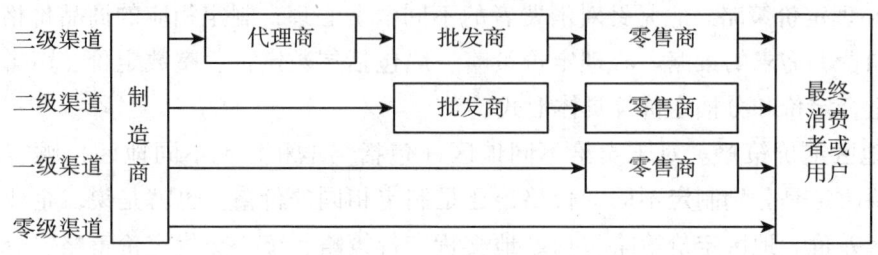

图5-4 分销渠道类型

(3) 宽渠道与窄渠道。渠道宽窄取决于渠道的每个环节中使用同类型中间商数目的多少。企业使用的同类中间商多,产品在市场上的分销面广,称为宽渠道。如一般的日用消费品(毛巾、牙刷等),由多家批发商经销,又转卖给更多的零售商,能大量接触消费者,大批量地销售产品。企业使用的同类中间商少,分销渠道窄,称为窄渠道,它一般适用于专业性强的产品,或贵重耐用消费品,由一家中间商统包,几家经销。它使生产企业容易控制分销,但市场分销面受到限制。

(4) 单渠道和多渠道。当企业全部产品都由自己直接所设门市部销售,或全部交给批发商经销,称之为单渠道。当企业在本地区采用直接渠道,在外地采用间接渠道;或者,在有些地区独家经销,在另一些地区多家分销;或者,对消费品市场用长渠道,对生产资料市场则采用短渠道;等等;这种方式则称为多渠道。

(三) 销售渠道设计

销售渠道是连接企业与顾客的纽带和桥梁,为了使企业生产出的产品顺畅地从生产领域转移到消费领域,企业必须进行销售渠道的设计。销售渠道的设计实际上要进行三方面的决策。

(1) 是否使用中间商。即是采用直接销售渠道还是采用间接销售渠道,这需要从销售业绩和经济效果两个方面来考虑。

(2) 确定中间商的数目。这实际上是确定渠道的宽度,它与企业的市场营销目标和营销战略有关。常用的销售渠道策略有独家性分销、广泛性分销、选择性分销。

(3) 中间商的选择。中间商的质量如何,将直接影响企业的产品销路及经济效益,企业选择中间商应依据以下条件:目标市场、地理位置、产品经营范围、促销措施、提供的服务、运输和储存条件、财务状况和管理能力。

（四）销售渠道策略

销售渠道策略的选择，是一个很重要的问题，策略选对了，对商品的销售有促进作用；选择不好，不仅会影响商品销售而且会造成积压和浪费。销售渠道策略一般有以下三种。

1. 普遍性营销渠道策略

这是生产者为了使自己的商品能够得到广泛的推销，使消费者随时、随地都可以买到而采取的策略。这种策略一般用于日用商品的销售。生产者要采取这种策略，一般要在批发商和零售商中间普遍适用，否则是不易取得成效的。采取这种策略，批发商和零售商都不愿分担任何促进销售的费用，如广告费、宣传费，都得生产者负担。

2. 选择性营销渠道策略

这是生产者在市场营销渠道中，有选择地确定一部分批发商与零售商来经营自己的商品。虽然，这种策略对于所有的商品都可以适用，但比较起来，对于消费品中的选购品就更适宜。在一般情况下，当企业对营销渠道的情况还不太了解时，可以先采用普遍性营销渠道策略，经过一段时间后，可以把一部分效益低的营销渠道淘汰掉，再采取选择性营销渠道策略。

3. 专营性营销渠道策略

这是生产者在市场上只选定一家批发商或零售商"独家经营"其商品。在一般情况下，通过双方签订协议后，生产者在这个特定市场区域内不能再请其他企业来经营其商品，而经销商也不能再代销其他竞争商品。一般对特殊品（贵重品）较多采用这种策略。

（五）销售渠道的管理

在选择企业销售渠道的模式并确定了具体的中间商之后，企业还需要对其销售渠道进行管理，也就是对中间商进行必要的激励、评估和调整。

（1）激励。一般来说，各个渠道成员都会为了共同的利益而努力工作，但由于各渠道成员是相互独立的经济实体，在处理具体问题时，不可避免地会更多强调自身利益。因此，企业应采取适当的激励措施，尽可能地调动渠道成员的积极性。需要注意的是，企业应尽量防止激励过度或激励不足两种情况。

（2）评估。企业必须定期评估中间商的绩效是否达到某些标准。也就是说，企业要对中间商进行有效的管理，还需制定一定的考核标准，检查、衡量中间商的表现。企业可以进行动态的分析比较，从而进一步分析不同时期各中间商的销售状况。若某些中间商的绩效低于标准，应查找其原因，采取相应的措施。

（3）调整。被选择的中间商并非是一成不变的，为了适应多变的市场需求，确保企业销售渠道的畅通和高效，要求企业对其销售渠道进行调整或改变。调整营销渠道的方式包括增减渠道成员、增减销售渠道和调整营销系统。

增减渠道成员属于结构性调整，其着眼点在于增加或减少某个中间机构；增减销售渠道和调整营销系统属于功能性调整，其目的在于将营销任务在一条或多条销售渠道的成员中重新分配。销售渠道是否需要调整，调整到什么程度，应视具体情况而定。

四、促销策略

促销的实质是企业与顾客之间的信息沟通。促销是企业对顾客所进行的信息沟通活动，通过向顾客传递企业和产品的有关信息，使顾客了解和信赖企业。

促销的方式主要有两类：一是人员促销，是指派出推销员进行推销活动；二是非人员促销，具体分为广告、营业推广、公共关系。

各种促销方式的主要特点如下：

（1）人员促销。人员促销适用于企业与顾客的直接沟通，直接传达的信息可以随机应变；人与人之间的沟通，可以培养企业与顾客之间的感情，以便建立个人友谊及长期的合作关系，亦可迅速反馈顾客的意见及要求。

（2）广告。广告是一种高度大众化的信息传递方式，其渗透力强，可多次重复同一信息，便于人们记忆。

（3）营业推广。此种促销方式的沟通性极好，通过提供信息引诱顾客接近产品；以提供奖励的方式，对顾客具有直接的激励效应；通过提供优惠，对顾客能产生招徕效应。

（4）公共关系。公共关系具有较高的可信度，其传达力较强，容易使顾客接受，可树立良好的企业形象。

（一）人员促销策略

促销人员直接与广大顾客接触，他们不仅是企业的代表，还是顾客的顾问和参谋，因此，要求他们必须具有良好的素质和能力。

对促销人员的素质要求包括：

（1）政治素质高，表现为具有强烈的事业心和责任感，具有良好的职业道德，遵纪守法。

（2）业务素质好，包括了解企业知识、掌握产品知识、熟悉顾客知识、具有较高的推销技巧。

（3）身体素质棒，促销人员不仅要求有健康的体魄，还应注重自己的仪表和不凡的举止谈吐。

促销人员应具备的能力包括：第一，敏锐的观察能力；第二，良好的创造能力；第三，广泛的社交能力；第四，快速的应变能力；第五，恰到好处的表达能力。

（二）广告策略

广告作为促销方式之一，是一门独特的综合艺术。虽然说做广告不一定能使产品成为名牌，但若无广告的支持，产品难以成为名牌。

广告（advertising）一词源于拉丁语，意思是"诱导""注意"。美国市场营销协会为将广告与其他促销方式严格区别,曾对广告如下定义:"广告是由明确的发起者以公开支付费用的做法,以非人员的任何形式,对产品、服务或某项行动的意见和想法等的介绍。[①]"即广告是企业以付费的方式,将有关的市场信息,通过一定的媒体(媒介)传递给目标顾客。

广告媒介主要有四大类:印刷类,诸如报纸、杂志、印刷品、传单、海报、产品说明书等;视听类,包括广播、电视;其他类,含路牌、灯箱、交通、售点、邮寄等;网络类,即在互联网上做广告。选择何种广告媒介,必须综合考虑目标顾客、产品特点、媒介费用与企业支付能力、媒介覆盖范围、接收广告的次数等因素。

(三)营业推广策略

营业推广是一种非经常、非规则的特殊促销方式,它可以刺激顾客的需求,吸引顾客前来购买。

营业推广的形式多种多样,针对不同的促销对象,其形式不同。大致可分为三类。其一,针对消费者的营业推广,常见的推广形式有免费样品、优惠券、特价包装、礼品券、赠品印花等;其二,针对中间商的营业推广,常见的形式有价格折扣、推广津贴、承担促销费用、产品展示、销售竞赛;其三,针对推销人员的营业推广,常见的形式有销售提成、销售竞赛、物质奖励以及精神奖励、提供培训学习的机会。

(四)公共关系策略

公共关系是指企业运用传播手段为自己适应环境和使环境适应自己的一种活动和职能。在市场营销中,良好的公共关系有助于企业在市场上争取中间商及目标顾客的了解、支持、信任,以树立企业的良好信誉和形象。公共关系强调通过与公众搞好关系和树立企业的良好形象,达到促进销售之目的,这是一种间接的促销手段。

思考题

1. 市场营销观念的演进经历哪些阶段?各有何特点?
2. 为什么要提高顾客的满意度?它对企业的市场营销有何影响?
3. 企业进行市场分析的内容包括哪些?
4. 消费者的购买行为与生产者的购买行为有哪些差异?
5. 目标市场营销的主要内容是什么?
6. 如何理解产品的整体概念?
7. 市场营销组合策略的构成内容是什么?
8. 为什么说品牌是企业的无形资产?
9. 企业如何进行销售渠道设计与管理?

---

① 威廉·威尔斯. 广告学:原理与实务(第9版)[M]. 桂世河,汤梅,译. 北京:中国人民大学出版社,2013.

> 案例研究

历史博物馆的跨界营销

伴随市场经济下各种品牌的日益增长及竞合关系的显现，跨界营销已成为一种新兴的品牌推广方式，在国际范围内广泛流行。在跨界营销领域，有着悠久历史的某历史博物馆可谓玩得风生水起，与当红"流量"及时尚品牌的联名，在内容为王的时代，为它赢得了丰富的内涵与流量基础，赋予了冰冷的历史以鲜活的形象。

该历史博物馆有着几百年的悠久历史，伴随了几大朝代的更迭，珍藏了中华民族文明史上数不胜数的宝贵遗产。它最显著的"符号"是厚重的历史文化底蕴，过去很长一段时期内，该历史博物馆的推广思维偏重于历史性、知识性，缺少趣味性、实用性、互动性，难以激发受众的关注度及购买兴趣。如何让传统文化以更易接受的方式在年轻人中重焕生机，该历史博物馆下了不少功夫。

2018 年，该历史博物馆与某电子阅读器 K 联名推出 2018 新年限量款礼盒，内含 2018 年《历史博物馆日历》、2018 新年限量版礼盒、K Paperwhite 和 2018 新年限量款保护套。浓浓宫廷风格设计，大红的元素，让电子阅读器 K 也掀起了一阵国风热潮。阅读器代表了当下最流行的数字阅读方式，而历史博物馆所包含的深厚文化底蕴，恰恰也是文化的传承，这也是两者可以联名的契机。

2019 年，该历史博物馆联手某门户网站推出一款基于某藏品的轻度解谜类手游。这款游戏采用横版平面视角与 3D 自由大视角结合的方式，给玩家营造出"如入画境"的绝佳体验。该历史博物馆还与一 IT 巨头联合举办根据文物改编的歌唱会。藏品与手游、歌曲的跨界联名，深受广大年轻群体喜爱和接受，取得了很好的传播效果。

此外，该历史博物馆的文化珠宝作为时尚跨界领域的典范，也打造了诸多现象级跨界营销案例。例如，该历史博物馆的文化珠宝和某时尚杂志联合推出项链套装。除了与时尚品牌的联名外，该历史博物馆还与知名女演员共同设计了联名款系列首饰。

该历史博物馆的跨界当然不止这几个例子，还有和历史悠久的国货护肤品牌推出的宫廷限量款礼盒，和知名化妆师合作推出联名彩妆，和知名矿泉水公司合作推出限量版宫廷包装的矿泉水，等等。从众多案例中，我们可以看出该历史博物馆跨界营销所坚守的几个理念。

1. 品牌年轻化，将百年历史风潮融入现代生活

该历史博物馆借着跨界的风潮将其百年的历史文化与现代人的生活紧密联结在一起。将老品牌进行年轻化革新，与众多时尚品牌进行创意跨界，借年轻化品牌的"粉丝之力"，打造定制具备年轻群体吸引力的跨界产品或玩法，建立和年轻受众群的情感勾连，彼此形成更整体全面的品牌印象，有效促成双赢，取得了 1 + 1 > 2 的效果。

2. 放下"身段"，积极公关，主动拥抱商业化潮流

与商业品牌的跨界联名，意味着历史博物馆不得不融入巨大的商业化潮流之中。该历

史博物馆老品牌的成功革新和运营,其文化逐渐俘获年轻受众群体,与其院长密不可分。在他的领导下,该历史博物馆与互联网巨头们合作,使得历史博物馆紧跟社会年轻化需求,拉进了普通消费者与传统文化之间的距离,在创收的同时也传播了中国传统文化。

从营销的角度来看,该历史博物馆邀请年轻人喜欢的演员录制特别节目,代表品牌发声,独具话题性和正能量,正是老品牌年轻化的一个良好加持。

3. 饥饿营销手段,奠定未来客户基础

营销界有一个词叫饥饿营销,所用策略就是通过将产品限量供应,激发客户购买欲望。饥饿营销手段被广泛应用在各大流行品牌中,也被该历史博物馆的一些跨界产品所借鉴。

2016年,该历史博物馆的某联名款系列首饰上线短短20分钟就被抢购一空,其中最受欢迎的项链更是一分钟内卖完。原计划两小时的预售,提前1小时40分结束,公众号后台和微店涌入大量留言,希望补货。

该历史博物馆在营销前期采取大量广告促销宣传,勾起顾客购买欲,然后采取饥饿营销手段,让用户苦苦等待,结果更加提高购买欲,为未来大量的销售奠定了客户基础。维护了该历史博物馆文创的产品形象并维持了较高的售价和利润率,是一个很成功的营销活动。

资料来源:郑晓磊. 故宫博物院的跨界营销案例解析[J]. 山西青年,2020(14):85-86.

讨论题:

1. 该历史博物馆采取的跨界营销策略有哪些?
2. 跨界营销的好处有哪些?我们从中可以得到什么启示?

第六章　生产与运作管理

学习目标

1. 了解生产管理理念。
2. 理解生产环境和生产过程组织。
3. 掌握生产管理模式。
4. 掌握信息化与生产管理。

本章框架

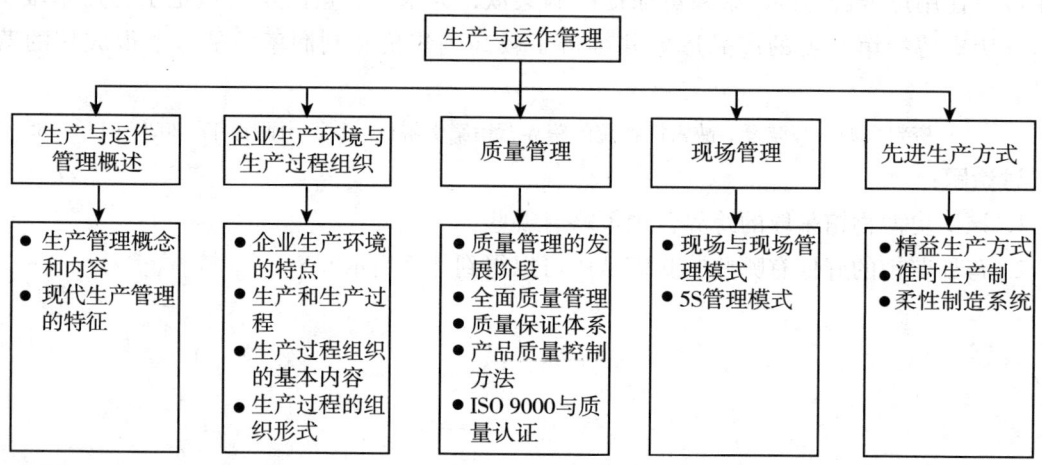

导入案例

精益制造优化世界企业生产

精益制造是美国麻省理工学院于 1990 年提出的生产制造模式，而这种生产模式早在 20 世纪 50 年代就已应用于日本丰田汽车公司的制造车间，并成功地沿用至今。"精"即少而精，不投入多余的生产要素，只是在适当时间生产必要数量的市场急需产品（或下一道工序急需的产品）；"益"即所有经营活动都要有益有效，且有经济性。精益生产的基本目的是消除生产过程中的一切浪费，提高效率，降低成本。精益生产把只增加成本、不创造价值的一切要素和活动定义为浪费。精益生产采取有效的措施，从消除超过最低需要量的人、设备和原材料库存开始，逐步消灭浪费。追求的目标是废品量最低（零废品）、库存量最低（零库存）、更换作业时间最短（时间为零）、搬运量最低、生产提前期最短和批量最小。精益生产的最终目标是增强企业的竞争力，提高盈利水平。这种生产模式的巨大潜力被丰田汽车公司不断取得的成功所证实。1989 年世界汽车装配厂统计资料表明，汽车的生产率

(小时/辆),在日本本土丰田是 16.8,在北美的美国工厂是 25.1,在欧洲是 36.2;生产场地(平方尺/年/辆),在日本本土丰田是 5.7,在北美的美国工厂是 7.8,在欧洲是 7.8;8 种代表零件的库存(天数),在日本本土丰田是 0.2,在北美的美国工厂是 2.9,在欧洲是 2.0。目前,精益制造在我国三资企业和跨国企业中得到广泛采用,最为典型的是上海通用汽车有限公司、上海大众汽车有限公司等。

资料来源:大野耐一.丰田生产方式[M].谢克俭,李颖秋,译.北京:中国铁道出版社,2016.

启示:精益生产是丰田公司在对美国福特汽车公司进行考察后结合日本国情提出的一种新型生产方式。精益生产是针对传统的"大规模生产"而言的。它打破了传统的生产制造模式,大大地缩短了生产与市场的距离,降低了成本,提高了效益。它在世界范围内被广泛采用,优化世界企业生产。

第一节 生产与运作管理概述

任何企业都有自己的生产活动。生产活动是一个"投入—生产—输出"的过程,即投入一定的生产要素,经过一系列的、多种形式的劳动使其转化增值,最后给社会提供产品或服务的过程。其中,投入的生产要素包括人力、物料、设备、技术、信息、能源、土地等多种资源要素;产出则包括有形产品和无形服务两大类。生产与运作管理的目的就是要保证生产活动以最经济的形式进行。

一、生产与运作管理的概念和内容

生产与运作管理就是对生产系统及其生产活动进行计划、组织、实施和控制,把投入生产过程的各种生产要素有效地结合起来,形成有机的体系,按照最经济的方式生产出满足社会需要的产品或服务的管理活动过程。

生产与运作管理的目标,就是根据企业生产过程的总体要求,运用生产组织的原理和方法,实现各种生产资源的有效结合,使企业生产的产品或服务在品种、质量、成本、交货期等方面均能满足客户的需要,并取得良好的经济效益和社会效益。

传统生产与运作管理的中心内容,主要是关于生产的作业管理。但是,为了进行生产,生产之前的一系列技术准备活动是必不可少的,这些活动可称为生产技术活动。而生产技术活动又基于产品的设计,所以在生产技术活动之前是产品的设计活动。这样的"产品设计—生产技术—产品制造"等一系列活动,就构成了生产活动的核心部分。为了使生产系统以最经济的形式运行,生产与运作管理活动还可以向前或向后延伸,向前延伸即生产系统的设计,向后延伸则为产品的售后服务与对市场需求、顾客特殊需求的关注。所有这些活动就构成了生产管理的职能范围。

生产与运作管理的内容可分为三个层次：

（1）生产战略的制定。生产战略包括决定产出什么，如何组合各种不同的产出品种，为此需要投入什么，如何优化配置所需要投入的资源要素，如何设计生产组织方式，如何培养、发展企业的核心竞争力，等等。

（2）生产系统的设计。生产战略确定以后，为实施战略，首先需要有一个生产运作系统，因此，接下来的问题即是系统设计问题。它包括生产与运作技术的选择、系统设施规划和设施布置等问题。

（3）生产系统运行的管理。即生产系统的日常运行决策问题，包括各种生产计划、生产控制、生产系统的分析与改进等。

二、现代生产与运作管理的特征

生产管理的特征是随着时代的发展而变化的。传统生产管理的着眼点主要在生产系统内部，即着眼于在一个开发、设计好的生产系统内，对开发、设计好的产品的生产过程进行计划、组织、指挥、协调与控制等。但是，近二三十年来，随着世界经济以及技术的发展，制造业企业所处的环境发生了显著的变化，由此引发了生产管理的特征也发生深刻的变化。这些新变化和新发展归纳起来，主要表现在以下方面。

（一）生产经营一体化

由于生产管理的成果（产品的质量、成本、交货期等）直接影响产品的市场竞争力，在市场竞争日趋激烈的今天，人们将越来越多地从其产品的市场竞争力去考察生产管理的成功和贡献，并力图通过市场信息的反馈来不断改进生产管理工作。为了使生产系统的运行更有效，适时适量地生产出能够最大限度地满足市场需求的产品，避免盲目生产，减少库存积压，在管理上要求把供、产、销更紧密地衔接起来。生产的安排，需要更多更及时地获得市场和顾客需求变化的信息。因此，可以说生产管理的范围，从以往生产系统的内部运行管理向"外"延伸了。

计算机技术和网络技术的发展，CAD、CAPP、CAM、MRP Ⅱ/ERP、OA、SCM、CRM及CIMS等在企业中的推广应用，为企业内部、供应链内部的信息继承和供、产、销、财务、人事等功能的集成提供了有力的支持，使生产管理与企业经营管理紧密地融合和相互渗透成为可能。

综上所述，企业的经营活动与生产活动，经营管理与生产管理的界限会越来越模糊，企业的生产与经营，也包括营销、财务等活动在内，相互之间的内在联系将更加紧密，并相互渗透，朝着一体化的方向发展，形成一个完整的生产与经营的有机整体。这样的生产经营系统能够更有效地配置和调度资源，灵活地去适应环境的变化，这是现代生产管理重要的发展趋势之一。

(二) 多品种生产、快速响应与灵活应变

20 世纪初，以福特为代表的大量小产方式揭开了现代化社会大生产的序幕，该生产方式创立的生产标准化原理（standardization）、作业单纯化原理（simplification）以及分工专业化原理（specialization）等奠定了现代化社会大生产的基础。但是发展到今天，一方面，在市场需求多样化面前，这种生产方式显露出缺乏柔性，不能灵活适应市场需求变化的弱点；另一方面，飞速发展的电子技术、自动化技术以及计算机技术等，从生产工艺技术以及生产管理方法两方面，都对大量生产方式向多品种、中小批量生产方式的转换提供有力的支持。因此，多品种、中小批量生产方式已成为现代社会生产方式的主流。生产方式的这种转变，使得生产管理面临着如何解决多品种、中小批量生产与降低成本之间的矛盾，从而要求生产管理从管理组织结构、管理制度到管理方法采取新的措施。日本丰田汽车公司在这方面做了有益的尝试，提出的丰田生产方式给大家提供了成功的经验。

由于市场复杂多变，快速响应和灵活应变的能力已成为当代企业生存和发展的关键。密切与市场、与顾客的联系，改革臃肿的管理机构，管理机构扁平化，以提高对市场变化的反应速度和决策速度；提高生产系统的柔性和可重构性，在发展壮大自己核心能力的同时，广泛开展社会协作和组织动态联盟，以提高企业的应变能力；这些都是现代生产管理面临的必然抉择。

(三) 人本管理与不断创新

随着知识经济时代的到来，信息和知识将成为最重要的财富和资源。在知识经济社会，创新是经济增长的主要动力。一个企业的竞争力的强弱，取决于该企业创新能力的强弱。对于生产系统也是一样，一个生产系统能否有效地运行，能否根据需求的变化、环境的变化而呈现灵活的应变能力，关键在于不断地创新，而创新能力主要依赖于人的智力。所以要想使企业的生产系统保持充沛的活力，企业要想取得和保持竞争优势，必须重视智力资源的充分开发和有效利用。现代企业强调人才的作用，重视对员工的教育和培训，通过物质鼓励和精神激励来调动广大员工的积极性和创造性，还要在组织中创造一种团结合作、拼搏进取、和谐愉快的工作氛围，形成一种良好的企业文化。

三、生产管理面临的挑战

当今企业所处的市场环境可以用两句话来概括：技术进步突飞猛进；市场需要多样而且变化迅速。进入 20 世纪 70 年代以后，以石油危机为转折点。一方面，由于能源价格飞涨，原来的市场格局发生深刻变化；另一方面，随着社会经济的发展，卖方市场逐渐转变为买方市场，消费者的行为变得更具有选择性。因此，市场需求开始朝着多样化方向发展。与此同时，自 2000 年以来，自动化技术、微电子技术、计算机技术等新技术的发展日新月异，产品的生命周期日益缩短，生产工艺和技术装备的更新速度大大加快，新的时代环境

使当代企业面临严峻挑战和一系列新的课题。

（1）由于是买方市场，顾客对产品质量、性能的要求变得更高、更苛刻。不仅要求产品物美价廉，还要求能满足顾客的个性化需求。除此，还由于技术进步快，市场需求变化大，产品的生命周期越来越短，这就要求企业不断地更新换代。这种趋势使得企业必须投入更大的力量和更多的注意力不断地进行新产品的研究与开发。

（2）市场需求的多样性使得以往那种单一品种大批量生产、靠扩大产量降低成本的生产方式逐渐无法适应今天的要求，因此要求企业转向多品种、中小批量生产。而生产方式的这种转变，要求企业的生产管理体制和管理方法必须面向多品种、中小批量生产，进行相应的变革。

（3）技术的飞跃发展为管理工具和手段的不断改进、为生产系统增强其功能和提高运作效率提供了可能。在激烈的市场竞争中，随着产品的不断更新换代和管理工具、手段的不断发展，企业的生产系统也面临不断的重新选择、重新设计与改造。

（4）以供应链管理（SCM）为代表的新理念（供应链内企业之间加强协调与合作），以及电子商务 B2B、B2C 的出现，加速了网络经济时代的到来，使生产管理的领域不能再局限在一个企业的范围之内，而需向企业外部的供应系统和分销系统伸展。

第二节　企业生产环境与生产过程组织

一、企业生产环境的特点

生产管理是对企业生产活动的计划、组织和控制。一般意义的生产管理是指针对企业生产活动的全过程进行综合性的、系统的管理，也就是以企业的生产系统作为对象的管理。企业的生产系统包括输入、转换（制造）、输出和反馈四个环节，其运行程序如图 6-1 所示。

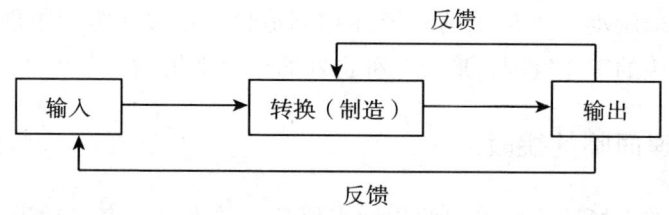

图 6-1　生产系统运行程序

生产系统的输入是指将生产诸要素以及信息投入生产过程，这是生产系统运行的第一个环节。生产系统的转换就是生产制造过程。生产系统的输出是转换的必然结果，它包括产品和信息两个方面的内容。生产系统的反馈是将输出的信息回授到输入端或生产制造过程，其目的是与输入的信息进行比较，发现差异，查明原因，采取措施，加以纠正，保证预定目标的实现。由此可见，反馈执行的是控制职能。这一环节在生产系统中起着非常重要的作用。

生产管理的发展与生产环境特点密切相关，搞好企业的生产管理必须先了解企业生产环境的特点。企业生产环境具有以下特征：

（一）以多品种小批量生产方式为主

大批量的生产方式是工业化时代的生产方式。工业化生产时代的特点是生产不能充分满足消费。由于生产不能满足需求，加足马力生产就成为工业生产的基本模式，因此生产方式以大量、大批为主。

当生产发展到一定程度，随着全球市场的饱和，特别是在信息时代的高效率生产情形下，消费的格局就必然发生变化。目前在一些发达国家甚至发展中国家的某些领域，生产能力已经出现冗余和过剩，多样的、小批量的消费模式开始取代大规模单调统一的消费模式，消费者更富有个性和选择性。消费模式的转变使得生产方式不得不转变。目前，大部分产业开始转向以多品种、小批量生产方式为主。

（二）产品和服务的双重生产

工业时代，人们认为生产型企业提供的是产品，服务只是产品的延伸，企业为顾客提供良好的服务目的也仅仅是为了其产品的出售；服务业才能专门提供服务。现在，企业正在从单纯的产品生产转向产品和服务的双重生产。

（三）知识化产品的生产

在工业生产时代主要是机器化生产。机器化生产特征是提供了更高的生产效率、更强大的生产能力，以耗用大量能源为特征，其中包含的技术和知识较少，许多工业产品也可以用半机械化甚至手工方式生产。例如我国的第一辆红旗轿车的车身是用手工敲出来的，而不是用模具冲压出来的。

在转向知识化生产后，产品中凝结的不仅有更高的效率，更重要的是凝结了大量的知识和技术。例如，计算机的核心部件 CPU，其中复合了成百万、上千万的晶体管。同样，现代机械产品（如汽车）、现代化工产品（如药品）等也包含有大量的技术和知识。

决定企业产品竞争力的不仅是价格，更多的是产品中包含的技术和知识的效果。例如可口可乐卖的就是其独特配方的口感效果。产品中包含的特有知识越多，产品的竞争力就越强。

生产管理的一项重要任务，就是要从种类繁多的不同行业中，分析研究其生产过程组织的特点，探索它们的规律性，把所有行业按照其生产的特点与共同点归纳为几种生产的类型，以便根据不同的生产类型采取相应的生产组织形式，这样便有利于合理组织生产和提高生产管理的效率。

二、生产和生产过程

(一) 生产的概念和分类

生产类型就是指以生产专业化程度为标志划分的生产类别。

划分生产类型的意义是要从品种繁多的工业企业中找出其生产组织上的共同特点。不同行业有其不同的特点，从生产过程组织的角度来看，有时同行业之间存在的生产过程组织的差别反而大于不同行业之间的差别，而不同行业之间的生产过程组织倒存在着共同的特点。这些特点表现在设备与工艺、生产规模、专业化程度、产品的结构等的组织上。生产管理的一项重要任务，就是要从种类繁多的不同行业中，分析研究其生产过程组织的特点，探索它们的规律性，把所有行业按照其生产的特点与共同点归纳为几种生产的类型，以便根据不同的生产类型采取相应的生产组织形式，这样有利于合理组织生产和提高生产管理的效率。

按照不同的分类标志，生产类型有许多不同的分类方法。

1. 按产品的通用性分类，分为生产通用产品生产类型和生产专用产品生产类型

生产通用产品生产类型，由于生产的是通用产品，产品的适用面广，所以是根据预测安排生产的。由于预测与实际需求之间不可避免存在一些差异，因此就需要设立库存作为缓冲。当生产量大于实际需求时，多余的部分作为库存暂时储存起来，而当生产量小于实际需求时，则用库存来弥补需求的不足部分。因此，生产通用产品的生产类型又称作备货生产的生产类型。对这类生产类型来说，如何确定恰当的库存水平，建立合理的库存控制模型，是这一生产类型管理的重点。

生产专用产品生产类型，是根据用户的订单来安排生产的。因此，该生产类型又称作订货生产类型。在企业接到用户订单后，就根据用户的需求进行产品设计、工艺设计、工时设计、工时定额制定、采购、生产直至发货。其中，要经历产品开发到生产的全过程，因此，产品的生产周期很长。但是，现在的用户往往要求快速发货，若企业不能满足很可能流失用户。所以，对于生产专用产品的生产类型，如何缩短产品生产周期，尤其是缩短生产技术准备的时间，是这一类生产类型研究的一个大课题。生产专用产品生产类型由于根据订单要求的品种和时间进行生产，因此生产的品种多，生产过程的稳定性和重复性差，生产系统的负荷变动大，生产过程的比例性很难实现，生产过程经常出现瓶颈，而且瓶颈的部位经常变化。

2. 按产品加工工艺特性分类，分为加工—装配型生产类型和流程式连续加工生产类型

所谓加工—装配型生产类型是指产品在结构上是可拆分的，产品是由零部件或元件组成的。因此，产品在加工时零部件先分别加工，然后再总装成产品。由于产品加工工艺的这一特性，产生了零部件加工时的平行型特征以及组织生产过程的连续性问题（时间衔接）。只要有一个产品对其组成的零部件有不同的数量要求，就会对生产过程提出了数量配套的要求。因此，加工—装配型的产生类型，其生产过程的组织比较复杂，既要求数量配套，又要求时间衔接。当企业生产的品种增多而且经常变化时，这一难度就更加提高。

流程式连续加工生产类型的工艺流程特点是：原材料从一端投入就顺序地经过各个工作地，直至产品产出。其工艺过程是不可停顿的，产品在物理结构上也是不可分的，如冶炼、造纸、化工行业均属于这种类型。由于流程式的工艺流程是不可停顿的，因此不存在像加工—装配型生产类型的平行加工问题、数量配套、时间衔接等问题。这类生产类型管理的主要问题是原材料连续不断地投入以及设备管理等问题。只有原材料能连续不断投入，设备不出故障，并保持良好的运行状态，整个流水线才能正常运转。

3. 按生产的稳定性与重复性分类，分为单件生产、成批生产和大量生产

单件生产是指生产的产品品种繁多，每一品种生产的数量很少，其稳定性和重复性很低，生产的品种往往不重复制造的生产类型。单件生产不采用专用设备及工艺装备，对工人的技术要求更高，生产管理人员需有丰富的工艺知识，否则难以编制详细的作业计划。

成批生产是指产品品种较多，各种产品的数量不等，生产条件一般较为稳定，各个工作地都担负较多的工序，各种产品成批、轮番地进行生产的生产类型。工作地是指工人工作的场地，通常配备一名或几名工人，占有一定的面积，拥有机器设备和工作器具及劳动对象等。成批生产轮换品种时，需对设备、工艺装备进行调整，以适应不同零件的加工要求；工人需要有较高的技术水平和生产技能；其生产计划的编制比较复杂。当品种比较稳定时，可科学地确定各种零件的投入批次、批量，严密地组织品种转换，以提高经济效益。

大量生产是指产品品种少，同种产品的产量大，生产条件稳定，各个工作地都是固定地完成一道或几道工序，工作地专业化程度高的生产类型。在大量生产条件下，可以采用高效率的专业机器设备和工艺设备；工人操作简易，可实现工序作业标准化，工人技术熟练；工序划分较细，生产过程的连续性高，便于组织流水生产和自动化生产；劳动定额的制定和计划的编制易于做到准确，生产效率高。

（二）生产过程的概念和内容

生产过程是指从准备生产一种产品开始一直到这种产品生产出来为止的全部过程，它是工业企业生产活动的最基本过程。具体包括以下内容。

1. 劳动过程

劳动过程就是劳动者利用劳动资料（厂房、设备、工具、模具等）按照一定的步骤与方法，直接或间接作用于劳动对象，改变其形状、结构、性质或位置的过程。

2. 自然过程

自然过程是指在某些情况下，产品生产的进行还需要借助自然力的作用才能完成的过程，例如，锻件的自然冷却过程、油漆的自然干燥过程、食品的自然发酵过程等。

3. 生产技术准备过程

生产技术准备过程是指企业为了制造新产品或改进老产品而进行的生产前的一系列准备工作过程。主要包括产品设计、工艺设计、工艺装备设计与制造、试制与鉴定、材料与工时定额的制定、劳动组织的调整等工作生产技术准备过程，对机械工业、汽车制造工业、无线电工业等比较重要，而对冶金、化工等工业不是十分重要，一般来讲，它们可能另有"附属生产"和"副业生产"的过程。

4. 基本生产过程

基本生产过程是指直接对劳动对象进行加工而制成产品的过程，即产品的加工过程。例如，纺织企业的纺纱、织布、印染，钢铁企业的炼铁、炼钢、轧钢等工作。

基本生产过程又可以进一步细分，其结构是基本生产过程—工艺阶段—工种—工序。其中工序是这一结构中的基本单元。所谓工序，是指在一个工作地上由一个或几个工人对一定的劳动对象进行连续加工的那一部分生产活动。

产品生产过程的全部工序按作用的不同通常可以分为工艺工序、检验工序和运输工序三类。这里工艺工序是指使劳动对象发生物理、化学或几何形状变化的工序；检验工序是指对原材料、半成品和成品的质量进行检验的工序；运输工序是指在工艺工序之间或工艺工序与检验工序之间运送劳动对象的过程。工序的划分主要取决于劳动对象的技术要求、加工方法、加工精度和所采用的机器设备，一般不能随意划分，但可做些微调。

5. 辅助生产过程

辅助生产过程是指为了保证基本生产过程正常进行所从事的各种辅助生产活动过程。例如，企业所需的动力生产和供应，模具、夹具等的制造，设备的维修等。

6. 生产服务过程

生产服务过程是指为了保证基本生产过程和辅助生产过程正常进行所从事的各种生产服务活动的过程。如原材料、半成品和工具的供应、保管和运输、试验和检验等过程，都属于生产服务过程。

生产过程是企业投入产出转化的主体部分，是企业维持生存和发展的基础。生产过程是否合理，对企业生产经营的效率、效益都有巨大的影响。因此，必须对企业生产过程进行合理的组织。生产过程组织，就是要以最理想的方式将各种生产要素结合起来，对生产的各个阶段、环节、工序进行合理的安排，使其形成一个协调的系统。这个系统的目标是使产品在生产过程中的行程最短、时间最省、耗费最小，并能按市场需要生产出适销对路的产品。

（三）生产过程合理性的原则

生产管理的对象是生产过程，组织好生产过程能使企业有效地利用生产资源，根据市场需求快速反应，以合理的消耗水平为社会提供优质产品，并取得最佳经济效益。合理组织生产过程的目的就是要使产品在生产过程中，行程短、时间少、耗费小、效益高。

如何衡量一个企业的生产过程组织得合理与否？根据生产系统的目标会有不同的判断

标准。一般来说，主要有以下五个原则。

1. 生产过程的连续性

生产过程的连续性是指产品在生产过程的各工艺阶段、各工序之间的流动，在时间上是紧密衔接、连续不断的。也就是说，产品在生产过程中始终处于运动状态，不是在进行加工、装配、检验，就是处在运输或自然过程中，没有或很少有不必要的停顿和等待时间。生产过程的连续性是获得良好的技术经济效益的重要条件，因为它可以缩短生产周期，减少流动自己的占用量，提高设备和时间的利用率，同时，它还是生产过程均衡性的前提。为此，企业应尽力保持生产过程的连续性。为了保持企业生产过程的连续性，企业要按照工艺流程的要求，搞好厂区布置；多采用先进的技术，提高生产过程的机械化、自动化水平；科学合理地编制生产计划和生产作业计划；加强生产准备和生产服务等工作。

2. 生产过程的平行性

生产过程的平行性是指加工对象在生产过程的各工艺阶段和各工序上的生产应平行交叉地进行。生产过程的平行性好，说明在相同时间内完成的生产过程多，组织生产过程合理。故它对缩短生产周期、减少在制品的数量、合理利用生产场地有重要作用。

3. 生产过程的比例性

生产过程的比例性也可称为协调性，是指生产过程的各个工艺阶段之间、各工序之间在生产能力上要保持合理的比例关系。即各个生产环节的工人数、机器设备、生产面积的生产能力，都必须互相协调和适应。保持生产过程的比例性，可以充分利用企业的生产能力，消除瓶颈环节，保证生产过程的连续性，提高生产效率。为了保持生产过程的比例性，企业在新建投产时，就要根据企业的产品方向、生产规模和生产工艺，正确规定生产过程各个环节的生产能力，合理配备生产设备和生产工人，并且还要加强生产过程的日常管理工作，确保整个生产过程的比例性。需要指出的是，企业生产过程的比例性是相对的、动态的，随着生产的变化和工艺技术的发展，原有的比例关系也会改变。

4. 生产过程的均衡性

生产过程的均衡性也可称为节奏性，是指企业在规定的一段时间间隔内（如月、旬、周、日），完成大致相等或稳定递增的产量或工作量，使生产过程不至于出现时松时紧和经常性的突击赶工现象，保证均衡地、有节奏地完成生产任务。均衡地进行生产，能够充分利用企业的人力、物力等生产能力，防止突击赶工，缩短生产周期，降低生产成本，提高经济效益。为了保证生产过程的均衡性，企业在生产设计、工艺、物资、动力、运输、库存等业务过程中，应按照生产过程的节奏要求，做好管理工作。企业应加强计划管理，搞好生产技术准备工作，切实组织好原材料、工具、外协件的供应工作。

5. 生产过程的柔性

现在企业生产组织必须能较好地适应市场需求的多变性，企业必须能在较短时间内，以最少的资源消耗，从一种产品的生产转化为另一种产品的生产。所谓"柔性"，就必须在企业的整个生产过程中自始至终贯彻柔性原则，也就是说，生产设备的加工能力、制造工艺、生产计划、生产作业计划以及生产和管理人员等都具有柔性，以达到在多品种、小批量生产条件下，企业生产的产品更新快的目标，确保企业的经济效益。

（四）生产类型和生产组织的关系

决定了生产的类型就可决定如何组织生产过程，因为不同过程的组织方法就是以不同的生产类型来确定的，只要生产的类型相同，就可采用同样的组织方式（见表6-1）。

表6-1 生产类型和生产组织关系

比较项目和技术经济指标	大量大批生产	中批生产	单件小批生产
产品特点	品种单一	品种较多	品种很多，型号规格很杂
工作地担负的工序数目	很少，一般为1~2道工序	较多，一般为11~20道工序	很多，一般为21~40道以上工序
生产设备	多用高效专用设备	部分专用设备及通用设备	大多采用通用设备
生产设备的布置	按对象原则排列，组成不变流水线或自动线	既按对象原则又按工艺原则排列，组成可变流水线或生产线	按工艺原则排列，一般不能组成流水生产线
技术工作的精确程序	产品"三化"程度高，零件互换性强，工艺规程可按工序细分制定	产品"三化"程度较低，零件在一定范围内互换，工艺规程较粗	产品"三化"程度低，零件互换性差，工艺规程简略
工艺装备	采用高效专用的工艺装备	专用和通用的工艺装备并存	主要采用通用工艺装备
工艺装备参数	大	较大	小
工人的技术水平	高级的调整工 低级的操作工	较高	高
劳动生产率	高	较高	低
产品生产周期	短	较长	最长
计划管理工作	比较简单	比较复杂	复杂多变
设备利用率	高	较高	低
产品成本	低	中	高
管理重点	日常管理	计划协调	准备阶段与计划衔接
设备投资	大	较大	小

续表

比较项目和 技术经济指标	大量大批生产	中批生产	单件小批生产
产品库存	多	较多	少
适应性	差	较强	强
风险性	一般大	较小	一般小
经济效果	最好	较好	最差

在大量生产条件下，可以广泛地采用高效率的自动化和半自动化设备、专用设备和专用工艺设备；可以广泛地组织流水线和自动化生产线；可以大大地缩短生产流程和生产周期。从而可以提高生产效率，降低产品的成本。

在成批生产条件下，产品品种尚少，市场尚较稳定，只能部分采用自动化设备或专用设备，不能广泛组织生产线，轮番生产时需要调整准备时间，因此其生产效率不及大量生产，经济效益也是如此。

在单件小批生产条件下，只能采用通用设备和标准工艺设备；市场的机械化、自动化水平低，手工操作比重大，加工的劳动量最大；设备按工艺机群排列，无专设的生产线，因此生产流程迂回过长；产品的品种多、批量小，调换品种频繁，调整准备时间和中断时间较长。因此生产效率低，经济效益也最差。

大量生产的经济效益固然最高，但这并不意味着在任何条件下都适宜采用。首先，大量生产的投资高，需要配备大量的专用设备、专用设施和专用的工艺设备等。其次，专用生产线的适应性差，产品的品种一有变动，原有的生产线由于一切的设施都属于专用的性质，无法再适用。因此只有在生产稳定的条件下，大量生产的优点方能充分发挥出来。

因此生产运营管理的一个重要目标便是在加大产品的数量上采取措施，以便能采用效益较高的生产类型来组织生产；但随着科学技术的进步和市场需求的发展，市场所需产品总的趋势是多品种、小批量、变化多、生命周期短。所以，克服这两者的矛盾已成为生产过程组织工作的一项重要任务。

三、生产过程组织的基本内容

生产过程的组织包括互相联系的两项内容：生产过程的空间组织和生产过程的时间组织。

（一）生产过程的空间组织

生产过程的空间组织是指在一定的空间内，合理地设置企业内部各基本生产单位（车间、工段、班组），使生产活动能高效地顺利进行。这里主要从生产车间的设备布置角度加以说明。生产过程的空间组织有工艺专业化形式和对象专业化形式两种典型的形式。

工艺专业化又称为工艺原则，就是按照生产过程中各个工艺阶段的工艺特点来设置生产单位。在工艺专业化的生产单位内，集中着同种类型的生产设备和同工种的工人，完成各种产品的同一工艺阶段的生产，即加工对象是多样的，但工艺方法是同类的，每一生产单位只完成产品生产过程中的部分工艺阶段和部分工序的加工任务，产品的制造完成需要各单位的协同努力。如机械制造业中的铸造车间、机加工车间、热处理车间及车间中的车工段、铣工段等，都是工艺专业化生产单位。

工艺专门化组织形式的优点是：适应性强，可以适应企业中不同产品的加工要求；便于充分利用设备和生产面积；利于加强专业管理和进行专业技术指导；个别设备出现故障或进行维修，对整个产品的生产制造影响小。它的缺点是：产品加工过程中运输路线长，运输数量大，停放、等待的时间多，生产周期长；增加了在制品数量和资金占用；生产单位间的协作负责，生产作业计划管理、在制品管理、成套性进度管理等诸项管理工作量大。工艺专业化形式适用于企业产品品种多、变化大、产品制造工艺不确定的单件小批生产类型的企业。它一般表现为按订货要求组织生产，特别适用于新产品的开发试制。

对象专业化又称为对象原则，就是按照产品（或零件、部件）的不同来设置生产单位，即根据生产的产品来确定车间的专业分工，每个车间完成其所负担的加工对象的全部工艺过程，工艺过程是封闭的。在对象专业化生产单位（如汽车制造厂中的发动机车间、底盘车间、机床厂中的齿轮车间等）里，集中了不同类型的机器设备、不同工种的工人，对同类产品进行不同的工艺加工，能独立完成一种或几种产品（零件、部件）的全部或部分的工艺过程，而不用跨越其他的生产单位。

对象专业化形式的优点是：生产比较集中，生产周期短，运输路线短，周转量小；计划管理、库存管理相对简单；在制品占用量少、资金周转快，协作关系少；有利于强化质量责任和成本责任，便于采取流水生产等先进生产组织形式，提高生产效率。它的缺点是：对市场需求变化适应性差，一旦因生产的产品市场不再需求而进行设备更换，则调整代价大；设备投资大（由于同类设备的分散使用，会出现个别设备负荷不足，生产能力不能充分利用）；不利于开展专业化技术管理。对象专业化形式适用于企业的专业方向已定，产品品种稳定、工艺稳定的大量大批生产，如家电、汽车、石油化工品生产等。

在实践生产中，上述两种专业化形式往往是结合起来应用的。根据它们所占比重的不同，专业化形式又可分为在对象专业化形式基础上局部采用工艺专业化形式，在工艺专业化形式基础上局部采用对象专业化形式。

(二) 生产过程的时间组织

合理组织生产过程，不仅要求生产单位在空间上密切配合，而且要求劳动对象和机器设备在时间上紧密衔接，以实现有节奏的连续生产，达到以提高劳动生产效率和设备利用率、减少资金占用、缩短生产周期的目的。生产过程在时间上的衔接程度，主要表现在劳动对象在生产过程中的移动方式。劳动对象的移动方式，与一次投入生产的劳动对象数量有关。以加工零件为例，当一次投产的零件只有一个时，零件只能顺序地经过各道工序，而不可能同时在不同的工序上进行加工。如果当一次投产的零件有两个或两个以上时，工序间就有不同的移动方式。一批零件在工序间存在着三种移动方式，即顺序移动、平行移动、平行顺序移动。

顺序移动方式指一批零件在前一道工序全部加工完毕后，整批转移到下一道工序进行加工的移动方式。其特点是：一道工序在工作，其他工序都在等待。顺序移动方式的优点是：一批零部件连续加工，集中运输，有利于减少设备调整的时间，也便于组织和控制。其缺点是：零件等待加工和等待运输的时间长，生产周期长，流动资金周转慢。

平行移动方式指一批零件中的每个零件在每道工序完毕以后，立即转移到后道工序加工的移动方式。其特点是：一批零件同时在不同工序上平行进行加工，因而缩短了生产周期。采用这种移动方式，不会出现制件等待运输的现象，所以整批制件加工时间最短，但由于前后工序时间不等，当后道工序时间小于前道工序时间时，后道工序在每个零件加工完毕后，都有部分间歇时间。

平行顺序移动方式吸收了上述两种移动方式的优点，避开了其短处，但组织和计划工作比较复杂。其特点是：当一批零件在前道工序上尚未全部加工完毕，就将已加工的部分零件转到下道工序进行加工，并使下道工序能够连续地、全部地加工完该批零件。为了达到这一要求，要按下面规则运送零件：当前一道工序时间少于后道工序的时间时，前道工序完成后的零件立即转送下道工序；当前道工序时间多于后道工序时间时，则要等待前一道工序完成的零件数足以保证后道工序连续加工时，才将完工的零件转送后道工序。这样就可将人力及设备的零散时间集中使用。

在选择移动方式时，应结合具体情况来考虑，灵活运用。一般对批量小或重量轻而且加工时间短的零件，宜采用顺序移动方式，反之宜采用另外两种移动方式；按对象专业化形式设置的生产单位，宜采用平行顺序移动方式或平行移动方式；按工艺专业化形式设置的生产单位，宜采用顺序移动方式；对生产中的缺件、急件，则可采用平行或平行顺序移动方式。

四、生产过程的组织形式

生产过程组织的特点就是要使整个过程的各个阶段都能互相衔接、协调配合，保证人力、物力、空间得到最充分合理的利用，从生产中取得最优的效果。

生产过程组织与企业的结构组织不同。企业的结构组织具有纵向的组织系统，能使任务从上至下，由厂长通过车间、工段、小组直至个人，指挥方便，路线明确。而生产过程组织是要把不同的职能部门和车间分别负责的不同生产阶段组织起来，建立科室与科室、车间与车间之间的横向关系。而这种横向组织的好坏对生产管理的效率起着十分重要的作用。

研究分析生产过程组织的基本目的，在于寻求高效、低耗的生产组织形式，将生产过程的空间组织与时间组织有机地结合起来。企业必须根据其生产目的和条件，采用适合自己生产特点的生产组织形式。

（一）流水线和自动化流水线

流水线（又称为流水作业）是指劳动对象按照一定的工艺过程，顺序地、一件接一件地通过各个工作地，并按照统一的生产速度和路线，完成工序作业的生产过程组织形式。它将对象专业化的空间组织方式和平行移动的时间组织方式高度结合，是一种先进的生产组织形式。

1. 流水线的特点

流水线具有如下特点：

（1）专业性。流水线上各个工作地的专业化程度很高，即流水线上固定地生产一种或几种制品，固定地完成一道或几道工序。

（2）连续性。流水线上的制品在各工序之间采用平行或平行顺序移动，消除或最大限度地减少制品的延误时间。

（3）节奏性。流水线生产都必须按统一节拍或节奏进行。所谓节拍，是指流水线上连续出产两件制品的时间间隔。

（4）封闭性。生产工艺过程是封闭式的，各工作地按照制品的加工顺序排列，制品在系统内部作单向顺序移动，完成工艺过程的全部或大部分加工。

（5）比例性。流水线上各工序之间的生产能力要相对控制，力求平衡，尽量保证生产过程的比例性和平行性。

2. 流水线的种类

流水线的形式和种类繁多，若按流水线机械化程度来划分，可分为自动化流水线、机械化流水线和手工流水线。目前出现最多的是机械化流水线。自动化流水线是流水线生产的高级形式，其生产连续性强，繁重的手工劳动和有害条件下的手工劳动完全由自动设备和机器人取代，产品在流水线上自动地进行加工、检测、装卸和运输，生产效率大大提高。一个企业若要建流水线，应进行充分的可行性分析和论证。

3. 建设流水线的条件

建设流水线一般应具有以下条件：

（1）市场需求大，产品品种稳定且量大，以保证流水线的正常负荷。

（2）产品的结构、加工工艺、性能等应比较先进。

（3）产品的加工过程能够细分成单个的工序，以便组织生产。

（4）企业自身条件，如资金、生产面积、技术力量能达到要求。

（5）产品的检疫工作能够在流水线上进行或通过工艺设备保证。

（二）成组技术与成组加工单元

随着社会经济的发展，社会的需求出现了多品种、多变化的趋势。为提高多品种小批量生产的效率，出现了成组技术（GT），使多品种、小批量生产获得大量流水线生产的高效率和低成本效果。

成组技术是一种以零部件的相似性（主要指零件的材质结构、工艺等方面）和零件类型分布的稳定性、规律性为基础，对其进行分类、归并成组并进行编码制作，以提高加工的批量，获得较好的经济效益的技术。在应用成组技术中，人们发明了一具多用的成组夹具，一组成组夹具一般可用于几种甚至几十种零件的加工。成组技术根本改变了传统的生产组织方法，它不以单一产品为生产对象，而是以"零件组"为对象编制成组工艺过程和成组作业计划。

成组加工单元，就是使用成组技术，以"组"为对象，按照对象专业化布局方式，在一个生产单元内配备不同类型的加工设备，完成一组或几组零件的全部工艺的生产组织。采用成组加工单元，加工顺序可在组内灵活安排，多品种、小批量生产可获得接近于大量流水生产的效率和效益。目前，成组技术主要应用于机械制造、电子、兵器等领域。它还可应用于具有相似性的众多领域，如产品设计和制造、生产管理等。

（三）柔性生产单元

柔性制造单元，即以数控机床或数控加工中心为主体，依靠有效的成组作业计划，利用机器人和自动运输小车实现工件和刀具的传递、装卸及加工过程的全部自动化和一体化的生产组织。它是成组加工系统实现加工合理化的最高级形式。它具有机床利用率高、加工制造与研制周期缩短、在制品及零件库存量低的优点。柔性制造单元与自动化立体仓库、自动装卸站、自动牵引车等结合，由中央计算机控制进行自动加工，就形成柔性制造系统。柔性制造系统与计算机辅助设计等功能的结合，则成为计算机一体化制造系统。

总之，上述技术的出现改变了单件小批生产的生产过程组织形式和物流方式，使之获得了接近于大量流水生产的技术经济效益，符合市场需求多样化、小批量和定制方向的趋势，代表了现代制造技术的发展方向。

第三节 质量管理

一、现代企业质量与质量管理

（一）质量的概念

1. 质量

质量是指产品或服务满足规定或潜在需要的特征和特性的总和。在 GB/T 19000—2016《质量管理体系 基础和术语》中，质量被定义为"产品和服务被预期的功能和性能，及顾客对其价值和受益的感知"。这组特性既包括产品内在的特性，也包括产品外在的特性，具体有性能、可靠性、特征、符合性、美观性、可服务性、持久性和感知质量。一个关注质量的组织倡导一种通过满足顾客和其他相关方的需求和期望来实现其价值的文化，这种文化将反映在其行为、态度、活动和过程中。

2. 产品质量

产品质量是指产品适合一定的用途，满足人们需要所具备的特征和特性的总和。它既包括产品的内在特性，如产品的结构、物理性能、化学成分、可靠性、精度、纯度等；也包括产品的外在特性，如形状、外观、色泽、音响、气味、包装等；还有经济特性，如成本、价格、使用维修费等；以及其他方面的特性，如交货期、污染公害等。产品的不同特性，区别了各种产品的不同用途，满足了人们的不同需要。可以把各种产品的不同特性概括为：适用性、可靠性、安全性、寿命和经济性等。

3. 服务质量

服务质量是指服务满足规定或潜在需要的特征和特性的总和。国际标准列举的服务质量特性实例包括：设施、容量、人员的数量和储存量；等待时间、提供时间和过程的各项时间；卫生、安全、可靠性和保密性；反应、方便、礼貌、舒适、环境美、能力、耐用性、准确性、完整性、技艺水平、可信性和沟通联络等。

4. 工作质量

工作质量是指与产品质量有关的工作对于产品质量的保证程度。工作质量涉及企业所有部门和人员，也就是说企业中每个科室、车间、班组，每个工作岗位都直接或间接地影响着产品质量，其中领导者的素质最为重要，起着决定性的作用，当然，广大职工素质的普遍提高是提高工作质量的基础。工作质量是提高产品质量的基础和保证。为保证产品质量，必须首先抓好与产品质量有关的各项工作。

5. 过程质量

ISO 9000将过程定义为"将输入转化为输出的一组彼此相关的资源和活动"。过程质量也叫工序质量，是指操作者、设备、材料、方法、检测条件及作业环境等因素，在产品加工制造过程中，综合保证产品质量的程度。影响过程质量的主要因素有人员、设备、材料、方法、检测和环境等。

（二）现代企业质量管理

现代企业质量管理主要包括两方面的内容，即质量保证和质量控制。

1. 质量管理

GB/T 19000—2016《质量管理体系　基础和术语》中，质量管理的定义是："质量方面指挥和控制组织的协调活动。"它主要包括确定质量方针、目标和职责，并在质量体系中通过诸如质量策划、质量控制、质量保证和质量改进等方式，使其实施全部管理职能的所有活动。质量管理是组织以满足不断更新的质量要求为中心，积极地开展策划、组织、实施、检查、监督和改进等。因此，能否有效地实施质量管理，关系到组织的兴衰。

2. 质量控制

GB/T 19000—2016《质量管理体系 基础和术语》中，质量控制的定义是："质量管理的一部分，致力于满足质量要求。"它通过采取一系列作业技术和活动，对质量形成的各个过程实施控制，排除会使质量受到损害而不能满足质量要求的各项因素，以减少经济损失，取得经济效益。

质量控制应贯穿在产品质量形成的全过程的各个环节。每一个环节都有输入、转换和输出三个环节。只有通过对每一过程的三个环节实施有效控制，对产品质量有影响的各个过程才能处于受控状态，产品的质量才能得到保障。

3. 质量保证

GB/T 19000—2016《质量管理体系 基础和术语》中，质量保证的定义是："质量管理的一部分，致力于提供质量要求会得到满足的信任。"

质量保证的核心是向人们提供足够的信任，使顾客和其他相关方确信组织的产品、过程与体系达到规定的质量要求。质量保证以保证质量为基础，进一步引申到向内外顾客提供"信任"。其主要工作是促使质量控制完善，以便准备好客观证据，提供满足质量要求的"信任"。质量保证根据目的的不同，可分为内部质量保证和外部质量保证。内部质量保证是向组织的最高管理者提供信任，使组织的最高管理者确信组织的产品、过程或体系能满足质量要求。外部质量保证是在合同或其他外部条件下，向顾客或第三方提供信任，使其确信本组织已建立了完善的质量管理体系。

（三）现代企业质量管理的原则

为了更有效地指导组织实施质量标准，帮助组织实现预期的质量方针和质量目标，必须为管理者提供一套行之有效的质量管理理论和基本准则。ISO/TC 176 于 1995 年成立了工作组 WG15，并于 1997 年在哥本哈根 ISO/TC 176 年会上通过了质量管理的理论基础，指导了 2000 版 ISO 9000 族标准的制定。

ISO 9000：2000 标准推出的质量管理八项原则，是针对质量管理的需求，依据现代管理科学的不断演变和发展，并通过实践总结和提炼出来的，不仅适用于质量管理，而且其内涵同样也适用于环境管理、职业健康安全管理等其他的管理体系，是企业管理的普遍原则，也是组织建立质量、环境以及职业健康安全管理体系的理论基础。

质量管理的八项原则包括：以顾客为关注焦点、领导作用、全员参与、过程方法、管理的系统方法、持续改进、基于事实的决策方法、与供方互利的关系。总结来看，八项质量管理原则就是四个对象（顾客、领导、全员、供方）、三种方法（过程方法、管理的系统方法、基于事实的决策方法）和一个目标（持续改进）。

ISO 9000：2015 标准将质量管理的八项原则进行梳理，进一步提炼为七项原则，分别为：以顾客为中心、领导作用、全员参与、过程方法、改进、循证决策、关系管理。即将 ISO 9000：2000 中的过程方法和管理的系统方法合并为 ISO 9000：2015 中的过程方法；将 2000 版中的持续改进改为 2015 版的改进；2000 版中与供方互利的关系扩展为 2015 版中的关系管理。

1. 以顾客为关注焦点

"组织依存其顾客。因此,组织应理解顾客当前和未来的需求,满足顾客要求并争取超越顾客期望。①"一个组织在经营上取得成功的关键是把顾客的要求放在第一位,用生产的产品和提供的服务持续地满足顾客的需求和期望,得到顾客的满意和信赖。因此,顾客是每个组织存在的基础,组织应明确顾客是谁,要调查顾客的需求是什么,要研究怎样满足顾客的需求。特别是,要准确地了解和掌握顾客一般的和特定的要求,包括顾客当前和未来的期望和需求。这样才能及时、准确、完整地将顾客的全部要求转化为产品规范。只有满足顾客的需求和期望,组织才能更快地发展自己。

2. 领导作用

"领导者确立组织统一的宗旨及方向。他们应当创造并保持使员工充分参与实现组织目标的内部环境。"②组织最高管理者的高度重视和强有力的领导是组织质量管理取得成功的关键。组织的最高管理者要想指挥、控制好一个组织,必须做好确定方向、策划未来、激励员工、协调活动和营造一个良好的内部环境等工作。最高管理者的领导作用、承诺和积极参与,对建立并保持一个有效的质量管理体系,并使所有相关方获益是必不可少的。

3. 全员参与

"各级人员是组织之本。只有他们的充分参与,才能使他们的才干为组织带来收益。③"组织的质量管理是组织内部各级各类人员参与的各项质量活动。全体员工是每个组织的基础。所以要对员工进行质量意识、职业道德教育和以顾客为关注焦点的意识和敬业精神的教育,还要激发他们的积极性和责任感。此外,员工还应具备足够的知识、技能和经验,才能胜任工作,实现充分参与。

4. 过程方法

"将活动和相关的资源作为过程进行管理,可以更高效地得到期望的结果。④"任何利用资源并通过管理,将输入转化为输出的活动,均可视为过程。系统地识别和管理组织所应用的过程,特别是这些过程之间的相互作用,就是"过程方法"。在开展质量管理各项活动中,过程包含一个或多个将输入转化为输出的活动,通常一个过程的输出直接成为下一个过程的输入,有时多个过程之间还形成过程网络,组织应采用过程方法对活动和相关资源实施控制,确保每个过程的质量,并高效率地达到预期的效果。通过过程方法组织可获得持续改进的动态循环,并使总体业绩得到显著的提高。

5. 改进

"持续改进整体业绩应当是组织的一个永恒目标。⑤"持续改进是"增强满足要求的能力的循环活动"。为了改进组织的整体业绩,组织应不断改进其产品质量,提高质量管理体系及过程的有效性和效率,以满足顾客和其他相关方日益增长和不断变化的需要与期望。

---

①②③④⑤ GB/T 19001—2016,质量管理体系 要求[S].北京:中国国家标准化管理委员会,2016.

只有坚持持续改进，组织才能不断进步。最高管理者要对持续改进做出承诺，积极推动，全体员工也要积极参与持续改进的活动。持续改进是永无止境的，因此持续改进应成为每一个组织永恒的追求。

6. 循证决策

"基于数据和信息的分析和评价的决策更有可能产生期望的结果。①"决策是一个复杂的过程，并且总是包含一些不确定因素。它经常涉及多种类型和来源的输入及其解释，而这些解释可能是主观的。重要的是理解因果关系和潜在的非预期后果。对事实、证据和数据的分析可导致决策更加客观，因而更有信心。

7. 关系管理

"为了持续成功，组织需要管理与供方等相关方的关系。②"供方是向组织提供产品的个人和组织。供方的产品将对组织向顾客提供的产品产生重要的影响，因此，供方是组织重要的相关方，也是组织生存和发展的外在条件。随着国际经济一体化的发展，社会专业化分工越来越明显，供应链日趋复杂。加强协作，建立稳定的、互利的协作关系，会更好地促进组织对市场的快速反应能力。其他相关方与组织也是相互依存、相互合作、相互沟通、互惠互利、共享信息的关系。因此，相关方直接影响组织的绩效，对供方及合作伙伴的关系网的管理非常重要，应最大限度地发挥相关方在组织绩效方面的作用。

（四）现代企业质量管理发展的阶段

质量管理的发展同科学技术的发展以及管理科学化、管理现代化的发展是密不可分的，从工业发达国家解决产品质量所使用的技术和发展变化来看，大体经历了四个阶段。

1. 质量检验阶段（QC）

19 世纪末，美国工程师泰勒根据 18 世纪以来大工业生产的管理与实践提倡"科学管理"，创立了泰勒制度，以生产时间和数量为标准，主张计划和执行必须分开，因而需要"专职检验"这一环节。与此同时，随着资本主义大公司的发展以及生产规模的扩大，对零件生产的互换性和标准化的要求越来越高，专职检验人员和部门就是在这种情况下产生的，专职检验以及在此以前的工人检验、工长检验都是先生产后检验，成品抽查都是事后检验，挑出不合格品，起事后把关的作用。我国的质量管理专家称此阶段为"死后验尸"，本阶段的作用是剔除不合格品，此阶段无任何预防作用。但事后检验防止了不合格品流向社会，故此方法今天仍在使用。

2. 统计的质量管理阶段（SPC）

1924 年美国贝尔研究所休哈特运用数理统计的原理，提出了控制生产过程中的产品质量，即后来发展完善的"质量控制图"和"预防缺陷"的理论。1931 年，休哈特将自己陆续发表的一些论文和所设计的质量管理方案以及质量控制图等汇集起来，出版了《工业产品质量的经济控制》专著，把数理统计方法引入了质量管理，但是由于 19 世纪 30 年代资本主

---

①② GB/T 19001—2016，质量管理体系 要求［S］. 北京：中国国家标准化管理委员会，2016.

义经济危机频起,统计管理没有发挥应有的作用。直到第二次世界大战初期,当时军需品生产面临严重的问题:由于事先无法控制不合格品而不能满足交货期的要求;由于军需品大多数属于破坏性检验,事后全检是不可能也不许可的,美国国防部为了解决这一难题,特邀请休哈特·道奇、罗末格、华尔特以及美国材料与试验协会、美国标准协会、美国机械工程协会等有关人员进行研究,并于1941~1942年先后制订和公布了《美国战时质量标准》,即E1.1《质量管理指南》、E1.2《数据分析与控制图法》和E1.3《生产质量管理由控制图法》,强制要求生产军需品的各公司、企业实行统计质量管理。由于统计质量管理采用了抽样检验的方法,因此风险较大,为了控制抽样检验的风险,各国都对生产过程进行了严格的控制,以确保加工品质量一致,即 $1\times2\times3=6$(保证结果),统计质量管理手段现在还在应用。此方法的优点是可以起预防作用,缺点是对数理水平要求较高。

3. 全面质量管理阶段(TQM)

20世纪50年代随着社会生产力的迅速发展,资本主义管理理论和质量管理科学迎来了大发展,美国的费根堡姆和朱兰正是在这种新情况下,提出"全面质量管理"这一新概念。当时他们提出的全面质量管理主要有几个方面的含义。一是要生产出满足用户要求的产品,单纯依靠数理统计方法控制生产是很不够的,还需要一系列意义上的全面质量管理,这种"全面"是相对于质量统计而言的。二是产品质量有一个形成、发展的过程,其中包括市场调查、研制、设计、制定标准、制订生产计划、采购、配备设备与工装、加工制造、工序控制、检验、测试、销售、售后服务等,一环扣一环,相互制约,相互促进,形成一个螺旋上升的过程,质量的形成发展和完善过程不断循环,周而复始,每经过一次循环,产品质量就提高一步,全面质量管理就是要组织管理所有这些环节的活动,而不局限于加工制造活动。三是产品质量始终是同成本联系在一起的,离开成本去谈质量是没有什么意义的。1961年美国正式出版了费根堡姆的专著《全面质量管理》。20世纪50年代日本在引进统计质量管理的基础上进一步推广和发展了全面质量管理理论,就如何将顾客的心声转化为作业员的项目而进行全员教育,全员参与的人性化的全面质量管理创造了日本卓越的商品品质和高度的生产力。此方法管理全面,缺点是未形成书面标准,难以操作。

4. 国际质量管理体系标准的质量管理阶段(ISO 9000)

全面质量管理所推行的质量管理制度是站在供给者的立场上的质量管理制度,而ISO 9000国际质量管理标准是站在购买者立场(顾客)上的质量管理制度。1959年,美国国防部为了解决武器在使用过程中暴露的质量事故,颁布了美国军用MIL-Q-9858A《质量保证大纲》。这是全世界最早的关于质量保证标准的文件。它要求军品承制企业制定并保持一个与经营管理、技术规程相一致的质量保证体系。同时根据不同产品需要发布了MIl-SDT-105E,作为生产武器的质量保证标准。它规定应在实现合同的所有领域和过程(如设计、研制、生产、加工、装配、检验、维护、储存和安装)中充分保证质量。通过以上方法使得美国军需品的质量迅速提高。鉴于美国军品企业在推行质量保证活动中的成功经验,北大西洋公约组织(NATO)借鉴美国的做法,在1968年发布了AQAP-1 NATO质量保证标准。同时英国国防部也在调查中发现,如果只对采购产品进行最终检验,难以使产品质量令人满意。

只有建立质量保证体系，才能充分发挥供需双方的质量保证作用。需求方需详细说明采购要求，供应方按需求方提出的具体要求（体系和程序）进行管理、设计、生产和质量保证，使最终产品在各方面持续满足需求方的要求。因此，英国国防部在 1970 年将 AQAP–1 NATO 北约质量保证采纳为质量体系标准，并在 1973 年作为国防标准开始实施。根据英国国防标准，英国在 1979 年制订和发布了一套 BS5750 国家保证标准：

BS5750：Part1—1979《质量体系——设计制造和安装规范》；

BS5750：Part2—1979《质量体系——制造和安装规范》；

BS5750：Part3—1979《质量体系——最终检验和试验规范》。

为了更好地理解和使用这套标准，英国在 1981 年又发布了其使用指南：

BS5750：Part4—1981《质量体系——BS5750：Part1—1979 使用指南》；

BS5750：Part5—1981《质量体系——BS5750：Part2—1979 使用指南》；

BS5750：Part6—1981《质量体系——BS5750：Part3—1979 使用指南》。

英国国家标准的发布与实施，是 ISO 9000 系列初步形成的雏形。

我国在 20 世纪 60 年代后期也引进了美国"军工产品质量管理条例"，要求各家军工厂在实现合同的所有领域（设计、研制、生产、加工、装配、检验、维护、储存和服务）充分保证质量，并在 70 年代掀起了"军工产品质量管理条例"鉴定验收的热潮，使军工企业的管理与产品质量得到了极大提高。随着全球一体化的日益形成，国际的贸易竞争不断加剧，许多国家出于利益的考虑，运用技术壁垒，用越来越严格的标准和质量提高产品质量，限制商品进口。在国际贸易成交之前，需求方不仅要对供应方生产的产品质量进行认证，还要对其质量体系进行评价。由于各个国家标准不尽相同，使得各国对质量体系的评审要求也不相同，极大地阻碍了国际的经贸往来。为此，英国标准化协会（BSI）向 ISO 提议（国际标准化组织成立于 1947 年，主要起草各类标准，它起草的管理主要有 ISO 9000、ISO 14000 等标准。ISO 9000 标准每 5 年修订一次，修订后的标准需要 75% 以上成员通过）制订统一的国际质量保证标准。在 1980 年成立了 TC176 "质量管理和质量保证技术委员会"，专门制定质量管理和质量保证标准，TC176 在参考了英国国家 BS5750 并总结各国质量保证的实践经验后，以 BS5750 为基础，在 1986 年正式发布了 ISO 8402 标准，并在 1987 年 3 月正式发布了 ISO 9000 系列国际标准：

ISO 9000《质量管理和质量保证标准——选择和使用指南》；

ISO 9001《质量体系——设计、开发、生产、安装和服务的质量保证模式》；

ISO 9002《质量体系——生产和安装的质量保证模式》；

ISO 9003《质量体系——最终检验和试验的质量保证模式》；

ISO 9004《质量管理和质量体系要素指南》。

TC176 在 1994 年又根据各国的实施标准的情况对 ISO 系列标准进一步补充完善，形成了 1994 版 ISO 9000 系列标准，现已有近百个国家将其直接采用为国家标准。我国也同样采用了 ISO 系列标准，并用双编号 GB/T 19000—ISO 9000。2000 年 TC176 小组根据世界各国推行 ISO 9000 系列标准的实际情况，又对该标准进行了彻底修改，使其成为：

GB/T 19000—ISO 9000《质量管理体系——基础和术语》；

GB/T 19001—ISO 9001《质量管理体系——要求》；

GB/T 19004—ISO 9004《质量管理体系业绩改进指南》。

2008 年 TC176 小组对 ISO 9001 进行新一轮的修订，并于 2008 年 11 月 15 日生效（中国国家标准 GB/T 19001：2008 版于 2009 年 3 月 1 日开始生效）。2009 年 11 月 15 日开始不再颁发 ISO 9001：2000 证书，2010 年 11 月 15 日开始 ISO 9001：2000 版证书失效。

2015 年 TC176 小组对 ISO 9001 再次进行修订，并于 2015 年 9 月 23 日生效（中国国家标准 GB/T 19001：2016 版于 2016 年 12 月 30 发布，2017 年 7 月 1 日开始生效），2018 年 9 月 15 日开始 ISO 9001：2008 版证书失效。

这三项国际（家）标准无论在结构上、内容上或思路上都发生了较大的变化，进一步总结了世界各国质量管理的理论研究成果和实践经验，为广大"组织"进一步提高质量管理水平和市场竞争能力又一次提供了很好的学习机会和发展机遇。

全面质量管理与 ISO 9000 的区别在于：

（1）内涵不同。全面质量管理是研究产品产生、形成、实现及其相关因素运动规律的科学，侧重于知识理论、方法论和价值观的建立，注重形成以人为中心的经营指导思想，并体现出多种多样的流动形式，强调不断发展创新；而 ISO 9000 族标准使质量形成过程规范化，保持质量的持续稳定。

（2）要求参与管理的范围不同。全面质量管理要求企业的全体员工和所有部门齐心协力，运用各种方法保证产品质量；而 ISO 9000 族标准的核心是建立完善的质量体系且有效地运行，对内对外或对第三方提供其产品质量达到合同要求的依据。

（3）要素管理的侧重点不同。全面质量管理注意控制产品生命周期中影响产品质量的各种因素，利用各种各样的方法控制产品质量，如 QC 小组、新老七种工具等；而 ISO 9000 族标准侧重于过程及文件的记录。

二、现代企业全面质量管理及质量保证体系

（一）全面质量管理

1. 全面质量管理的内涵

全面质量管理这个名称，最先是 20 世纪 60 年代初由美国的著名专家菲根堡姆提出的。它是在传统的质量管理基础上，随着科学技术的发展和经营管理上的需要发展起来的现代化质量管理，现已成为一门系统性很强的科学。全面质量管理类似于日本式的全面质量控制（total quality control，TQC）。首先，质量的含义是全面的，不仅包括产品服务质量，而且包括工作质量，用工作质量保证产品或服务质量；其次，TQC 是全过程的质量管理，不仅要管理生产制造过程，而且要管理采购、设计直至储存、销售和售后服务的全过程。

全面质量管理（total quality management，TQM），即一个组织以质量为中心，以全员参与为基础，目的在于通过让顾客满意和本组织所有成员及社会受益而达到长期成功的管理

途径。

菲根堡姆对 TQM 的定义是:"为了能够在最经济的水平上,并考虑到充分满足顾客要求的条件下进行市场研究、设计、制造和售后服务,把企业内各部门的研制质量、维持质量和提高质量的活动构成为一体的一种有效的体系"[①]。

2. 全面质量管理的特点

全面质量管理的特点可以概括为"四全一多样"。"四全"指全员参加、全过程控制、各部门参与及经济效益的全面性,"一多样"指的是多种多样的方法。

3. 全面质量管理的内容

全面质量管理过程的全面性,决定了全面质量管理的内容应当包括设计过程、制造过程、辅助过程、使用过程四个过程的质量管理。

(1) 设计过程质量管理的内容。产品设计过程的质量管理是全面质量管理的首要环节。这里所指设计过程,包括市场调查、产品设计、工艺准备、试制和鉴定等过程(即产品正式投产前的全部技术准备过程)。主要工作内容包括通过市场调查研究,根据用户要求、科技情报与企业的经营目标,制定产品质量目标。由销售、使用、科研、设计、工艺、制度和质管等多部门参加审查和验证,确定合适的设计方案;保证技术文件的质量;做好标准化的审查工作;督促遵守设计试制的工作程序;等等。

(2) 制造过程的质量管理的内容。制造过程,是指对产品直接进行加工的过程。它是产品质量形成的基础,是企业质量管理的基本环节。它的基本任务是保证产品的制造质量,建立一个能够稳定生产合格品和优质品的生产系统。主要工作内容包括组织质量检验工作;组织和促进文明生产;组织质量分析,掌握质量动态;组织工序的质量控制,建立管理点;等等。

(3) 辅助过程质量管理的内容。辅助过程,是指为保证制造过程正常进行而提供各种物资技术条件的过程。一方面,它包括物资采购供应、动力生产、设备维修、工具制造、仓库保管、运输服务等。它的主要内容有:做好物资采购供应(包括外协准备)的质量管理,保证采购质量,严格管理入库物资的检查验收,按质、按量、按期地提供生产所需要的各种物资(包括原材料、辅助材料、燃料等);组织好设备维修工作,保持设备良好的技术状态;做好工具制造和供应的质量管理工作等。另一方面,企业物资采购的质量管理也将日益显得重要。

(4) 使用过程质量管理的内容。使用过程是考验产品实际质量的过程,它是企业内部质量管理的继续,也是全面质量管理的出发点和落脚点。这一过程中质量管理的基本任务是提高服务质量(包括售前服务和售后服务),保证产品的实际使用效果,不断促进企业研究和改进产品质量。它的主要工作内容有:开展技术服务工作,处理出厂产品质量问题;调查产品使用效果和用户要求。

---

① 菲根堡姆. 全面质量管理 [M]. 杨文士,译. 北京:机械工业出版社,1991.

4. 全面质量管理的工作程序

PDCA 与 SDCA 是企业提升管理水平的两大引擎。PDCA 是使企业管理水平不断提升的驱动力，而 SDCA 则是防止企业管理水平下滑的制动力。没有标准化，企业不可能维持在较高的管理水平。

PDCA 循环亦称"戴明环"，是一种科学的工作程序。通过 PDCA 循环提高产品、服务或工作质量。P（plan）——计划；D（do）——实施；C（check）——检查；A（action）——处理。第一个阶段称为计划阶段，又叫 P 阶段。这个阶段的主要内容是通过市场调查、用户访问、国家计划指示等，弄清楚用户对产品质量的要求，确定质量政策、质量目标和质量计划等。第二个阶段为执行阶段，又称 D 阶段。这个阶段是实施 P 阶段所规定的内容，如根据质量标准进行产品设计、试制、试验，其中包括计划执行前的人员培训。第三个阶段为检查阶段，又称 C 阶段。这个阶段主要是在计划执行过程中或执行之后，检查执行情况，是否符合计划的预期结果。第四阶段为处理阶段，又称 A 阶段。主要是根据检查结果，采取相应的措施。四个阶段循环往复，没有终点，只有起点。

SDCA 循环，就是标准化维持，将质量提升的成果内化，防止质量产生波动。S（standardization）——标准化；D（do）——执行；C（check）——检查；A（action）——总结。即"标准化、执行、检查、总结（调整）"模式，包括所有和改进过程相关的流程的更新（标准化），并使其平衡运行，然后检查过程，以确保其精确性，最后做出合理分析和调整使得过程能够满足愿望和要求。

PDCA 循环与 SDCA 循环的关系见图 6-2。

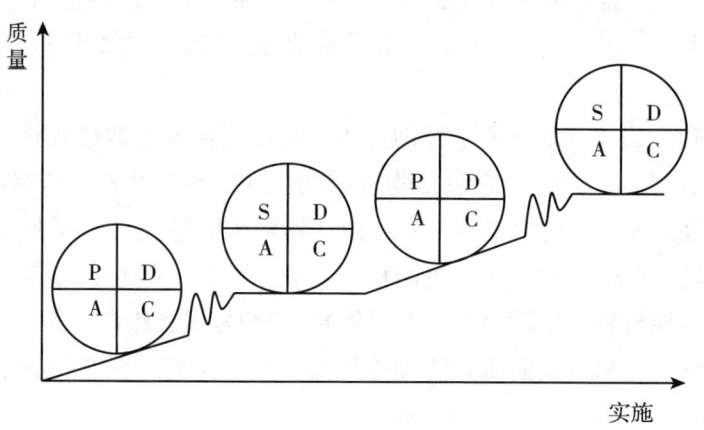

图 6-2 PDCA 循环与 SDCA 循环

5. 全面质量管理的推行步骤

进行全面质量管理必须要做到"三全"。第一，内容与方法的全面性。不仅要着眼于产品的质量，而且要注重形成产品的工作质量。注重采用多种方法和技术，包括科学的组织管理工作、各种专业技术、数理统计方法、成本分析、售后服务等。第二，全过程控制。即对市场调查、研究开发、设计、生产准备、采购、生产制造、包装、检验、贮存、运输、销售和为用户服务等全过程都进行质量管理。第三，全员性。即企业全体人员包括领导人员、工程技术人员、管理人员和工人等都参加质量管理，并对产品质量各负其责。

在具体推行过程中，可以从以下几个步骤来实施：

（1）通过培训教育使企业员工牢固树立"质量第一"和"顾客第一"的思想，制造良好的企业文化氛围，采取切实行动，改变企业文化和管理形态。

（2）制订企业人、事、物及环境的各种标准，这样才能在企业运作过程中衡量资源的有效性和高效性。

（3）推动全员参与，对全过程进行质量控制与管理。以人为本，充分调动各级人员的积极性，推动全员参与。只有全体员工的充分参与，才能使他们的才干为企业带来收益，才能够真正实现对企业全过程进行质量控制与管理，并且确保企业在推行TQM过程中，采用系统化的方法进行管理。

（4）做好计量工作。计量工作包括测试、化验、分析、检测等，是保证计量的量值准确和统一、确保技术标准的贯彻执行的重要方法和手段。

（5）做好质量信息工作。企业根据自身的需要，应当建立相应的信息系统，并建立相应的数据库。

（6）建立质量责任制，设立专门质量管理机构。全面质量管理的推行，要求企业员工自上而下地严格执行。从"一把手"开始，逐步向下实施；TQM的推行必须要获得企业"一把手"的支持与领导，否则难以长期推行。

（二）现代企业质量保证体系

1. 质量保证体系的概念

质量保证体系就是现代企业根据质量保证的要求，从现代企业的整体出发，运用系统的理论和方法，把现代企业各部门、各环节严密地组织起来，规定它们在质量管理方面的职责、任务和权限，并建立组织和协调各方面质量管理活动的组织机构，在现代企业内形成一个完整的有机的质量保证系统。建立健全现代企业质量保证体系是保证质量目标得以实现的重要手段，是能长期稳定生产优质产品的组织保证和制度保证。质量保证体系分为内部质量保证体系和外部质量保证体系。

2. 现代企业质量保证体系的内容

（1）设计过程的质量管理。

（2）制造过程的质量管理。

（3）辅助过程的质量管理。

（4）使用过程的质量管理。

3. 现代企业质量保证体系的PDCA循环

（1）PDCA循环包括四个阶段和八个工作步骤。

①计划阶段（P）：分析现状，找出质量问题；分析产生问题的原因；从各种原因中找出影响质量的主要原因；制订计划，制定措施。

②实施阶段（D）：执行计划，落实措施。

③检查阶段（C）：检查计划执行情况和措施实行效果。

④处理阶段（A）：把有效措施纳入各种标准或规程中加以巩固，无效的不再实施；将遗留问题转入下一个循环继续解决。

(2) PDCA 循环的特点。PDCA 循环运转时，有以下特点：

①大环套小环，一环扣一环；小环保大环，推动大循环 [见图 6-3（a）]。整个企业中，各科室、车间、工段、班组和个人都有自己的 PDCA 管理循环，所有的循环圈都在转动，并且相互协调，互相促进。上一级循环是下一级循环的依据，下一级循环是上一级循环的组成部分和具体保证。

②管理循环如同爬楼梯一样螺旋式上升，每转动一圈，就上升一步，就实现一个新的目标，不停转动就不断提高 [见图 6-3（b）]。如此反复不断地循环，质量问题不断得到解决，管理水平、工作质量和产品质量就步步提高。

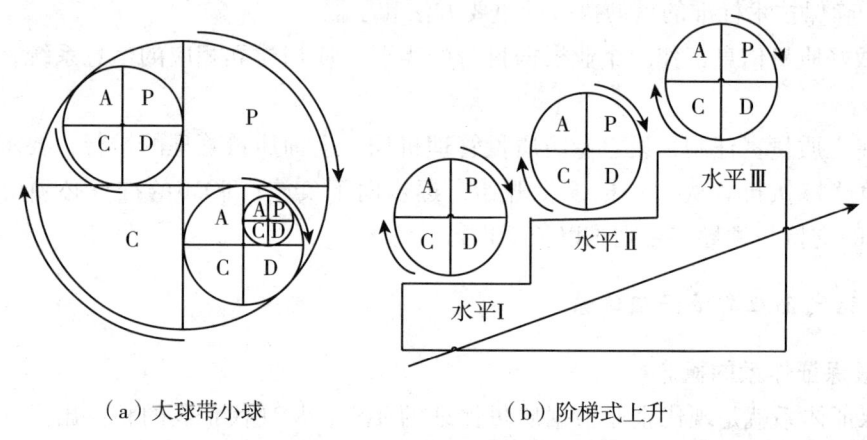

（a）大球带小球　　　　　　　　（b）阶梯式上升

图 6-3　PDCA 循环的特点

③管理循环是综合性循环，四个阶段划分是相对的，不能机械地把它们分开，要紧密衔接，而且各阶段之间存在一定的交叉。实际工作中，往往是一边计划一边执行，一边执行一边检查，一边检查一边处理，一边处理一边调整计划。质量管理工作正是在这样的循环往复中达到预定目标的。

④管理循环关键在于"A"阶段，只有把成功的经验和失败的教训都纳入各项标准、规程和制度中，才能使今后的工作少走弯路并不断进步。

(3) PDCA 循环的实施步骤。为了便于解决问题和改进工作，在具体实施 PDCA 循环时，可以把它分解为八个步骤。

①调查现状，找出存在的质量问题。

②分析问题，明确造成质量问题的各种原因。

③寻找主要原因，确定解决质量问题的方向。

④针对主要原因，制订解决质量问题的计划。

⑤执行所制订的计划，落实各种措施。

⑥明确应该巩固的成果，找出确实存在的问题。
⑦巩固所取得的成果，将成功的经验标准化。
⑧提出尚未解决或新出现的问题，将其转入下一个 PDCA 循环中去解决。

在这些步骤中，①~④属于 P 阶段；⑤属于 D 阶段；⑥属于 C 阶段；⑦~⑧属于 A 阶段。如图 6-4 所示。

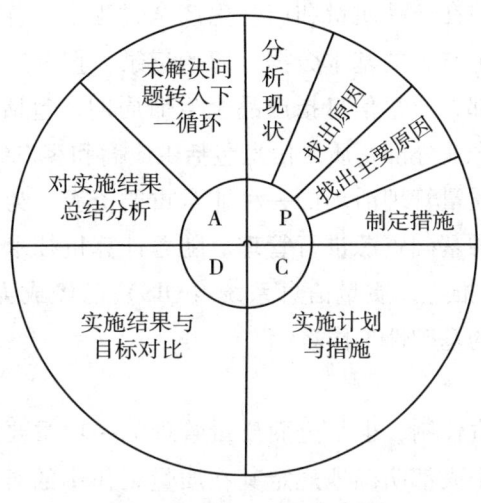

图 6-4　PDCA 实施步骤

（三）现代企业全面质量管理的基础工作

开展全面质量管理，必须抓好标准化、计量、质量教育、质量信息、质量责任制等几个方面的基础工作。

1. 标准化工作

标准化，包括产品标准化和工作标准化两个方面。产品标准化，指的是现代化大生产中工业产品品种、规格的简化，尺寸、质量和性能方面的统一化。工作标准化包括业务标准化和作业标准化。业务标准，是指对各部门业务工作的一些具体规定，如技术管理规定、设备管理规定，等等。作业标准包括工艺流程、操作规程、装配作业程序，等等。

2. 计量工作

计量工作包括计量、测试、化验、分析工作，是保证零部件互换，确保产品质量的重要手段和方法。没有计量的准确性，就不能保证技术工作的准确性，就不可能正确地贯彻执行技术标准。

3. 质量教育工作

日本著名质量管理专家石川馨认为，质量管理始于教育，终于教育。21 世纪是质量的世纪，一个国家产品质量的好坏，从侧面反映了民族的素质。而质量的竞争实质上是技术水平和管理水平的竞争，是人才的竞争。如果企业成员质量意识薄弱，管理知识贫乏，技能低下，即使有先进的设备和先进的技术，也难以生产出优质低耗的产品。总而言之，只有通过教育使员工牢固树立"质量第一"的思想，掌握并运用好质量管理的科学思想、原理、技术和方法，才能提高企业产品的质量，才能增强企业的竞争实力。

质量教育一般包括三部分内容：质量意识教育、质量管理知识教育和专业技能教育。

4. 质量信息工作

质量信息，指的是反映在产品质量和产品生产全过程中，各个环节的工序质量、工作质量的信息，其中包括各种有关的基本数据、原始记录，直至产品使用过程中反映出来的各种情报资料。在企业内部，质量信息指产品全生命周期，包括从研制、设计、制造到检验等的所有质量信息；在企业外部，质量信息包括供应商和客户的质量信息。

质量信息是组织开展质量管理活动的一种非常重要资源。为了确保质量管理的有效运行，应将资料信息作为一种基础资源进行管理。随着计算机技术和电子通信技术的发展及中国制造2025国家战略的推进，质量信息系统（QIS）已经成为企业做好质量信息工作、实行科学管理的一项重要的基础性工作。

5. 质量责任制

建立健全严格的质量责任制，也是全面质量管理的一项重要的基础工作。要对企业的每个科室、车间、班组和个人都明确地规定其在质量工作中的具体任务、责任和权利，以便做到质量工作事事有人管，人人有责任，办事有标准，工作有检查，经济责任明确，功过分明，从上到下形成一个严密的高效率的质量管理责任体系。质量管理要求每位员工都处于自我控制状态，充分了解自己所应达到的目标，如质量成本、计划完成时间、质量标准等；充分了解自己正在做的事情，如实际成本、实际进度、实际达到的标准等。当实际与目标发生偏差时，能够自己控制和调节。这就是质量责任制的中心思想，以及使产品质量落到实处的根本保证。

三、现代企业产品质量控制方法

（一）产品质量波动理论

1. 质量是一种随机现象

质量是一种随机现象，因为影响产品质量的因素无时无刻不在变化着。在产品实现的过程中，存在两类因素影响产品质量的特性，其一是随机性因素（偶然性因素），其二是系统性因素（非随机性因素即确定性因素）。在一定的生产力水平下，随机性因素是不可观测和不可控或无须控制的因素，在这种因素作用下，产品质量特性的变化不会超出允许的界限（公差），产品质量符合要求。而系统性因素是确定性因素，是构成生产过程的必要条件，可观测可控制，一旦发生异常变化，产品质量特性就会超出允许的界限，产品质量将不会符合要求。因此，在质量管理中，观测和控制这些决定产品质量特性是否符合要求的系统性因素，是一项重要的控制活动。

2. 产品质量具有波动性和规律性

在生产过程中，即使"5M1E"条件相同，生产出来的一批产品的质量特性数值也并不完全相同，总是存在差异，这就是产品质量的波动性或变异性。因此，产品质量波动性具有普遍性和永恒性。当生产过程处于统计控制状态时，生产出来的产品质量特性数据，其波动服从一定的分布规律（统计分布），这就是产品质量的规律性。

从统计学角度来看，可以把产品质量波动分为正常波动和异常波动两类。

（1）正常波动是由偶然因素或随机因素（随机原因）引起的产品质量波动。这些偶然因素（随机因素）在生产过程中大量存在，对产品质量经常发生影响，但其所造成的质量特性值波动往往较小，例如：原材料的成分和性能上的微小差异、机器设备的轻微振动、温湿度的微小变化、操作方面、测量方面、检测仪器的微小差异等。对这些波动的随机因素的消除，在技术上难以达到，在经济上代价又很大，因此，在一般情况下，这些波动在生产过程中是允许存在的，所以称为正常波动。公差就是反映正常波动的度量。把仅有正常波动的生产过程称为处于统计控制状态的过程，简称为受控状态或稳定状态。

正常波动的特点是：

①影响因素多。
②造成的波动范围小。
③无方向性（逐件不同）。
④作用时间长。
⑤对产品质量的影响小。
⑥完全消除偶然因素的影响，在技术上有困难或在经济上不允许。

所以由随机因素引起的产品质量的随机波动是不可避免的。

（2）异常波动是由异常因素或系统因素（系统原因）引起的产品质量波动。这些系统因素在生产过程中并不大量存在，对产品质量不经常发生影响，但一旦存在，对产品质量的影响就比较显著。如：原材料不符合规定要求，机器设备带病运转，操作者违反操作规程，测量工具的系统误差等。由于这些因素引起的质量波动大小和作用方向一般具有周期性和倾向性，因此，异常波动比较容易查明，容易预防和消除，又由于异常波动对质量特性的影响较大，一般来说，生产过程中是不允许其存在的。把有异常波动的生产过程称为处于非统计控制状态的过程，简称为失控状态或不稳定状态。

异常波动的特点是：

①影响因素相对较少。
②造成的波动范围大。
③往往具有单向周期性。
④作用时间短。
⑤对产品质量的影响较大。
⑥异常因素易于消除或减弱，在技术上不难识别和消除，在经济上也往往是允许的。

所以由异常因素造成的产品质量波动在生产过程中是不允许存在的，只要发现产品质量有异常波动，就应尽快找出其异常因素加以消除，并采取措施使之不再出现。

质量管理的一项重要工作，就是要找出产品质量波动规律，把正常波动控制在合理范围内，消除系统原因引起的异常波动。从微观角度看，引起产品质量波动的原因来自主要的六个方面，即人、机、料、法、测量、环境（man，machine，material，method，measurement，environment，简称5M1E）。

通过以上的分析可以得出这样的结论：造成产品不合格的根本原因就是变异（又称为波动、变差）。

（二）现代企业产品质量控制方法

在质量管理中，常用统计方法有七种，被称为质量管理的"七种工具"。

1. 分层法

分层法又叫分类法、分组法。这种方法就是把收集来的数据，根据一定的目的，按其性质、来源、影响因素等加以分类，进行研究，使杂乱的数据系统化、条理化，从而找出质量问题的症结，采取相应的措施加以解决。在质量管理中，数据分层的标志多种多样，一般可先按时间、操作人员、使用的设备、使用的原材料、操作方法、测量工作和工序等进行分类，然后再进一步细分。分层法常常和其他方法结合起来使用，如分层法与排列图法、直方图法结合使用。

2. 调查表法

调查表又称统计分析表或检查表，它是利用统计图表登记有关数据，并据此粗略分析影响产品质量的原因。一般来说，调查表和分层法一起用的效果更好。根据不同的调查对象、调查目的和调查范围，可将调查表设计成多种形式。通常有：缺陷位置调查表、不合格项目调查表、质量特性值分布调查表和不良品产生原因统计表等。

3. 排列图

排列图法又称主次因素图法或巴雷特图法。排列图是为寻找主要问题或影响质量的主要原因所使用的图。它是由两个纵坐标、一个横坐标、几个按高低顺序依次排列的长方形和一条累计百分比折线所组成的图。排列图又称帕累托图，用以分析质量问题的主次或者质量问题原因的主次，以及评价所采取的改善措施效果。换句话说，就是比较采取改善措施前后的质量。

4. 因果分析图

使用排列图找出影响产品质量的主要因素后，可用因果分析图找出主要因素产生的根源。因果分析图因其形状而被称为树枝图或鱼刺图，它是用来表示产品质量特性与影响质量的有关因素之间的关系的图表，因此它又被称为特性因素图。

5. 直方图

直方图又称质量分布图、柱状图，它是表示资料变化情况的一种重要工具，用于对收集来的数据进行整理、判断以及预测生产过程中的质量和不合格率。直方图通过对数据进行整理，解析出规则性，使数据分布情况一目了然，便于判断总体的质量分布情况。直方图的基本图形为直角坐标系下若干依照顺序排列的矩形，各矩形底边相等，称为数据区间，矩形的高为数据落入各对应区间的频数。

6. 控制图

控制图是 SPC 最主要的统计技术，是用来分析和判断过程是否处于稳定状态并带有控制界限的图形。它是一个简单的过程控制系统，它是通过监视生产过程的质量波动情况，预报过程中存在影响质量的异常原因的一种有效工具。通过分析控制图，可以及时发现过程的异常状态，以便采取纠正措施，使过程转为受控状态。根据控制图的数据性质不同，控制图可以分为计量控制图和计数控制图。

7. 散布图

散布图又称相关图，是一种简易的相关分析，利用统计图的形式，来分析研究影响因素同质量特性之间、两种质量特性之间、两种影响因素之间关系的程度。在质量分析中，对于某些既有关系但又不存在确定函数关系的变量，不能由一个变量的数值精确地求出另一个变量的数值时，通常采用相关图观察的方法，用散布图将有关的各对数据，用圆点描在直角坐标图上，就能分析判断它们之间有无相关关系以及相关的程度，然后运用这种关系，对产品或工序进行有效的控制。

四、ISO 9000 与质量认证

（一）ISO 9000 族标准的产生与发展

随着世界各国经济的相互合作交流，对供方质量体系的审核已逐渐成为国际贸易和国际合作的需求。世界各国先后发布了一些关于质量管理体系及审核的标准。但由于各国实施的标准不一致，给国际贸易带来了障碍，质量管理和质量保证的国际化成为当时世界各国的迫切需要。

1979 年英国标准化学会（BSI）向国际标准化组织（ISO）递交了一份建议，要求制定有关质量保证技术和实践的国际标准，以便对管理活动和通用特性进行标准化。ISO 根据 BSI 的建议于 1979 年成立了质量管理和质量保证技术委员会，即"TC176"，专门研究国际质量保证领域内的标准化问题，并从事制定质量管理和质量保证标准的工作。经过各国质量管理专家的努力工作，ISO 于 1986~1987 年正式颁布了 ISO 9000：1987 版系列标准。标准颁布后，得到了各国工业界的广泛认同和推广。由于国际贸易和国际交流的发展，世界范围内市场竞争的加剧，促进了 ISO 9000 系列标准的发展与完善，1994 年，修订颁布 ISO 9000：1994 版标准；1997 年，ISO/TC176 在总结质量管理实践经验的基础上，吸纳了国际上最受尊敬的一批质量管理专家的意见，整理并编撰了八项质量管理原则，为 2000 版 ISO 9000 族标准的修订奠定了理论基础。2000 年 12 月 15 日，ISO/TC176 正式发布了新版本的 ISO 9000 族标准，统称为 2000 版 ISO 9000 族标准，该标准的修订充分考虑了 1987 版和 1994 版标准以及现有其他管理体系标准的使用经验，做出了较大的修改。2000 版系列标准更加强调顾客满意及监视和测量的重要性，促进了质量管理原则在各类组织中的应用，满足了使用者对标准应更通俗易懂的要求，强调了质量管理体系要求标准和指南标准的一致性，反映了"变革"和"创新"这一 21 世纪企业经营的主题。2008 年 11 月 15 日，ISO 发布了修订版本的 ISO 9000 系列标准，整体条文并未改变，但细节有所加强。2015 年 9 月 23 日，新版本的 ISO 9000 系列标准发布，使质量管理体系更加契合组织的需要。

2015 版系列标准的变化主要体现如下：一是为了方便使用者实施多个 ISO 管理体系标准，采用高层结构，规定了通用的章节结构，以及具有核心定义的通用术语；二是采用了基于风险的思维；三是不再硬性要求组织形成文件的方式，组织可以根据行业特点自主选择文件的类型；四是将"服务"与"产品"并列，提高了标准在服务行业的适用性。

(二) 2015 版 ISO 9000 族标准概述

1. ISO 9000 族标准的定义

ISO 9000 族标准是指由 ISO/TC176（国际标准化组织质量管理和质量保证技术委员会）制定的国际标准。

2. ISO 9000 族标准的构成

ISO 9000：2015 族标准文件结构如表 6 - 2 所示。它由核心标准和其他支持性标准及文件组成。ISO 9000、ISO 9001、ISO 9004 和 ISO 19011 这四项标准是 ISO 9000 族标准的核心标准。其中，ISO 9001 作为质量体系审核的依据。

表 6 - 2　　　　　　　　　2015 版 ISO 9000 族标准的文件结构

核 心 标 准	
ISO 9000	质量管理体系　基础和术语
ISO 9001	质量管理体系　要求
ISO 9004	追求组织的持续成功质量管理方法
ISO 19011	质量和（或）环境管理体系审核指南
支持性标准和文件	
ISO 10012	测量控制系统
ISO/TR 10006	质量管理——项目管理质量指南
1SO/TR 10007	质量管理——技术状态管理指南
ISO/TR 10013	质量管理体系文件指南
ISO/TR 10014	质量经济性管理指南
ISO/TR 10015	质量管理——培训指南
ISO/TR 10017	统计技术指南

技术报告和小册子都是 ISO 9000：2015 族标准的组成部分，属于质量管理体系建立和

运行的指导性标准，也是 ISO 9001 和 ISO 9004 质量管理体系标准的支持性标准。

3. 作用

ISO 9000 族标准是世界上许多经济发达国家质量管理实践经验的科学总结，具有通用性和指导性。其主要作用如下：

（1）实施 ISO 9000 族标准有利于提高产品质量，保护消费者利益。

（2）为提高组织的运作能力提供了有效方法。

（3）有利于增进国际贸易，消除技术壁垒。

（4）有利于组织的持续改进和持续满足顾客的需求和期望。

4. ISO 9000 族标准在中国

采用国际标准是我国一项重要技术经济政策。我国采用国际标准分为等同采用和修改采用两种。

所谓等同采用通常用"IDT（identical）"或符号"＝"表示，是指国家标准在采用国际标准时，在技术和内容编写方法上和国际标准完全相同。

所谓修改采用通常用"MOD（modified）"或符号"＝＝"表示，是指国家标准在采用国际标准时，其技术内容根据我国的实际情况做了某些变动，但性能和质量水平与被采用的国际标准相当，在通用互换、安全卫生等方面与国际标准协调一致。

1987 年 3 月 ISO 9000 族标准正式发布以后，我国在原国家标准局部署下组成了"全国质量保证标准化特别工作组（CSBTS/TCl51）"。1988 年 12 月，我国正式发布了修改（等效）采用 ISO 9000 族标准的 GB/T 10300《质量管理和质量保证》系列国家标准，并于 1989 年 8 月 1 日起在全国实施。

2000 年 11 月 15 日，ISO 颁布 2000 版 ISO 9000 族标准，同年 9 月在国家质量技术监督局的领导下，成立了 GB/T 19000 族国家标准的修订起草工作组，并着手起草等同采用 2000 版 ISO 9000 国际标准的国家标准草案。CSBTS/TCl51 于 2000 年 12 月召开了国家标准审定会，三项国家标准得到全体委员的一致表决通过；2008 年 12 月 30 日，发布了等同采用 2008 版 ISO 9000 国际标准的 GB/T 19000 系列标准；2016 年，再次修订发布等同采用 2015 版 ISO 9000 国际标准的 GB/T 19000 系列标准。

目前现行 2015 版 GB/T 19000 族核心标准为：

GB/T 19000—2016《质量管理体系　基础和术语》（IDT ISO 9000：2015）；

GB/T 19001—2016《质量管理体系　要求》（IDT ISO 9001：2015）；

GB/T 19004—2011《质量管理体系业绩改进指南》（IDT ISO 9004：2009）；

GB/T 19011—2013《管理体系审核指南》（IDT ISO 19011：2011）。

（三）质量认证

1. 质量认证的定义与特点

认证是指第三方机构书面保证（合格证书）产品、过程或服务符合规定要求的程序。这是指对质量的认证。另外，"质量体系认证"是指由第三方认证机构依据公开发布的质量体系标准，对供应方（生产方）的质量体系实施评定，评定合格的由第三方认证机构颁发质量体系认证证书，并予以注册公布，证明供应方在特定的产品范围内具有必要的质量保证能力的活动。从上述定义可以看出，质量认证具有以下四个特点：

（1）质量认证的对象是产品、过程和服务。

（2）认证工作的基础是标准。

（3）质量认证活动是由第三方进行的。

（4）认证合格的证明方式可以采用合格证书和认证标志。

2. 质量认证制度

（1）质量认证制度的概念。质量认证制度是为了进行质量认证工作而建立的一套程序和管理制度的总称。它包括企业质量体系认证制度和产品质量认证制度。

产品质量认证制度是指由公正的第三方依据产品标准和相应的技术要求，对产品质量进行检验、测试、确认，并通过颁发认证证书和准许使用认证标志的方式来证明某产品符合要求的活动的制度规定。

企业质量体系认证制度是指依据一定的标准和要求，由认证机构对企业质量体系进行审核、评定，确认符合标准和要求时由认证机构向企业颁发认证证书，以证明企业质量体系符合相应要求的活动过程等有关制度规定的总称。

产品质量认证与质量体系认证的区别：

①认证的对象不同。

②认证的依据不同。

③认证机构不同。

④认证获准的表示方式不同。

（2）质量认证制度基本要素。

①型式检验。

②质量体系检查评定。

③监督检验。

④监督检查。

（3）质量认证制度的类型。

①型式试验。

②型式检验认证后监督——市场抽样检验。

③型式试验加认证后监督——工厂抽样检验。

④型式试验加认证后监督——从市场和供方双重抽样检验。

⑤型式试验加工厂质量体系评定再加认证后监督——质量体系复查加上从工厂和市场抽样检验。

⑥工厂质量体系评定。

⑦批量试验。

⑧全数检验。

（4）我国的质量认证及实施。我国的认证标志分为方圆标志、长城标志和 PRC 标志，是由国务院标准化行政标志认证中心主管部门统一管理、审批、发布的。

（5）质量认证的程序。

①质量体系认证。

②认证机构接到申请后对申请方进行了解，确定是否接受申请。

③如果接受申请，申请方做好与认证有关工作的安排，预交认证费用。

④认证机构和供方一起根据需要，确定质量体系的认证依据。

⑤申请认证方准备质量体系有关文件，提供给认证机构进行审阅。

⑥认证机构评定质量体系文件，并通知供应方对不符合要求处或重大遗漏处进行修正与补充。

⑦供应方做好现场评审前的一切准备工作。

⑧现场审核。

⑨供应方对提出的问题进行修改。

⑩批准注册发证，并公开公布。

⑪获准认证后的监督管理。

⑫重新评定。每隔 3 年需对供应方的质量体系重新评定。

第四节　现场管理

一、现场与现场管理的内涵

在生产管理中，现场有三层含义。从认识现场的最直观角度出发，现场就是作业场所。到生产产品的每个车间、班组、工作地去，见到的就是一个个作业场所；问题发生的地点，出现阻碍生产正常进行的地方，也称为现场；出现了问题，要去解决它，必须找出问题产生的原因，针对原因提出解决的办法和措施这也被视为现场。

生产现场是指从事产品制造或提供生产服务的作业场所。它是指企业围绕经营目标行使管理职能，实现生产要素的合理组合和生产过程有机转换的作业场所。生产现场包括加工、检查、储存、运输、供应、发送等一系列的作业现场和与生产密切相关的辅助场所等。每个企业都有自己的许多生产现场，形式千差万别，各不一样，它们都是按照产品加工特点的要求、生产类型、专业化形式等设置的，有着各自的特点，但是它们也存在着共性的东西。从宏观上看，它们都是进行生产要素的合理配置，都有投入产出的效益问题；在管理上都有区域性、可控性，都要符合生产规律。

现场管理是为了有效地实现企业的经营目标，用科学管理制度、标准和方法，对生产现场的各个生产要素，包括人（操作者和管理人员）、机（设备、工具、工位器具）、料（原料、材料、辅料）、法（加工、检测方法）、环（环境）、能（能源）、信（信息）等，进行合理、有效的计划、组织、协调、控制和激励，使其处于良好状态，实施优化组合，保持正常运转，不断加以改进，以求达到优质、高效、低耗、均衡、安全地进行生产。简言之，现场管理是生产第一线的综合性管理，是企业管理水平的直观反映。

生产现场管理通常以5S管理模式为主，兼有目视管理、标准作业流程等的管理模式，这些综合模式被统称为现场管理模式，本节将主要探讨其中的5S管理模式。

二、5S管理模式的产生与发展

5S是发源于日本、流行于世界的一种现场管理方法，已流传200多年了。其具体含义是指在现场中对人员、机器、材料、方法等生产要素进行有效的管理，这是日本企业独特的管理方法，也是一切现场管理的基础。

第二次世界大战后日本企业将5S运动作为管理工作的基础，进而推行其他各种先进的现场管理方法和品质控制手法，如全员生产维护管理（TPM）、全面质量管理（TQM）等，使产品的品质得以迅速提升，奠定了日本作为制造业霸主的地位。后来在丰田公司的倡导推行下，5S逐渐在诸多方面发挥了越来越大的作用，例如塑造企业的形象、降低成本、准时交货、安全生产、高度的标准化、创造令人心旷神怡的工作场所、现场改善等，逐渐被各国的管理界所认识。随着世界经济的发展，如今5S已经发展成为一种成熟的现场管理模式并带来了一股世界范围的5S热潮。后来，随着企业进一步发展的需要，在原来的基础上5S的内涵不断变化，并得到补充，例如补充节约（saving）、安全（safe）两个"S"，从而形成7S，也有补充三条甚至更多的，形成8S、9S或10S等，但其主要内涵，仍以最初的5S为主。

三、5S活动管理的内容和要求

5S活动是指对生产现场各生产要素（主要是物的要素）所处状态，不断地进行整理、整顿、清扫、清洁，以达到提高素养的活动。由于整理、整顿、清扫、清洁、素养这五个词在日语中罗马拼音的第一个字母都是"S"，所以把这一系列活动简称为"5S"活动。

（一）整理（seiri）

整理是指在规定的时间、地点把作业现场不需要的物品清除出去，并根据实际，对保留下来的有用物品按一定顺序摆放好。经过整理应达到以下要求：不用的东西不放在作业现场，坚决清除干净；不常用的东西放远处（厂的库房）；偶尔使用的东西集中放在车间的指定地点；经常用的东西放在作业区。

（二）整顿（seiton）

整顿是指对整理后需要的物品进行科学、合理的布置和安全、不损伤的摆放，做到随时可以取用。整顿要规范化、条理化,提高效率,使整顿后的现场整齐、紧凑、协调。整顿应达到的要求是:物品要定位摆放,做到物各有位;物品要定量摆放,做到目视化,过目知数;物品要便于取存;工具归类,分规格摆放,一目了然。

(三) 清扫 (seiso)

清扫就是把工作场所打扫干净,对作业现场要经常清除垃圾,做到没有杂物、污垢等。清扫应达到的要求是:对自己用的东西,自己清扫;对设备清扫的同时,检查是否有异常,清扫也是点检;对设备清扫的同时,要进行润滑,清扫也是保养;在清扫中会发现一些问题,如"跑、冒、滴、漏"等,要透过现象查出原因,加以解决,清扫也是改善。

(四) 清洁 (seikeisu)

清洁就是要保持没有垃圾和污垢的环境。清洁应达到的要求是:车间环境整齐、干净、美观,保证职工健康,增进职工劳动热情;不仅设备、工具、物品要清洁,工作环境也要清洁,烟尘、粉尘、噪声、有害气体要清除;不仅环境美,工作人员着装、仪表也要清洁、整齐;工作人员不仅外表美,而且要精神上"清洁",团结向上,有朝气,相互尊重,有一种催人奋进的气氛。清洁贵在保持和坚持。

(五) 素养 (shitsuk)

素养是指努力提高人员的素质,养成良好的风气和习惯,具有高尚的道德品质,自觉执行规章制度、标准,改善人际关系,加强集体意识,它是5S活动的核心。素养应达到的要求是:不要别人督促,不要领导检查,不用专门去思考,形成条件反射,自觉地去做好各项工作。典型的例子就是要求严守标准,强调的是团队精神。

典型的5S及其具体含义如表6-3所示。

表6-3　　　　　　　　　　　　　5S内容

中文	日语的罗马拼音	英文	备注
整理	seiri	organization	倒掉垃圾;长期不用的东西放仓库
整顿	seiton	neatness	30秒内就可以找到要找的东西
清扫	seiso	cleaning	谁使用谁清洁
清洁	seiketsu	standardization	管理的公开化、透明化
素养	shitsuk	discipline and training	严守标准、团队精神

开展5S活动的目的是做到人、物、环境的最佳组合,使全体人员养成坚决遵守规定事项的习惯。开展5S活动要坚持自我管理、勤俭办厂、持之以恒的原则。

5S 是现场管理活动有效展开的基础。5S 活动不仅能改善生活环境，还可以提高生产效率，减少浪费，提升产品的品质、服务水平。将整理、整顿、清扫进行到底，并进行标准化，以致形成企业文化的一部分，这些将为企业带来新的转变和提升。

5S 也是设备得以有效使用、减少不必要浪费的基础。在没有推行 5S 的工厂，每个岗位都有可能出现各种各样不规则或不整洁的现象，如垃圾、油漆、铁锈等满地都是，零件、纸箱胡乱搁在地板上，人员、车辆都在狭窄的过道上穿插而行，如不对其进行有效的管理，即使是最先进的设备，也会很快加入不良器械的行列而等待维修或报废。

在没有推行 5S 的工厂，员工在混乱不整而又无人管理的环境中工作，当然是人心不稳，越干越没劲儿，要么得过且过混日子，要么就是另谋高就。

四、5S 与其他活动的关系

（一）5 个 S 的关系

整理、整顿、清扫、清洁、素养，这五个 S 并不是各自独立、互不相关的。它们之间是一种相辅相成、缺一不可的关系。整理是整顿的基础，整顿又是整理的巩固，清扫是显现整理、整顿的效果，而通过清洁和素养，则使企业形成一个所谓整体的改善气氛。5S 的目标就是通过综合地推行整理、整顿、清扫、清洁、素养这五个 S，来消除组织的浪费现象并进行持续改善，使得公司管理维持在一个理想的水平，同时 5S 各有侧重，相辅相成。5S 是管理的基础，是全面生产性维护的前提，是 TPM 的第一步。企业任何的改善与管理活动，如果有了 5S 的推动，就能收到事半功倍的效果，反之，5S 都推行不了的企业，要想成功地进行其他活动也是难上加难。

（二）5S 对企业其他活动的影响

（1）5S 为其他活动营造整体氛围。对于一个企业来说，如果没有先行掀起 5S，或推行 5S，而是先行导入全面的体制管理，或要推动 ISO 认证、TPM、TQM 或推行其他方法的活动，就很难起到良好的促进作用。实施全面的 5S 管理模式可以营造一种整体的企业氛围，让组织或企业中的每一个人都养成一种习惯并积极地参与，并使每一件事情都有严格的标准和良好的合作氛围，这时企业再去推行 ISO、TQM，或推动 TPM，就能很容易地获得员工的支持与配合，从而调动员工的积极性以形成强大的推动力与凝聚力。

（2）5S 体现效果，增强信心。推动 5S，其体现出的是一种立竿见影的效果，可以增强员工对企业的信心。而实施 ISO、TQM 或者是 TPM 的活动，它的效果是隐蔽和长期的，一时难以看到，如果在推行 ISO、TQM、TPM 等活动的过程中，先导入 5S，可以在短期内获得显著效果来增强企业员工的信心，激发其参与性与积极性。

（3）5S 为相关活动打下坚实的基础。在实施 ISO、TPM、TQM 的企业中推行 5S 的活动等于为相关活动提供了肥沃的土壤，提供了强而有力的保障。因为 5S 是现场管理的基础，

5S水平的高低代表着现场管理水平的高低,而现场管理的水平高低则制约着 ISO、TPM、TQM 等活动能否顺利地推动或推行。所以只有通过5S的推行和活动,从现场管理着手,从根本着手来改进企业的体制与企业的氛围,才能够起到事半功倍的效果。

第五节 先进生产方式

一、企业资源计划系统

企业资源计划系统(enterprise resource planning,ERP)是指建立在信息技术基础上,以系统化的管理思想为指导,集信息技术与先进的管理思想于一体的现代企业运行管理模式。随着信息技术的发展,ERP系统现已形成在互联网基础上的跨国、跨企业的运行体系。其发展大致经历了如下阶段:MIS→MRP→MRPⅡ→ERP→电子商务时代的ERP。

管理信息系统(management information system,MIS)阶段,主要是记录大量原始数据、支持查询、汇总等方面的工作。这是企业信息化的基础阶段。

(一)物料需求计划(MRP)的特点及应用

1. MRP 的工作原理

物料需求计划(material require planning,MRP)的工作原理是按照主生产计划规定的产品数量及期限要求,利用产品结构、零部件和在制品库存情况、各生产阶段(或订购)的提前期、安全库存等信息,反工艺顺序地推算出各个零部件的出产数量与期限,从而通过各生产环节的精确计划与控制,实现最小的库存和及时供货。这种 MRP 系统是建立在两个假设的基础上的:一是生产计划是可行的,即假定有足够的设备、人力和资金来保证生产计划的实现;二是假设物料采购计划是可行的,即有足够的供货能力和运输能力来保证物料供应。但在实际生产中,能力资源和物料资源总是有限的,因而往往会出现生产计划无法完成的情况。为了保证生产计划符合实际,必须把计划与资源统一起来,以保证计划的可行性。后来的研究者在 MRP 的基础上增加了能力需求计划,使系统具有生产计划与能力的平衡过程,形成了闭环 MRP。

在闭环 MRP 中,主生产计划及物料需求计划计算以后,要通过粗能力计划、能力需求计划等模块进行生产能力平衡。若生产能力不能满足计划要求,应根据能力调整相应的计划。同时它还能收集生产(采购)活动执行结果以及外界环境变化的反馈信息,作为制订下一周期计划或调整计划的依据。由于增加了上述功能,使之形成"计划—执行—反馈"的生产管理循环,可以有效地对生产过程进行计划与控制。闭环 MRP 系统逻辑流程如图 6-5 所示。

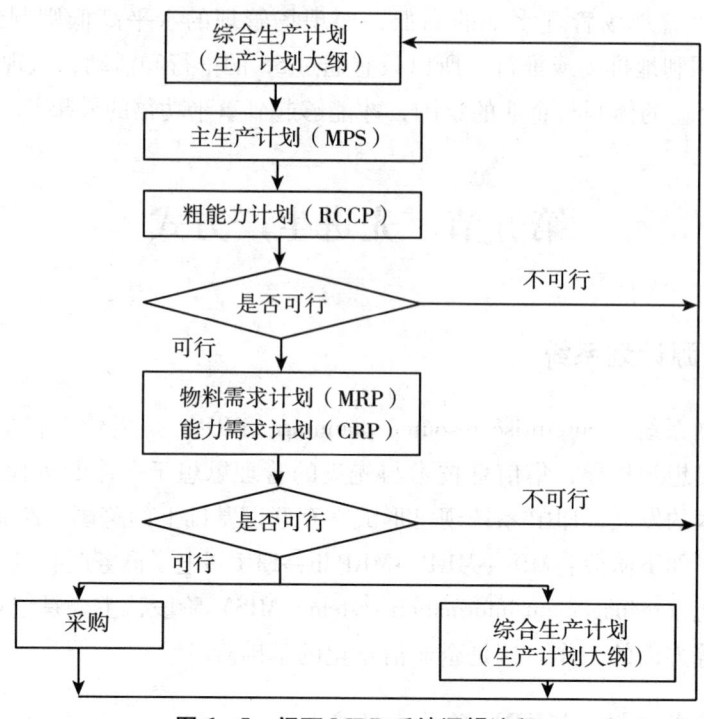

图 6-5 闭环 MRP 系统逻辑流程

2. MRP 的应用

MRP 阶段,主要对产品构成进行管理,借助于计算机的运算能力及系统对客户订单、在库物料、产品构成的管理能力,依据客户订单、产品结构清单展开并计算物料需求计划,实现减少库存、优化库存的管理目标。

MRP 的优点在于:

(1) 依据产品计划,可以自动连锁地计划出制造这些产品所需的全部零件、部件及其他物料的数量。

(2) 可以进行动态模拟。MRP 不仅可以计算出零部件的需要数据,而且可以同时计算出它的生产期限要求;不仅可以计算出下一周期的计划要求,而且可以推算出以后多个周期的要求。

(3) 运算迅速,便于调整和修改计划。

(二) 制作资源计划(MRPⅡ)的特点及应用

制作资源计划(manufacture resource planning,MRPⅡ)阶段是在 MRP 管理系统的基础上,增加了对企业生产中心、加工工时、生产能力等方面的管理,实现了计算机进行生产排程的功能,同时将财物的功能也囊括进来,在企业中形成了以计算机为核心的闭环管理系统,可以动态监察到产、供、销的全部生产过程。

1. MRPⅡ 的基本思想

MRPⅡ 的基本思想是:基于企业经营目标制订生产计划,围绕物料转化组织制造资源,实现按需按时生产。具体地说,是将企业产品中的各种物料分为独立需求物料和相关需求物料,并按时段确定不同时期的物料需求,从而解决库存物料订货与组织生产问题;按照基于产品结构的物料需求组织生产,根据产品完工的日期和产品结构安排生产计划;根据产品结构的层次从属关系,以产品零件为计划对象,以完工日期为计划基准倒排计划,按各种零件与部件的生产周期反推出他们的生产与投入时间和数量,按提前期长短区别各种物料下达订单的优先级,从而保证在生产需要时所有物料都能配套齐备,不需要时不要过早积压,达到减少库存量和占用资金的目的。从一定意义上讲,MRPⅡ系统实现了物流、信息流与资金流在企业管理方面的集成,并能够有效地对企业各种有限资源进行周密计划,合理利用,提高企业的竞争力。

MRPⅡ系统分为五个计划层次:经营规划(business planning,BP)、生产计划大纲、主生产计划(MPS)、物料需求计划和车间作业计划(PAC)(生产作业控制)。所以MRPⅡ又称企业生产管理计划系统。由图6-6可以看出,MRPⅡ计划层次体现了由宏观到微观,由战略到战术,由粗到细的深化过程。

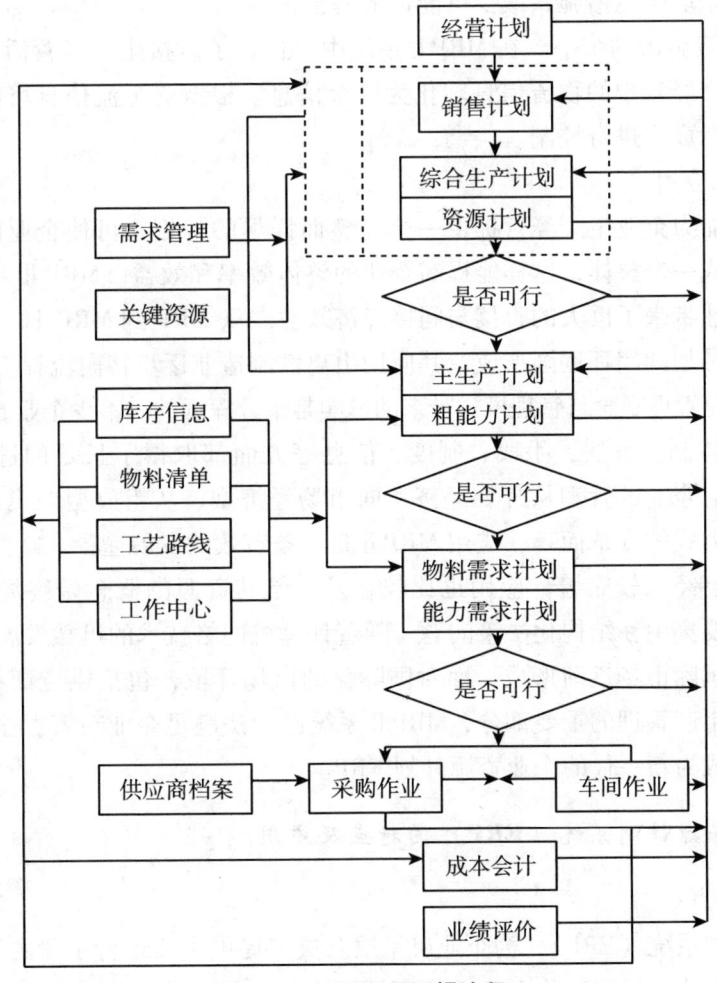

图6-6 MRPⅡ逻辑流程

MRP Ⅱ 具有以下几个特点：

（1）计划的一贯性和可行性。MRP Ⅱ是一种计划主导型的生产管理模式，计划层从宏观到微观、从大到小，但始终围绕着企业的经营战略目标而展开。MRP Ⅱ有一个指导原则：企业中各职能部门集中制订生产计划，车间只是执行生产计划。在计划执行前要进行生产能力平衡，以求计划具有连贯性、有效性和在具体生产中的可执行性。

（2）数据共享。MRP Ⅱ是一种全企业的信息管理系统，该系统中包含企业全部生产经营活动的信息，并反映到各部门，在全企业范围内实现信息共享。因此应该力求系统信息能准确、及时地反映出各部门各环节的实际情况。

（3）动态应变性。MRP Ⅱ是一种闭环系统，它要求企业的管理人员根据不断变化的环境做出正确的反应，因此这个系统中必须及时反映环境因素的变化，为管理者决策提供充分的依据。

（4）模拟预见性。MRP Ⅱ具有模拟预见性功能，能预见"如果如何将会如何"，并在可预见的时间期限内，预期将有可能发生的问题。该模型可以对这些可能发生的问题进行模拟分析，预先采取防范措施，减少可能造成的损失。

（5）物流、资金流的统一。在MRP Ⅱ系统中，包含了直接生产经营活动产生的财务信息，能将直接生产经营中的物流信息转化为资金信息。根据资金流信息可以及时准确地得到成本信息，可对成本进行控制。

2. MRP Ⅱ 的应用

MRP Ⅱ系统能为企业生产经营提供一个完整而详尽的计划，可使企业内部各部门的活动协调一致，形成一个整体，这样能提高企业的整体效率和效益。MRP Ⅱ系统在国外20多年应用中，给企业带来了巨大的直接与间接经济效益。从MRP到MRP Ⅱ，资源概念的内涵不断扩大，企业计划的闭环逐渐形成，其应用由离散制造业逐步转向流程工业。

MRP Ⅱ给企业管理观念与管理模式带来的影响是十分深远的。不少企业通过实施MRP Ⅱ，使其管理思想、体制、方法、手段、制度、信息等方面都取得了长足的进步。事实表明，对于我国众多国有企业的管理从计划经济型向市场经济型、从粗放型向集约型、从手工管理向计算机管理方式的变革而言，应用MRP Ⅱ是一条有效的发展途径。

MRP Ⅱ系统已经比较完善，应用也比较普及，但其资源的概念始终局限于企业内部，在决策支持上主要集中在结构化决策问题。随着计算机网络技术的迅猛发展，20世纪90年代以来，统一的国际市场逐渐形成，面对国际化的市场环境，包括供应商在内的供需链管理已经成为企业生产管理的重要部分，MRP Ⅱ系统已无法满足企业对资源全面管理的要求。MRP Ⅱ逐渐发展成为新一代的企业资源计划ERP。

（三）企业资源计划系统（ERP）的特点及应用

1. ERP 的特点

企业资源计划系统（ERP），为企业决策层及员工提供决策运行手段的管理平台，它是现代企业的运行模式，反映时代对企业合理调配资源、最大化地创造社会财富的要求，成为企业在信息时代生存、发展的基石。

具体来讲,ERP 与企业资源的关系、ERP 的作用以及与信息技术的发展的关系等可以表述如下:

(1) 企业资源与 ERP。厂房、生产线、加工设备、检测设备、运输工具等是企业的硬件资源,人力、管理、信誉、融资能力、组织结构、员工的劳动热情是企业的软件资源。企业运行发展中,这些资源相互作用,形成企业进行生产活动、完成客户订单、创造社会财富、实现企业价值的基础,反映企业在竞争发展中的地位。ERP 系统的管理对象便是上述各种资源及生产要素;通过 ERP 的使用,企业的生产过程能及时、高质地完成客户的订单,最大限度地发挥这些资源的作用,并根据客户订单及生产状况做出调整资源的决策。

(2) 调整运用企业资源。企业发展的重要标志是合理调整和运用上述的资源,在没有 ERP 这样的现代化管理工具时,企业资源状况及调整方向不清楚,要做调整安排是相当困难的,调整过程会相当漫长,企业的组织结构只能是金字塔形的,部门间的协作交流相对较弱,资源的运行难以比较把握并做出调整。信息技术的发展,特别是针对企业资源进行管理而设计的 ERP 系统正是针对这些问题设计的,成功推行 ERP 能使企业更好地运用资源。

(3) 信息技术对资源管理发展的作用。计算机技术特别是数据库技术的发展为企业建立管理信息系统,甚至对改变管理思想起着不可估量的作用,管理思想的发展与信息技术的发展是互成因果的环路。从以上信息技术在企业由 MIS 到 MRP 再到 MRP Ⅱ,并发展到 ERP 的实践证明,信息技术已在企业的管理层面扮演越来越重要的角色。

2. ERP 实施方法

ERP 系统是对企业全部资源的整合管理,其本身也是企业的一个重要资源,因此,ERP 系统的实施关键是一个总体规划,总体规划必须站在企业的战略层次,把企业整个供应链作为一个有机整体,逐步实现。ERP 实施可分三个过程:企业基础业务的信息管理(财务、进销存、人事等);企业资源管理(人力资源、资金资源、资产资源、客户资源);企业之间的合作管理与电子商务协同管理。

具体工作包括:

(1) 确定合作伙伴。可以请有经验的企业管理咨询顾问公司,参与系统的前期分析,制订方案,再确定软件公司。依靠企业自己的实际管理经验与软件公司配合完成全过程。

(2) 需求分析。它包括确定企业类型、业务流程特点分析和业务流程重组。不同类型的企业由于不同的系统其开发的侧重点不同,如在进行生产计划和物料需求计划时,其计算方法存在很大区别,所以生产的采购计划、销售计划和预计生产时间自然就会因系统而异。用户和软件公司双方都不希望看到投入很大精力、财力及时间取得的一套系统与自己当初设想的功能完全不相吻合这一局面。因此是否能正确地选择系统类型是系统能否发挥足够效用的决定性因素。业务流程特点分析就是把企业现行的业务流程描述出来,通过分析,了解企业现状,找出问题。业务流程重组就是从战略的角度,进行业务流程重组,勾画出企业在一定时期内的目标方案。

(3) 可行性分析。它包括必要性分析和管理基础分析。必要性分析是从管理对 ERP 系统的客观要求及现行系统的可满足性分析新系统开发是否必要。管理基础分析是从组织管理上分析新系统开发的可行性。

（4）制订阶段性实施方案。通过可行性分析，可以得出可行性分析的结论，如果有必要而且也有可能，就制订开发计划，着手开发工作。实施方案可根据企业的实际情况安排。对于有必要开发，但目前条件尚不成熟的，如技术力量不足、费用投资困难或其他原因，暂时不宜开发的系统，暂不开发，继续创造条件，待时机成熟后再开发。

（5）系统开发。它包括系统调研、系统分析、系统方案通过、编写源代码、系统调试、整理文档。

（6）系统集成。它包括硬件采购、系统安装、系统整合、系统联合测试、试运行。

3. ERP 的应用

（1）ERP 在中国的应用。从起步、探索到成熟，MRP Ⅱ/ERP 在中国企业的应用与推广经历了 40 年的风雨历程，可分为三个阶段：

第一，启动阶段（1981~1990 年）。其特点是立足于 MRP Ⅱ 的引进实施及应用。其领域在传统的机械制造业内，主要问题有两个：一是管理软件本身及计算机存在的技术问题；二是缺乏 MPR Ⅱ 的应用与实施经验。由于正处于市场经济转型时期，思想观念与竞争意识尚有许多障碍，作为中国 MPR Ⅱ 应用的先驱企业所获得的效益与巨大的投资及当初的宏伟蓝图相距甚远。

第二，成长阶段（1990~1996 年）。其特征为 MRP Ⅱ/ERP 在我国的应用与推广取得了较好的成绩。主要原因为：一是计算机技术飞速发展，如客户机/服务器体系结构和计算机网络通信技术的推广普及等使 MRP Ⅱ 向更深更广范围领域发展。二是我国经济改革已进入体制转变和创新实质阶段，企业自身的综合实力增强，国内的财务制度、市场机制、管理标准也逐渐向国际化靠拢。三是国内外软件公司对 MRP Ⅱ/ERP 完成了本地化改造，在产品的开放性、通用性等方面做了许多改进，使我国企业有了更广的选择空间。四是经过一段时间的探索后，积累了一定的实践经验。

第三，成熟阶段（1997 年至今）。其主要特征是 ERP 引入并成为主角，其应用范围更加广泛且效果显著。既可为企业提供投资管理与风险分析、市场预测与决策信息分析、销售分析、获利分析、跨国家跨地区的集团型企业信息集成服务，也可帮助企业进行全面质量管理、人力资源管理、项目管理、运输管理、售后服务与维护等；还可利用互联网实现电子商务，使企业能够扩大经营管理范围，紧跟瞬息万变的市场，参与国际竞争，并获得丰厚的回报。

（2）ERP 系统的竞争优势。当代企业竞争不再是发生在企业与企业之间，而是发生在企业各自的价值链之间。从这个角度理解，产品的竞争优势转换成对生产系统的竞争优势，产品成为这种转换的媒体，只有对价值链上的各环节（业务流程）实现有效的管理，企业才有可能真正获得市场上的竞争优势。迈克尔·波特教授把企业的活动分为基本活动和辅助活动（见表 6-4 及图 6-7）。

表 6-4　　　　　　　　　　　　内部价值链

企业的活动	活动内容				
辅助活动	企业基础设施				边际利润
	人力资源				
	技术开发				
	采购				
基本活动	原材料储运	生产制造	产成品储运	市场与销售	售后服务

图 6-7　供应链（外部价值链）

基本活动为公司的产出增加价值，辅助活动支持目前和未来的基本增值活动。波特把经营业务流程看作是一条链，在向顾客提供产品的流程中，价值链上基本活动之间的紧密衔接有助于物流和信息流的顺畅通过，每次活动及活动间的衔接都要强调对顾客的增值，每一个组织都向其所在环境下的一条供应链贡献价值。

ERP 系统正是对供应链上每一环节进行管理的信息集成系统。实施 ERP 系统可以为企业带来如下经济效益：

①库存下降 30%～50%。这是人们说得最多的效益。因为它可使一般用户的库存投资减少 1.4～1.5 倍，库存周转率提高 50%。

②延期交货减少 80%。当库存减少并稳定的时候，用户服务的水平提高，使用 ERP/MRPⅡ 企业的准时交货率平均提高 55%，这就使销售部门的信誉大大提高。

③采购提前期缩短 50%。采购人员有了及时准确的生产计划信息，就能集中精力进行价值分析，货源选择，研究谈判策略，了解生产问题，缩短采购时间和节省采购费用。

④停工待料减少 60%。由于零件需求的透明度提高，计划也作了改进，能够做到及时与准确，零件也能以更合理的速度准时到达，因此，生产线上的停工待料现象将会大大减少。

⑤制造成本降低 12%。由于库存费用下降，劳力节约，采购费用节省等一系列人、财、物的效应，必然会引起生产成本的降低。

⑥管理水平提高，管理人员减少 10%，生产能力提高 10%～15%。

在以 ERP 信息集成构建的企业管理框架中，能够最大限度地融入各种适用的管理方法和经营理念，把企业内部价值链上的全部业务活动链接到一个共同的系统中，让物流、信息流、资金流按企业目标流动起来，使企业管理升华到一个全新的境界。

（四）ERP 系统成败原因分析

ERP 系统实施以来，受到的评价褒贬不一。从我国情况看，客观地讲，确实有一些企业采用这一思想后取得很大成功，另一方面大量的企业采用 ERP 后没有取得预期的效益，甚至完全失败。

1. 使用 ERP 系统失败的原因

（1）ERP 系统好看不实用。ERP 系统将一家企业的不同部门之间的不同职能如计划和日程安排、采购、生产、融资等的关键数据和沟通信息整合起来，而这种整合往往是跨地区、跨产品线、跨分销渠道、跨职能部门的。有些流行的 ERP 系统甚至将促销、市场营销、人力资源和其他职能也包括进来，系统供应商觉得只有这样才能为企业管理层提供详细的业务经营信息。比如对一个产品制造商来讲，这样的一套系统可以显示目前库存有多少原材料，生产一个单位的产品要消耗多少成本，现在已经拿到了多少订单，等等。在实际的管理工作中通过审查 ERP 系统所提供的信息、沟通和控制职能，就会清楚地发现，由 ERP 系统提供的对企业经营活动起作用的信息数量，取决于如何规划设计企业的生产和服务流程。也就是说，流程越复杂，越需要大量的系统和信息。相反，通过一个设计合理的价值链，流程会变得非常简单，而这种价值链却比 ERP 系统要便宜许多。许多企业没有意识到这一点，他们放弃了经过多年实践证明非常有效的价值链管理方法，却盲目相信并采用风险极大的 ERP 系统，结果得不偿失。比如有一家美国公司安装了一套 ERP 系统，觉得员工都具备了理解和控制这套系统的能力。在实际应用中，由于根本不需要如此复杂烦琐的工作程序，而且信息处理过程中也不需要如此的精确程度，所以这套系统成了摆设。因为现实中任何企业都很难达到符合 ERP 系统所要求的理想状态，况且，自从安装了这套系统后，还增加了以前没有的管理成本。

（2）企业无法控制 ERP 系统。一旦企业采用了 ERP 系统，就会过度依靠系统软件而放松管理，因为管理人员会含糊地假设所有的好处会自动降临。此时高层管理人员最普遍的做法是将更多的责任交给技术人员。因为他们相信这套系统会帮助其实现企业目标，从而放弃了自己的努力。随着管理人员放松了对企业的控制，系统安装部门就会被迫在管理人员缺席的情况下做出重要的决策。

不可避免地，仅系统的安装就远远超出了预定时间，而丢失的数据、缓慢的反应时间和没有经过严格培训的员工会使这种局面雪上加霜。企业以后要不断地进行软件升级，这就不仅是投资费用的问题，而是这套系统太复杂以至于无法应用。ERP 系统脱离企业控制的主要原因在于，高层管理人员对他们在安装使用这套系统的过程中应扮演的角色没有把握好。

2. 成功使用 ERP 系统的准则

一般企业立足于自己的实际情况和现实需要，参照已经成功实施 ERP 系统的企业的经验，可以快速实施 ERP 系统，降低实施 ERP 风险。这里提供八个准则以供企业参考。

（1）简化 ERP 系统的基础数据。基础数据的整理是 ERP 系统实施过程中一项非常烦琐的工作，同时业务的变更往往需要基础数据的重新整理。基础数据的整理来源于记录业务数据的需要，而公司每天发生的业务形形色色，如果什么样的业务数据都想记录在 ERP 系统中，那 ERP 系统的基础数据整理量会很大，而业务的变更往往又需要基础数据的重新整理。从

ERP 系统的实用性出发，20% 的基础数据往往决定了 ERP 系统 80% 的运行效果。简化 ERP 系统的基础数据，只整理关键的基础数据，可以减少项目实施的工作量，缩短实施周期。

（2）周详完善的实施范围和实施计划。很多企业实施的 ERP 项目，在实施之初没有根据企业所在行业的特征以及目前的状况，制订一个完善周详的实施计划和实施范围，什么模块都想上，结果真正使用的却是很小的一部分。因为规划错误造成的金钱和时间的浪费是非常普遍的，对企业整个项目的影响也是难以估量的。所以，有一个周详完善的实施规划，是保证高效完成这个项目的大前提。

（3）尽量实施和使用 ERP 系统的标准流程和标准功能。ERP 系统实施的根本原则是在保证 ERP 系统实施效果的前提下，将 ERP 系统设计得越简单实用越好。实施 ERP 系统的标准功能，一方面可以减少定制开发的工作量，另一方面可以避免 ERP 系统运行当中的程序出错，同时，标准功能往往是最简单的。正因为标准功能的上述优点，实施 ERP 系统的标准功能可以降低实施难度，缩短实施周期，降低实施成本。

（4）从优化整个供应链价值流的角度简化 ERP 系统组织结构的设计。构成 ERP 系统的主要元素有组织结构、基础数据、业务流程、控制参数和交易数据等，而组织结构的设计又是影响 ERP 系统实施和运行的最关键因素，组织结构的变化可能要求 ERP 系统的重新设计和重新实施。

（5）重点关注影响 ERP 系统集成的控制参数，而不是分散的计划和控制数据。ERP 系统的最大优点是其信息集成的特点，某些系统控制参数的设计影响着业务流程和信息的集成，项目实施过程中必须给予重点关注；同时，为了扩大 ERP 系统的使用面和使用功能，软件公司在开发和设计 ERP 软件时，在集成功能的基础上往往还会开发出一些对个别部门或许有用的小功能，这些小功能对某些行业可能有用，而具体到某个企业却不一定实用，过分注意这些小功能的实施和使用，会分散项目组的实施精力，延长项目实施周期。

（6）只记录关键的交易数据。ERP 系统并不是一种即插即用的解决方案，无论是实施、升级、集成，还是弃用，都不是一件很容易的事情。一方面，在企业信息化过程中，不是说信息越集成越好，一般来讲，越集成的信息系统越难实施和使用；另一方面，随着企业业务的发展系统中记录的业务数据每天都在增加，对硬件的要求也越来越高，只记录关键的交易数据可以减少数据的记录量和存储量，降低企业信息化过程当中的硬件投资。企业在实施 ERP 系统中，一般优先实施财务会计、管理会计、生产计划、采购管理、销售管理和库存管理等模块。

（7）在 ERP 实施过程当中采取同步工程的项目管理方法。ERP 系统实施项目大体可以分为项目准备、培训、业务蓝图、系统设计、上线准备、上线支持及持续改进等阶段，各阶段的工作既有侧重点又有交叉。ERP 实施过程当中的同步工程式项目管理方法与新产品开发项目的管理在原理和技巧上是类似的。采取同步工程式的项目管理方法，可以在同一时期内同时进行两项或两项以上的项目具体工作，从而缩短 ERP 系统的实施周期。

（8）依靠企业内部 ERP 实施人员，以我为主进行系统实施。企业内部 ERP 系统实施人员因为熟悉企业现实情况，认同企业的文化和经营理念，同时又要在企业长期工作，在实施 ERP 系统过程当中往往会从长远角度来考虑 ERP 系统的实施，如果对他们予以系统的培训，同时采取快速化 ERP 系统实施原则，不仅可以降低 ERP 系统实施成本，还可以确保项目质量。

二、精益生产

（一）精益生产方式的产生

精益生产起源于日本的丰田汽车公司。第二次世界大战以后，日本国内汽车市场不可能需要同一品种的大量汽车。要求品种多、数量小，加之他们无更多资金购买西方汽车生产的先进技术及其他一些原因，使丰田汽车公司面临困境，于是适应小批量生产的丰田生产方式诞生了。这种方式传到美国后，美国麻省理工学院的"国际汽车计划"的项目组研究人员根据这种生产方式的特点，把它称为"瘦型"方式，翻译过来比较贴切的名字为"精益生产方式"（lean production）。

（二）精益生产方式的特点

精益生产方式是以社会需要、市场需求为依据，充分发挥人的创新精神，运用多种现代管理手段和方法，有效配置和合理使用企业资源，力求取得最大经济效益的一种新型生产方式。精益生产方式具有以下特点。

1. 采用拉动式生产方式，去除生产中一切不增值的工作

精益生产方式把组织生产的方式，由传统的推动式变成拉动式。以市场需求拉动企业生产，企业生产计划下达给最后工序，每道工序的生产都是由它的下一道工序的需求拉动的。在物料的生产和供应中严格实行准时生产制，做到按需要的时间和需要的数量，向需要的部门或岗位提供所需要的物料，即不设置中间库存。它把生产中的无效劳动和提前进入库存的过剩劳动都视为浪费。为彻底消除这些浪费，要求毫不留情地撤掉不直接为产品增值的环节和工作岗位，有效配置和合理使用企业资源。

2. 强调人的作用、充分发挥人的创新精神

精益生产方式把工作任务和责任最大限度地转移到直接为产品增值的工人身上，而且任务分配到小组，由小组内的工人协作承担，实行小组工作法。为此，要求工人精通多种工作，减少不直接增值的工人，并加大工人对生产的自主权。当生产线发生故障，工人有权拉闸使生产线停下来，查找原因，做出决策。小组协同工作使工人工作的范围扩大，激发了工人对工作的兴趣和创新精神，发挥了团队精神，更有利于精益生产的推行。

3. 把多种现代管理手段和方法用于生产过程之中

如工业工程、价值工程等，包括电子计算机也在逐步地被应用到计划、过程控制中来，使其进一步增强了生命力和效力。

4. 采用适度自动化，提高生产系统的柔性

精益生产方式并不追求制造设备的高度自动化和现代化，而强调对现有设备的改造和根据实际需要采用先进技术，按此原则来提高设备的效率和柔性。例如，在采用柔性制造系统时，应让它的柔性与市场需求的柔性相一致。

5. 不断改进，以尽善尽美作为不懈追求的目标

持续不断地改进生产，消除废品，降低库存，降低成本和使产品品种多样化，是精益生产方式追求的目标。上述的把多种现代管理手段和方法用于生产过程之中，发挥人的作用等措施，都是达到尽善尽美理想状态的人员和组织管理的保证。尽善尽美是无止境的，这就要求企业永远致力于改进和不断进步。

（三）准时生产制

1. 准时生产制的概念

准时生产制（just in time，JIT）是指以市场需求为前提，在必要的时间，按必要的数量，生产必要的产品的一种生产制度。它的实质是"准时"。"准时"的含义包括：在生产中，按需要的时间、需要的数量，去生产需要的品种；在经营活动中，按需要的时间、需要的数量，对需要的物资进行投资和经营；在物流中，按需要的时间、需要的数量，提供需要的物品；在财务中，按需要的时间、需要的数量，提供需要的资金准备；在销售中，按需要的时间、需要的数量，提供需要的适销对路的产品。"准"字主要体现在时间上、数量上、需要对象上。

准时生产制的目标是彻底消除无效劳动和浪费。无效劳动和浪费包括以下几种：制造过多的零部件的无效劳动和浪费；空闲待工的浪费；无效的搬运劳动；库存积压的浪费；加工本身的无效劳动；不合理动作方面的无效劳动；生产不合格品的无效劳动和浪费。

用专业化的术语来说明，准时生产制要达到以下目标：废品量最低（零废品）；准结时间最短（零准结时间）；库存量最低（零库存）；搬运量最低；机器损坏率低；生产提前期短；批量小。

2. 准时生产制的特点

（1）采取拉动式生产方式。它改变了传统的推动式，由上工序逐步往下工序推动的做法。拉动式生产主要体现在：市场需求拉动企业生产，主导企业拉动协作配套企业的生产，后道工序拉动前道工序生产，前方生产拉动后方服务部门准时进行服务。

（2）化大批量为小批量。尽可能地减少在制品储备和做到按件传递，在必要的时候只生产一件，只传递一件，只储备一件。任何工序不准生产额外数量的产品，做到宁可暂时中断生产而绝不积压在制品。

（3）用最后的装配工序来调节、平衡全部生产。既然准时生产制是以最后装配工序为组织生产的起点，就意味着装配工序实际上起着调节、平衡全部生产的作用。

3. 实施准时生产制的条件

企业要成功实施准时生产制必须达到几个条件：树立"准时"意识，实现市场需要和企业能力的匹配；要加强现场管理，实施5S活动、定量管理，为进行准时生产制创造条件；要了解现状，找出问题，创造条件，解决问题、保证准时生产制的实施；要认真对生产组织、生产布局、物流等做出调整，使其符合准时生产制的要求；要认真发动职工积极参与，要认真组织培训对职工进行思想上、技术业务上的教育，让职工具备实施准时生产制的紧迫感和自觉性。

4. 准时生产制的实施步骤

结合我国的实际，实施准时生产制的步骤如下：

（1）企业做出实施准时生产制的决策，制定实施规则。

（2）对全体职工进行准时生产制的培训。了解什么是准时生产制，实施准时生产制的目的、意义，搞清它在市场经济条件下的作用，它与每个人切身利益的关系，动员和发动大家都积极参与这项活动。

（3）在了解准时生产制的基础上，发动大家认识现状，对准时生产制与现状进行比较，找差距，提出改进措施的活动。

（4）逐级成立实施准时生产制的组织，并制订推行和落实准时生产制工作计划。

（5）对现场进行5S管理和看板管理，为准时生产制的实施打下基础。

（6）调整生产线，实行"一个流"的生产方式或多品种混流生产方式。

（7）试验运作。在运作中不断改进、调整，使之逐步到位，加以规范化和标准化、制度化。

思考题

1. 何谓生产过程？合理组织生产过程有哪些基本要求？
2. 生产单位的专业化形式有哪几种？特点如何？
3. 生产过程制品的三种移动方式特点如何？
4. 现代企业质量管理的原则包括哪些？
5. 质量管理中常用统计方法，即质量管理的七种工具包括哪些？
6. 5S管理的内容包括哪些？
7. 从MRP到ERP，反映了企业管理思想的哪些变化？
8. 什么是准时生产制？
9. 精益生产方式的特点包括哪些？

案例研究

超级食品有限公司的生产与运作管理系统

超级食品有限公司是一家新加坡独资企业，由新加坡超级咖啡股份有限公司于1993年在常州投资成立。该公司在建立初期，以麦片饮料类的生产为主，随着麦片市场的竞争日益加剧，逐步引入了咖啡类和固体饮料类的产品，完善了自身的产品结构。在超级食品有限公司进入中国以前，国内市场上尚无麦片类的饮料产品。可以这样讲，正是超级食品公司将麦片饮料引入了中国市场，为中国的消费者介绍了这样一种富含营养的早餐或休闲食品，也为消费者介绍了一种生活方式。与此同时，也为超级食品公司及其投资者带来了丰厚的利润。

在20世纪90年代的前、中期，超级食品公司的产品从来不用为销路发愁，生产管理也相对简单，开足马力生产即可。采购更是单纯，物料数量有限，订购批量尽量大，根本不可能有冗余的库存出现；供应商也是趋之若鹜，谈不上管理，更没有战略；物流配送也用不着，基本都是上门送货、提货。

但是，由于商家的趋利性，一时间全国各地出现了形形色色的麦片生产厂家，麦片饮料市场的竞争突然之间变得异常的严峻、残酷。90年代后期，为了缓解市场竞争的压力，公司管理层决定增加产品类别，并且在原有的基础上，针对不同的消费群体，将公司的主打产品——麦片类饮料增加品种，以增强抵御市场竞争大潮冲击的能力。公司管理层决定开发的产品主要有两类：咖啡类和固体饮料类。考虑到咖啡类产品为新加坡母公司的拳头产品，具有相当的技术开发实力和一定的市场知名度，因而决定开发该大类产品，并逐步在市场上推出了超级三合一咖啡（105、305）、超级意大利泡沫咖啡、超级爱尔兰咖啡、超级二合一咖啡及超级瓶装咖啡礼盒等产品。

由于中国气候具有四季分明的特点，并且在秋冬两季集中了中国人最重要的几个节日：中秋节、国庆节、元旦及春节，故此麦片类的产品消费具有比较明显的季节性，即从8月底到来年的2月初为销售旺季，而其余的时间则为销售淡季。而咖啡类产品与其具有相似性，因此公司急需开发出与上述两类产品在销售季节上具有互补性的产品，以此来平衡生产能力，缓解淡季的销售压力。基于以上的考虑，公司管理层决定开发固体饮料类产品，其中包括超级蜂蜜菊花晶袋装及经济装、超级鲜橙粉袋装及经济装、超级柠檬茶袋装及经济装共六种产品。

随着公司产品组合的宽度、长度及深度的不断扩大，以前公司在生产与运作管理上"轻易解决"的问题，如今真正地成为难题了。首先是生产安排上出现了问题，有时成品来不及做，而仓库催促要发货；有时入库成品仓库拒绝接收，原因是仓库该类货品太多，没有多余库位。其次是采购管理上，经常有紧急订单催供应商交货，而有的物料却又是几个月甚至数年不动。最后是在物流上，压力同样不小。经常收到销售部门的投诉，称由于运力不足，或是运输的网络覆盖不到，使得好不容易到手的生意无法做成，等等，不一而足。以上的这些问题一而再、再而三地出现，终于引起了公司管理层的高度重视，从2001年下半年开始，生产与运作管理工作作为需重点解决的问题被列入工作议程。

时间转眼间进入了2002年的6月份，某一个星期二上午，超级食品公司的所有中层以上的管理人员都集中在会议室中，正在参加每周一次的例会。随着会议的议程进入本周各部门的情况通报，主持会议的总经理请销售总监首先发言。销售总监一脸激动地开始了他对生产运作上的不满的发泄："我们的客户——几家大的连锁超市反馈回来的信息表明，我们的夏季主打产品——超级鲜橙粉袋装和经济装全面断货，客户对此非常不满意。甚至问我们的销售人员，我们公司是否想撤出这两种产品，如果是，那么赶快腾出地方给其他公司的产品。有的客户还以嘲弄的口吻说，你们超级食品公司蛮奇怪，冬季咖啡卖得好的时候，你们的超级咖啡礼盒断货；夏季饮料卖得好的时候，现在鲜橙粉系列产品又断货了。我也从物流、仓库、生产部等几个部门做了一点初步的调查，据说是有一种原料缺货。我想再一次地呼吁各部门大力协助销售部的工作，否则今年的销售指标很难完成！"

真是一石激起千层浪，销售总监说的问题彻底地暴露了超级食品有限公司在生产与运作管理上存在的问题：

第一，库存控制上不平衡。既有断货、零库存现象的经常发生，同时仓库也有许多的积压库存，有些产品由于生产日期超过 6 个月而无法发货，有些物料已有 6 个月以上，甚至数年没有发生领用。在库存管理上，这种缺货与冗余同时并存的现象，已成为超级食品有限公司生产与运作系统管理不善的最直接表现。如何控制库存已成为了公司管理层急需解决的首要问题。

第二，订单管理的无序。在订单管理上，首先就是表现为紧急订单多，由此必然引起小批量订单多，并且整个订单数量大。这样也就间接增加了与供应商/生产部关系的管理难度。

第三，供应链管理的低效。内部供应链管理的低效率体现为对物料管理的不分主次，没有重点，既影响了物料的库存控制，也影响了供应商关系的管理。外部供应链管理的低效率，既有采购策略的不明确，也有客户服务的缺乏针对性。

当然，除了以上这些问题之外，在超级食品有限公司的生产与运作管理上也还存在一些问题，但归根结底，以上三个问题是主要的，解决了它们，其他问题也就迎刃而解了。

资料来源：刘丽文. 生产与运作管理（第四版）[M]. 北京：清华大学出版社，2011.

讨论题：

1. 分析超级食品有限公司的生产与运作管理系统存在的问题。
2. 结合案例，探讨解决这一问题的思路。

第七章 财务管理

学习目标

1. 了解财务管理的基本概念。
2. 理解筹资管理、投资管理、股利分配。
3. 认识财务分析的内涵，熟练运用偿债能力分析、营运能力分析、获利能力分析等方法。
4. 掌握企业趋势分析方法。
5. 能使用杜邦财务分析法总结企业财务综合情况。
6. 了解企业兼并与收购、剥离与分立、股权重组及公司控制的有关方法与过程。

本章框架

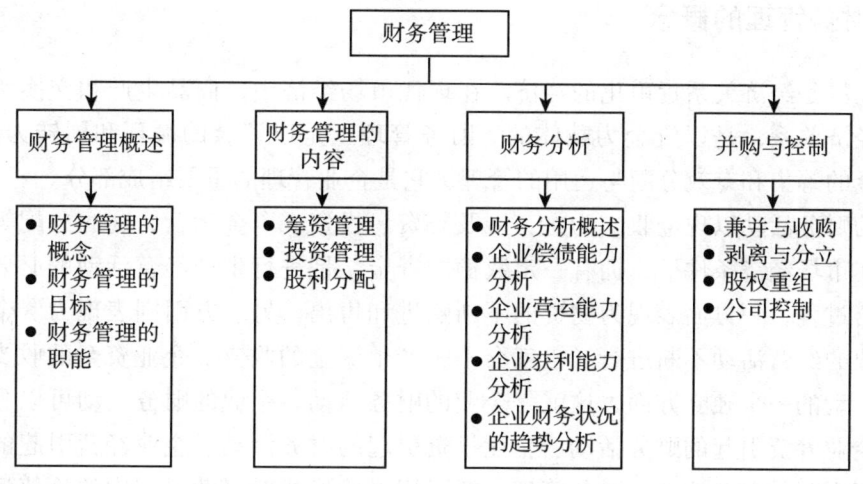

导入案例

YD 投资公司的财务舞弊

YD 投资公司 2004 年年报显示，现金余额 11.88 亿元，其中有外埠定期存款 5.27 亿元。人们不禁发出疑问：好端端地跑大老远去存什么定期存款？且该存款无质押。

截至 2004 年年底，该公司资产总额 61.87 亿元，其中货币资金 11.88 亿元，资产负债率 63%，银行贷款 31.66 亿元（包括应付票据 5.07 亿元），2004 年该公司实现收入 11.88 亿元，实现净利 3 982 万元，经营活动、投资活动及筹资活动现金净流入分别 6.13 亿元、－1.40 亿元及 －0.04 亿元。2004 年现金净增加 4.69 亿元。

2004 年年报披露：截至 2004 年 12 月 31 日，公司控股股东 YD 集团及其子公司占用公司资金净额（YD 集团及其子公司占用公司资金扣除公司及子公司占用 YD 集团及其子公司资金）合计为 22 629.00 万元。其中：本年累计增加 138 246.84 万元，本年累计减少 144 899.44 万元，全年平均占用净额 48 809.61 万元。

2005 年半年报显示，货币资金余额减至 9.22 亿元，经营性现金净流出 4.64 亿元。货币资金中有 5.25 亿元是其他货币资金，附注称期末其他货币资金中为办理承兑汇票抵押存款金额 51 910.50 万元、信用保证金存款 659.44 万元、外埠定期存款 3.24 万元。而 2004 年年报中 11.88 亿元中有 9.37 亿元是其他货币资金，附注称期末其他货币资金中为办理承兑汇票抵押存款金额 26 429.50 万元、信用保证金存款 2 639.19 万元、外埠定期存款 52 700.00 万元。

至此，可以百分之百肯定 YD 投资公司外埠定期存款 5.27 亿元实为虚构或已设定质押，造假目的是掩盖关联方占用上市公司巨额资金的违规行为。

第一节 财务管理概述

一、财务管理的概念

市场经济是经济关系货币化的经济。在现代市场经济中，商品生产和交换所形成的错综复杂的经济关系，是以资金为载体的。财务管理正是以资金的循环和周转为研究对象，是关于资金的筹集和有效分配与运用的管理，它是企业管理的重要组成部分。

企业的财务活动以现金收支为主，涉及筹资、投资、资金运营、利润分配等一系列资金活动。在市场经济条件下，拥有一定数额的资金，是进行生产经营活动的必要条件。企业生产经营过程，一方面表现为物资的不断购进和售出，另一方面则表现为资金的支出和收回。企业的经营活动不断进行，也就会不断产生资金的收支。企业资金的收支，构成了企业经济活动的一个独立方面，这就是企业的财务活动。企业的财务活动可以分为以下四个方面：企业筹资引起的财务活动、企业投资引起的财务活动、企业经营引起的财务活动和企业分配引起的财务活动。财务管理主要运用价值形式对经营过程中的价值运动实施管理，通过价值形式，把企业的一切物质条件、经营过程和经营结果都合理地加以规划和控制，使企业效益不断提高，财富不断增加。

二、财务管理的目标

财务管理的目标是企业理财活动所希望实现的结果，是评价企业理财活动是否合理的基本标准。企业财务管理的目标，取决于企业对财务管理的要求，并且受财务管理自身特点的制约。

（一）企业对财务管理的要求

企业是营利性组织，企业的一切管理工作的出发点和归宿都是获利。企业一旦成立，就会面临竞争，并且始终处于生存和倒闭、发展和萎缩的矛盾之中。企业必须生存下去才可能获利，也只有不断发展才能生存。因此企业的目标可以概括为生存、发展和获利。

企业生存的威胁来自于两个方面：一个是长期亏损，它是企业终止的内在原因；另一个是不能按时偿还到期债务，它是企业终止的直接原因。企业要想在激烈的市场竞争中生存，首先要保持以收抵支的能力，以便维持继续经营。企业一方面付出货币，从市场上取得所需资源；另一方面提供市场所需要的商品或服务，从市场上换回货币。首先，企业从市场上获得的货币至少要等于付出的货币，这是企业长期存续的基本条件；其次，要保持偿还到期债务的能力。企业为扩大业务规模或满足经营周转的临时需要，可以向其他个人或法人借债。国家为维持市场经济秩序，通过立法规定债务人必须"偿还到期债务"，必要时"破产偿债"。企业如果不能偿还到期债务，就可能被债权人接管或被法院判定破产。因此，力求保持以收抵支和偿还到期债务的能力，减少破产的风险，使企业能够长期、稳定地生存下去，是对财务管理的第一个要求，也是企业赖以发展和盈利的基础。

企业要发展，就必须筹集所需要的资金。在竞争激烈的市场中，企业只有保持较强的竞争能力，不断提高产品和服务的质量，扩大自己的市场份额，才能在市场中立足。

企业的停滞是其死亡的前奏。企业的发展集中表现为扩大收入。扩大收入的根本途径是提高产品的质量，这就要求企业不断更新设备、技术和工艺，并不断提高各种人员的素质，也就是要投入更多、更好的物质资源、人力资源，并改进技术和管理。在市场经济中，各种资源的取得都需要付出货币，企业的发展离不开资金。因此，筹集企业发展所需的资金，是对企业财务管理的第二个要求。

建立企业的最终目的是盈利。尽管已建立的企业也有改善职工收入、改善劳动条件、提高产品质量、减少环境污染等多种目标，但是，盈利是最具综合能力的目标，盈利不但体现了企业存在的根本目的，而且有助于其他目标的实现。盈利就是使资产获得超过其投资的回报。在市场经济中，没有"免费使用"的资金，资金的每项来源都有其成本，每项资产从中获得的投资回报只有超过其投资成本，才能体现出其存在的价值。因此，通过合理、有效地使用资金使企业获利，是对财务管理的第三个要求。

（二）企业财务管理目标分析

企业财务管理的目标，是上述企业目标及其对财务管理的要求在财务上的集中和概括，它是企业一切理财活动的出发点和归宿。关于企业的财务管理目标的综合表达，有以下三种主要观点：

1. 利润最大化

利润最大化认为，企业是以盈利为目的的经济组织，利润代表了企业新创造的财富，利润越多说明企业的财富增加得越多，越接近企业的目标。利润最大化是西方微观经济学的理论基础。西方经济学家以往都是以利润最大化这一概念来分析和评价企业行为和业绩的。

以利润最大化作为财务管理目标，有其合理的方面。企业追求利润最大化，就必须加强经济核算和管理，改进技术，提高劳动生产率，降低产品成本。这些措施都有利于资源的合理配置，有利于经济效益的提高。但是，这种观点存在以下缺陷：

（1）利润最大化没有考虑利润的取得时间。企业的财务决策若不考虑资金的时间价值，就难以做出正确的判断。

（2）利润最大化不能有效地考虑风险问题。这可能会使企业一味追求利润而忽视风险因素。

（3）利润最大化往往会使企业财务决策带有短期行为的倾向。片面追求短期利润的最大化，可能会导致企业忽视科技开发、产品开发、产品市场占有率、人才开发、履行社会责任等问题，对企业的长远发展造成不良影响。

（4）利润最大化没有考虑所获利润和投入资本额之间的关系。

2. 股东财富最大化

股东财富最大化是指通过财务上的合理经营，为股东带来最多的财富。在股份公司中，股东财富由其所拥有的股票数量和股票市场价格两方面来决定。如果股票数量一定，当股票价格达到最高时，股东财富也达到最大，因此，股东财富最大化又可表述为股票价格最大化。

股票价格的高低，会受到企业风险的高低和企业预期未来利润的影响，从而克服了利润最大化观点中忽视风险和片面追求短期利润的缺点，同时股票价格也能反映出资本和获利之间的关系，这些正是股东财富最大化优越性的重要体现。但是，这种观点也存在一些缺陷：

（1）股票价格受到多种因素影响，并非公司所能控制，把不可控因素引入理财目标是不合理的。

（2）股东财富最大化目标只强调股东的利益，而对企业其他相关人（政府、债权人、员工等）的利益重视不够。

（3）股东财富最大化目标只适用于上市公司，对非上市公司则很难适用。

3. 企业价值最大化

企业价值最大化是指通过企业财务上的合理经营，采用最优的财务政策，充分考虑资金的时间价值和风险与报酬的关系，在保证企业长期稳定发展的基础上，使企业总价值达到最大。企业价值最大化的基本思想是首先考虑企业长期稳定发展，强调在企业价值增长中满足各方利益关系，这显然与企业的总目标具有一致性。现代企业是多边契约关系的总和，股东、债权人、政府和企业职工等利益关系人承担着不同程度的企业风险。因此，企业财务管理目标应该与企业多个利益集团有关，是这些利益集团共同作用和相互妥协的结果，在一定时期和一定环境下，某一利益集团可能会起主导作用，但从企业长远发展来看，不能只强调某一利益集团的利益，而置其他利益集团的利益于不顾，从这一意义上说，股东财富最大化不是财务管理的最优目标。从理论上讲，各个利益集团的目标都可以在企业长期稳定发展和企业总价值的不断增长中得以体现，各个利益集团都可以通过企业价值最大化来实现它们的最终目的。所以，以企业价值最大化作为财务管理的目标，比以股东财富最大化作为财务管理目标更具优越性。

三、财务管理的职能

财务管理的职能主要包括财务决策、财务计划和财务控制。

(一) 财务决策

财务决策是有关资金筹集和使用的决策。财务决策的过程,一般可分为四个阶段。

(1) 情报活动。情报活动即探查环境,是寻找做决策的条件。在这个阶段,要根据初步设想搜集情报,找出决策的依据。

(2) 设计活动。设计活动即创造、制订和分析可能采取的方案。在这个阶段,要根据搜集到的情报,以企业想要解决的问题为目标,设计出各种可能采取的方案即备选计划,并分析评价每一个方案的得失和利弊。

(3) 抉择活动。抉择活动是从备选计划中选择一个行动方案,或者说在备选计划中进行抉择。在这个阶段,要根据当时的情况和对未来的预测,以及一定的价值标准评价方案,并按照一定的准则选出一个行动方案。

(4) 审查活动。审查活动是对过去的决策进行评价。在这个阶段,要根据实际发展进程和行动方案的比较,评价决策的质量即主观符合客观的程度,以便改进后续决策。

(二) 财务计划

广义的财务计划工作包括很多方面,通常包括:确定财务目标、制定财务战略和财务政策;规定财务工作程序和针对某一具体问题的财务规划;以及制定财务规划和编制财务预算。狭义的财务计划工作,是指针对特定期间的财务规划和财务预算。

(三) 财务控制

财务控制是为实现既定目标而采取的行动,包括建立组织、规定控制标准、制定控制程序、选择控制方法等。财务控制和财务计划有着密切的联系,财务计划是财务控制的重要依据,财务控制是执行财务计划的重要手段。

四、财务管理方法

财务管理方法是为了实现财务管理目标,完成财务管理任务,在进行理财活动时所采用的各种技术和手段。一般来说,根据财务管理的环节,可以把财务管理方法分为财务预测方法、财务决策方法、财务计划方法、财务控制方法和财务分析方法。财务预测是财务人员根据历史资料,依据现实条件,运用特定的方法来预计和测算企业未来的财务活动及财务成果。财务决策是指财务人员在财务目标的总体要求下,从若干个可以选择的财务活动方案中选择最优方案的过程。财务计划是在一定的计划期内以货币形式反映生产经营活动所需要的资金及其来源、财务收入和支出、财务成果及其分配的计划。财务控制方法指在财务管理过程中,利用有关信息和特定手段,对企业的财务活动施加影响或调节,以便实现计划所规定的财务目标。财务分析是以价值形式运用财务报表和其他资料,采用一系列的专门方法,对企业过去和现在的财务状况和经营成果进行剖析、评价,为改善企业财务管理工作和优化经营决策提供重要的财务信息。

第二节 财务管理的内容

财务管理的目标是企业价值最大化,企业价值最大化的途径是提高报酬率和减少风险,而企业报酬率的高低取决于资本结构、投资项目和股利分配政策等因素。因此,财务管理的主要内容是筹资、投资和股利分配的管理。

一、筹资管理

企业筹资是指企业作为筹资主体,根据其生产经营、对外投资和调整资本结构等需要,通过筹资渠道和金融市场,运用筹资方式,经济有效地筹措和集中资金的活动。筹资管理就是在保证企业投资活动所需要资金的前提下,通过筹资渠道、筹资方式的选择,合理确定资本结构,以降低筹资成本,提高资金使用效益。

(一) 企业筹资的类型

可供企业选择的资金来源有很多,我国习惯上称为"资金渠道",按不同的标准通常可以分为权益资本和债务资本、长期资本和短期资本、内部筹资和外部筹资等。

1. 权益资本和债务资本

企业的全部资本,按属性的不同可以分为权益资本和债务资本。这是由企业资本的所有权决定的。权益资本是企业所有者提供的资金,利用发行股票和保留盈余等方式取得并长期拥有、自主运用。权益资本不需要归还,筹资风险小,但其期望的报酬率高。在我国,根据有关法规制度,企业的权益资本由投入资本(或股本)、资本公积、盈余公积和未分配利润组成。债务资本,是企业的债权人提供的资金,是企业通过发行债券、银行借款等方式取得并依约运用、按期偿还。债务资本需要按期归还,有一定的风险,但其要求的报酬率比权益资本低。

2. 长期资本和短期资本

企业的全部资本,按期限的不同可以分为长期资本和短期资本。长期资本是指企业使用期限在1年以上的资本,通常包括各种权益资本和长期借款、应付债券等债务资本。短期资本是指企业使用期限在1年以内的资本,一般包括短期借款、应付账款和应付票据等项目,短期资本通常是采用银行借款、商业信用等筹资方式取得或形成的。

3. 内部筹资和外部筹资

企业的全部筹资按资本来源的范围,可分为内部筹资和外部筹资。内部筹资是指在企业内部通过保留盈余而形成的资本来源。内部筹资是在企业内部"自然"形成的,因此被称为"自动化的资本来源",一般无须花费筹资费用,其数量通常由企业可分配利润的规模和利润分配政策决定。外部筹资是指企业在内部筹资不能满足需要时,向企业外部筹资而形成的资本来源。企业外部筹资大多需要花费筹资费用。

（二）企业的筹资方式

企业筹资方式是指企业筹集资本所采取的具体形式和工具。筹资形式取决于企业的组织形式和金融工具的开发利用程度。一般来说,企业筹资方式有以下几种:

(1) 投入资本筹资。投入资本筹资是企业以协议形式筹集政府、法人、自然人等直接投入的资本。投入资本筹资方式不以股票为媒介,适用于非股份制企业,是非股份制企业取得筹集权益资本的最基本方式。

(2) 发行股票筹资。发行股票筹资是股份有限公司按照公司章程依法发售股票直接筹资,形成公司股本的一种筹资方式。发行股票筹资要以股票为媒介,仅适用于股份有限公司,是其取得股权资本的基本方式。

(3) 发行债券筹资。发行债券筹资是企业按照债券发行协议通过发售债券直接筹资,形成企业债务资本的一种筹资方式。在我国,股份有限公司、国有独资公司和两个以上的国有企业或者其他两个以上的国有投资主体投资设立的有限责任公司,有资格发行公司债券,可以发行债券筹集资金。

(4) 银行借款筹资。银行借款筹资是各类企业按照借款合同从银行等金融机构借入各种款项的筹资方式。它广泛适用于各类企业,是企业获得长期和短期债务资本的主要筹资方式。

(5) 商业信用筹资。商业信用筹资是企业通过赊购商品、预收货款等商品交易行为筹集债权资本的一种筹资方式。这种筹资方式比较灵活,为各类企业所广泛采用。

(6) 租赁筹资。租赁筹资是企业按照租赁合同租入资产从而筹集资本的特殊筹资方式。各类企业都可以采用租赁筹资方式,租入所需资产,并形成企业的债务资本。

企业应根据融资需求,结合上述筹资方式各自的特点,确定具体筹资方式,实现各种筹资方式的合理组合,经济有效地筹集资本。

二、投资管理

企业投资是指以收回现金并取得收益为目的而发生的现金流出。例如购买企业股票和债券、购置设备、兴建工厂、增加新产品等,都要发生货币性流出,并期望取得更多的现金流入。对于创造价值而言,投资决策是筹资、投资和利润分配三项决策中最重要的决策。财务管理中所讨论的投资主要是指企业进行的生产性资产投资。生产性资产是指企业生产经营活动所需要的资产,企业利用这些资产可以增加价值,创造财富。这种投资在企业内部进行,其投资行为并不改变资金的控制权归属,只是指定了企业资金的特定用途。生产性资产又进一步分为资本资产和营运资产,资本资产是指企业的长期资产,营运资产是指企业的流动资产。资本投资管理的主要内容,是通过投资预算的分析与编制对投资项目进行评价。

对任何投资机会的评价都包括以下几个步骤:

(1) 提出各种投资方案。新产品方案通常来自营销部门,设备更新的建议通常来自生产部门等。

(2) 估计方案的相关现金流量。

(3) 计算投资方案的价值指标,如净现值、现值指数和内含报酬率等。

(4) 价值指标与可接受标准比较。

(5) 对已接受方案进行再评价。

三、股利分配

股利分配是指公司制企业向股东分派股利,是企业利润分配的一部分。股利分配涉及的方面很多,主要包括以下几个方面。

(一) 利润分配的项目

按照我国《公司法》的规定,公司净利润分配的项目包括以下部分:

(1) 盈余公积金。盈余公积金从净利润中提取形成,用于弥补公司亏损、扩大公司生产经营或者转为增加公司资本。盈余公积金分为法定盈余公积金和任意盈余公积金。公司分配当年税后利润时应当按照10%的比例提取法定盈余公积金;当盈余公积金累计额达到公司注册资本的50%时,可不再继续提取。任意盈余公积金的提取由股东会根据需要决定。

(2) 公益金。公益金也从净利润中提取形成,专门用于职工集体福利设施建设。公益金按照税后利润的5%~10%的比例提取形成。

(3) 股利(向投资者分配利润)。公司向股东(投资者)支付股利(分配利润),要在提取盈余公积金、公益金之后。股利(利润)的分配应以各股东(投资者)持有股份(投资额)的数额为依据,每名股东取得的股利与其持有的股份数成正比。股份有限公司原则上应从累计盈利中派发股利,无盈利不得支付股利。但若公司用盈余公积金抵补亏损以后,为维护其股票信誉,经股东大会特别决议,也可用盈余公积金支付股利,支付股利后留存的法定盈余公积金不得低于注册资本的25%。

(二) 利润分配的程序

按照我国《公司法》的有关规定,利润分配应按下列顺序进行:

(1) 计算可供分配的利润。将本年净利润(净亏损)与年初未分配利润(或亏损)合并,计算出可供分配的利润。如果可供分配的利润为负数(即亏损),则不能进行后续分配;如果可供分配利润为正数(即本年累计盈利),则进行后续分配。

（2）计提法定盈余公积金。按抵减年初累计亏损后的本年净利润计提法定盈余公积金。提取盈余公积金的基数，不是可供分配的利润，也不一定是本年的税后利润。只有不存在年初累计亏损时，才能按本年税后利润计算应提取数。如果企业以前年度亏损，则企业可供分配的利润应是企业当期实现的净利润加上其他转入，减去年初未弥补亏损后的余额。

（3）计提公益金。按上述步骤以同样的基数计提公益金。

（4）计提任意盈余公积金。

（5）向股东（投资者）支付股利（分配利润）。

公司股东会或董事会违反上述利润分配顺序，在抵补亏损和提取法定盈余公积金、公益金之前向股东分配利润的，必须将违反规定发放的利润退还公司。

（三）股利支付的程序

股份有限公司分配股利必须遵循法定的程序，一般是首先由董事会根据公司盈利水平和股利政策提出分配方案，然后提交股东大会审议通过才能进行分配。股东大会决议通过分配预案之后，要向股东宣告发放股利的方案，并确定股权登记日和股利支付日。

（1）股利宣告日：股利宣告日就是由公司董事会宣布发放股利的日期。在宣布分配方案的同时，要公布股权登记日和股利支付日。

（2）股权登记日：股权登记日是有权领取本期股利的股东资格登记截止日期。只有在股权登记日前在公司股东名册上登记在册的股东，才有权领取股利。

（3）股利支付日：股利支付日就是公司将股利正式发放给股东的日期。

第三节 财务分析

一、财务分析概述

（一）财务分析的概念

财务分析以财务报表和其他资料为基础，采用专门的方法，对企业经济活动的过程和结果进行系统的分析和评价，从而揭示企业生产经营过程中的利弊得失，评价企业的财务状况、经营成果及其变动趋势，为改善企业财务管理工作和优化经济决策提供重要的财务信息。

财务分析是财务管理的重要方法之一，它既是对企业一定期间的财务活动的总结，也为企业下一步的财务预测和财务决策提供依据。财务分析在企业财务管理中的作用表现为以下几个方面。

（1）通过财务分析，可以评价企业一定时期的财务状况，揭示企业生产经营活动中存在的问题，总结财务管理工作中的经验教训。

(2) 通过财务分析，可以为投资者、债权人和其他有关部门和人员提供系统完整的财务分析资料，为其经济决策提供依据。

(3) 通过财务分析，可以检查企业内部各职能部门完成财务计划指标的情况，考核各部门的经营业绩，揭示管理中存在的问题，提高管理水平。

(二) 财务分析的目的

(1) 评价企业的偿债能力。通过对企业的财务报表等资料的分析，可以了解企业资产的流动性、负债水平以及偿还债务的能力，从而评价企业的财务经营状况和风险状况，为企业经营管理者、投资者和债权人提供财务信息。

(2) 评价企业的资产管理水平。企业的生产经营过程就是利用资产取得收益的过程。资产是企业生产经营活动的经济资源，资产的管理水平直接影响到企业的收益，它体现了企业的整体素质。进行财务分析，可以了解企业资产的管理状况、资金的周转状况、现金流量等情况，为评价企业的经营管理水平提供依据。

(3) 评价企业的获利能力。获利是企业的主要目标。投资者和债权人都十分关心企业的获利能力，获利能力强可以提高企业偿还债务的能力，增强企业的信誉。对企业获利能力的分析不能只依据其获取利润的绝对数，还应分析其相对指标，这些都要通过财务分析来实现。

(4) 评价企业的发展趋势。通过财务分析，可以判断企业的发展趋势，预测企业的经营前景，从而为企业经营管理者和投资者进行经营决策和投资决策提供重要的依据，避免决策失误给其带来的重大经济损失。

二、企业偿债能力分析

偿债能力是指企业偿还各种债务的能力。偿债能力分析主要分为短期偿债能力分析和长期偿债能力分析。

(一) 短期偿债能力分析

短期偿债能力是指企业偿付流动负债的能力。流动负债是将在一年内或超过一年的一个营业周期内需要偿还的债务。评价企业短期偿债能力的财务比率主要有流动比率、速动比率、现金比率等。

1. 流动比率

流动比率是企业全部流动资产与流动负债的比率。其计算公式为：

$$流动比率 = 流动资产 \div 流动负债$$

例如，A 公司 20×4 年的资产负债表、利润表和利润分配表分别如表 7-1、表 7-2 和表 7-3 所示（本节各项财务比率的计算将主要使用 A 公司的财务报表作为实例）。

表 7-1　　　　　　　　　　　　　A 公司资产负债表　　　　　　　　　　单位：万元

资产	年初数	期末数	负债及所有者权益	年初数	期末数
流动资产：			流动负债：		
货币资金	50	100	短期借款	90	120
短期投资	24	12	应付票据	8	10
应收票据	22	16	应付账款	218	200
应收账款	400	800	预收账款	8	20
减：坏账准备	2	4	其他应付款	24	14
应收账款净额	398	796	应付工资	2	4
预付账款	8	44	应付福利费	32	24
其他应收款	44	24	应交税金	8	10
存货	652	238	未付利润	20	56
待摊费用	14	64	其他应交款	2	14
待处理流动资产净损失	8	16	预提费用	10	18
一年内到期的长期债券投资	0	90	预计负债	8	4
流动资产合计	1 220	1 400	一年内到期的长期负债	0	100
			其他流动负债	10	6
长期投资	90	60	流动负债合计	440	600
固定资产：			长期负债：		
固定资产原值	3 234	4 000	长期借款	490	900
减：累计折旧	1 324	1 524	应付债券	520	480
固定资产净值	1 910	2 476	长期应付款	120	100
固定资产清理	24	0	其他长期负债	30	40
在建工程	50	20	长期负债合计	1 160	1 520
待处理固定资产净损失	20	16			
固定资产合计	2 004	2 512	所有者权益：		
无形资产及递延资产：			实收资本	200	200
无形资产	16	12	资本公积	20	32
长期待摊费用	30	10	盈余公积	80	148
其他长期资产	0	6	未分配利润	1 460	1 500
无形资产及递延资产合计	46	28	所有者权益合计	1 760	1 880
资产总计	3 360	4 000	负债及所有者权益总计	3 360	4 000

表7-2　　　　　　　　　　　　　A公司利润表　　　　　　　　　　　单位：万元

项目	上年实际	本年累计
一、主营业务收入	5 700	6 000
减：主营业务支出	5 006	5 288
税金及附加	56	56
二、主营业务利润	638	656
加：其他业务利润	72	40
减：营业费用	40	44
管理费用	80	92
财务费用	192	220
三、营业利润	398	340
加：投资收益	48	80
营业外收入	34	20
减：营业外支出	10	40
四、利润总额	470	400
减：所得税	150	128
五、净利润	320	272

表7-3　　　　　　　　　　　　A公司利润分配表　　　　　　　　　　单位：万元

项目	上年实际	本年累计
一、净利润	320	272
加：年初未分配利润	1 400	1 460
其他转入	-80	-108
二、可供分配的利润	1 640	1 624
减：提取盈余公积	80	68
应付例如	100	56
三、未分配利润	1 460	1 000

【例7-1】根据表7-1中A公司20×4年年末的流动资产1 400万元和流动负债600万元，可以计算出A公司的流动比率是：

流动比率 = 1 400 ÷ 600 = 2.33

这表明A公司每有1元的流动负债，就有2.33元的流动资产作为偿还保障。流动比率是衡量企业短期偿债能力的一个重要财务指标。企业能否偿还短期债务，要看有多少短期债务，以及有多少可变现偿债的流动资产。流动负债比率越高，说明企业偿还流动负债的能力越强。但是，过高的流动比率，可能意味着企业滞留在流动资产上的资金过多，未能有效加以利用，这会影响到企业的获利能力。

一般认为，生产企业合理的最低流动比率是2。这是因为流动资产中变现能力差的存货金额约占流动资产总额的一半，剩下的流动性较大的流动资产至少要等于流动负债，企业的短期偿债能力才会有保证。对流动比率的分析应结合行业特点、企业流动资产的结构及各项流动资产的实际变现能力等因素,和同行业平均流动比率、本企业历史的流动比率进行比较,才能知道这个比率是高还是低。但是,这种比较通常并不能说明流动比率高或低的原因,因此,还必须分析流动资产和流动负债所包括的内容以及经营上的因素。一般情况下,营业周期、流动资产中的应收账款和存货的周转速度是影响流动比率的主要因素。

2. 速动比率

流动比率虽然可以评价流动资产总体的变现能力,但是流动资产中的存货并不一定能完全用于偿债,这主要是因为:第一,在流动资产中,存货的变现速度最慢。第二,由于某种原因,部分存货可能已经变质、毁损但还没有作报废处理。第三,部分存货已抵押给某债权人。第四,存货估价还存在着成本与合理市价相差悬殊的问题。因此,在企业不希望用变卖存货的办法还债,以及排除使人产生种种误解因素的情况下,应该把存货从流动资产中扣除,这样反映出的偿债能力更有说服力。

速动比率是从流动资产中扣除存货部分,再除以流动负债的比率。速动比率的计算公式为:

$$速动比率 = (流动资产 - 存货) \div 流动负债$$

【例7-2】A公司20×4年年末的存货为238万元,其速动比率为:

速动比率 = (1 400 - 238) ÷ 600 = 1.94

通过速动比率判断企业短期偿债能力比用流动比率更进了一步,因为它撇开了变现力较差的存货。速动比率越高,说明企业的短期偿债能力越强。通常认为正常的速动比率为1,低于1的速动比率被认为是短期偿债能力偏低。但是行业不同,速动比率就会有很大的差别,并没有统一标准的速动比率。影响速动比率可信性的重要因素是应收账款的变现能力。账面上的应收账款不一定都能变成现金,实际坏账可能比计提的坏账准备要多;季节性的变化,可能使报表的应收账款数额不能反映平均水平。这些情况,外部使用人不易了解,而企业的财务人员却有可能做出估计。

3. 现金比率

现金比率是指企业的现金类资产与流动负债的比率。现金类资产包括企业的库存现金、随时可以用于支付的存款和现金等价物,即现金流量表中所反映的现金。其计算公式为:

$$现金比率 = (现金 + 现金等价物) \div 流动负债$$

【例7-3】根据表7-1中A公司的有关数据(假定该公司的短期投资均为现金等价物),则该公司20×4年年末的现金比率为:

现金比率 = (100 + 12) ÷ 600 = 0.19

现金比率可以反映企业的直接支付能力,因为现金是企业偿还债务的最终手段,如果企业现金缺乏,就可能会发生支付困难,面临财务危机,因而现金比率高,说明企业有较好的支付能力,对偿付债务是有保障的。

（二）长期偿债能力分析

长期偿债能力是指企业偿还长期负债的能力。反映企业长期偿债能力的财务比率指标主要有资产负债率、债务股权比率、有形净值债务率、股东权益比率、权益乘数、利息保障倍数等。

1. 资产负债率

资产负债率是指企业负债总额与资产总额的比率。它反映在总资产中有多少是通过借债来筹资的，也可以衡量企业在清算时保护债权人利益的程度。其计算公式如下：

$$资产负债率 = 负债总额 \div 资产总额 \times 100\%$$

【例7-4】A公司20×4年年末的负债总额为2 120万元，资产总额为4 000万元，则其资产负债率为：

$$资产负债率 = 2\ 120 \div 4\ 000 \times 100\% = 53\%$$

对于资产负债率，企业的债权人、股东和企业经营者往往从不同的角度来评价。

（1）从债权人的角度来看，他们最关心的是贷给企业的资金是否安全，也就是能否按期收回本金和利息。如果这个比率过高，说明在企业的全部资产中，股东提供的资本所占比重太低，企业的财务风险将主要由债权人负担，其贷款的安全也就缺乏可靠的保障。因此，债权人希望企业的债务比例越低越好。

（2）从企业股东的角度看，其关心的主要是投资收益的高低。由于企业通过举债筹措的资金与股东提供的资金在经营中发挥同样的作用，所以，股东关心的是全部资本利润率是否超过借项的利率。在企业所得的全部资本利润率超过因借款而支付的利息率时，股东所得的利润就会加大。如果相反，运用全部资本所得的利润率低于借款利息率，则对股东不利，因为借入资本多余的利息要用股东所得的利润份额来弥补。因此，从股东的角度看，在全部资本利润率高于借款利息率时，负债比例越大越好。

（3）从企业经营者的角度看，他们既要考虑企业的盈利，又要顾及企业所承担的财务风险。如果举债过大，企业的财务风险将增大。如果负债比例很小，说明企业比较保守，对前途信心不足，利用债权人资本进行经营活动的能力很差。至于资产负债率为多少才是合理的，并没有一个确定的标准。不同的行业、不同类型的企业会有较大的差异。一般而言，处于高速成长期的企业，其负债比率可能会高一些。在确定企业的资产负债率时，应充分估计预期的利润和增加的风险，在二者之间权衡利害得失，做出正确决策。

2. 债务股权比率与有形净值债务率

债务股权比率又称产权比率，是负债总额与股东权益总额的比率。其计算公式为：

$$债务股权比率 = 负债总额 \div 股东权益总额 \times 100\%$$

【例7-5】A公司20×4年年末的负债总额为2 120万元，股东权益总额为1 880万元，则其债务股权比率为：

债务股权比率 = 2 120 ÷ 1 880 × 100% = 113%

债务股权比率反映由债权人提供的资本与股东提供的资本的相对关系，反映企业基本财务结构是否稳定。一般来说，股东资本大于借入资本较好，但也不能一概而论。

从股东角度看，在通货膨胀加剧时期，企业多借债可以把损失和风险转嫁给债权人；在经济繁荣时期，多借债可以获得额外的利润；在经济萎缩时期，少借债可以减少利息负担和财务风险。债务股权比率高，是高风险、高报酬的财务结构；债务股权比率低，是低风险、低报酬的财务结构。从【例7-5】的计算结果可以看出，A公司债权人提供的资本是股东提供资本的1.13倍，如果经营不是很景气，则表明该公司举债经营的程度偏高，财务结构不很稳定。同时，该指标也表明债权人投入的资本受到股东权益保障的程度，或者说是企业清算时对债权人利益的保障程度。

为了进一步分析股东权益对负债的保障程度，可以保守地认为无形资产不宜用来偿还债务，因而将其从债务股权比率计算式的股东权益总额中扣除，这样计算出的财务比率称为有形净值债务率。其计算公式为：

有形净值债务率 = 负债总额 ÷ (股东权益总额 - 无形资产净值) × 100%

【例7-6】A公司20×4年年末的负债总额为2 120万元，股东权益总额为1 880万元，期末无形资产净值为12万元，则其有形净值债务率为：

有形净值债务率 = 2 120 ÷ (1 880 - 12) × 100% = 113.5%

有形净值债务率实际是债务股权比率的延伸，它更为保守地反映了在企业清算时债权人投入的资本受到股东权益保障的程度。从长期偿债能力来讲，该比率越低，说明企业的财务风险越小。

3. 股东权益比率与权益乘数

股东权益比率是股东权益与资产总额的比率，该比率反映企业资产总额中有多少是所有者投入的。其计算公式为：

股东权益比率 = 股东权益总额 ÷ 资产总额 × 100%

【例7-7】A公司20×4年年末的股东权益总额为1 880万元，资产总额为4 000万元，则其股东权益比率为：

股东权益比率 = 1 880 ÷ 4 000 × 100% = 47%

从上述公式可以看出，股东权益比率与资产负债率之和等于1。因此，这两个指标是从不同的侧面来反映企业长期财务状况的，股东权益比率越大，资产负债率越小，企业的财务风险也越小，偿还长期债务的能力就越高。

4. 利息保障倍数

利息保障倍数又称为已获利息倍数，是指企业息税前利润与利息费用的比率，用以衡量企业偿付借款利息的能力。其计算公式如下：

利息保障倍数 = 息税前利润 ÷ 利息费用

公式中的"息税前利润"是指利润表中未扣除利息费用和所得税之前的利润。它可以用"利润总额加利息费用"来测算。公式中的"利息费用"是指本期发生的全部应付利息，不仅包括财务费用中的利息费用，还包括计入固定资产成本的资本化利息。

利息保障倍数指标反映企业息税前利润为所需支付的债务利息的多少倍。只要利息保障倍数足够大，企业就有充足的能力偿付利息，否则相反。如何合理地确定本企业的利息保障倍数？需要将该企业的这一指标与其他企业，特别是同行业平均水平进行比较，来分析决定本企业的指标水平。同时，比较本企业连续几年的该项指标，并选择最低指标年度的数据作为标准。这是因为，企业在经营好的年头要偿债，而在经营不好的年头也要偿还大约同量的债务。某一个年度利润很高，利息保障倍数也会很高，但不能年年如此。采用指标最低年度的数值，可保证最低的偿债能力。

三、企业营运能力分析

企业的营运能力反映了企业资金周转状况，分析企业的营运能力，可以了解企业的营业状况及经营管理水平。评价企业营运能力的财务比率通常有营业周期、存货周转率、应收账款周转率、流动资产周转率、固定资产周转率和总资产周转率。

（一）营业周期

营业周期是指从取得存货开始到销售存货并收回现金为止的这段时间。其计算公式如下：

$$营业周期 = 存货周转天数 + 应收账款周转天数$$

把存货周转天数和应收账款周转天数加在一起计算出来的营业周期，指的是需要多长时间将期末存货全部转变为现金。一般情况下，营业周期短，说明资金周转速度快；营业周期长，说明资金周转速度慢。

（二）存货周转率

存货周转率，又称为存货周转次数，是企业一定时期的销售成本与平均存货的比率。该指标是衡量和评价企业购入存货、投入生产、销售收回等各环节管理状况的综合性指标。用时间表示的存货周转率就是存货周转天数。其计算公式为：

$$存货周转率 = 销售成本 \div 平均存货$$

$$存货周转天数 = 360 \div 存货周转率$$

$$= 平均存货 \times 360 \div 销售成本$$

$$平均存货 = （期初存货 + 期末存货）\div 2$$

公式中的销售成本数据来源于利润表，平均存货来自资产负债表中的"期初存货"与"期末存货"的平均数。

【例 7-8】A 公司 20×4 年度的产品销售成本为 5 288 万元，期初存货为 652 万元，期末存货为 238 万元，则其存货周转率为：

$$存货周转率 = \frac{5\,288}{(652+238) \div 2} = 11.88（次）$$

存货周转天数 = 360 ÷ 11.88 ≈ 30（天）

存货周转率说明了一定时期内企业存货周转的次数，可以用来测定企业存货的变现速度，衡量企业的销售效率和存货使用效率。一般来讲，存货周转速度越快，存货的占用水平越低，流动性越强，存货转换为现金或应收账款的速度越快。提高存货周转率可以提高企业的变现能力，而存货周转速度越慢则变现能力越差。存货周转天数表示存货周转一次所需要的时间，天数越短说明存货周转速度越快。

（三）应收账款周转率

应收账款周转率是年度内应收账款转为现金的平均次数，它说明应收账款流动的速度。用时间表示的周转速度是应收账款的周转天数，也称为平均应收账款回收期或平均收现期。其计算公式为：

$$应收账款周转率 = 销售收入 \div 平均应收账款$$
$$平均应收账款 = (期初应收账款 + 期末应收账款) \div 2$$
$$应收账款周转天数 = 360 \div 应收账款周转率$$

公式中的"销售收入"数据来自利润表，是指扣除折扣和折让后的销售净额。"平均应收账款"是指未扣除坏账准备的应收账款金额，它是资产负债表中期初应收账款余额与期末应收账款余额的平均数。

【例 7-9】 A 公司 20×4 年度的销售收入为 6 000 万元，期初应收账款余额为 400 万元，期末应收账款余额为 800 万元，求其应收账款周转率和周转天数。

平均应收账款 = (400 + 800) ÷ 2 = 600（万元）

应收账款周转率 = 6 000 ÷ 600 = 10（次）

应收账款周转天数（应收账款平均收账期）= 360 ÷ 10 = 36（天）

应收账款周转率是评价应收账款流动性大小的一个重要财务比率，它反映了企业在一个会计年度内应收账款的周转次数，可以用来分析企业应收账款的变现速度和管理效率。一般来说，应收账款周转率越高，平均收账期越短，说明应收账款的回收速度越快。否则，企业的营运资金会过多地呆滞在应收账款上，影响正常的资金周转。但是，如果应收账款周转率过高，可能是企业实行了比较严格的信用政策、信用标准和付款条件，这样会限制企业销售量的扩大，从而会影响企业的盈利水平。这种情况往往会表现为存货周转率同时偏低。应收账款平均收账期表示应收账款周转一次所需天数。平均收账期越短，说明企业的应收账款周转速度越快。

（四）流动资产周转率

流动资产周转率是销售收入与流动资产平均余额的比率，它反映的是全部流动资产的利用效率。其计算公式：

$$流动资产周转率 = 销售收入 \div 平均流动资产$$

$$平均流动资产 = (年初流动资产 + 年末流动资产) \div 2$$

【例 7 – 10】A 公司 20×4 年度的销售收入为 6 000 万元，年初流动资产为 1 220 万元，年末流动资产为 1 400 万元，则其流动资产周转率为：

$$流动资产周转率 = \frac{6\ 000}{(1\ 220 + 1\ 400) \div 2} = 4.58（次）$$

流动资产周转率表明在一个会计年度内企业流动资产周转的次数，该指标越高，说明企业流动资产的利用效率越好。流动资产周转得快，会相对节约流动资金，等于相对扩大资产投入，增强企业盈利能力；而延缓周转速度，需要补充流动资产参加周转，会形成资金浪费，降低企业盈利能力。

（五）固定资产周转率

固定资产周转率，也称固定资产利用率，是企业销售收入与固定资产平均净值的比率。其计算公式为：

$$固定资产周转率 = 销售收入 \div 固定资产平均净值$$

$$固定资产平均净值 = (期初固定资产净值 + 期末固定资产净值) \div 2$$

【例 7 – 11】A 公司 20×4 年度的销售收入为 6 000 万元，年初固定资产净值为 1 910 万元，年末固定资产净值为 2 476 万元，则其固定资产周转率为：

$$固定资产周转率 = \frac{6\ 000}{(1\ 910 + 2\ 476) \div 2} = 2.74（次）$$

这项比率主要用于分析在一个会计年度内企业固定资产的利用效率，该比率越高，说明固定资产的利用率越高，管理水平越好。如果固定资产周转率与同行业平均水平相比偏低，说明企业的生产效率较低，可能会影响企业的获利能力。

（六）总资产周转率

总资产周转率，也称总资产利用率，是企业销售收入与资产平均总额的比率。其计算公式为：

$$总资产周转率 = 销售收入 \div 资产平均总额$$

$$资产平均总额 = (期初资产总额 + 期末资产总额) \div 2$$

【例 7 – 12】A 公司 20×4 年度的销售收入为 6 000 万元，期初资产总额为 3 360 万元，期末资产总额为 4 000 万元，则 A 公司总资产周转率为：

$$总资产周转率 = \frac{6\ 000}{(3\ 360 + 4\ 000) \div 2} = 1.63（次）$$

总资产周转率可用来分析在一个会计年度内企业全部资产的使用效率。如果这个比率较低，说明企业利用其资产进行经营的效率较差，会影响企业的获利能力，企业应采取措施提高销售收入或处置资产，以提高总资产的利用率。

四、企业获利能力分析

获利能力是企业赚取利润的能力。评价企业获利能力的指标很多，常用的指标有资产报酬率、股东权益报酬率、销售毛利率、销售净利率等。对于股份有限公司来说，还应分析每股收益、每股股利、股利发放率、每股净资产、市盈率等。

（一）资产报酬率

资产报酬率，又称为资产净利率，是企业在一定时期内的净利润与资产平均总额的比率。其计算公式为：

$$资产报酬率 = 净利润 \div 平均资产总额 \times 100\%$$

$$平均资产总额 = (期初资产总额 + 期末资产总额) \div 2$$

【例7-13】A公司20×4年度的净利润为272万元，期初资产总额为3 360万元，期末资产总额为4 000万元，则其资产报酬率为：

$$资产报酬率 = \frac{272}{(3\ 360 + 4\ 000) \div 2} \times 100\% = 7.4\%$$

资产报酬率主要用来衡量企业利用资产获取利润的能力，它反映了企业资产利用的综合效果。该指标越高，表明资产的利用效率越高，说明企业在增收和节约资金使用等方面取得了良好的效果，否则相反。资产报酬率是一个综合指标，企业的资产是由投资人投入或举债形成的。净利润的多少与企业资产的多少、资产的结构、经营管理水平有着密切的关系。为了正确评价企业经营效益的高低，可以用该指标与本企业的前期、与计划、与本行业平均水平和本行业内先进企业进行对比，分析形成差异的原因。也只有这样，才能判断企业资产报酬率的变动趋势以及在同行业中所处的地位，从而可以了解企业的资产利用效率，发现经营管理中存在的问题。

（二）股东权益报酬率

股东权益报酬率，又称为净资产收益率，它是一定时期企业的净利润与股东权益平均总额的比率。其计算公式为：

$$股东权益报酬率 = 净利润 \div 股东权益平均总额 \times 100\%$$

$$股东权益平均总额 = (期初股东权益 + 期末股东权益) \div 2$$

【例7-14】A公司20×4年度的净利润为272万元，期初股东权益为1 760万元，期末股东权益为1 880万元，则其股东权益报酬率为：

$$股东权益报酬率 = \frac{272}{(1\ 760 + 1\ 880) \div 2} \times 100\% = 14.95\%$$

股东权益报酬率反映公司所有者权益的投资报酬率，具有很强的综合性。该比率越高，说明企业的获利能力越强。该指标的分析需要用杜邦财务分析体系。其基本原理是将股东权益报酬率分解成为若干指标进行分析。

（三）销售毛利率与销售净利率

1. 销售毛利率

销售毛利率是企业的销售毛利占销售收入的比率。其计算公式为：

$$销售毛利率 = 销售毛利 \div 销售收入 \times 100\%$$

式中，销售毛利是企业销售收入与销售成本的差额。

销售毛利率表示每 1 元销售收入扣除销售成本后，有多少钱可以用于各项费用和形成盈利。毛利率越大，说明在销售收入中销售成本所占比重越小，企业通过销售获取利润的能力越强。

2. 销售净利率

销售净利率是企业净利润与销售收入的比率。其计算公式为：

$$销售净利率 = 销售净利润 \div 销售收入 \times 100\%$$

【例 7-15】A 公司的净利润为 272 万元，销售收入为 6 000 万元，则：

销售净利率 = 272 ÷ 6 000 × 100% = 4.53%

该指标反映每 1 元的销售收入带来的净利润的多少，表示销售收入的收益水平。该比率越高，说明企业通过扩大销售获取收益的能力越强。

（四）每股收益

每股收益是指本年净收益与年末普通股份总数的比值。其计算公式为：

$$每股收益 = 净利润 \div 年末普通股总数$$

每股收益是衡量上市公司盈利能力最重要的财务指标，它反映普通股的获利水平。每股收益越高，说明股份公司的获利能力越强。

（五）每股股利与股利支付率

1. 每股股利

每股股利是股利总额与年末普通股份总数之比。其计算公式为：

$$每股股利 = 股利总额 \div 年末普通股份总数$$

式中，股利总额是指用于分配普通股现金股利的总额。

每股股利的高低，不仅取决于公司获利能力的强弱，还取决于公司的股利政策和现金是否充裕。倾向于分配现金股利的投资者，应当比较分析公司历年的每股股利，从而了解公司的股利政策。

2. 股利支付率

股利支付率是指净收益中股利所占的比重，它反映公司的股利分配政策和支付股利的能力。其计算公式为：

$$股利支付率 = 每股股利 \div 每股净收益 \times 100\%$$

股利支付率主要取决于公司的股利政策，没有一个具体的标准来判断股利支付率是大好还是小好。一般而言，如果一家公司的现金比较充裕，并且目前没有更好的投资项目，则可能倾向于发放现金股利；如果公司有较好的投资项目，则可能会少发股利，而将资金用于投资。

（六）每股净资产

每股净资产是期末净资产（即股东权益）与期末普通股总股数的比值，也称为每股账面价值或每股权益。其计算公式为：

$$每股净资产 = 期末股东权益 \div 期末普通股总股数$$

式中，期末股东权益是指扣除优先股权益后的余额。

该指标反映发行在外的每股普通股所代表的净资产成本即账面权益。在投资分析时，只能有限地使用这个指标。因为每股净资产是用历史成本计量的，既不反映净资产的变现价值，也不反映净资产的产出能力。每股净资产，在理论上提供了股票的最低价值。如果公司的股票价格低于净资产的成本，成本又接近变现价值，说明公司已无存在价值，清算是股东最好的选择。

（七）市盈率

市盈率是指普通股每股市价为每股收益的倍数。其计算公式为：

$$市盈率 = 普通股每股市价 \div 普通股每股收益$$

该指标反映投资人对每1元净利润所愿支付的价格，可以用来估计股票的投资报酬和风险。市盈率是市场对公司的共同期望指标，一般来说，市盈率越高，表明市场对公司的未来越看好。在市价确定的情况下，每股收益越高，市盈率越低，投资风险就越小，反之投资风险就越大；在每股收益确定的情况下，市价越高，市盈率越高，投资风险就越大，反之投资风险就越小。

使用市盈率指标时应注意的问题：该指标不能用于不同行业公司之间的比较；在每股收益很小或亏损时，市价不会降至零，很高的市盈率往往不说明任何问题；市盈率的高低受净利润的影响，而净利润受可选择的会计政策的影响，从而使公司间的比较受到限制；市盈率高低受市价的影响，市价变动的影响因素很多，包括投机炒作等，因此观察市盈率的长期趋势很重要。

五、企业财务状况的趋势分析

企业财务状况的趋势分析主要是通过比较企业连续几个会计期间的财务报表或财务比率,来了解企业财务状况的发展趋势,并以此来预测企业未来财务状况,判断企业发展前景。企业财务状况趋势分析的主要方法有比较财务报表、比较百分比财务报表、比较财务比率、图解法等。下面仅以比较财务比率法为例说明如何对企业的财务状况趋势进行分析。

比较财务比率就是将企业连续几个会计期间的财务比率进行对比,揭示差异,从而分析企业财务状况的发展趋势。这种方法实际是比率分析法与比较分析法的结合,它更加直观地反映了企业各方面财务状况的变动趋势。下面以 B 公司为例进行比较,表 7-4 列出了 B 公司 20×2~20×4 年的几种主要财务比率。

表 7-4　　　　　　　　B 公司 20×2~20×4 年的几项财务比率

项目	20×2 年末	20×3 年末	20×4 年末
流动比率	1.91	1.90	1.98
速动比率	1.25	1.26	1.26
资产负债率	0.51	0.48	0.46
应收账款周转率	11.89	12.09	12.72
存货周转率	6.48	6.57	6.60
总资产周转率	2.06	2.07	2.05
资产报酬率	33.89	32.35	30.36
股东权益报酬率	64.85	63.80	57.19
销售净利率	19.68	15.66	14.79

从表 7-4 中可以看出,B 公司近三年中流动比率略有增加,资产负债率则呈下降趋势,这说明 B 公司的偿债能力有所增强。应收账款周转率和存货周转率都有增长的趋势,说明该公司的销售情况具有良好的走势,并且应收账款的周转速度也加快,但是,公司的总资产周转率并没有多大变化。值得注意的是,B 公司的三项盈利能力指标都呈下降趋势。根据上述分析,虽然 B 公司的偿债能力增强,但是,资产周转速度并没有加快,而且,公司的获利能力在下降。因此,应加强销售工作,严格控制成本费用,扼制公司获利能力下降的趋势。

六、企业财务状况的综合分析

企业财务状况综合分析的常用方法有杜邦财务分析法和财务比率综合评分法等。这里主要介绍杜邦财务分析法。

企业的财务状况是一个完整的系统,内部各因素是相互依存、相互作用的,任何一个因素的变动都会引起企业整体财务状况的改变。因此，在进行企业财务状况综合分析时，必须了解企业财务状况内部的各项因素及其相互之间的关系，这样才能全面地揭示企业财务状况的全貌。杜邦财务分析法是由美国杜邦公司的经理创造的，它利用主要财务比率之间的关系来综合地分析企业的财务状况（见图7-1）。现在我们借助杜邦财务分析法，以A公司为例，说明其主要内容。

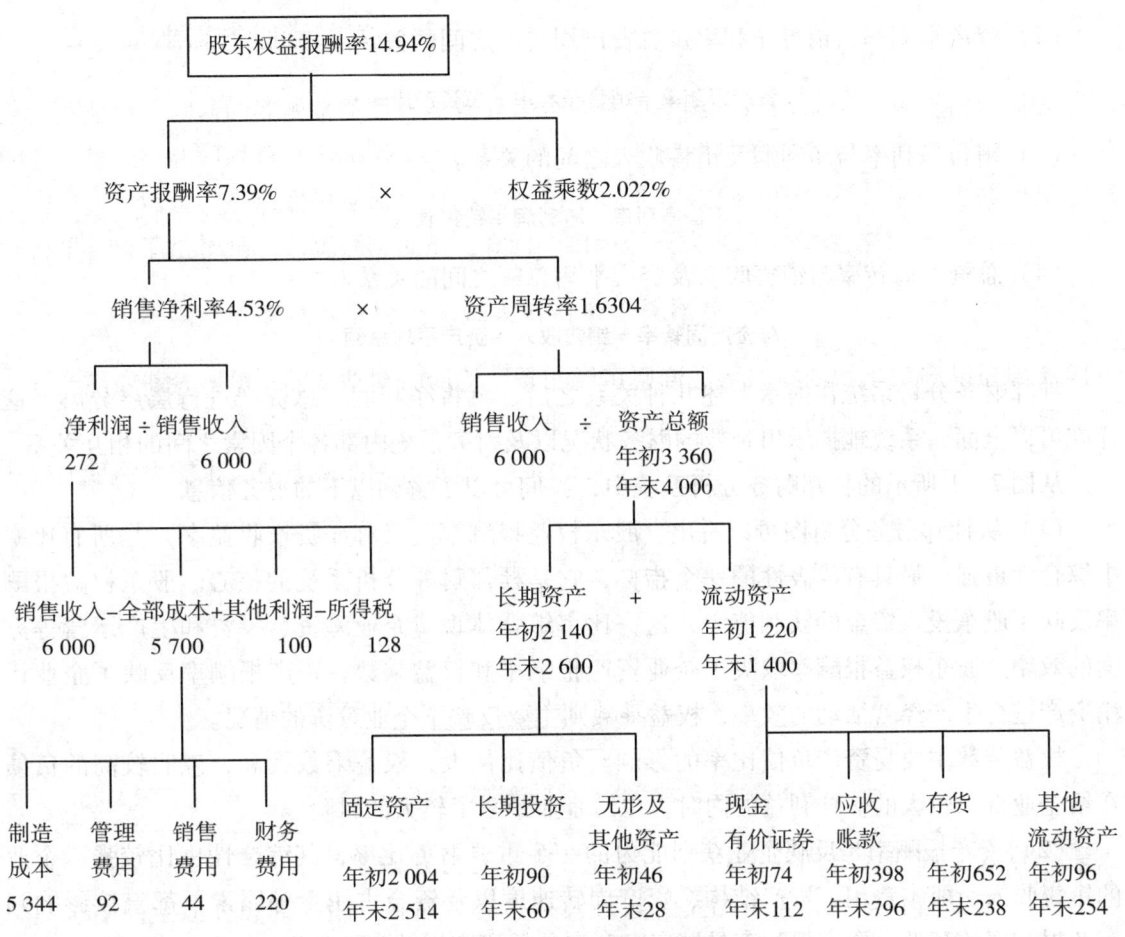

图7-1 A公司杜邦财务分析

图7-1中的权益乘数，表示企业的负债程度，权益乘数大，说明企业的负债程度高。股东权益比率的倒数，即为权益乘数，即资产总额是股东权益的多少倍。其计算公式为：

$$权益乘数 = 1 \div (1 - 资产负债率)$$

或

$$权益乘数 = 资产总额 \div 股东权益总额$$

第一个公式中的资产负债率是指全年平均资产负债率，它是企业全年平均负债总额与全年平均资产总额的比率。第二个公式中的被除数和除数分别是它们的期初数与期末数的平均数。根据表7-1中的有关数据，A公司20×4年年末的权益乘数为：

权益乘数 = [(3 360 + 4 000) ÷ 2] ÷ [(1 760 + 1 880) ÷ 2] = 2.022%

杜邦财务分析系统主要反映了以下几种主要的财务比率关系：

（1）股东权益报酬率与资产报酬率及权益乘数之间的关系。

$$股东权益报酬率 = 资产报酬率 \times 权益乘数$$

（2）资产报酬率与销售净利率及总资产周转率之间的关系。

$$资产报酬率 = 销售净利率 \times 总资产周转率$$

（3）销售净利率与净利润及销售收入之间的关系。

$$销售净利率 = 净利润 \div 销售收入$$

（4）总资产周转率与销售收入及资产平均总额之间的关系。

$$总资产周转率 = 销售收入 \div 资产平均总额$$

杜邦财务分析系统在揭示上述几种关系之后，再将净利润、总资产进行层层分解，这样就可以全面、系统地揭示出企业的财务状况以及财务系统内部各个因素之间的相互关系。

从图7-1所示的杜邦财务分析系统中，我们可以了解到以下的财务信息：

（1）从杜邦财务分析图可以看出，股东权益报酬率（又称净资产收益率）是所有比率中综合性最强、最具有代表性的一个指标，它是杜邦财务分析系统的核心。股东权益报酬率反映了股东投入资金的获利能力，这一比率综合体现了企业筹资、投资和生产运营等方面的效率。股东权益报酬率取决于企业资产报酬率和权益乘数，资产报酬率反映了企业运用资产进行生产经营活动的效率，权益乘数则主要反映了企业筹资的情况。

权益乘数主要受资产负债比率的影响。负债比例大，权益乘数就高，说明较高的负债在给企业带来较大的杠杆利益的同时，也给企业带来了较大的风险。

（2）资产报酬率是反映企业获利能力的一个重要财务比率，其综合性也比较强。企业的销售收入、成本费用、资产结构、资产周转速度以及资金占用量等因素，都直接影响到资产报酬率的高低。资产报酬率是销售净利率与总资产周转率的乘积。

（3）销售净利率的高低，需要从销售收入和销售成本两个方面进行分析。要想提高销售净利率，必须一方面提高销售收入，另一方面降低各种成本费用，这样才能使净利润的增长高于销售收入的增长。

（4）资产周转率主要是反映企业运用资产产生销售收入的能力。对资产周转率的分析，需要对影响资产周转的各种因素进行分析。首先应分析企业的资产结构是否合理，即流动资产与非流动资产的比例是否合理。资产结构实际上反映了企业资产的流动性，它不仅关系到企业的偿债能力，也会影响企业的获利能力；另外，还可能通过对流动资产周转率、存货周转率、应收账款周转率等有关各资产组成部分使用效率的分析，判断影响资产周转的关键因素，发现企业资产管理中存在的问题。

从上述分析可以看出,企业的获利能力涉及生产经营活动的各个方面。股东权益报酬率与企业的筹资结构、销售规模、成本水平、资产管理等因素密切相关。杜邦财务分析系统的作用是解释指标变动的原因和变动趋势,为采取措施指明方向。应当注意的是,杜邦财务分析系统是一种分解财务比率的方法,而不是另外建立新的财务指标,它可以用于各种财务比率的分解。

第四节 并购与控制

一、兼并与收购

(一) 兼并与收购的定义

兼并通常是指一家企业以现金、证券或其他形式购买取得其他企业的产权,使其他企业丧失法人资格或改变法人实体,并取得对这些企业决策控制权的一种经济行为。

收购是指企业用现金、债券或股票购买另一家企业的部分或全部资产或股权,以获得该企业控制权的一种经济行为。收购的对象一般有两种:股权和资产。收购股权与收购资产的主要差别在于:收购股权是购买一家企业的股份,收购方将成为被收购方的股东,因此要承担该企业的债权和债务;而收购资产则仅仅是一般资产的买卖行为,由于在收购目标公司资产时并未收购其股份,收购方无须承担其债务。

1. 兼并与收购的相似之处

收购与兼并有许多相似之处,主要表现在:

(1) 基本动因相似。两者都带有较强的经济目的,要么为扩大企业市场占有率;要么为扩大经营规模,实现规模经营;要么为拓宽企业经营范围,实现分散经营或综合化经营。总之,都是增强企业实力的外部扩张策略或途径。

(2) 两者都以企业产权作为交易对象。

2. 兼并与收购的区别

兼并与收购的区别在于:

(1) 在兼并中,被合并企业作为法人实体不复存在;而在收购中,被收购企业可仍以法人实体存在,其产权可以是部分转让。

(2) 兼并后,兼并企业成为被兼并企业新的所有者和债权债务的承担者,兼并是资产、债权、债务的一同转让;而在收购中,收购企业是被收购企业的新股东,以收购出资的股本为限承担被收购企业的风险。

(3) 兼并多发生在被兼并企业财务状况不佳、生产经营停滞或半停滞之时,兼并后一般需调整其生产经营、重新组合其资产;而收购一般发生在企业正常生产经营状态,产权流动比较平和。

由于在运作中它们的联系远远超过其区别,所以兼并、合并与收购常统称"购并"或"并购",泛指在市场机制作用下企业为了获得其他企业的控制权而进行的产权交易活动(我们在以后的讨论中就不再强调三者的区别,并把并购一方称为"买方"或并购企业,被并购一方称为"卖方"或目标企业)。

(二)并购的类型

企业并购的形式多种多样,按照不同的分类标准可划分为许多不同的类型。

1. 按并购双方产品与产业的联系划分

按双方产品与产业的联系划分,并购可分为横向并购、纵向并购、混合并购。

(1)横向并购。当并购方与被并购方处于同一行业、生产或经营同一产品,并购使资本在同一市场领域或部门集中时,则称之为横向并购。如奶粉罐头食品厂合并咖啡罐头食品厂,两厂的生产工艺相近,并购后可按收购企业的要求进行生产或加工。这种并购投资的目的主要是确立或巩固企业在行业内的优势地位,扩大企业规模。但由于这种并购(尤其是大型企业的并购)容易破坏竞争,从而形成高度垄断的局面,因此较大规模的横向并购往往受到许多国家政府的关注,并相应地有所限制。

(2)纵向并购。纵向并购是对生产工艺或经营方式上有前后关联的企业进行的并购,是生产、销售的连续性过程中互为购买者和销售者(即生产经营中互为上下游关系)的企业之间的并购。如加工制造企业并购与其有原材料、运输、贸易联系的企业。其主要目的是组织专业化生产和实现产销一体化。纵向并购较少受到各国有关反垄断法律或政策的限制。

(3)混合并购。混合并购是对处于不同产业领域、产品属于不同市场,且与其产业部门之间不存在特别的生产技术联系的企业进行并购,如钢铁企业并购石油企业,因而产生多种经营企业。采取这种方式可通过分散投资、多样化经营降低企业风险,达到资源互补、优化组合、扩大市场活动范围的目的。

2. 按并购的实现方式划分

按并购的实现方式划分,并购可分为承担债务式、现金购买式和股份交易式并购。

(1)承担债务式并购。在被并购企业资不抵债或资产债务相等的情况下,并购方以承担被并购方全部或部分债务为条件,取得被并购方的资产所有权和经营权。

(2)现金购买式并购。现金购买式并购有两种情况:其一,并购方筹集足额的现金购买被并购方全部资产,使被并购方除现金外没有持续经营的物质基础,成为有资本结构而无生产资源的空壳,不得不从法律意义上消失。其二,并购方以现金通过市场、柜台或协商购买目标公司的股票或股权,一旦拥有其大部分或全部股本,目标公司就被并购了。

(3)股份交易式并购。股份交易式并购也有两种情况:其一,以股权换股权。这是指并购公司向目标公司的股东发行自己公司的股票,以换取目标公司的大部分或全部股票,达到控制目标公司的目的。通过并购,目标公司或者成为并购公司的分公司或子公司,或者解散并入并购公司。其二,以股权换资产。并购公司向目标公司发行并购公司自己的股票，以换取目标公司的资产，并购公司在有选择的情况下承担目标公司的全部或部分责任。目标公司也要把拥有的并购公司的股票分配给自己的股东。

3. 按企业并购双方是否友好协商划分

按并购双方是否友好协商划分，并购分为善意并购和敌意并购。

（1）善意并购。善意并购指并购公司事先与目标公司协商，征得其同意并通过谈判达成收购条件的一致意见而完成收购活动的并购方式。善意并购有利于降低并购行动的风险与成本，使并购双方能够充分交流、沟通信息，目标公司主动向并购公司提供必要的资料。同时善意行为还可避免因目标公司抗拒而带来额外的支出。但是善意并购使并购公司不得不牺牲自身的部分利益，以换取目标公司的合作，而且漫长的协商、谈判过程也可能使并购行动丧失其部分价值。

（2）敌意并购。敌意并购指并购公司在收购目标公司股权时虽然遭到目标公司的抗拒，仍然强行收购，或者并购公司事先并不与目标公司进行协商，而突然直接向目标公司股东开出价格或收购要约的并购行为。敌意并购的优点在于并购公司完全处于主动地位，不用被动权衡各方利益，而且并购行动节奏快、时间短，可有效控制并购成本。但敌意并购通常无法从目标公司获取其内部实际运营、财务状况等重要资料，给公司估价带来困难，同时还会招致目标公司抵抗甚至设置各种障碍。所以，敌意并购的风险较大，要求并购公司制订严密的收购行动计划并严格保密、快速实施。另外，由于敌意并购易导致股市的不良波动，甚至影响企业发展的正常秩序，各国政府都对敌意并购予以限制。

（三）并购的动因

在市场经济环境下，企业作为独立的经济主体，其一切经济行为都受到利益动机驱使，并购行为的目的也是为实现其财务目标——股东财富最大化。同时，企业并购的另一动力来源于市场竞争的巨大压力。这两大原始动力在现实经济生活中以不同的具体形态表现出来，即在多数情况下企业并非仅仅出于某一个目的进行并购，而是将多种因素综合平衡。这些因素主要包括：

1. 谋求管理协同效应

如果某企业有一支高效率的管理队伍，其管理能力超出管理该企业的需要，但这批人才只能集体实现其效率，企业不能通过解聘释放能量，那么该企业就可并购那些由于缺乏管理人才而效率低下的企业，利用这支管理队伍通过提高整体效率水平而获利。

2. 谋求经营协同效应

由于经济的互补性及规模经济，两个或两个以上的企业合并后可提高其生产经营活动的效率，这就是所谓的经营协同效应。获取经营协同效应的一个重要前提是产业中的确存在规模经济，且在并购前尚未达到规模经济。规模经济效益具体表现在两个层次。

（1）生产规模经济。企业通过并购可调整其资源配置使其达到最佳经济规模的要求，有效解决由专业化引起的生产流程的分离，从而获得稳定的原材料来源渠道，降低生产成本，扩大市场份额。

（2）企业规模经济。通过并购将多个工厂置于同一企业领导之下，可带来一定规模经济，表现为节省管理费用、节约营销费用、集中研究费用、扩大企业规模、增强企业抵御风险能力等。

3. 谋求财务协同效应

企业并购不仅可因经营效率提高而获利，而且还可在财务方面给企业带来如下收益：

（1）财务能力提高。一般情况下，合并后企业整体的偿债能力比合并前各单个企业的偿还能力强，而且还可降低资本成本，并实现资本在并购企业与被并购企业之间低成本的有效再配置。

（2）合理避税。税法一般包含亏损递延条款，允许亏损企业免交当年所得税，且其亏损可向后递延以抵销以后年度盈余。同时一些国家税法对不同的资产适用不同的税率，股息收入、利息收入、营业收益、资本收益的税率也各不相同。企业可利用这些规定，通过并购行为及相应的财务处理合理避税。

（3）预期效应。预期效应指因并购使股票市场对企业股票评价发生改变而对股票价格产生的影响。由于预期效应的作用，企业并购往往伴随着强烈的股价波动，形成股票投机机会。投资者对投机利益的追求反过来又会刺激企业并购的发生。

4. 实现战略重组，开展多元化经营

企业通过经营相关程度较低的不同行业可以分散风险、稳定收入来源、增强企业资产的安全性。多元化经营可以通过内部积累和外部并购两种途径实现，但在多数情况下，并购途径更为有利。尤其是当企业面临变化了的环境而调整战略时，并购可以使企业低成本地迅速进入被并购企业所在的增长相对较快的行业，从而保证企业持续不断的盈利能力。

5. 降低代理成本

在企业的所有权与经营权相分离的情况下，经理是决策或控制的代理人，而所有者作为委托人成为风险承担者。由此造成的代理成本包括契约成本、监督成本和剩余亏损。通过企业内部组织机制安排、报酬安排、经理市场和股票市场，可以在一定程度上缓解代理问题，降低代理成本。但当这些机制均不足以控制代理问题时，并购机制使得接管的威胁始终存在。通过公开收购或代理权争夺而造成的接管，将会改选现任经理和董事会成员，从而作为最后的外部控制机制解决代理问题，降低代理成本。

二、剥离与分立

剥离和分立并非总是公司经营失败的标志，它还是公司发展战略的合理选择，属于与扩张战略相对应的收缩战略。公司通过剥离或分立不适于公司长期战略、没有成长潜力或影响公司整体业务发展的子公司、部门或产品生产线，可使资源集中于经营重点，从而更具有竞争力。同时，剥离和分立还可使公司资产获得更有效的配置，提高公司资产的质量和资本的市场价值。

（一）剥离与分立的含义

1. 剥离的含义

剥离是指公司将现有部分子公司、部门、产品生产线、固定资产等出售给其他公司，并取得现金或有价证券作为回报。剥离与并购之间存在一定联系。如并购企业可在并购完成之后出售被收购企业的资产或业务，以获取现金回报；可通过剥离纠正以前草率的甚至是错误的收购活动；在受到收购威胁时，还可能会剥离所谓"皇冠上的珍珠"以抵制收购方收购意图。尽管如此，剥离绝不仅仅是并购的相反过程，它具有自身的动因和目的，需要采用不同的分析手段与实施方法。

2. 分立的含义

分立是指将母公司在子公司中所拥有的股份按比例分配给母公司的股东，形成一个独立的新公司，从而在法律上和组织上将子公司从母公司中分立出去。

分立可以看作一种特殊形式的剥离，但纯粹的分立与剥离之间存在着区别。分立后的新公司拥有独立的法人地位，而股东直接持有新公司（过去的子公司）的股票，可以直接参与管理人员的选用，从而取得了更大的控制权。另外，分立中一般不会发生各利益主体之间的现金或证券支付，而这种支付在剥离中通常会发生。

（二）剥离与分立的动因

1. 适应经营环境变化，调整经营战略

任何公司都是在动态的环境中经营。公司的经营环境变化包括技术进步、产业发展趋势、国家有关法规和税收条例的变化、经济周期的改变等。这些变化可能使母子公司之间目前的安排成为低效率的联合。比如，虽然在过去通过并购搞联合经营是最佳选择，但当前情形下独立经营也许更为恰当，所以公司的经营方向与战略目标也要适应这些变化而做出相应调整和改变，如改变经营重点、退出竞争过于激烈的市场等，而剥离和分立正是实现这些改变的有效手段。从这个意义上讲，公司分立与并购活动一样，都是企业为努力适应其经济和政治环境中的持续变化所采取的战略的一部分。

2. 提高管理效率

当管理者所控制资产的规模和种类增加时，即使是最好的管理队伍也会达到收益递减的临界点，因为管理者难以注意到从事不同业务类型的子公司各自所面临的独特问题与投资机会。采用不同形式售出那些与母公司其他经营活动不适应的部分，母子公司通过重新定位，在确定各自比较优势的基础上，可以更加集中于各自的优势业务，提高公司的整体管理效率，为公司的股东创造更大的价值。此外，剥离与分立常常能够创造出简洁、有效率、分权化的公司组织，使公司能够更快地适应经营环境的变化。所以，在许多子公司独立的声明中，都提到为突出公司的主营业务，需要使与母公司业务关系不大或管理效率较低的子公司独立。

3. 谋求管理激励

大公司中，管理机构的官僚化膨胀会抑制企业的创新精神，导致良好的表现得不到应有的回报，而不佳的表现未受到惩罚。当子公司的形象和目标与母公司不一致时，这个问题就会更加突出。此时，以母公司普通股期权为激励报偿的计划很可能变得毫无意义，甚至起反作用。而如果让子公司独立出来，市场对管理行为的反应就会直接反映在其独立的（而不是母公司的）股票价格上，这就使报酬计划与公司经营管理业绩更加紧密地联系在一起，从而降低代理成本，形成更为有效的激励机制。

4. 提高资源利用效率

通过剥离与分立可筹集营运资金，获得发展其他机会所需的财务和管理资源。公司可能需要大量现金来满足主营业务或减少债务负担的需要，而通过借贷和发行股票筹集资金会面临一系列的障碍，此时通过出售部分非核心或非相关业务筹集所需的资金则不失为一种有效的选择。

5. 弥补并购决策失误或成为并购决策的一部分

企业出于各种动机进行兼并收购，但不明智的并购决策会导致灾难性的后果。虽然被并购企业具有盈利机会，但并购企业可能由于管理或实力上的原因，无法有效地利用这些盈利机会。这时，将其剥离给其他有能力有效发掘该盈利潜力的公司，无论对卖方还是对买方而言，可能都是最为明智的。

另外，剥离与分立往往还是企业并购一揽子计划的组成部分。许多资产出售等分拆计划，早在并购前就已经是收购方一揽子计划中的组成部分。因为从并购企业角度，被收购企业中总有部分资产是不适应企业总体发展战略的，甚至可能会带来不必要的亏损。在有的收购活动中，将被收购企业进行分拆出售资产往往又作为收购融资的部分来源。

6. 获取税收或管制方面的收益

不同国家出于调节经济的需要制定了不同的税收政策。例如，在美国，对于自然资源特权信托和不动产投资信托公司，如果它们把投资收益的90%分配给股东，公司就无须缴纳所得税。因此，综合性公司若将其经营房地产的部门独立出来，就有可能享受税收方面的减免。所以母公司可以进行合法避税并且给分立出的子公司的股东带来利益，而他们最初也正是母公司的股东。

如果子公司从事受管制行业的经营，而母公司从事不受管制行业的经营，则一方面母公司常常会受到管制性检查的"连累"；另一方面如果管制当局在评级时以母公司的利润为依据，受管制子公司可能会因与盈利的母公司联系而处于不利地位。而如果让子公司独立出来，就既可使从事不受管制行业经营的母公司不再受到规章的约束与审查，又可使子公司得以有更多的机会提高评级水平。

以上介绍的公司剥离与分立的动因既有经济方面的，也有组织、经营方面的。实际上，公司的剥离决策很少是仅仅由单个原因引起的，而通常都会涉及相互关联的多个因素。所以公司管理人员在剥离与分立的决策时应该综合考虑这些因素。

三、股权重组

(一) 股份制改组

根据我国《公司法》，我国企业实行股份制主要有两条途径：一是新组建股份制企业；二是将现有企业有选择地改造为股份制公司。将原国有企业、集体企业、私营企业经过分立或合并等方式对股权、资产和组织合理划分、重新组合与设置，改组为股份有限公司或有限责任公司，统称为企业的股份制改组。其中，国有企业改组为股份制企业具有涉及面广、程序复杂等特点，在一段时期内它将是我国实现股份制的主要形式。

企业股份制改组涉及企业组织结构变更、债务重组、资产评估与分割及内部管理制度创新等诸多方面，是一项涉及面广、难度大，而且极其敏感和特殊的工作。在改组中，应特别关注以下几个方面的财务问题：

1. 清产核资与产权界定问题

股份制改组前，必须先进行清产核资工作。企业应认真清查现有资产并重新造册，清理债权债务，收回到期债权，偿还到期债务。在清产核资基础上合理界定企业原有产权。理论上，原企业所有资产均归所有权人所有。但由于历史原因，我国国有企业的产权界定在实践中是一个比较棘手的问题，在理论上、法律上也有待于进一步探讨。如许多国有企业的劳动服务公司、子弟学校等可能注册为集体所有制，改制时却可能作为企业投资兴办的下属子公司处理。类似的产权问题都必须在股份制改组过程中加以明确并人格化。

2. 资产剥离问题

股份制改组涉及对原企业资产的重新组合和配置，同时也涉及对原企业负债的划分和承担问题。整体改组的企业，其全部资产和负债均由改组后的股份有限公司承担，不存在资产和负债的划分问题。但若以分立或合并方式改组，原企业存续的，则涉及资产和负债的划分问题。

国有企业股票上市不能是全部资产都转为股本，必须进行资产剥离，以部分优质资产为发起股份。资产的剥离应遵守以下四项要求：

(1) 主业突出。资产的剥离要有形成拳头产业或产品的意识，使企业主营业务突出。

(2) 避免同业竞争与规范关联交易。改制企业一般都有全资或控股子公司，这些子公司大都同原企业或存续企业之间存在同业竞争和关联交易。上市前的资产剥离应尽可能做到同业全剥，即生产同一产品的资产要尽量剥离，使将来上市公司的产品与控股公司的产品有别。处理关联交易包括两类工作：一是明确各类关联交易之间的具体关系；二是制定有关的法律文件。

(3) 利润适当原则。剥离多少资产上市，必须考虑利润因素。法规要求股票发行价格取决于企业发行当年摊薄后的每股预测利润。于是，每股税后利润多少，在很大程度上关系到股票发行价格。一般应根据利润总量剥离资产，保持每股税后利润的适当水平。

(4) 系统设计原则。即要求以系统思想设计企业股份制改组方案，其内容包括：公司资产折股、股权设计、股权结构、股权管理、机构设置的方案；企业分立或合并的方案；原企业与公司的关系及相关问题处理的方案；债权债务处理的方案；非经营性资产剥离及管理的方案；离退休人员、富余人员处置的方案等。

3. 资产评估问题

资产评估是股份制改组的必经程序，企业应聘请具有法定资格的资产评估机构对资产进行全面评估，重新确定企业资产的价值。

4. 债务安排问题

在股份制改组实践中，被改组企业债权债务的划分一般由原企业与改组后的股份制公司签订协议书，以明确各自享有或承担的债权债务。由于债务划分涉及债权人的利益，因此事先必须征得债权人的同意，在与债权人达成有关债务安排的协议之前，企业改组不能进行。

（二）股权置换

1. 股权置换的概念

股权置换，也称之为股权交换或换股。人们对此有多种解释：第一种是并购方以其自身的股票作为支付方式与目标公司股东手中的股票相交换实现并购。这一概念前面已经阐述。第二种是公司向股东提供新的证券、权证或选择权以换取股东手中拥有的公司证券、权证或选择权。为了吸引股东换股，公司提供的新的证券的价值要大于原有证券的市场价值。在换股公司中，也会说明换股数量的上限与下限。这种换股会引起公司股份总数的增减变化。第三种是指在公司股份总数不变的前提下，同一公司同一类股权（如普通股）在不同股东之间股份的增减变化，如我国的国有股配售。

2. 股权置换对股东和公司财务的影响

从实证分析结果来看，凡是通过换股增加了公司的杠杆效率，或者提高了未来收益，或者使管理者对公司控制力加强，均会引起公司股价提高。这对股东是有利的。通过换股，公司可以灵活地调整公司的资本结构。例如，在利率较低时发行股票交换原利率高的旧债券，有利于降低公司的资本成本，提高企业的经营效益。

四、公司控制

（一）公司控制权的概念

在现代股份公司中，直接（或间接）地拥有一个企业半数以上（或数额较大）的具有表决权的股份，借此来决定公司的董事人选，进而决定公司的经营方针，并在公司中拥有控制经营活动和盈余分配等方面的权力，即为"公司控制权"。简言之，公司控制权是对公司的发展与利益的决定权。

（二）公司控制权的获得方式

就股份公司而言，潜在的控制权接管者想要获取公司的控制权有许多不同的方式，其中最基本的有三种。

（1）公司合并。这通常是一家外部企业寻求获得对另一家公司的控制。合并公司与目标公司管理层就合并条件进行谈判，然后将合并方案提交董事会、股东大会投票决定。

（2）收购。这是收购公司直接向目标公司的股东购买部分或全部目标公司的股票，它可能是善意的，也可能是敌意的。善意收购是指得到目标公司管理层支持的收购，而敌意收购则指被目标公司管理层反对的收购。

（3）代理权争夺。这是持有异议的股东通过争取股东的投票数以获得董事会的控制权。持有异议的股东的主要目的是替换董事会和控制公司经营，其目的是改变现状。

（三）控股公司

1. 控股公司的定义

控股公司最早出现于1889年。它是指拥有其他公司达到决定性表决权的股份，而行使控制权或从事经营的公司。控股公司不但拥有其子公司财务上的控制权，而且拥有经营上的控制权，并对重要人员的任命和大政方针的确定拥有决定权，甚至直接派人去经营管理。控股公司也称为母公司。拥有其他公司的股份并能够实际控制其营业活动的公司称为母公司；资产全部或部分地归母公司拥有，但经济上和法律上都相对母公司而独立的公司称为子公司（或附属公司）。随着控制权的延伸还有"孙公司"，即由子公司所控制的公司等。

2. 控股公司的类型

控股公司作为一种母子公司体制，形式多样，形成了企业的系列化结合。

（1）纯粹控股公司和混合控股公司。根据所从事的活动内容，控股公司可分为纯粹控股公司和混合控股公司。纯粹控股公司设立的目的只是掌握子公司的股份，控制其股权，然后利用控股权影响股东大会和董事会，支配被控股公司的重大决策和生产经营活动，而其本身并不直接从事生产经营活动。各种投资公司就属此类。混合控股公司则指既从事股权控制，又从事某种实际业务经营的公司。一方面，它掌握了子公司的控制权，支配其生产经营活动，使被控股公司的业务活动有利于控股公司自身营业活动的发展，如多元化经营、跨地区乃至跨国经营等；另一方面，它又直接从事某种实际的生产经营活动。这两种类型的控股公司在我国都存在，而尤以后一种形式居多。

（2）直接控股公司与间接控股公司。在母子公司体制中，相对于被直接控制股权的子公司而言，母公司就是直接控股公司，即母子公司间是一级垂直控制关系，中间不再有其他中介公司。如果母公司所属的控股子公司再对其他公司控股，则对这些"孙公司""曾孙公司"等而言，母公司即为间接控股公司。次级控股公司是通过上一级控股公司（母公司）注入的法人资产持有其他公司一定数量的股票，并对其实施控制的公司。次级控股公司一般为专业集团公司和地区集团公司等，它的建立有利于减少上一级控股公司的管理幅度，加强对下属企业的经营控制和管理。

3. 控股公司的财务控制

(1) 控股公司的负债能力和资金杠杆作用。一般地讲，公司的负债能力由其自有资本、还款可能性和提供的担保决定。但控股公司在负债能力上具有杠杆效应。这种杠杆效应产生于控股使企业规模日益庞大，并形成一个金字塔式的控制体系。层层连锁控股使其可依据同样的资本取得更多的借款，从而提高负债的可能，对其控制的资产和收益发挥很大的杠杆作用。假设处于金字塔底层的数家"孙公司"共有 8 000 万元的资产，负债和股权投资各为 4 000 万元。处于子公司地位的控股公司可以把"孙公司"的股票作为其公司资产，2 000 万元股本加负债 2 000 万元。而拥有子公司股票的母公司可以用 1 000 万元股本加负债 1 000 万元形成。这样母公司就以 1 000 万元资本控制了 8 000 万元的营业资产。只要"孙公司"赚钱，并能向控股公司缴付股利，所有控股公司都有利可得。但控股公司的负债率很高：$(7\,000 \div 8\,000) \times 100\% = 87.5\%$，而其他公司负债率为 50%，负债会使控股公司层次上利润的微小降低在整个公司系统产生连锁反应。显然控股公司财务管理的重要任务之一，就是对这种资金杠杆作用的利用以及对由此出现的风险的防范。控股公司财务管理还必须正确处理好经营风险与财务风险的关系，做好事前控制与规划，及时掌握资本市场信息，充分利用现代企业的财务手段，抓住时机，适时调整和控制资本结构，确保公司资本的结构与市场和国家产业政策相吻合。

(2) 控股公司控制权的落实。控股公司欲对下属公司的财务经营决策发挥控制作用，就必须拥有相应的权限并保证落实，例如，最高主管的任命权和财务总监的委派。居于控股地位的母公司，可以自己派人担任子公司最高主管或财务总监，在得到少数股东认同后共同管理公司，其拥有对重大财务事项的审批权、业务控制权、财务预算、决算的审核权、财务经营信息反馈权与内部审计监督权。

(3) 控股公司内各公司的资金流动及其调动。控股公司的财务管理应注重其内部资金的管理，提高内部资金使用效率，降低资金使用成本，做好内部资金有效融通的工作。由于各子公司具有法律上的独立性，就需要解决各公司间资本流动问题以及采用什么样的方式才能保证各公司间的资金循环问题。一般的方式有两种，即商业方式（转移价格）和财务方式（股息分配、贷款、资本增加）。商业方式主要涉及关联交易；财务方式则主要涉及控股公司利用财务公司或内部结算中心向子公司发放内部贷款、控股公司的子公司之间相互贷款等业务。

(4) 控股公司整体的资本经营谋划与实施。控股公司根据其发展战略的需要，灵活地运用兼并、收购、分立、出售、托管、改组、上市、清算等形式，通过"以大吃小""以多控少""以小吃大""以少控多"等方法快速实现资本的集中、集聚、扩张、收缩和撤退。这种资本经营的权利只能由控股公司母公司而不能由其子公司掌握。

（四）控股公司的优缺点

1. 控股公司的优点

与专业化公司相比，以控股公司形式控制大规模的经营有许多明显的优点：

（1）企业只需购入其他公司一定比例的股权就可获取控制权，加强自身的优势地位。

（2）节约企业结合的交易费用。控股与并购不同，它并不伴随组织的融合。为支配、控制一个公司只需购买所需股份即可，当事人容易在相对平静的状态下达成协议，从而可以避免并购过程中时常发生的与公司债权人、工会、少数股东等的纠纷。即使在难以达成协议时，也可以通过证券市场买进其股份以单方面促成结合关系，而不需要征求股东的意见。所以，控股公司可以大大节约为达成结合关系而与对方谈判、交涉等的交易费用。

（3）分散集团整体经营风险。由于控股公司系统中母公司与各子公司都是独立经营的法人企业，所以某一个企业发生的灾难性亏损不会作为负债传递给其他企业，而子公司获利的好处母公司能够得到，而且倘若附属公司的经营业绩恶化，母公司还可以卖出股份而转嫁其经营责任。与事业部组织相比，控股公司承担的风险较小，发生亏损等不利事件时不会拖累全体，且撤退更为容易。

（4）防止组织一体化的损失。企业合并中的组织融合过程极易发生人际摩擦，并且随着组织规模过分扩大，特别是当机构过于庞大时，内部控制和管理上多会发生非效率现象，即企业的组织成本增加。而控股公司中的股份持有可以在一定程度上防止这种损失，提高组织的运行效率。

（5）防止企业被并购。从中小型企业的角度考虑，保护自己免遭大企业吞并的手段之一就是成为某大企业或集团的子公司、伙伴公司，从而既保证其一定的独立性，又有较为稳定的经营业务。

（6）获取规模经济的效益。控股公司中各企业能获取原材料、零部件的稳定供应或得到较为优惠的供应价格，可减少竞争对手并获得较高的商誉，而且子公司由专业人员管理，效率更高。

（7）法律和税收方面的利益。由于有的国家所得税实行超额累进制，母子公司独立核算、分散上报应税所得可以降低适用税率，减少纳税负担。

2. 控股公司的缺点

控股公司本身也存在许多缺点：

（1）控股公司的经营信条、战略计划、方针等难以彻底地向子公司渗透、贯彻。母子公司完全以资本结合为主，以投资收益率、盈利状况等为评价标准，在经营和管理上的渗透并不太强，因此在战略思想的贯彻中难以达成一致。

（2）子公司难以充分利用控股公司的中心参谋人员。控股公司和子公司都是独立的核算单位，除了董事兼任制外，母公司的各职能部门并不为子公司服务。子公司也需设立股东大会、董事会等公司机构，使管理成本提高。

（3）控股公司中资金分散管理，资金周转、拆借的效率低，难以实现集团式的统筹管理。控股公司的投资协调比较困难；子公司的投资不受总部的直接控制，子公司的利润被用于其自身的投资，因而较难从公司全局的未来利益出发，利用子公司的利润进行长期投资。同时，子公司之间协调也较差。

思考题

1. 简述企业财务管理的目标及其优缺点。
2. 企业财务管理的基本内容包括哪些？
3. 企业的偿债能力、营运能力、获利能力比率指标有哪些？如何运用这些比率指标分析企业的财务状况？
4. 如何建立企业的杜邦财务分析体系？
5. 某公司发行普通股 800 万股，每股面值 1 元，发行价为每股 1.5 元，预计第 1 年股利率为 14%，以后每年增长 1%，普通股筹资费率为 2%；向银行借款 500 万元，手续费 2 万元，年借款利率为 5%；发行债券 500 万元，每张面值 100 元，票面利率为 7%，发行价格为 110 元，发行费用为 5 万元，该公司适用所得税税率为 25%，请分别计算个别资金成本和加权平均资金成本。

第八章 创新管理

学习目标

1. 了解创新的内涵和不同类型的创新范式。
2. 掌握管理创新模式的类型。
3. 掌握盈利创新模式的类型。
4. 理解商业模式创新的内涵。
5. 掌握商业模式创新的实现路径。
6. 了解不同类型的创新方法和应用。

本章框架

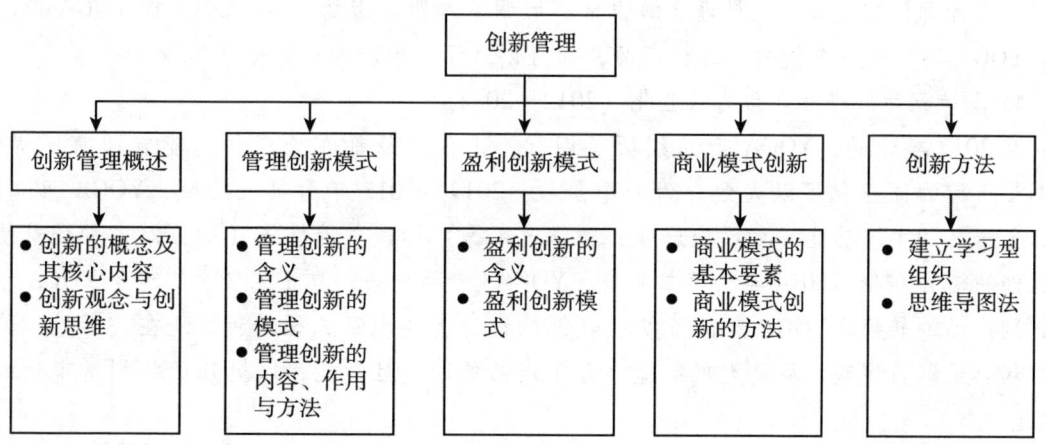

导入案例

设计师主导的颠覆性产品创新——LX 公司的 YOGA 案例

LX 的 YOGA 产品在 PC 机行业属于颠覆性创新，彻底改变了 PC 机的产品形态、使用习惯和模式，它引领了一场 PC 输入的革命。YOGA 产品的创新是设计驱动的产品创新，经历了以下几个发展阶段。

1. 未来需求识别阶段（2003 年以前）

2003 年之前，中国企业普遍采取追随创新或模仿创新的模式进行竞争。但在计算机行业，领军企业 LX 已经把设计视为产品创新的主要驱动力，实施设计驱动创新战略。2001 年开始，LX 的设计团队便开始研究社会文化的发展趋势，以识别未来消费者的需求特征。LX 的设计团队认为，传统的笔记本使得使用者和机器之间的关系是冰冷的、不友好的，人们在使用笔记本电脑一段时间后精神上和身体上都会感觉很累。LX 的设计团队重新构建了使用者和电脑之间的关系：友好的、贴心的，即预测未来人们对笔记本电脑的使用需求是更加友好的、贴心的工具。

2. 颠覆性创意设计（2003~2005 年）

YOGA 产品的创意产生于 2003~2005 年间。在 YOGA 的创意阶段，设计师们认为 PC 机不仅需要满足消费者对速度、美观、便携等产品性能的需求，更需要体现未来消费者的价值观和信仰，PC 机需要创造独特的情感价值，LX 设计团队提出了 YOGA 的概念。LX 设计团队设想把瑜伽的文化融入产品创新中，未来的 YOGA 电脑可以 360°的灵活转动，能满足不同情景下的使用者使用计算机的要求。

3. 设计驱动颠覆性创意的产品化（2006~2012 年）

首先，设计团队必须指定明确的目标客户。针对目标客户进行产品设计是把颠覆性创意转换为现实的第一步，YOGA 的产品定位是提供多媒体娱乐，产品表现形式是便携性轻办公应用二合一平板。其次，设计团队与新产品开发团队的合作。设计团队需要与目标客户、工程设计者、研发工程师沟通，阐述创意的思路和观点，负责答疑，促成产品创新的实现。设计师们都充当了设计理念解说员、协调者和驱动者的角色。2012 年 YOGA 产品发布，YOGA 不仅是一个新的计算机产品，而且创造了一个新的计算机品类。

4. 设计驱动颠覆性产品的商业化（2012~2014 年）

从 2012 年开始，YOGA 产品经历了四代，每代产品都在外观和功能方面有所提升。YOGA 产品的商业化可以大致分为两个阶段：2012~2013 年为第一阶段，YOGA 第一代、第二代产品的主流功能（如反应速度、工作效率等）和颠覆性性能（如应对多种场景使用的性能）都比较低。2014 年为第二阶段，YOGA3 产品发布，真正意义上实现了 YOGA 创意设计到产品的转换。YOGA 产品不仅在表链轴设计上实现了工程创新，还在灵活性、使用不同场景上取得突破，尽最大可能地提升了产品的颠覆性性能，以提升产品利基市场的稳固性。

5. 设计驱动产品品类竞争能力（2014 年至今）

2014 年之后，YOGA 又发布了两代产品。2016 年 YOGA 产品在设计上陆续增加了手写板、虚拟键盘等各种功能；2017 年 YOGA 产品又在外观上进行了设计改进，创新性地将天线、出风口内置在链轴中，产品更加轻薄。YOGA 产品的持续升级，使得设计创意真正转换为产品创新，产品的主流性能和颠覆性性能都得以增强，提升了 YOGA 笔记本的竞争能力。如今 LX 的设计团队与工程设计部门协同创新，优化了链条的设计，进一步降低了核心部件的生产成本，以价格优势提升了产品的竞争力。

资料来源：万方，姚伟坤，李凤朗. 设计师主导的颠覆性产品创新——LXYOGA 案例的研究 [J]. 清华管理评论，2018，60（4）：55－62.

讨论题：

1. 企业的产品创新如何实现？
2. 企业产品创新和技术创新的关系是什么？

第一节 创新管理概述

"创新"一词本身已不再是新概念,人们对创新早有认知。创新是以新思维、新发明、新描述为特征的一种概念化过程。创新一词最早起源于拉丁语,有三层含义:第一层含义是更新;第二层含义是创造新的东西;第三层含义是改变。

一、创新的内涵

哲学能够为人们认识世界和改造世界提供方法论指导。从哲学角度来看,创新的内涵是:创新是人的实践行为,是人类对于发现的再创造,是对于物质世界矛盾的利用再创造。人类通过对物质世界的再创造,制造新的矛盾关系,形成新的物质形态。

关于"创新"一词的来源,中国古史书上早有记载。《南史·后妃传上·宋世祖殷淑仪》:"据《春秋》,仲子非鲁惠公元嫡,尚得考别宫。今贵妃盖天秩之崇班,理应创新。"萧乾在《一本褪色的相册》(十二)中写道:"在语言创新方面,享有特权的诗人理应是先驱。"可以看出,创新一词本身并不是新的概念,古人也早有创新的意识。

从英文来看,创新"innovation"的含义具体在营销学领域,强调了企业产品或服务的创新,以及创新的属性应该是满足顾客的需求。

综合以上各种观点和对创新的理解,本书认为创新的定义是:创新是指以现有的思维模式提出有别于常规或常人思路的见解为导向,利用现有的知识和物质,在特定的环境中,本着理想化需要或为满足社会需求,而改进或创造新的事物、方法、元素、路径、环境,并能获得一定有益效果的行为。

为了使得人们对"创新"的理解更通俗,更具有可操作性,可以参考经济学家熊彼特的创新理论。经济学家熊彼特(J. A. Schumpeter)在1912年提出"创新理论"。该理论认为,现代经济发展的根本动力在于创新,创新包括五种情况:采用一种新的产品;采用一种新的生产方法;开辟一个新的市场;掠取或控制原材料或半制成品的一种新的供应来源;实现任何一种工业的新组织。

在"大众创业,万众创新"的新时代和新形势下,创新可以应用到各个社会领域。例如,原始创新和改进创新,绝对创新和相对创新,自主创新和模仿创新,以及科技创新、制度创新、观念创新、文化创新、教育创新、理论创新、营销创新、技术创新、产品创新、集成创新、工艺创新、市场创新、广告创新、管理创新等。创新和创新活动无处不在,无时不有。

二、自主创新范式

(一)自主创新内涵

自主创新的提法与中国企业特别是中国制造类企业的发展历程密切相关。改革开放以来,在中国经济转型背景下,中国企业特别是外向型企业都经历了从模仿创新到自主创新的转变。在模仿创新阶段,中国企业缺乏知识产权,缺乏核心技术,赚得微薄利润。为了突破发达国家和跨国公司的技术垄断,我国强调企业进行自主创新,以获得相应的知识产权和技术,进而提高利润。在自主创新驱动的发展阶段,我国企业取得了巨大成就。但是,随着引导企业自主创新的进展,发现很多企业将自主创新误读为独立创新或自主开发,甚至是封闭式创新,造成创新的开放度不足,创新效率难以提高。

自主创新不存在科学的理论概念,只是相当于模仿创新的一种创新活动,指的是企业拥有自主的知识产权,具有核心技术,并在此基础上进行价值创造的活动。可以结合企业的价值链活动来理解自主创新:当企业处于代工(OEM)发展阶段时,企业的生存依赖于制造环节,依赖于自身的生产能力,自主创新只体现在制造装配方面;当企业处于原始设计商(ODM)发展阶段时,企业的生存依赖于自身的设计能力,企业能够在工业设计上有自主的知识产权,这种创新能力可以帮助其在设计环节获得利润;当企业处于自有品牌(OBM)发展阶段时,企业的自主创新能力大大增强,企业不仅拥有自主的设计产权,还拥有产品研发方面的产权如专利,并且拥有品牌管理能力,真正地成长为创新驱动发展的企业。可以看出,自主创新能力对于企业来讲相当重要,能够比模仿创新、改进创新更能带来利润空间,实现价值创造。

自主创新能力在一段时期内可以给企业带来利润,使得企业持续经营下去,例如宝洁公司2000年之前的"一切答案,尽出于我"的自主创新模式。任何一家企业,如果不创新就难以生存;但是如果创新是独立的、封闭式的,那么绝大多数又都会以失败而告终。

(二)自主创新的弊端

在实际经营过程中,很多企业把自主创新理解为自己的封闭式创新,过于强调组织内部的自我研究。这种封闭式创新的模式会带来一些负面的影响:

(1)那些无力承担高额研发投入的企业将处于竞争劣势。
(2)大量的技术因过度开发或者与市场需求相脱离而被束之高阁、不能获利。
(3)企业内部不断有怀揣重要创新成果的骨干力量离职出走、另立门户。
(4)企业无视外部众多优秀且廉价的同类创新成果而导致闭门造车。
(5)因局限于既有的组织资源、知识和能力,企业不能应付快速变化与新兴的市场。

自主创新有一定的局限性。企业需要从独立创新迈向开放式创新的模式,适应快速变化的市场环境需要。

三、开放式创新范式

从战略管理领域的资源基础观理论来看,自主创新的创新资源主要依赖于组织内部,特别是有价值的、稀缺的、难以模仿的、难以交易的研发资源。但是,随着经济全球化程度越来越高,在全球范围内从组织外部获取研发资源,即资源外取(outsourcing)被认为是智慧企业成功的关键因素。如果要实现创新驱动发展，企业可以寻找外部的创新资源。

开放式创新的思维下，组织的边界是开放的，组织间边界可以相互渗透，组织的创新思维既可以来自组织内部的研发部门，也可以是组织外部。简单地说，组织内部和外部的创新思想、创新资源都可以帮助企业创新。在互联网时代，产品的生命周期越来越短，新产品上市速度越来越快，企业面临的创新压力越来越大，仅凭企业内部的创新资源进行创新，会使企业处于被动地位，即便大型企业也不可能仅依赖组织内部实现创新，就可以跟得上技术前沿和技术变革，因为即便实力雄厚的企业也不可能拥有创新所需的全部资源和技术。

最早提出开放式创新概念的是哈佛商学院教授伽斯柏（Chesbrough），他认为企业依赖于"内部创新"的模式是一种封闭式创新，并提出了开放式创新范式。开放式创新指的是，企业在技术创新过程中，同时利用内部和外部相互补充的创新资源实现创新，企业内部技术的商业化路径可以从内部进行，也可以通过外部资源途径实现，与多种合作伙伴多角度的动态合作的一类创新模式。企业应把外部创意和外部市场化渠道的作用上升到和封闭式创新模式下的内部创意以及内部市场化渠道同样重要的地位（Chesbrough，2003）。企业可以综合协调内部和外部的资源进行创新，不仅仅把创新的目标寄托在传统的产品经营上，还须积极寻找外部的合资、技术特许、委外研究、技术合伙、战略联盟或者风险投资等合适的商业模式来尽快地把创新思想变为现实产品与利润。

与自主创新不同的是，开放式创新具有以下明显特征。第一，不再局限于传统的知识产权的概念。第二，强调对外部创新成果的搜索和利用。第三，强调内外部间的创新合作。第四，重视卓越商业模式的构建。

开放式创新与自主创新相比，具有以下优势：第一，降低企业研发成本，缩短研发的周期，提高企业的竞争力。第二，降低企业研发成果外泄风险，增加企业的收益，促进研发的良性循环。第三，加快创新速度，提高创新成功率，迅速占领市场，提高企业的影响力。第四，降低创新风险成本，提高创新成功率。

四、协同创新的理论范式

相对于开放式创新而言，协同创新是一项更为复杂、更重视要素结合效果的创新组织方式，协同创新也是开放式创新的一种形式。协同创新的关键是形成以大学、企业、研究机构为核心要素，以政府、金融机构、中介组织、创新平台等为辅助要素的多元主体协同互动的网络创新模式，通过知识创新主体和技术创新间的深入合作和资源整合，产生"1+1+1>3"非线性效用。

所谓协同，就是协调两个或者两个以上的不同资源或者个体，协同一致地完成某一目标的过程或能力。在协同创新系统内部，大学、企业、科研机构是创新的主体，而政府、金融体系、中介组织形成辅助系统。政府的介入主要体现在政策导向和资金投入方面，仅财政资助来看，当前我国研发的资金主要来源于政府和企业。金融的参与，主要是指包括银行、投资融资、风险机制、社会资源等资金的投入。中介的参与，主要涉及各类中介机构的投入，形成一个高效运作的社会化服务体系。在协同创新体系中，政府是引导者、监督者，企业是创新的主体、是主力军，高校和科研机构是助推器，金融机构是支持者。

（一）协同创新的特点

相对于开放式创新而言，协同创新是更为复杂的创新范式。其特点表现在以下几个方面，如图 8-1 所示。一是整体性。协同创新的参与主体较多，是一个由多个子系统构成的整体系统，整体性较强。二是层次性。依照不同的层次分类，协同创新的创新活动呈现层次性，如战略层次的协同创新、组织层次的协同创新、知识层次的协同创新等，不同层次间的协同程度和深度不同，并且还存在相互影响和作用。三是耗散性。整个协同创新系统不是孤立存在的，它需要与外界进行交流，如前沿信息交流、创新成果交流及各种形式的物质扩散，具有耗散性特征。四是动态性。协同创新系统内各种参与主体，如企业的数量和个数不断发生变化，创新活动以创新项目形式进行，创新成员不断地流入和流出，呈现较高的动态性。五是复杂性。协同创新系统内参与的主体较多，各类主体之间都会存在交互的合作关系，合作网络较为复杂。

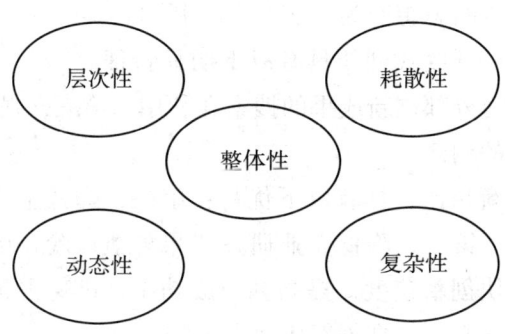

图 8-1　协同创新的特点

（二）协同创新的协同框架

对于协同创新的理解，重点在于对"协同"的把握。第一，创新主体间协同创新的前提条件。从内因和外因两个方面来分析，外因表现为创新活动的复杂性和不确定性，内因表现为不同创新主体的资源异质性和互补性。第二，协同创新主体间需要实现不同层次的协同——战略协同、组织协同及知识协同。战略协同呈现为价值观和文化的协同，以及相互间的信任和观念协同。组织协同呈现为过程协同，协调机制的建立。知识协同是最高层次的协同，是多方显性知识和隐性知识的共享和增值过程。第三，协同创新的保障机制。政府的政策、项目和体制形成支持系统，金融机构、中介机构和其他组织形成辅助系统，两大系统保障协同创新活动的顺利进行。协同创新的协同框架如图 8-2 所示。

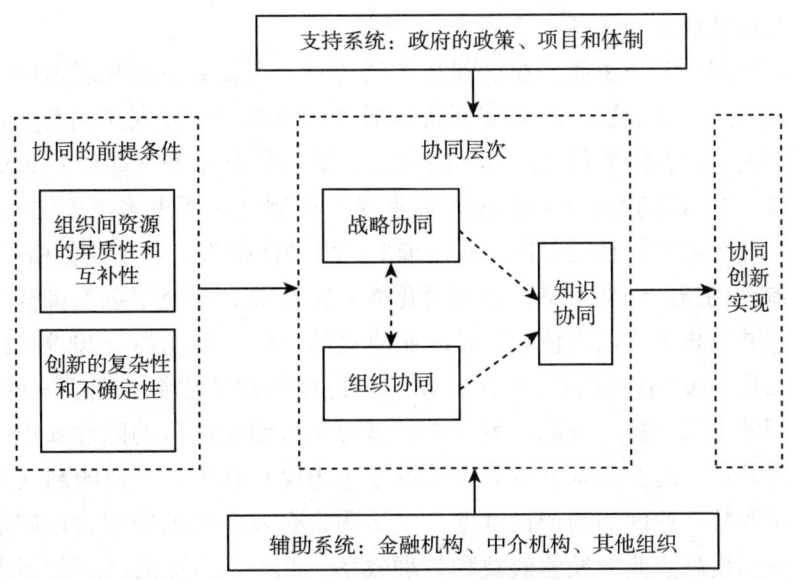

图 8-2 协同创新的协同框架

为保证协同创新的效果,大学、科研机构和企业都应该突破难点。一是大学和科研机构应从战略上重视关注如何将知识科研服务于企业,积极开展科技成果转化,为企业培养所需的科技和管理人才。二是企业应更关注如何准确地提出知识需求,为大学参与创新提供市场分析以及资金和物力上的支持。三是合理沟通和解决知识产权和项目收益上的归属,以及风险上的共担和分摊问题。

第二节 管理创新模式

管理创新是企业创新活动的前提。管理创新模式包括制度创新、组织创新和文化创新,这三种类型的创新属于企业的软实力创新范畴,既是技术创新、产品创新、市场创新的前提,又是技术创新、产品创新、市场创新的保障机制。

一、制度创新

(一)制度创新的内涵

制度创新理论的提出者是美国经济学家道格拉斯·诺思(D. North)、兰斯·戴维斯(Lance E. Davis)、罗伯特·汤玛斯(Robert P. Thomus)。

制度创新的内涵包括两个层面。宏观层面的制度创新,主要把制度视为与经济利益相关的激励或约束机制,探讨制度创新与经济增长、产业发展、企业技术创新的关系等;微观层面的制度创新,把制度视为企业内部的制度安排、企业内部的激励或约束机制,探讨制度创新与企业创新行为的关系（李英等，2016）。

本书内容以微观企业为主体，在谈到制度创新时，主要关注微观层面的制度创新，即企业层面的制度创新。企业层面的制度创新包括企业内部的制度安排创新、策略创新、企业家行为创新等内容。在制度创新的具体内容上，学者特日昆等（2015）重点研究了企业的产权制度安排，并认为我国许多企业并不重视产权制度，而更多地关注有形资产管理，使得其创新成果即知识产权缺乏保护，从而带来巨大经济损失。伊尔迪佐格鲁（Yildizoglu，2002）研究了制度创新的创新策略，运用简化 N-W 模型，研究了创新策略与企业竞争优势的变化关系，并分析了不同创新策略对产业演化的影响。李志强（2009）的观点是，企业家需要不断强化制度创新的行为惯例，以获得持续的竞争优势。在企业的学习过程中，一方面需要利用外部制度环境资源，另一方面需要整合组织内部的隐性知识，以提升企业家创新能力，提升自身的核心竞争力。项国鹏等（2012）认为，企业的制度创新可以从两方面入手，一是调整企业内部的产权制度，二是调整企业内部的职能管理制度。这两个方面的制度创新可以提高企业的经营效益和管理效率。此外，企业的制度创新也可以改变外部制度环境，如打破行业的管制性制度，使得企业寻找到新的发展路径和增长点。

所以说，制度创新是企业创新的前提，具有完善的企业制度创新机制，才能保证技术创新、市场创新的有效进行。如果陈旧的、落后的企业制度不进行创新，就会成为严重制约创新和发展的桎梏。

（二）制度创新的内容

1. 出资人制度创新

出资人制度明确界定了出资人的职责和权利所在。出资人制度创新指出资人制度方面的创新举措，例如国有资产出资人制度就是对一般意义上出资人制度的创新。国有资产出资人制度是实现政企职责分开，以及企业中国有资产保值增值的重要制度基础。

2. 法人财产制度创新

法人财产制度的建立，使企业的财产权利被分解为财产终极所有权和法人财产权。企业可以对总资产所表现出来的资金、物资、人力、设备、物业等多种资源形态进行优化、处置、重新组合等，法人财产制度创新是指企业法人可以对总资产进行优化、改变、重新组合，以实现资产增值和扩充。

3. 所有者权益制度创新

所有者权益一般指股东权益。所有者权益制度也可以创新，例如国有企业改革后，国有出资人对投资企业，会出现集团母公司对控股子公司的控制权，充分建立起所有者权益制度，具体包括对经营者选择的控制、对投资回报的控制、对重大经营决策的控制等。

4. 法人治理结构制度的创新

企业的法人治理结构包括各层委托代理关系，法人治理结构制度的创新，可以具体在股东与董事会、董事会与经理层、经理层对管理层的各种制度上进行创新，以优化企业的治理结构，降低治理成本，提升治理结构的执行力。

5. 企业规章制度创新

企业的规章制度包含了企业的各种基本制度，如人事制度、分配制度、财务制度、投资管理制度、激励制度等。企业的规章制度创新是一个多层次的体系，可以在某一个方面实现改进创新；也可以是整体的出资人制度创新、法人财产制度创新、所有者权益制度创新和规章制度创新，需要政府、企业、员工等主体"合力"去完成。通常情况下，企业的规章制度创新涉及管理思想创新、管理制度创新、决策制度创新、组织制度创新、人事制度创新、营销制度创新、战略管理制度创新等。广义上的制度创新，还包括企业的文化创新，企业文化建设需要与企业管理制度相融合，实现人本管理的现代管理理念。

二、组织创新

（一）组织创新的内涵

对组织创新的研究，可以追溯到熊彼特的创新理论。熊彼特于 1912 年在《经济发展理论》中首次提出了创新的概念，并且对创新进行了定义，"创新即新的生产函数的建立"。依据熊彼特的观点，创新即是把一种新的生产要素和生产条件引入生产体系。这种观点重点强调了技术创新的重要性，因此后来的学者在研究组织创新时，都延续了熊彼特的研究观点，研究焦点都集中于技术创新，而组织创新的内涵和外延很少受到重视。直到 20 世纪 90 年代，随着知识经济的到来，组织创新才重新成为学术界关注的研究领域和焦点话题（韩凤晶等，2005）。组织创新也不再被简单地认为是技术创新，而是将组织创新的范畴扩大，如产品创新、工艺创新、流程创新、商业模式创新等都被纳入组织创新的范围。

关于组织创新的定义和内涵的研究，现有的研究观点可以归纳为三类（刘漩华，2003）。第一种观点，以威廉姆森为代表的观点认为组织创新是组织结构创新，具体指组织结构的调整或者优化，重新配置组织员工的责任、权利、利益关系等。国内学者傅家骥（1992）的观点也类似。第二种观点认为组织创新就是技术创新。组织创新依附于技术创新，由于技术创新引起组织内部的各种关系变化（陈光，1994）。第三种观点将组织创新与制度创新联系在一起。认为组织创新主要指制度创新，将组织内各种制度的创新视为组织创新，如李培林等（1992）、常修泽等（1994）、梁镇等（1996）。

最常见的组织创新的定义可以分为三种观点。其一，根据创新的发起者不同，组织创新可以理解为管理创新和技术创新。其二，根据组织创新的结果不同，可以将组织创新理解为产品或服务创新、人员创新、生产流程创新、组织结构创新等。其三，根据组织创新对组织的影响力不同，可以将组织创新理解为渐进性创新与根本性创新。

由于组织创新没有统一的概念和界定，我们可以从广义和狭义两个方面来理解和把握组织创新。广义的组织创新包括新设想或行为的产生、发展和实施，可以是新的产品或服务，新的生产流程技术，新的组织结构或管理系统，或与组织成员有关的新的计划或项目。狭义的组织创新重点强调某个方面，是非全面的创新。本书采用组织创新的狭义概念，认为组织创新指组织结构设计创新，重组企业的资源，采用新的管理方式和方法，形成新的组织结构和权责关系,使企业的效益最大化。

(二) 组织创新的内容

根据本书的定义,组织创新可以通过三种途径实现:一是组织结构创新;二是组织流程创新;三是组织学习模式创新。具体而言,组织创新的内容主要指组织结构与运行以及组织间关联方式的改变,包括组织的职能结构、管理体制、机构设置、协调机制、运行机制等方面的变革与创新。

1. 职能结构创新

职能结构创新可以提高企业的经营效益。一是通过专业化分工来改变企业原有的职能结构。二是增加或合并职能部门、专业岗位。三是减少或合并职能部门、专业岗位。

2. 管理体制创新

管理体制创新是组织的整体性创新,重新进行集权、分权的设置,构建新的管理层次和管理幅度,以及安排新的工作流程。依据组织目标和工作任务构建新的管理层次和管理幅度,设置新的部门间的工作流程关系。

3. 机构设置创新

机构设置创新是重新设置每一个管理层次下的管理部门,以及每个管理部门内的岗位职务。在管理层次既定的情况下,重新设置管理部门;在管理部门确定的前提下,重新分解管理部门的工作任务和职责。

4. 协调机制创新

协调机制创新主要指管理层次、管理幅度、管理部门、职务岗位间的协调系统更新或改变。协调机制创新包括横向协调机制创新和纵向协调机制创新,前者是专业业务流程的协调创新,后者是组织与外部组织间的相互联系创新。

5. 运行机制创新

运行机制创新主要是"价值链活动"相互关系的创新。运行机制创新可以改变主要价值链活动的上下工序关系,也可以改变服务活动间的关系,甚至是重新设置企业的价值链活动关系。

组织创新是一个渐进过程,往往从技术创新或产品服务创新开始,逐步向组织结构创新、管理体制创新、机构设置创新、协调机制创新、运行机制创新发展,甚至是战略创新和文化创新。

(三) 组织创新的影响因素及原则

1. 组织创新的影响因素

组织创新涉及的面较广,受到多种因素的制约和影响。组织创新依赖于自身的资源能力等,也受外部环境的推动。具体来讲,影响和推动组织创新的因素包括以下几个方面。一是组织层面的因素。组织的惯性思维、有限资源、权力分配、相关的既得利益者,都会影响组织创新的深度和广度。二是个体层面的因素。个人的知识和技能、个人利益、个人惰性、个人认知等，都会影响组织创新，尤其是当组织创新影响员工的切身利益，如工作岗位和收入水平时，组织创新的阻力最大。三是环境因素。大部分组织创新是迫于对外部环境的适应，环境因素是组织创新的间接推动力。外部的宏观环境、行业环境、竞争环境变化都会促使组织创新。总体上来讲，组织创新不仅会受到组织层面的因素影响，也会受到个体层面的因素影响，同时还受到整个社会经济环境的制约，如图8-3所示。

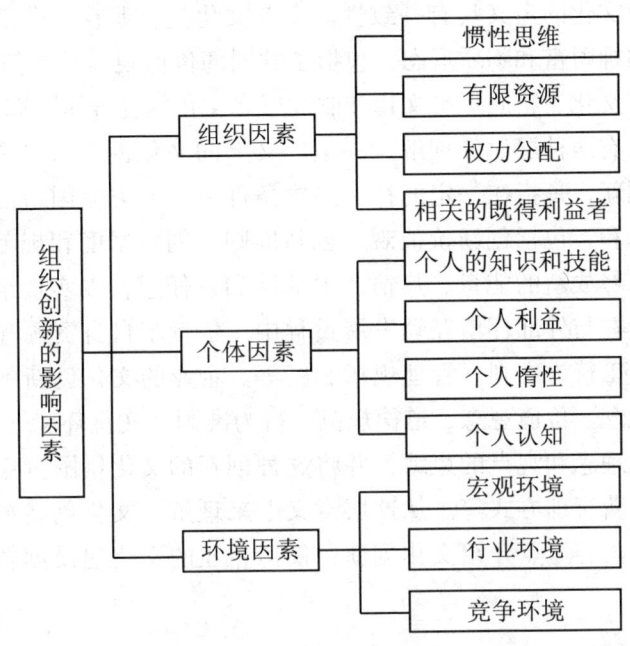

图8-3　组织创新的影响因素

2. 组织创新的原则

组织创新是渐进的过程，也是有计划的、有组织的系统变革过程。需要遵循以下基本原则：

（1）组织创新需要符合组织管理部门制定的规划目标。

（2）组织创新需要同时符合组织的规划目标、适应当前的环境要求。

（3）组织创新需要考虑组织的可持续性发展，既能适应当前的环境要求和组织规划，又能适应未来的外部环境要求以及未来的内部条件变化。

（4）组织创新需要有相应的配套措施，包括应对知识、技术、人员心理和态度的变化，以及应对工作程序、行为、工作设计和组织设计的改变。

（5）组织创新需要同时满足两个条件，提高组织效率和员工个人工作绩效，使员工目标和组织目标相融合。

三、文化创新

（一）文化创新的内涵

国外学者对企业文化有着不同的认识和理解。威廉·大内认为，企业文化是由传统和风气构成的，包含了企业的价值观。沙因则认为，企业文化是企业寻求生存的竞争"原则"，是新员工要被企业所录用必须掌握的"内在原则"。约翰科特、詹姆斯·赫斯特克的观点是，企业文化通常是指企业内部至少是高层管理者们共同拥有的价值观念和经营实践。企业文化可以分为两个层面：较深层次的企业文化不易被察觉，是一种基本价值观念；较低层次的企业文化较易被察觉，展现为企业的行为方式或经营风格。

国内学者对企业文化的定义具有一致性。企业文化是企业在经营活动中形成的组织文化，是企业独特的精神财富和物质形态，包括了共同的价值观、基本信念/理念、行为规范等，是企业观念形态文化、物质形态文化和制度形态文化的复合体（张德等，2000）。

对于文化创新，有两种层面的理解，一是广义上的文化创新，二是组织层面的文化创新。广义上的文化创新，是指在一定的社会历史条件下，人类在创新活动中形成的新的精神财富和物质形态总和，包括创新价值观、创新准则、创新制度和规范、创新物质文化环境等。文化创新可以释放新的能量、热情、主动性和责任感，以实现组织目标。组织层面的文化创新，是企业在与外部环境互动发展过程中，依赖于自身资源和性质形成的共同价值观、企业精神、员工行为准则、管理规章制度等。企业的文化创新本质上是建设一种新型文化，新的文化观念、价值观念、道德规范、行为准则、文化环境等，并形成创新氛围，打破旧的僵化的文化理念和观点的束缚，并将这种创新的文化氛围贯穿于组织的全部创新过程，包含新型的经营管理方式等。从这层意义上来理解，文化创新覆盖了制度创新、组织创新的范畴。本节内容重点介绍文化创新，仅指企业的文化建设创新，不再涉及制度创新与组织创新内容。

（二）文化创新的作用

首先，文化创新可以形成企业的核心竞争力。在共享经济和大数据时代，企业间竞争的关键点也随环境发生变化，开始关注软实力的较量，特别是企业文化竞争。企业文化是长期沉淀的结果，文化创新可以使企业持续保持竞争力。其次，文化创新是企业可持续发展的保障。当外部环境发生变化时，特别是经济利益观念发生变化时，企业文化需要及时进行调整，以新的理念和信念融合社会文化的变化。最后，文化创新先行于其他各类创新活动。制度创新、组织创新、产品创新和市场创新等创新活动，都需要与企业的文化创新相匹配。

（三）文化创新的保障

文化创新可以通过价值观念创新、愿景和使命创新、精神创新、制度创新、行为创新等呈现出来。那么，文化创新需要哪些前提和保障呢？一是企业的文化创新活动需要从理解文化内涵着手。二是企业的文化创新活动需要全员积极转变思想观念。三是企业的文化创新活动需要创新精神、创新思维作保障。无论是以绩效为导向的企业文化创新，还是以和谐伦理思想为导向的企业文化创新，都需要有强烈创新精神、创新思维的领袖人物出现。

第三节 盈利创新模式

企业的自主创新模式除了制度创新、组织创新和文化创新之外,还可以表现为技术创新、产品创新和市场创新,这三种创新模式都可以给企业带来一定的盈利,所以也称盈利创新模式。

一、技术创新

(一)技术创新的内涵

在创新的时代背景下,"技术创新"一词属于高频率词汇,各行各业各个领域,一旦提及创新,都会谈到技术创新。通俗地理解,技术创新就是指生产技术的创新,可以是开发新技术,也可以是对原有技术的改进或应用创新。这种对技术创新的理解,并没有真正把握技术创新的内涵,或者说多少存在一些片面性或者局限性。

技术创新的内涵仍然源于熊彼特1912年在《经济发展理论》中的阐述。熊彼特认为创新是把一种从来没有过的关于生产要素的"新组合"引入生产体系,创新包括五种情况,即引进新产品、引用新技术(采用一种新的生产方法)、开辟新的市场、控制原材料新的来源、实现任何一种工业新的组织。很明显,技术创新属于创新的一种情况。随后,理论界对技术创新的研究逐渐分为两大分支。一是将技术创新纳入新古典经济学理论框架中,认为技术创新可以解释经济增长问题;二是重点关注技术创新的扩散、技术创新的"轨道"以及技术创新范式问题。20世纪50年代后,针对技术创新的理论研究,形成了新古典学派、新熊彼特学派、制度创新学派和国家创新系统学派四个学派。

实际上,对于技术创新的理解存在两种流行的观点。一种观点认为技术创新是纯粹的技术行为,技术创新的目标就是技术的进步。另一种观点认为技术创新是纯粹的经济行为,重视技术应用层面,技术创新的关键在于价值转化和应用创新。第一种观点强调了技术开发,第二种观点强调了技术应用。

(二)技术创新能力及其影响因素

技术创新能力能够反映企业的研究开发能力、满足顾客需求的能力、产品创新能力、产品市场化能力。全面理解技术创新能力的概念,应该包括如下几个方面:一是技术创新能力是产品创新能力和工艺创新能力的整体功能;二是技术创新能力是一个系统的能力;三是技术创新能力与技术创新战略密切相关联,企业的技术创新能力是通过技术创新表现出来的。

企业技术创新能力的强弱主要受外部宏观环境和竞争环境因素的影响,以及组织内部各种因素的影响。

1. 外部因素

第一是行业竞争程度的影响。行业的竞争程度直接影响了企业的技术创新意愿、技术创新的投入程度。行业内企业之间的竞争越激烈，意味着企业越需要从成本、效率两个方面重新配置企业资源，越倾向于技术创新。

第二是行业竞争结构的影响。"中等程度的竞争"即垄断竞争下的行业结构最有利于技术创新，一是非垄断企业想要获得垄断利润而采取技术创新，二是垄断企业因担心竞争对手模仿而采取技术创新。

第三是政府的研发资助幅度。政府的研发资助幅度正向地影响企业的技术创新能力。在"提高自主创新能力，建立创新型国家"战略的指导下，各级政府每年都对企业的研发活动进行资助，以降低企业的研发成本和风险，提高企业技术创新的动力。

2. 内部因素

首先是企业的所有制形态对技术创新能力的影响。混合所有制企业技术创新能力最强，国有企业的技术创新能力相对较弱，民营企业具有灵活创新优势但整体创新能力有待提高，外商投资企业在创新产品和生产率方面能力较强。

其次是股权结构对企业技术创新能力的影响。股权结构特别是股权集中度会影响企业经营者的思维模式，经营者特别是高层管理团队的思维模式直接决定了企业的技术创新意愿以及技术创新投入程度。

最后是企业规模对技术创新能力的影响。技术创新需要一定的人力资源、资金资源和设施资源，同时还需要承担相应风险。企业规模越大，企业的资源能力越强，越有利于进行技术创新；反之，企业规模越小，技术创新能力越差。

二、产品创新

（一）产品创新的内涵

首先需要厘清产品创新与技术创新的关系。产品创新更加注重商业特征，它是为了满足消费者需求而进行的产品改进；而技术创新更多注重技术的开发过程。产品创新可能需要技术创新作支撑，但是产品创新不一定需要技术的创新。

产品创新的具体内涵还没有统一的严格阐述。经济合作与发展组织（OECD）对产品创新进行了界定，产品创新是产品或服务具备改进性的性能，能够为消费者提供新的使用功能或改进服务。简单地理解，能够把技术创新活动应用到开发新产品中都可以称为产品创新。对于制造业企业而言，产品创新就是新的某种改进或改善的工业设备。对于服务业而言，产品创新就是改进的服务流程或内容。产品创新的内涵相对较容易理解，是围绕产品或服务的性能、功能、内容进行的改进或提升，可以是全新的产品或服务，也可以是原有产品或服务的改善。

（二）产品创新的实现路径

企业进行产品创新的动力是新产品可以增加销量，提升市场份额和市场占有率，使企业持续盈利。以顾客为导向进行产品创新，实现路径可以有以下几种情况。

1. 技术创新驱动产品创新的实现路径

技术创新驱动产品创新，主要是依赖于基础科学领域创新延伸的技术创新进行产品创新，技术革新的应用是产品创新的重要推动力。技术创新驱动产品创新的核心在于产品功能或性能的改进，本质上是产品的功能创新。

（1）通过技术创新扩展产品的实用性功能。深入研究产品的各种隐藏功能，把一种新的使用功能运用在现有的产品上，主要是实用性功能。但是，这种新功能的开发以及与原有功能的融合，需要技术创新去实现。

（2）通过技术创新扩展产品的附加功能。扩展产品的附加功能主要是告诉顾客产品还可以怎么用，如何实现与其他功能的融合。可以是产品的形式、材料、色彩、结构等要素发生改变，也可以是产品的象征性、趣味性和主题性延伸为使用性。

2. 市场需求驱动的产品创新

市场需求驱动产品创新的着眼点是，发现新的市场需求，或者是以满足顾客的特殊需求为驱动力进行产品创新。

（1）发现新的市场需求，进行产品创新。这种产品创新的逻辑模式是"市场需求—产品创新"。发现新的市场需求是关键，需要充分的市场调研和市场分析，去发现环境变化所带来的人们的新需求。

（2）发现特殊顾客的需求，进行产品创新。出于人性化考虑，现在的企业越来越多地关注特殊群体和特殊顾客的需求，根据他们的需求创造出新产品。

3. 设计需求驱动的产品创新

设计需求驱动的产品创新，是以设计思想为出发点，将设计创意转换为创新产品的产品创新逻辑。与技术创新、市场需求驱动产品创新不同的是，设计需求驱动产品创新主要从社会文化和顾客群体深层次的潜在需求挖掘入手，提出新的产品功能和实现形式。

（三）产品创新的影响因素

影响产品创新的因素非常多，可以从外部需求因素、内部组织因素来进行分析。一方面是市场需求对产品创新的影响。新的市场需求可以刺激产品创新，但是市场需求规模大小直接影响产品创新的成败。另一方面企业内部因素也会影响产品创新。组织内技术创新水平、工艺创新水平、营销能力水平等，都会影响新产品的生产和销售情况，决定产品创新的成败。

企业的行业特征不同、竞争优势不同，产品创新的影响因素具体表现也不同。普遍认为，产品创新的影响因素包括五个方面：对顾客需求的把握程度、对市场的关注程度、产品开发的有效性、技术对外交流的有效性、开发管理者的职位和权威性等。其中开发管理者的职位越高、越有权威,就越有利于产品开发的推进和产品创新的实现。简单理解,影响产品创新的因素也可以概括为三个方面:创新产品的优势性、市场信息与营销效率高低、技术与生产环节的协同效率。

三、市场创新

(一)市场创新的内涵

市场创新源自熊彼特提出的五种创新情况之一,即"开辟新的市场"。通常情况下,提及市场创新,人们指的都是开辟一个新的市场和控制原材料的新供应来源,其中重点是对新市场的开拓和占领,以充分满足顾客需求。

市场创新的内涵体现在两个方面。一是开拓新的市场。以现有的产品进入新的地域市场,如国内畅销的产品开辟新市场,进入国外市场;以现有的产品进入需求意义上的市场,如牙膏企业将成人使用的牙膏推广至儿童市场,化妆品企业将女士化妆品推广至男士市场;以现有的产品在价格、质量、性能等方面细分为不同档次的、不同特色的产品,以满足或创造不同消费层次、不同消费群体需求。二是创造市场"新组合"。市场创新是市场各要素之间的新组合,包括产品创新和市场领域的创新,以及营销手段和营销观念的创新。

综上所述,市场创新是企业为了适应和利用市场环境,进行新市场开发的活动,包括为了更好地开发新市场而进行的消费者需求识别和分析,围绕消费者需求进行的产品及服务创新,以及新市场开发过程中的营销执行等活动。

(二)市场创新的实现方式

按照市场创新的四大要素,即新市场、新需求、新产品或新服务、营销执行活动,企业的市场创新可以通过以下方式实现:市场渗透战略、市场开发战略、产品开发战略和多元化战略[①],如图8-4所示。

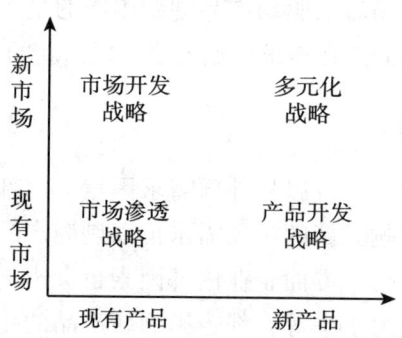

图8-4 市场创新的实践方式

---

① 菲利普·科特勒,加里·阿姆斯特朗等.市场营销原理(亚洲版·第2版)[M].北京:机械工业出版社,2011.

1. 市场渗透战略

市场渗透战略是企业利用现有产品在现有市场上扩大市场销量和市场份额，从而实现市场创新。这种市场创新方式依赖于企业对产品的使用方式、方法的重新理解和定义，企业需要引领和影响顾客的消费习惯，增加产品销量，扩大市场份额。

2. 市场开发战略

市场开发战略是企业利用现有产品进入新市场的过程，可以是地域边界市场，也可以是需求意义上的市场。为了进行市场创新，企业必须对现有产品市场进行分析和研究，发展新的细分市场，以现有产品满足这部分细化市场的需求。简言之，市场开发战略是给企业的现有产品寻找新顾客。市场开发战略最经典的案例就是"让不穿鞋子的人都去买鞋子穿"。

3. 产品开发战略

产品开发战略是企业对现有市场进行进一步细分和研究，发现新的需求特征，通过产品改进或新产品的形式满足这些需求特征，以实现市场拓展、市场创新的目标。很显然，以产品开发战略来实现市场创新的方式，依赖于产品创新。产品开发战略本质上是市场需求驱动的产品创新，挖掘现有市场，发现新的市场需求，或者是以满足顾客的特殊需求为驱动力进行产品创新，最终实现市场创新的目标。

4. 多元化战略

多元化战略是指企业在现有的业务经营范围之外，通过产品创新的方式拓展新的市场，使得经营范围涉及两个或两个以上的行业，生产和提供两种或两种以上基本经济用途不同的产品和服务，并推向市场。简言之，多元化战略是企业为了更多地占领市场和开拓新市场，而生产经营不同的产品或服务。

第四节　商业模式创新

一、商业模式创新的内涵

企业需要首先明确商业模式的内涵，然后才可以结合企业自身的特征进行商业模式创新，创造或者改进现有的商业模式，以更好地创造价值和传递价值，实现盈利和提高利润水平。

商业模式就是企业价值创造的基本逻辑，解释了企业在特定的价值链或价值网络中如何向客户提供产品和服务，并获取利润。佐特和阿米特（Zott & Amit，2010）对商业模式进行了详细的阐述，他们认为商业模式就是企业在利用商业机会的过程中，为了创造价值和获取价值而进行的交易内容、交易结构和交易治理的组合，这一组合框架解释了供应商、企业、渠道、顾客之间是如何通过网络协作实现价值创造的。佐特和阿米特将商业模式归纳为四种类型。第一种是新颖型商业模式。企业重新定义自身的商业模式，重新安排产品或服务的价值创造的参与主体，为顾客提供溢价的产品或服务。第二种是效率导向型商业模式。企业通过提高效率来更好地为顾客提供产品或服务，本质上在于降低交易参与者的交易成本。第三种是锁定型商业模式。提高企业价值创造活动系统中结构、内容和治理的转换成本，以获得稳定顾客资源，获取利润。第四种是互补型商业模式。企业将价值创造系统中不同的活动捆绑在一起，给顾客提供比单个活动更高的产品或服务价值。这四种类型的商业模式并不是相互排斥的，它们可以同时构成某个企业的特定商业模式。

（一）商业模式创新的内涵

什么是商业模式创新？有些企业把商业模式创新简单地理解为经营模式创新或者是盈利模式创新，也有些企业把商业模式创新理解为构成商业模式的要素组合发生变化。作为一个综合性概念，商业模式创新需要从商业模式的本质出发，强调价值创造和价值获取的方式改变，这样才对企业特别是制造业的商业模式创新具有可操作性指导意义。通俗来讲，商业模式创新是企业价值创造的基本逻辑发生了变化，新的商业模式必须同时为企业和顾客创造价值，商业模式创新即企业以更有效的方式赚钱。企业新的企业模式，可能是原有的商业模式构成要素发生了变化，也有可能是要素之间关系或动力机制发生了变化。

第一，价值链视角的商业模式创新。价值链视角下的商业模式需要回答三个问题：顾客是谁？顾客需要什么？企业如何向顾客提供产品或服务以赚取利润？从价值链视角分析商业模式创新，本质上与商业模式的价值创造和价值获取逻辑一致。

第二，价值网视角的商业模式创新。与价值链不同的是，价值网强调了价值创造的整体利益，而不局限于企业自身，将商业模式的理解重点转向价值创造，而非价值分配。价值网视角的商业模式创新强调了与利益相关者的关系改变，认识到企业自身需要与外部要素互动来创造价值。

第三，系统视角的商业模式创新。系统视角的商业模式认为，商业模式是整体系统，企业可以通过改变价值主张、目标顾客、分销渠道、顾客关系、核心能力、价值结构、伙伴网络、收入模式和成本结构等几个方面来实现商业模式变革。商业模式创新本质是价值系统创新，强调商业模式构成要素匹配的整体变革，它通过改变要素的组合方式实现商业模式创新。

（二）商业模式创新的特征

商业模式创新的具体表现形式非常多，对于某个特定企业而言，这种新的商业模式都可以帮助企业实现价值创造，给顾客提供有价值的产品或服务。商业模式创新具有一些共同特征，即商业模式创新的必要条件。

（1）新颖性。商业模式创新可以是提供新产品或新服务，或者是开拓新的市场领域，也可以是以新方式向顾客提供产品或服务。

（2）要素组合的异质性。商业模式创新至少是企业与同行业内的其他企业的商业模式存在差异，企业的商业模式构成要素发生变化，至少有一半的构成要素表现出异质性。

（3）盈利性。商业模式创新可以是降低企业和顾客的成本，也可以是提高企业的盈利水平，甚至是给企业建立独特的竞争优势。企业进行商业模式创新的出发点，就是现有的商业模式不能够给企业带来经济效益，故需要改变价值创造的流程环节，或者是改变价值创造的参与者，最终实现给企业带来盈利的目标。

二、商业模式创新的实现路径

商业模式创新的实现路径因行业差异、企业性质差异、产品或服务特征差异而表现不同。结合佐特和阿米特（Amit & Zott，2001）将商业模式的构成要素分为交易内容、交易结构、交易治理的观点，根据前面对不同视角下商业模式创新的分析，下面将从产品或服务视角、价值链视角、系统框架视角三方面介绍商业模式创新的实现路径。

（一）产品或服务视角下的商业模式创新的实现路径

产品或服务视角下的商业模式创新，属于新颖型商业模式创新，是以产品或服务创新驱动的。企业通过技术创新或工艺创新，实现产品或服务创新，以创造一种新的产品或服务来满足顾客需求，创造新的顾客价值，如图8-5所示。

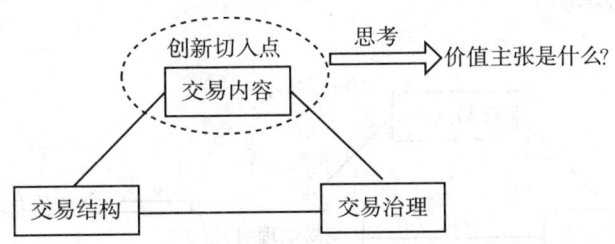

图8-5 产品或服务视角下的商业模式创新逻辑

产品或服务视角下的商业模式创新逻辑是这样的：以交易内容为创新切入点，深入思考和挖掘企业的价值主张、目标顾客以及为顾客创造的价值。在这种前提下，企业再通过纳入新的交易伙伴构建新的交易结构、交易治理，以实现商业模式的创新。产品或服务视角下的商业模式创新的实现路径是：交易内容创新——交易结构创新——交易治理创新。

（二）价值链视角下的商业模式创新的实现路径

价值链视角下的商业模式创新，属于效率导向型商业模式创新，是以企业的价值链活动重新组合设计驱动的。企业调整资源配置模式，重新安排价值链创造环节的主要活动和辅助活动，以更高的效率为顾客提供产品或服务。效率导向型商业模式创新的特征也是降低交易过程中的各类成本，提高交易效率水平，如图8-6所示。

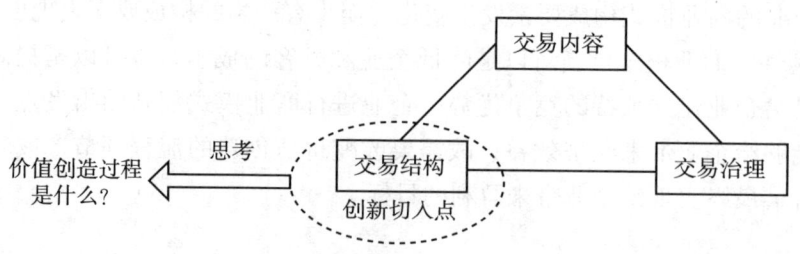

图 8-6　价值链视角下的商业模式创新逻辑

价值链视角下的商业模式创新逻辑是这样的：以交易结构为创新切入点，深入思考和挖掘企业的价值创造过程、可以增加价值创造的活动环节。在这种前提下，企业的产品或服务内容也会发生变化，需要更新交易内容、构建交易治理，以实现商业模式的创新。价值链视角下的商业模式创新的实现路径是：交易结构创新——交易内容创新——交易治理创新。

（三）系统框架视角下的商业模式创新的实现路径

系统框架视角下的商业模式创新，属于锁定型和互补型商业模式创新，是系统地全面创新商业模式中的交易内容、交易结构和交易治理。企业调整价值创造活动系统中的结构、内容和治理，或者将价值创造系统中不同的活动捆绑，以稳定顾客资源，给顾客提供更高的价值，如图 8-7 所示。

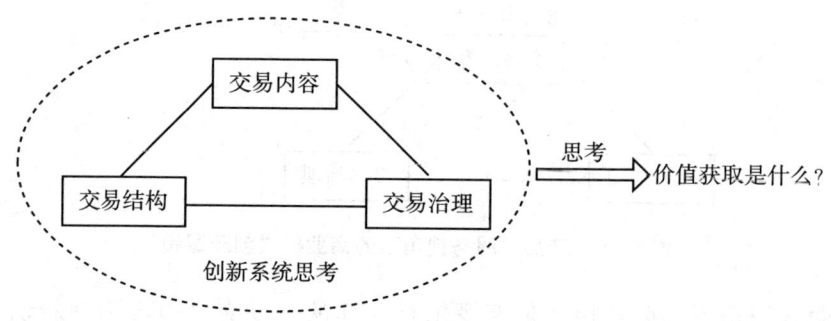

图 8-7　系统框架视角下的商业模式创新逻辑

系统框架视角下的商业模式创新逻辑是这样的：围绕"价值获取是什么？"来全面整合和改变企业原有的商业模式，包括对价值主张、价值创造、价值传递的改进和创造。在这种思路下，企业将全面调整和完善商业模式的交易内容、交易结构、交易治理，以实现创新。系统框架视角下的商业模式创新完全以顾客为中心，将价值主张、价值创造、价值传递与价值获取视为整体系统，不断地进行创造和调整。

三、商业模式创新设计

企业之所以进行商业模式创新，是因为现有的商业模式不能够满足企业的发展战略需要，不能够使企业保持持续增长。一般情况下，企业的商业模式创新有四个目标：一是满足市场,即满足还没有被挖掘的市场需求。二是投放市场,把新的技术、产品和服务推向市场或将现有的知识产权商业化。三是改善市场,通过一个更好的商业模式来改进、颠覆或变革现有的市场。四是创新市场,创造一个全新的市场。

商业模式创新的设计方案非常多,本书围绕价值创造的过程,将商业模式创新设计分为三类,即基于价值需求的商业模式设计、基于价值链活动的商业模式设计、基于价值实现的商业模式设计。

(一) 基于价值需求的商业模式设计

企业需要从顾客的价值需求出发,设计自身的商业模式。通过市场研究,准确发现顾客的需求,将这种需求转化为新的产品或服务,然后企业以新产品或服务为基点,重新设计自身的商业模式。其中顾客的价值需求可以是单一需求,也可以是需求组合,企业需要将顾客的需求转化为单一产品或服务,或者是系统产品或服务组合,重新设计或改进商业模式。

(二) 基于价值链的商业模式设计

基于价值链的商业模式创新设计有四种思路。一是扩张现有的价值链,在原有企业价值链的基础上延长整条价值链的长度,使得整条价值链活动更丰富。二是分拆价值链,将企业内部价值活动进行分离,并部分外包给其他商户,企业只保留其基础核心的价值活动。三是价值链活动的创新,既不缩短也不扩展现有价值链,只是针对企业的基础活动或辅助活动的创新。四是混合型价值链创新,将企业价值链完全重组,是价值链拆分与价值链扩展并存的一种创新思路。

(三) 基于价值实现的商业模式设计

基于价值实现的商业模式创新设计可以分为价值驱动(管理机制)、价值创造(运营)以及价值传递(渠道)三个环节展开,具有系统框架思维的特征。首先是价值驱动,即企业的价值追求是什么,可以通过企业文化、企业制度和企业的组织管理体现出来,同时呈现各利益相关者的诉求。其次是价值创造,即企业的价值链活动安排。企业的价值创造活动包括资金、技术、原料、生产工艺、信息系统、资本运作、供应链和价值网络打造等一系列活动。最后是价值传递。企业用什么样的分销渠道和传播方式把创造的价值传递给目标顾客。企业的价值传递涉及了渠道分销、促销和广告传播三个方面。

第五节 创新方法

创新方法是创新者把创新思维与创新经验、成果相结合而总结出来的具有普遍规律的创新创造技术与方法,创新方法可以运用在各个领域、行业、学科中,启发人们的创造性思维,能够提高人们的创造力及创新成功的概率,在指导创新创造者从事创新创造活动方面具有指导意义。

一、头脑风暴法

头脑风暴法是 1939 年由美国人奥斯本发明的世界上第一种创造技法，也叫奥斯本智力激励法。通常指一群人开动脑筋，进行自由的、创造性的思考与联想，并各抒己见，在短时间内提出解决问题的大量构想的一种方法。

（一）头脑风暴法的实施步骤

1. 准备阶段

（1）提出问题，确定讨论的主题。

（2）组建小组，并通知会议内容、时间和地点。

（3）热身会：向参会人员说明"头脑风暴法"的基本原则，确保会议顺利进行；为了使会议活跃，也可以会前做一些游戏和发散思维的练习等。

2. 会议过程

（1）由主持人明确问题，要求小组人员讲出与该问题有关的创意或思路。

（2）参会人员自由畅谈，发言力求简单扼要，该阶段不做任何评价。

（3）由记录员执行记录任务，每一个设想需注明顺序，以便查找。

（4）主持人必须充分掌握时间，时间过短，设想太少，时间过长，容易疲劳；可以将已确定的会议结束时间再延长 5 分钟，往往会有意外的惊喜。

3. 创意评选

会后将创意进行整理，按事先确定的评价和选取标准，对创意进行评价和选择，找到最佳解决的办法，如果没有，则可以再次重复上述过程，直到选出最佳的设想或方案。

（二）实施头脑风暴法的原则

1. 延迟评判原则

参会者在会议中思想放松，气氛活跃，这是关键。在会议中，会议主持人和参会者对各种意见、方案的正确与否，不要当场做出评价、批评或指责，否则将影响参会者的积极性，更加保守谨慎，从而遏制创意的产生。评论应放在后面的创意评选阶段。

2. 追求数量原则

参会者都应抓紧时间多思考，多提设想，而不应将时间思考在方案的质量上，从而影响其他方案的提出和思路的开拓。

3. 自由畅想原则

参会者不受任何限制，放松思想，从不同角度、不同层次大胆展开想象，尽可能提出与众不同、独创性的想法。

4. 限时限人原则

小组规模一般以 5~10 人为宜，会议时间一般以 20~60 分钟效果最佳。

5. 综合改进原则

可以对他人好的想法进行组合、取长补短，进行改进，以形成一个更好的想法，从而达到"1+1>2"的效果。

二、组合创新法

组合创新法是将两种或两种以上不同种类的事物，通过巧妙地结合或重组，以产生新技术、新方法、新产品的创新技法。组合创新法有多种类型，主要介绍组合类法、信息交合法和形态分析法等。

（一）组合类法

组合类法里主要的方法有主体附加法、异类组合法、同类组合法、重组组合法、共享与补代组合法。

1. 主体附加法

主体附加法是指以某一特定的对象为主体，通过在原有的产品或方法上增加新的附加件而产生新的创新的方法。在日常生活中，主体附加法的运用很普遍，如显示温度的保温杯、电话手表、空调带定时功能等。主体附件法具有明显的特征，一是主次分明，主体可以是任何事物；二是克服主体的缺点，改进并优化主体性能。

2. 异类组合法

异类组合法是将两种或两种以上的不同类型的事物或创意相结合，产生新的事物的方法。该方法的特点是组合的对象来自不同的方面，一般不存在主次关系，参与组合的对象从结构、功能、意义或成分等任一方面和多方面相互结合，整体变化显著。异类组合的创新性比较强，如日常生活中的投影电视盒、花瓶式台灯、工业清洁剂等。

3. 同类组合法

在保持原有事物功能或意义的前提下，通过增加数量来弥补功能的不足，产生新的功能或意义的新事物。一般来说，同类组合的组合对象是两个或两个以上的同一事物或同类事物，在组合的过程中，各组合对象在组合前后基本的结构功能一般没有实质性的变化，组合后产生的新事物往往具有对称性或一致性的特点，如子母床、双向拉锁、双排插座等。

4. 重组组合法

重组组合就是在一件事物上实施组合，在事物不同层次上分解原来的组合，改变原事物各组成部分的主要关系，重新组合成新的事物。一般来说，在重组过程中，不增加新的事物。

5. 共享与补代组合法

共享组合就是将不同的或相同的事物共享同一原理或装置等的组合，产生新的事物。如瑞士军刀将各种工具共同集合在一起，方便携带，例如现代的手机设计，集合了拍照、摄影、通信以及各类网购、社交、运动记录等App功能，大大方便了人们的生活。

补代组合就是以事物属性或功能进行补充、替代而形成的一种更创新的产品。例如银行取款业务,经历了人工、ATM 机器、网上转账到现代的无人银行,这些变化都是补代组合的创新成果,现代的无人银行利用先进的互联网技术代替了传统的人工服务,顾客可以通过识别身份证或银行卡进入无人银行,并通过人脸识别进行业务办理,大大节约人们排队的时间和人工的成本。

(二)信息交合法

信息交合法是把研究对象的总体信息要素按照不同层次分解成若干要素,每一类要素作为一条坐标轴,然后根据需要将各种坐标点有机交合起来,从各种信息的交合点入手进行交合,从而产生新事物的创造方法。

【案例 8-1】如图 8-8 所示,设计新的笔架,可通过信息交合法得到多种创意。

【要点提示】第一,笔架是信息场中心,确定研究对象;第二,画标线,笔架周围画出纵横标线若干条;第三,注明标尺,如在结构上标明底座、笔筒、其他等;第四,交合,如将笔架进行延伸,带笔筒、日历、温度计、手机架等,产生一种多功能办公笔架。

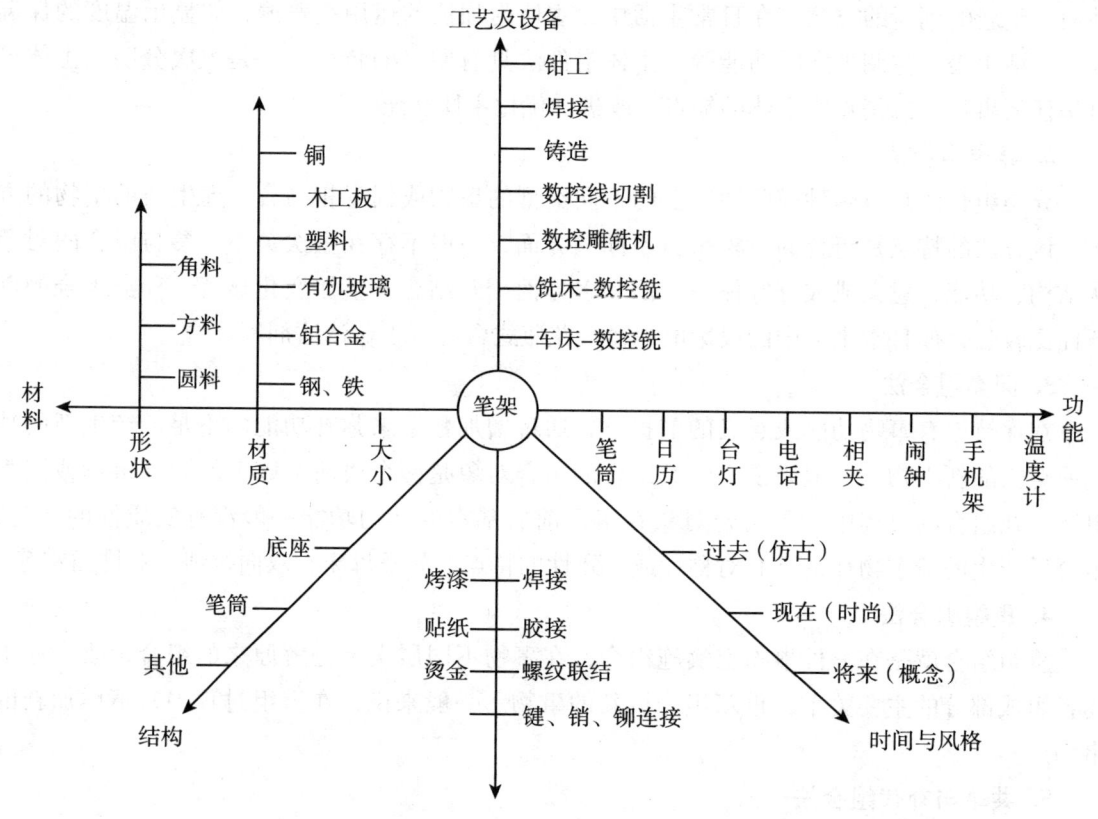

图 8-8 笔架的信息交合法

资料来源:吕丽,流海平,等.创新思维:原理·技法·实训[M].北京:北京理工大学出版社,2014.

(三) 形态分析法

形态分析法（morphological analysis）是由瑞士天文学家 F. 兹维基创立的一种创新方法，也叫"形态矩阵法"，是一种从系统论的观点看待创新思维的方法。该方法把研究对象需要解决的问题分为若干基本组成部分，分别提出解决问题的可行方案，用网络图解的方式进行排列组合，以产生解决问题的总体方案或创新设想。形态分析法广泛运用于自然科学、社会科学以及技术预测、方案决策等领域。

三、列举分析法

列举法是对具体事务的特定对象从逻辑上进行分析，并将其本质内容全面罗列出来的手段，再针对列出的项目逐个提出改进的方法。列举法通常分为缺点列举法、属性列举法和希望点列举法。

(一) 缺点列举法

缺点列举法是一种通过发掘事物的缺点而进行创新创造的方法，它鼓励人们积极寻找事物的缺点和不足，一一列举，并寻找最佳的解决方案。

(二) 属性列举法

属性列举法是由美国创造学家克拉福德提出的创新技法，他认为任何事物都有其属性，如果将研究的问题化整为零，就有利于产生创新设想。属性列举法的实施步骤可以分为以下两步：

（1）分析创新对象，列举并整理对象的属性。先确定好研究对象，然后把对象的属性一一列举，克拉福德把这些属性分为名词属性（如整体、部分、材料等）、动词属性（功能、机理、作用等）和形容词属性（如大小、形状、颜色、性质等）。

（2）提出针对性的创新方案。根据第一步列举的每一个属性进行评价，针对研究对象的结构、材料、外形以及功能等属性，提出更符合人们需求的产品或方案。

(三) 希望点列举法

希望点列举法是偏向理想型设定的思考，从人们的"希望"出发进行创新、创造、发明的方法。它不同于缺点列举法，后者离不开物品的原型，是一种被动型的创新技法。希望点列举法是根据发明者的意愿提出新设想，可以不受原有物品的束缚，是一种积极主动的创新技法。比如人们希望冬天喝茶总是热的，于是做出了保温杯；希望穿衣方便，发明了尼龙搭扣。

四、设问法

设问法是围绕现存的事物和现有的产品提出疑问，通过疑问发现问题的方法。它是促使人们发现问题和寻求解决问题途径的关键,也是提高人们创新创造能力的主要方法之一。设问法特别适合用于创新过程中的早期阶段。下面介绍两种比较常见的设问法。

(一) 5W2H 法

5W2H 法的前身是"5W"模式,是由美国著名政治学家、传播学奠基者哈罗德·拉斯维尔(Harold Lasswell)在论文《传播在社会中的结构与功能》中提出的,经过不断演化形成了 5W1H 法或 5W2H 法。

5W1H 法是通过为什么(Why)、什么(What)、何人(Who)、何时(When)、何地(Where)和如何(How)这六个方面针对研究对象提出问题,从而找到解决问题的方案;经过总结和改进,演变为 5W2H 法,即把"How"分解为怎样做(How to)和达到什么目标(How much)。5W2H 法通常的操作程序如下:

第一,针对现有的方法或产品,从 7 个角度提出问题并检查其合理性与可行性。

为什么需要创新(Why)?

创新的对象是什么(What)?

从什么地方着手(Where)?

由谁来承担创新任务(Who)?

什么时候完成(When)?

怎样实施(How to)?

达到什么样的目标(How much)?

第二,列出难点和疑问,并进行讨论分析,找出改进方案。

如果现有的方法或产品经过上面 7 个问题的审核,有某些方面不满意的,则表示这方面还有改进的余地,如果哪方面的答案有独特性的特点,也可以进一步扩大设问,设问的内容应是多方面、多层次的。

(二) 奥斯本检核表法

奥斯本检核表法是由美国 A. F. 奥斯本首次提出来的,即根据需要解决的问题或创新对象,从不同的角度进行提问,并一一列举出来,从中找到解决问题的方法或创新设想。该方法适用于各种场合的创新创造活动。

该方法包括 9 个方面的提问,如表 8-1 所示。

表 8-1　　　　　　　　　　　　奥斯本检核表

检查项目	提问
有无其他用途	现有的东西有无其他用途?保持不变能否扩大用途?稍加变动有无别的用途?
能否借用	能否模仿别的东西?现有的东西能否借用别的经验?过去有无类似的发明?现有的成果能否引入其他创造性的设想?

续表

检查项目	提问
能否改变	现有的东西是否能做些改变，如颜色、味道、声音、样式、型号、意义等，改变后效果如何？
能否扩大	现有的东西能否扩大使用范围？是否增加使用功能？能否增加部件，拉长时间，增加长度、寿命、价值等？
能否简化	现有的东西是否能减少、省略某些部分？是否能微型化？能否缩小体积、减轻重量、减低高度等？去掉不必要的？
能否代用	现有的东西能否用其他材料、其他元件代替？能否用其他原理、方法或工艺代替？能用其他能源代替？能否选取其他地点？
能否调整	能否调整原有布局？能否调整既定程序、计划、规格、因果关系等？
能否颠倒	能否从相反方向考虑？作用能否颠倒？位置上下左右能否颠倒？
能否组合	现有的东西能否组合？能否原理组合、方案组合、功能组合、形状组合、材料组合、部件组合等？能否对各系统进行组合协调？

利用上述检核表，针对某个产品可以从9个方面进行提问，也可以只从一个方面层层提问，收集并归纳出多种新的设想和方案，在此基础上，对各种设想和方案进行分析和评估，从中选出合适的方案，开发出新的产品。

五、逆向转换法

逆向转换法是指在研究问题时，由于解决这一问题的手段受阻，而转换成另一种手段，或转换思考角度，以使问题顺利解决的思维方法。逆向转化法是以逆向思维的方式进行创新，它主要针对产品或事物的原理、市场、需求、结构和功能等从相反的方向进行思考和探索，将思路从固有的思维中引导出来，获得新的设想或产品。逆向转换法中的"逆"可以是方向、过程、功能、原因、结果、优缺点等诸方面的逆转，一般来说有以下几种方法。

（1）原理逆向法。从事物原理的相反方向进行的思考，如温度计的诞生。意大利物理学家伽利略曾应医生的请求设计温度计，但屡遭失败。有一次他在给学生上实验课时，注意到水的温度变化引起了水的体积的变化，这使他突然意识到，倒过来，由水的体积变化不也能看出水的温度的变化吗？循着这一思路，他终于设计出了当时的温度计。

（2）功能逆向法。按事物或产品现有的功能进行相反的思考，如风力灭火器。现在我们看到的扑灭火灾时消防队员使用的灭火器中有风力灭火器。风吹过去，温度降低，空气稀薄，火被吹灭了。一般情况下，风是助火势的，但在一定情况下，风可以使小的火熄灭，而且相当有效。另外保暖瓶可以保热，反过来也可以保冷。

（3）过程逆向法。对事物进行过程逆向思考。例如，现代生活中用的吸尘器，其原理也是与常规方式相反的。通常桌子、椅子上的灰尘都是用吹的方式将其清除，但是地面上的灰尘垃圾,如果"吹",不但无法清除,还弄得满屋子尘土飞扬,于是反过来,吸尘器就得以诞生。

(4) 因果逆向法。事物原有的因果关系进行反转。如数学运算中从结果倒推回来以检查运算过程和已知条件。

(5) 结构或位置逆向法。从已有事物的结构和位置出发所进行的反向思考,如结构位置的颠倒、置换等。日常生活中,煮饭做菜都是锅在火的上方,因此刚开发的电烤箱同样是热源在下面,需烤制的鱼或肉放在上面,这样的结构在加热的过程中必然会产生一些问题,鱼肉经烘烤后渗出的油脂滴在电热丝上,便产生大量烟雾污染环境,技术人员想了一些办法,就是简单的结构变化,让加热用的电热丝放在烤箱上面,需烤制物置于下方,这样即便鱼肉掉下去,也不会因接触电热丝而产生烟雾。

(6) 观念逆向法。对习以为常的观念和认识进行相反的思考。例如我国工业生产部门大而全的观念转变为专门化生产,大大提高了生产效率和产品质量;人们从以前的吃饱到现在的吃好的观念,既要食材健康又要合理搭配饮食。

六、创造需求法

1943年,美国心理学家亚伯拉罕·马斯洛在《人类激励理论》一文中提出马斯洛需求层次理论,该理论将需求分为五种,从低到高分别为:生理需求;安全需求;情感和归属需求;尊重需求;自我实现的需求。

创造需求法是不断发掘潜在的需求,创造新的设想或产品,并通过创新的设想或产品打破原有的需求或满足的状态,使人们的不满足转变为满足的方法。需求是创新的原动力,只要人类有追求,需求就会不断升级,农业时代人们通过土地改善生活,工业时代通过机器改善生活,商业时代通过销售来改善生活等。

创造需求法广泛运用在生活中,可以从人们的价值观念、消费方式、生活模式、消费标准等方面创造新的需求;创造需求法一般有以下四个步骤并反复循环。

(1) 发现需求:充分掌握现实需求,并识别潜在需求。

(2) 转化需求:从产品的概念和技术方面创新挖掘人们的潜在需求,并转化为产品。

(3) 引导需求:通过传播的方式告知人们新的需求的趋势。

(4) 满足需求:在满足需求的同时,不断发现新的需求,在更高层次上创新、引导、再满足。

思考题

1. 创新的内涵是什么?如何理解创新?
2. 自主创新范式和开放式创新范式的区别是什么?
3. 协同创新的特点是什么?

4. 制度创新的内容包括哪些？
5. 组织创新的影响因素有哪些？
6. 企业技术创新能力的影响因素包括哪些？
7. 企业产品创新的实现路径有哪些？
8. 商业模式创新的内涵是什么？
9. 商业模式创新的实现路径包括哪些？
10. 请以一种类型的创新方法为例，说明如何进行创新。

案例研究

JDDJ 的协同创新模式

继互联网企业成为传统企业之后，以商业模式创新为主的平台企业成为新潮流。JDDJ 是 JD 集团于 2015 年开始重点打造的 O2O 生活服务平台，是基于传统 B2C 业务模式向更高频次商品服务领域延伸发展出的全新商业模式。

JDDJ 属于 O2O 生活服务平台，主要业务包括超市生鲜、外卖美食、医药健康、上门服务等几大类业务。虽然是生鲜 O2O 的后来者，但是通过与超市商户、速递物流企业的合作，近几年来发展势头迅猛。

1. JDDJ 的发展历程

JDDJ 于 2015 年 4 月正式上线，第一个上线城市是北京。截至 2015 年 11 月，在短短 6 个多月的时间内，JDDJ 已经在全国 11 大城市上线，服务遍及华北、华东、华中、华南、西部等多个区域，为消费者提供了 2 小时内快速送达的全新 O2O 服务，打造生活服务一体化平台。2016 年 4 月，JD 集团宣布，已经就旗下 O2O 子公司 JDDJ 与某众包物流平台合并一事达成最终协议。2018 年 7 月，JDDJ 宣布将在北京、上海等城市的办公场地批量投入 JDDJ Go3.0 智能货柜，计划年底前新增 5 000 个点位。这一服务内容的延伸，将进一步推动 JDDJ 在"高频次商品服务"领域内的竞争力。

2. JDDJ 的功能及运营特征

JDDJ 的四大服务功能分别是：实物类、医药类、美食类、轻松购物类。JDDJ 通过杠杆化社会资源，形成中国"社会电商"雏形。JDDJ 的生活服务可以提供超市产品、生鲜、外卖等上千种商品服务类别；在物流配送体系方面，JDDJ 不仅有 JD 集团自营的物流配送，还有"JD 众包"这样的社会化物流。

JDDJ 的运营特征是"商品服务 + 优势物流"。在商品服务方面，具体延伸至了超市到家服务、外卖到家服务、品质生活服务、上门服务、健康到家服务。这些商品服务已经覆盖了包括北京、上海、广州、深圳、南京、天津、武汉、宁波、成都、郑州、西安、重庆等一二线城市。在优势物流方面，JDDJ 一方面得益于 JD 集团的物流体系和物流管理优势，另一方面在共享经济的时代背景下推行"互联网 +"技术，大力发展"众包物流"。JDDJ

可以向消费者提供生鲜及超市产品的配送，并能够基于 LBS 定位实现 2 小时内快速送达，打造生活服务一体化的应用平台。

3. JDDJ 协同创新模式的竞争优势

JDDJ 的协同创新模式是自建平台、实体店仓、配送物流相互合作的高频次商品服务模式。整合了零售业产业链上的各种资源，产业链内三方的合作是这样的：JDDJ 为线下实体店提供生鲜产品与促销文案的展示平台；线下实体店（商户）负责生鲜类等商品的仓储；众包物流实现"3 公里内"的高效配送。JDDJ 平台可以对接线下实体店客户消费数据系统，以及店内物流仓储系统，实时了解店内生鲜产品的品质与数量以及区域内用户消费倾向，能够为用户提供有效的平台服务和优质购物体验。

"商品服务品类多、配送效率高"是 JDDJ 成功的关键因素。JDDJ 平台、实体店和商户、物流企业三者产业链条上的资源整合，协同协作共同打造了 O2O 生活服务平台的商业模式。

（1）JDDJ 协同创新的优势。

第一是用户流量优势。JD 集团作为互联网电商巨头，拥有活跃用户资源接近 2.4 亿户，这是 JDDJ 平台的竞争性资源。

第二是物流优势。JDDJ 的物流优势来自两个体系。首先是 JDDJ 平台自身的"O2O 平台+众包物流"的新物流模式；其次是 JDDJ 利用了 JD 集团的自建物流体系。

第三是运营优势。JDDJ 的运营优势表现为"良好的线上线下体验和客户黏性"，真正实现了"到店服务"到"到家服务"的转变。

（2）JDDJ 协同创新的发展机会。

第一是消费观念的转变给平台企业带来的发展机会。在物质生活越来越丰富的时代，生鲜商品的需求也逐渐成为人们生活消费的主流，在价值消费的观念下，生鲜 O2O 平台正好迎合了消费者的体验购物意向，成为消费者购买日常生鲜产品的主流消费方式。

第二是生鲜电商行业的市场容量将持续扩大。2017 年，中国生鲜电商市场交易规模突破 1 000 亿元。《2018 年中国生鲜电商行业消费洞察报告》数据显示，2018 年中国生鲜电商市场交易规模预计达到 1 947 亿元，增长 40.0%，并且生鲜产品的受众广、购买频次高，生鲜电商行业的市场前景十分可观，这将给 JDDJ 的发展带来极大空间。

第三是技术进步与资本进入带来的机会。随着移动互联网技术的发展，生鲜电商用户规模越来越大，商家与消费者之间的沟通变得方便快捷，商家可以第一时间掌握消费者的需求进行有计划的采购和调整营销策略。资本的投入也为 JDDJ 的发展带来较多良机：如以银行为代表的金融企业越来越多地与生鲜电商企业合作，传统第三方支付手段进入生鲜电商市场为网上支付提供了可靠的安全保障，大量资本投资直接进入生鲜电商行业，也为其发展提供了重要的支撑。

4. JDDJ 平台协同创新的保障

JD 自建平台、实体店仓、配送物流三者之间的协同创新，共同打造了 JDDJ 的辉煌业绩。零售业产业链条上这三种核心资源协同合作的动力是该商业模式创造的价值，也是 JD-

DJ 平台成员间协同创新的保障。

首先是战略协同带来的保障。"共同发展、互惠互利"是 JDDJ 平台合作方的战略目标。对于 JDDJ 平台而言，实体店和商户能够为其提供种类繁多的商品，实现无界商品展示；同时门店网点分布也降低了配送的时间成本。对于实体店和商户来讲，JDDJ 平台能够帮助其提升商品销量和配送服务，帮助商家实现电商化和数字化；同时 JD 的用户优势、流量优势对实体门店的转型升级提供重要支撑。

其次是价值协同带来的保障。"共同创造价值"是 JDDJ 平台合作方的价值导向。入驻 JDDJ O2O 的各类实体门店都实现了销售额的倍数增长，平均销量增长实现 10%～30%。例如，2018 年 5 月医药健康业务平台销售额达到了 2017 年 1 月份的 5 倍，在"6·18"当日订单量更是突破了 10 万单；某实体店 2018 年 5 月销售额达到了 2017 年 1 月的 6 倍。在实体门店销售额增长的前提下，JDDJ 平台的销售额也剧增，如 2017 年营业收入比 2016 年增长 7.5 倍，销售额（GMV）平均月度环比增幅超过了 30%。"共同创造价值"将继续维持 JDDJ 平台与各商户的深入合作，实现整体价值持续增长。

资料来源：徐明霞. 大学生创新基础 [M]. 北京：机械工业出版社，2019：210 – 214.

讨论题：结合 JDDJ 的企业实例，请分析和讨论企业协同创新的优势和劣势是什么？协同创新的实现路径有哪些？

第九章 管理理论前沿

学习目标

1. 了解平台型战略的实施路径。
2. 理解知识管理。
3. 理解大数据管理的战略。
4. 了解商业模式设计的方法。
5. 了解供应链重构。
6. 了解区块链管理。

本章框架

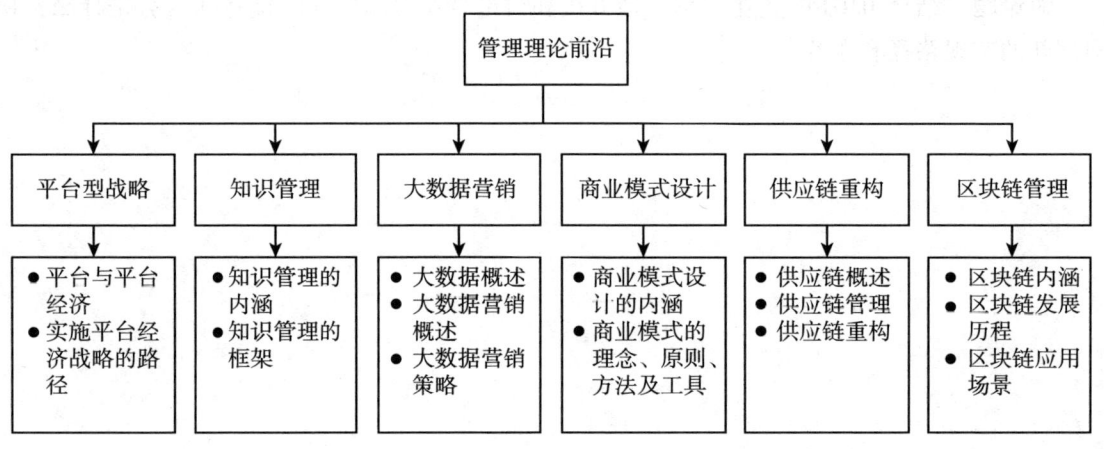

导入案例

大数据变革商业

2003年，奥伦·埃齐奥尼准备乘坐从西雅图到洛杉矶的飞机去参加弟弟的婚礼。他知道飞机票越早预订越便宜，于是他在几个月之前就预定了一张去洛杉矶的机票。在飞机上，埃齐奥尼询问其他乘客飞机票的价格，令他气愤的是，其他人虽然比他买得晚，但票价却比他便宜。埃齐奥尼作为美国最有名的计算机专家之一，飞机着落后，他下定决心要帮助乘客开发一个系统，用以推测当前网页的机票价格是否合理。当机票的平均价格呈下降趋势时，系统提示用户稍后购票；当机票的平均价格呈上涨趋势时，系统提示用户立刻购买机票。这个预测系统不能说明价格波动的原因，只能推测会发生什么。"买还是不买，这是一个问题"，因此，埃齐奥尼给这个系统取名"哈姆雷特"，后改名为Farecast。

为了提高预测的准确性，埃齐奥尼找到了一个行业机票预订数据库，使得系统进行预测时，就可以基于美国商业航空产业中每一条航线上每一架飞机内每一个座位一年内的综合票价记录得出。Farecast 票价预测的准确度高达 75%，使用 Farecast 票价预测工具购买机票的旅客，平均每张机票可节省 50 美元。

资料来源：维克托·迈尔-舍恩伯格，肯尼思·库克耶. 大数据时代：生活、工作与思维的大变革 [M]. 周涛，等译. 杭州：浙江人民出版社，2013.

第一节 平台型战略

传统企业通常在销售渠道、客户资源、资金等方面拥有良好的资源禀赋，但随着互联网经济的快速发展，这些优势在逐渐被削弱，有些甚至变成了企业发展的"包袱"。如何在传统模式中打破路径依赖，找准新的发展模式，是企业转型升级过程中至关重要的问题。"互联网+"的浪潮下，数字化信息快速流动，人们进行大规模的社会化协作，互联网经济与实体经济不断融合，聚集大量顾客的平台逐渐成为经济与社会的新主角，互联网平台企业在全球经济中风头强劲，平台经济也成为一种极具生命力、极具统治力的商业模式。平台经济颠覆了传统经济模式，改变了传统的产业链组织方式，以平台为核心重组产业生态，平台战略成为驱动传统企业转型升级的利器。

李克强总理在 2018 年的《政府工作报告》中首提"平台经济"，鼓励大企业、高校和科研院所开放创新资源，发展平台经济、共享经济，形成线上线下结合、产学研用协同、大中小企业融合的创新创业格局。

一、平台与平台经济

（一）平台

平台是连接多方供求或虚拟或真实的交易场所，真实的交易场所如集贸市场、超市等；虚拟的交易场所如淘宝网、微博等互联网化的平台。互联网化的平台创造了更好的交易环境及条件，无论任何时间地点，无论是一对一还是多对多，无论交易需求有多高或交易额多大，都可以在平台上展示卖方的价值及表达买方的需求，买卖双方自觉地在平台完成交易，将传统封闭的线性交易结构，重构成一个平台上点对点的水平网式结构，以更高的效率、更低的成本获得更大的收益。

互联网平台具有三个重要特征：

（1）平台与市场、企业具有同等重要的位置。

（2）整个社会中，主导公司形态从产品型公司转向平台型公司。

（3）技术驱动的互联网平台成为经济、社会与生活中新的资源配置与组织方式。

互联网平台连接着人们的线上线下生活，其发展可大致分为三个阶段：从电商平台到行业平台再到平台经济。在平台经济发展初期，直接面向终端消费者的电商平台率先崛起。随着互联网与产业融合加深，平台的产业领域从零售业电商领域趋向于众包、共享等基于互联网平台的新产业领域。随着平台进入产业领域越来越丰富，对产业和产业组织变革的影响也越来越大，平台逐步由一种商业现象发展为一种经济形态。

（二）互联网时代的平台经济思想

1. 平台经济的内涵

贾开在《平台经济的逻辑》中借用诺贝尔经济学奖获得者梯若尔（Jean Tirole）的观点，界定了平台经济的内涵。平台经济存在两组或多组顾客（例如司机与乘客），不同顾客间存在网络效应（例如某平台上的司机越多，乘客越容易在该平台上打到车），需要中介参与（即平台撮合司机与乘客达成交易）。

2. 平台经济的优势

平台经济的优势在于可以减少传统经济中的高摩擦和高耗散问题。高摩擦是指在行业的供应链中，各环节之间都有交易成本和物理空间成本，平台经济可以压缩这些成本以降低成本。高耗散是指资源的最终有效利用率，平台经济可以有效提升消费者享受资源的最终有效利用率和最终价值。

3. 平台经济的关键

平台经济的关键在于解决价格结构问题。根据梯若尔的观点，平台除提供撮合服务之外，还能有效地采用交叉补贴策略，对买方和卖方施加不同的价格策略并对其产生不同影响，突破传统中介服务的中立性。

4. 平台经济的特征

中国科学院大学经济与管理学院吕本富教授指出，平台经济具备四个突出特征：一是依赖用户参与；二是信息精确匹配；三是双边市场、交叉网络外部性；四是大规模跨界。

平台经济最主要的特征就是依赖用户参与。平台能调动用户参与生产，也会对用户产生巨大影响。

平台经济的重要特征为间接网络效应，又称"交叉网络外部性"。根据梯若尔的观点，在平台利润最大化的情况下，对市场任意一边所收取的费用并不直接取决于可变成本，而与双边的需求弹性比例成正比。即平台既向卖方收取费用，也向买方收取费用，二者之和构成了平台的"价格水平"，两者的相对比例则形成了"价格结构"。平台经济利润最大化的产品定价与价格结构有关。间接网络效应是指一边（如买方）的网络规模将对另一边（如卖方）的需求大小产生影响。如应用商店中应用程序越多（卖方规模），用户的需求就越大；反过来，用户量越大（买方规模），愿意在该应用商店平台上开发应用程序的开发者就越多。即买方或卖方的规模会对另一边的规模化形成推动作用。当"买方对卖方的影响力"和"卖方对买方的影响力"不同时，平台的价格结构会随着发生调整。比如，网约车平台在乘客需求小于网约车对乘客的需求时，平台会通过加大补贴乘客吸引买方加入平台而对网约车施以高价;当用户习惯形成后,乘客对网约车的需求变大时,平台逐步减少或取消对乘客的补贴(相当于平台逐渐对乘客提价)以获取更多利润。

二、实施平台经济战略的路径

企业实施平台经济战略的路径如下:

(一)第一步:构建超级网络

平台经济由超级网络演化而成,先打造一个平台便于经济要素之间联络或连接,在网络效应的驱动下,这些经济要素快速且规模化的聚集,形成一个超级流量平台,而这个平台最便利的位置形成超级入口,平台、网络和入口三者密不可分。

(二)第二步:设计平台模式

企业根据自身建立平台的条件和战略实施的能力,确定是构建一个生态系统去整合别人,还是选择一个生态系统加入。根据河海大学商学院张阳、黄放和唐震等人的观点,平台领导者、平台追随者和消费者市场是一个商业化平台的基本组成成分,即一个平台商业化组织包含三大基本主体:平台领导者、平台追随者和平台消费者(见图9-1)。以 Apps Store 为例,该系统因持有关键产品(如 iOS 操作系统)并设计平台架构和运行规则成为平台的领导者,众多的苹果应用程序开发者则是平台的追随者,与苹果应用程序的最终用户相互角力,构成传统买卖单边结构外的新的双边结构。

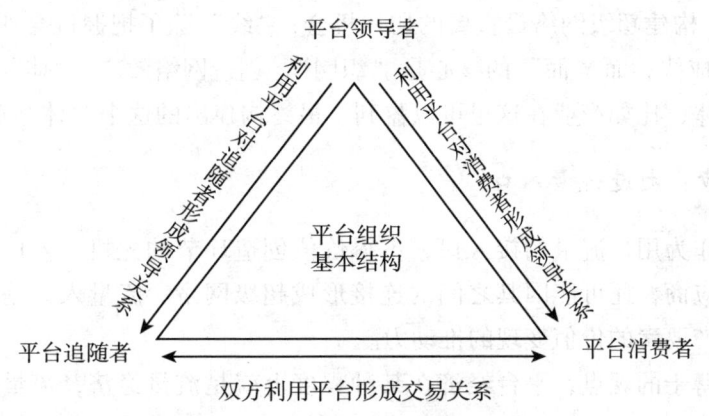

图9-1 平台组织基本结构

一个平台中每一类群体就是平台的一边,比如向商家购买商品的最终用户属于消费者群体;向最终用户提供商品或服务的商家,属于平台的追随者群体;若既向全体或大多数供应商提供服务,又向最终消费者提供服务,就是另一类群体,比如支付结算机构、法律服务机构等。因此存在双边平台、三边平台及多边平台。商业平台模式根据平台存在的群体的多少可以分为:双边商业平台模式、多边商业平台模式、"点线面体"超级网络平台结构。

1. 双边商业平台模式

双边是指买卖双方因为平台的某个功能、产品或服务聚集在同一个平台上。这是比较成熟又相对简单的一种平台，这类平台要想进一步保持平台领先并创造持续的竞争优势，就必须创造更多的网络效应，形成混合能力。

2. 多边商业平台模式

多边商业化平台简单模式有两种。一是"单个领导平台＋多业务平台＋平台的多边追随者"。多业务平台分别针对消费者在不同产业内的需求开发产品，由于消费者对不同产业内的产品需求不是固定的，存在跨界的替代或多边混合互补关系，消费者可以根据需要购买产品，从而不局限于某个平台，这就使得消费者市场产生极大的叠加刺激，产生显著的网络效应。比如苹果公司在App Store中不仅提供技术支持、开放平台接口，还提供交易平台。由于用户数量的庞大，较多内容提供商也开始为苹果智能终端提供内容，如电子书籍、杂志等。

二是多平台多边混合互补模式。多平台多边混合互补模式简单来说，就是"多个平台＋多边市场"，即平台的追随者及平台的最终用户，存在交叉关系，在多平台合作范畴内，平台领导者通过设计架构、开放协议和接口，不仅吸引平台追随者，也吸引潜在的平台合作者。比如抖音平台上有视频观看者、视频创作者和品牌商三方，这三方形成一个自主的、和谐的、稳定的三边关系。观看者享受了娱乐，创作者赚到了收益，品牌商获得了品牌传播。

3. "点线面体"超级网络平台结构

曾鸣教授在《智能商业20讲》课程中提出了"点线面体"四位一体的超级网络平台经济模式。"点"构建超级网络最重要的切入机会；"线"除了把握机会外还要善于利用机会，把"点"连成线；而"面"的核心是"织网"，创造网络效应；"体"是基于网络效应构建的经济综合体，比如产业在这里可以盈利。最终构建出的这个"体"就是平台。

（三）第三步：打造流量入口

互联网入口作为用户流量的接入口，占得价值创造环节的先机，入口不仅可以聚集巨大的用户群、供应商，还可能因其之间的连接形成超级网络。流量入口是平台发展的战略基础，是驱动生产要素的价值变现的推动力。

根据孙希有博士的观点，平台经济在某种程度上就是流量经济，流量的入口就是各种要素资源进入一个区域的口子，可以是线下的实体，也可以是线上的虚拟场景。所谓超级流量入口就是指拥有巨大用户规模的平台，用户进出频率高、停留时间长、依赖程度高，形成大规模的用户覆盖、价值传播和传递。"超级入口"意味着巨大商机，对品牌可以形成强大的赋能效果，短时间快速铸就品牌。

（四）第四步：构建生态圈

企业生态圈，就是经济共同体，指众多商业主体在一个平台上直接或间接地相互依赖、相互连接并形成有规律的各种有机组合。生态圈是平台发起者为了促使企业利用互联网在编辑效应极低的传统行业进一步发展的能力，以及防范竞争对手和培育新的盈利点，通过并购、联盟、开放等形式，横向进行扩张，纵向进行深化，建立起来的一个循环商业竞争体系。

生态圈作为一个现代商业系统，有技术创新生态系统、生产制造生态系统、服务提供生态系统和外部辅助环境系统等子系统。根据中国电子商务研究中心的分析，按照生态圈的范围及构成不同，可以将其分为三种不同的战略类型：

（1）内容生态圈，聚焦产品设计环节，整合广泛的设计资源，形成规模巨大的内容创造能力。比如某服装公司通过时尚孵化平台，运营近300个创意小组，每年设计服装品牌达到3万款[①]。

（2）产业生态圈，聚合产业各利益相关方，提供产业内系统服务，将传统封闭的价值链线性运营提升到开放协作的共同体。

（3）跨产业生态圈，打造商业基础设施，不断创造或引进新的物种。比如阿里巴巴集团，已形成孵化淘宝、菜鸟驿站、阿里云、蚂蚁金服等自成生态的母生态。

（五）第五步：吸引会员

会员组织通过"平台"创造出会员间的"邻里"价值和平台的共享价值，包括平台带来的交叉网络价值，会员为这种价值付费而成为一种经济模式。

免费是互联网时代最伟大的商业模式之一，因其：

（1）快速集聚大规模流量，创造基于流量的经营模式。

（2）快速对平台的另一边或多边形成吸引力，引发供应商的追随和集聚，形成双边或多边市场，实现交叉网络效应。

（3）有助于品牌的传播，并从信任、情感和个体价值实现等多个维度扩大品牌影响力，让过客成为顾客。

当大多数会员对平台路径依赖形成并达到离不开的程度，宁愿付费也要继续使用时；或平台的价值升级，有了超过创业初期的内容、功能和服务时，免费的会员制度会转化为付费的会员制度，平台会因会员比普通顾客更低的服务成本而进入稳定、高利润的黄金"收割期"。

（六）第六步：增强平台黏性

顾客购买企业的产品、服务，使企业得以实现利润，用户黏性对流量的持续性起到至关重要的作用。用户黏度是指用户对于品牌或产品的忠诚、信任与良性体验等结合起来形成的依赖程度和再消费期望程度。用户黏度也指增加与用户之间彼此的使用数量。

沃顿商学院吉欧弗瑞教授认为，增强客户黏性的关键成功因素在于公司更好地整合和

---

① 李宏，孙道军. 平台经济新战略［M］. 北京：中国经济出版社，2018.

使用各种客户信息来源，将其转换为用来改善组织服务客户的知识和专长，此项优势可以使企业在商品或服务商提供有益的客户价值时更深入地了解客户，及时提供客户体验，设计带给客户更优价值的体验，并以智慧和高效的方式提供体验。

第二节　知识管理

全球化的经济竞争环境，对企业提出产品质量、种类、相应时间及服务等多方面的需求，迫使企业加强其核心资源的管理，以更为快速、更高质量及更加低成本的方式进行经营。如果企业无法充分利用知识提高作业的效率，不能形成优秀的作业流程，不能快速地创新以适应市场的变化，那么企业将面临迅速淘汰。21世纪知识将取代劳动力、土地、资本，变成企业最重要的资本，企业价值主要来源于知识。

一、知识管理的内涵

（一）知识的定义及分类

从古希腊时期西方哲学就开始对知识的定义进行辩论，其中最经典的定义为柏拉图在《泰阿泰德篇》中对知识的阐释，即知识必须满足三个条件：知识是正确的、是被人们感知的、是被验证的真的信念。从知识可呈现的程度，知识可以分为显性知识和隐性知识；从存储的单位来看，知识可以分为员工个人知识和组织知识。

1. 可呈现程度：显性知识和隐性知识

（1）显性知识。显性知识能被明确表达，通过口口相传、文字记录、图表、视听媒体等编码方式获取和传播。比如书本、论文等记录的知识。

（2）隐性知识。隐性知识一般很难明确表述，不能通过语言、文字、图表等编码方式识别传播，只可意会，难以言传，包括直觉、经验、真理、判断、价值、假设、信仰等。隐性知识内化在个体头脑或组织中，人们往往通过领悟、思考、刻意练习等方式长期积累而拥有。比如技术高超的钧瓷工艺大师，很难将烧制的技巧、火候和时机表达出来与人分享，只能让学徒通过实际烧制不断练习掌握。

2. 存储单位：员工个人知识和组织知识

（1）员工个人知识。员工自己的知识，属于员工可以带走的东西，比如技能、经验、习惯、自觉、价值观等。比如，名中医如果离职或过世，那么属于他个人的那些经验和知识就不存在了。

（2）组织知识。组织知识指内含于组织实体系统中的知识。例如，组织内的组织文化与团队协调合作精神、优秀的作业流程等，这些都是员工个人无法带走的知识。即某位员工的离职无法使组织文化消失。

（二）知识管理的定义

到目前为止，学术界还没形成对知识管理公认的定义，学者们对知识管理的定义有以下三种主要的观点：第一种观点认为知识管理的焦点是对信息的管理；第二种观点认为知识管理的焦点是对人的管理；第三种观点综合了前两种观点，认为知识管理的核心要素包括人、组织和技术（human，organization，technology，HOT），即知识管理寻求将信息技术所提供的对信息和数据的处理能力以及人的发明创造能力有机地结合。

本书借鉴以下观点：知识管理是指组织为了提高生存能力和竞争优势，建立技术和组织体系，对存在于组织内外部的个人、群组或团体内的有价值的知识，进行系统的定义、获取、存储、分享、转移、利用和评估等，确保组织成员能够随时随地获取正确的知识，以便采取正确的行动。

从该定义中可以看出，知识管理的要素包括人、组织和技术；组织管理的内容是建立支持各种知识管理活动的技术和组织体系；知识管理的主要活动包括知识的定义、获取、存储、分享、转移、利用和评估等；知识管理的目的是提高组织的生存能力和竞争优势；知识管理的目标是确保组织成员能够随时随地获取正确的知识，以便采取正确的行动。

（三）知识管理的重要性

当企业不进行知识管理时，往往会面临以下问题：

1. 知识定义的失败

公司不知道自己已有什么知识，会使得公司重复投资开发已存在的知识，导致浪费。

2. 知识传播的失败

员工无法及时找到重要的现有知识；学到了经验但没有分享；没有从失败中获取教训；优秀员工的专业技能没有分享。这些问题会对企业的管理造成以下影响：不同地区之间执行情况的不一致；相同的工作每次的绩效都不相同；重复失败；缺乏应用已有知识的能力。

3. 隐性知识的流失

因员工的离职而流失了最重要的顾客、伙伴关系、最佳业务，甚至利润。某些核心员工的流失损害了组织的整理能力，会对企业造成重要影响的隐性知识只掌握在几个关键员工身上，重要能力很容易流失，甚至流向对手。

4. 知识囤积

员工为了工作安全感、升迁，不愿分享知识，往往会造成越好的知识越不流传。

5. 缺乏学习

既存的流程、经验法则、知识、技能已过时，且没有人去更新，往往造成企业低效率的经营模式与流程仍然继续运用，还在使用过时了的经验和方法。

二、知识管理的框架

根据中国台湾学者林东清教授提出的一个较完整的知识管理多视图框架，知识管理对组织而言，可以从下面七个视图来思考。

（一）资本视图

知识管理的资本视图认为，知识是组织重要的无形资产或称为智能资本，有别于机器、土地、设备、现金等有形资产。智能资本主要包括人力资本、结构资本和顾客资本三项无形资本。因此，组织应系统地整理、了解、评估这些无形资产，分析目前的状况，发挥其重大价值。

（二）战略视图

知识管理的战略视图认为，知识是组织重要的战略竞争武器，不只是在作业流程上改善绩效，而且是组织用来打击竞争对手、达成战略目标的重要战略核心资源。因此，在战略视图中，组织应注意自己在核心能力知识上是否有所创新，是否引领行业？自己的核心知识的价值是多少？是否难以让对手模仿？目前的知识是否足够应对企业所面临的竞争？如果不能，知识的缺口在哪里，如何快速地获取知识补足缺口，从而达成组织的战略目标。

（三）知识管理的流程视图

知识管理的流程视图认为，组织应强调做好知识管理必须掌握的主要步骤或活动。借鉴廖开际（2010）等的观点，知识管理的流程可以划分为以下6个主要流程：知识的定义、知识的获取、知识的创造、知识的共享传递、知识的利用和知识的存储。知识管理的关键在于如何在组织内部设计一个有效的知识管理的流程，让知识存量快速地积累，流量也能畅通无阻。

值得注意的是，知识不仅存储于组织的内部，还以产品、竞争、技术和原料的信息等形式，存储于组织外部的供货商、战略合作伙伴、研究单位、分销商及顾客，这被称为知识管理价值网络观点。这就意味着组织要做好知识管理必须注重跨组织的知识交流与分享，同组织外部实体充分地交流与分享经营的知识，团队的战斗力才会强大。

（四）知识管理的组织行为视图

知识管理的组织行为视图认为，知识是蕴藏在员工个人心智模式内的重要资产。组织应设计员工的薪酬制度使其鼓励和触动员工学习与创意的动机，探索员工配合执行知识管理的态度的主要因素，利用这些因素发挥员工最大的智力潜能。

（五）知识管理的信息技术视图

知识管理的信息技术视图强调，知识管理应注重信息技术对知识管理的支持，知识管理必须靠强有力的信息技术支持，以达到管理与传递的目的，重视群组软件、专家系统、智能型系统、电子视频会议等技术手段在组织管理领域的应用，使知识的搜集、存储、传递和共享更加方便可行。

（六）知识管理的实施视图

知识管理的实施视图认为组织引进知识管理的项目应做好实施的管理，从认知阶段、战略阶段、设计阶段、开发引进阶段和评估与维护阶段都应盘点可能存在的诸多问题，如员工抵抗、沟通不良、认知错误、方向错误和团队不合作等问题。因此，在组织引进知识管理的过程中，要详细、正确地规划每个步骤的实施。

（七）知识管理的评估视图

知识管理的评估视图强调，知识管理实施的成功与否、问题所在、投资的效率应有完善的评估标准，包括对知识管理目标实现程度的评估、对知识管理流程绩效的评估、对知识管理计划质量的评估等，并将指标量化、定性，制定出财务与非财务性指标。

第三节 大数据营销

从 2011 年 5 月，由全球知名咨询公司麦肯锡发布报告《大数据：创新、竞争和生产力的下一个新领域》第一次全方面地介绍和展望大数据，到今天大数据已经渗透到商业科技、医疗、政府、教育、经济、人文以及社会的其他各个领域，大数据已经成为重要的生产要素，越来越多的人、设备和传感器通过数字网络连接起来，产生、传送、分享和访问数据。

2012 年 3 月，美国发布《大数据研究和发展倡议》，从国家层面高度重视数据资产的价值，将国家数字主权定义为继边防、海防、空防之后的又一个体现综合国力的重要领域。2011 年 12 月，我国工信部把信息处理技术作为物联网发展中的四项关键技术提出来；2015 年 9 月，国务院印发《促进大数据发展行动纲要》，明确指出，要推动大数据的发展和应用，开启"大众创业、万众创新"的新格局，培育高端智能、新型繁荣的产业发展新生态，在国家层面系统部署大数据发展工作。大数据已经上升为国家战略，成为商业生态环境和日常生活中不可缺少的部分。

一、大数据概述

（一）大数据的概念

大数据，又称巨量资料，是一种规模大到在获取、存储、管理、分析方面大大超出了传统数据库软件工具能力范围的数据集合，对其进行深入挖掘可获得更强的决策力、洞察发现力和流程优化能力，是一种海量、高增长率和多样化的信息资产。

(二) 大数据的特征

大数据具有海量的数据规模、快速的数据流转、多样的数据类型和价值密度低四个特点。

(1) 海量的数据规模。大数据的特征首先就体现为"大"，20世纪八九十年代，一个小小的MB级别的MP3就可以满足很多人的需求，然而随着时间的推移，存储单位从过去的GB到TB，乃至现在的PB、EB级别。随着信息技术的高速发展，数据开始爆发性增长。社交网络（微博、推特、脸书）、移动网络、各种智能工具、服务工具等，都成为数据的来源。

(2) 快速的数据流转。大数据的产生非常迅速，主要通过互联网传输。生活中每个人都离不开互联网，也就是说每个人每天都在向大数据提供大量的资料。并且这些数据是需要及时处理的，因为花费大量资本去存储作用较小的历史数据是非常不划算的，对于一个平台而言，也许保存的数据只有几天或者一个月之内，再远的数据就要及时清理，不然代价太大。基于这种情况，大数据对处理速度有非常严格的要求，服务器中大量的资源都用于处理和计算数据，很多平台都需要做到实时分析。数据无时无刻不在产生，谁的速度更快，谁就有优势。

(3) 多样的数据类型。广泛的数据来源，决定了大数据形式的多样性。任何形式的数据都可以产生作用，目前应用最广泛的就是推荐系统，如淘宝、网易云音乐、今日头条等，这些平台都会通过对用户的日志数据进行分析，进一步推荐用户喜欢的东西。日志数据是结构化明显的数据，还有一些数据结构化不明显，例如图片、音频、视频等，这些数据因果关系弱，就需要人工对其进行标注。

(4) 价值密度低。这也是大数据的核心特征。现实世界所产生的数据中，有价值的数据所占比例很小。相比于传统的小数据，大数据最大的价值在于通过从大量不相关的各种类型的数据中，挖掘出对未来趋势与模式预测分析有价值的数据，并通过机器学习方法、人工智能方法或数据挖掘方法深度分析，发现新规律和新知识，并运用于农业、金融、医疗等各个领域，从而最终达到改善社会治理、提高生产效率、推进科学研究的效果。

二、大数据营销概述

大数据在各行各业均有广泛的运用。比如，分析每个航空公司每个航线每架飞机每个座位的全年票价，可以更好地帮助顾客选择购票的时机以获得更低的价格；通过收集、整理与分析每条道路的拥堵信息，可以更好地进行交通灯的设计，并在拥堵时刻快速解除拥堵状态；通过对消费者的搜索词条进行分析，企业可以有效地捕捉消费者直接的或潜在的购买需求，做到营销广告投放方式、广告内容等的精确化，并在消费者上网时，通过消费者所浏览的网页或App将消费者感兴趣的商品信息推送给顾客，这就是大数据在营销领域中的一些具体运用。

（一）大数据营销的概念

大数据营销是基于多平台（从硬件平台上来看，有 PC 平台、手机端平台等；从操作系统软件平台来看，有 Windows、Mac OS、Android、iOS 等）的大量数据，依托在大数据技术（如大数据技术的分析与预测能力）的基础上，应用于互联网广告行业的营销方式。

大数据营销能够使营销广告更加精准有效，力争做到"将广告投放给需要这些广告的人"，给企业带来更高的投资回报率。在海量的人群信息中，如何有针对性地让潜在客户看见企业的营销信息、接受营销服务，便是大数据营销需要解决的一个重要课题。

（二）大数据营销的特点

1. 大数据营销让一切营销与消费行为皆数据化

某个话题或行为所带动的上网流量越大，该话题或行为就越热门，继而营销的效果就越好，即话题或行为可以用上网流量、对某网页的访问次数、访问时间和发帖内容等追踪与衡量，用数据来呈现，形成营销闭环，即"消费—数据—营销—效果—消费"。

2. 大数据营销让社交网络平台更具价值

随着微信、微博、QQ、小红书、豆瓣等社交网络平台被人们广泛使用，这些社交网络平台里聚集了较高的人气，隐藏着许多顾客群的现实需求和潜在需求。当采用大数据技术对其提炼时，可以敏捷地捕捉到顾客群的产品需求，以此为据去做产品创新及营销策略，会取得良好的效果。

3. 大数据营销让购买行为日益程序化

传统营销的程序为，从找到潜在顾客，到顾客需求分析，再到产品介绍，最后顾客购买；在大数据时代，则可以面对顾客群来进行营销活动。首先利用大数据技术找出企业的目标顾客并进行受众分析，然后对产品广告投放的内容、时间、形式等进行预判与调配，使顾客只要看到营销广告信息就可做出购买的决策，提高企业的营销效率。

4. 大数据营销让线上线下加速整合

随着多屏时代的到来，即除 PC 端和移动端外，Pad、腕表、电视等设备的屏幕也正在分散顾客的时间和行为。因此，分析和挖掘多屏产生的数据可以使企业更快地收集顾客的兴趣点，实现营销信息发布的多屏化，整合线上和线下资源，可以促进与巩固客户的程序化购买行为。

5. 大数据营销缔造了一种智慧的"数字生态环境"

虽然精准营销是大数据营销的一个核心方向和价值体现，但精准营销并不完全等同于大数据营销。大数据营销更加侧重于缔造一种"数字生态环境"，包括两个方面：一是商业智能化，包括原料采购、内控成本分析、企业人力资源、销售市场拓展等诸多层面；二是消费智能化，主要以消费者个人信息为核心，建立信息组织与分析模型，更好地提升顾客体验。总的来说，大数据营销可以使企业生产经营与消费者需求更好地结合起来，形成一个良性互动的生态环境。

三、大数据营销的策略

制定传统的营销策略需要通过收集消费者信息、购买记录等小量精准数据进而推导相应的因果关系来进行,这个过程在时间上会有一些延迟。但在移动互联网时代,信息瞬息万变,分析和处理数据的能力也越来越强大,无法再使用过去的营销策略模式实现企业所期望的营销效果。通过大数据分析营销活动的现状可以越来越准确地预测未来,越来越多的企业开始采用大数据技术制定营销策略。企业在利用大数据分析制定营销策略时,主要有以下三个方面的考量。

(一) 快

在大数据时代,顾客的行为是快速动态变化的,因此企业需要借助便利的数据分析与挖掘,快速动态调整营销策略以顺应这种变化。一方面,企业需要引导顾客的消费行为,另一方面,要借助口碑提升企业的品牌知名度和传播力度。

(二) 准

大数据通过记录消费者的信息轨迹获取消费者的行为、态度及反应,继而制定营销策略,如何准确定义消费群体、信息接触点进而准确指导营销策略变得非常重要,如果营销策略不能准确地向消费者推送准确的内容、诉求和信息,不仅不能达到良好的营销效果,还可能引起消费者的反感。因此,应注重数据的准确性,注重消费者信息接触点的准确性,注重推送内容、诉求和信息的准确性。

(三) 稳

大数据的海量特征一方面给营销者提供了获取消费者真实行为的便利性;另一方面,消费者的快速动态行为变化也会给企业带来困扰。当信息周期太短时,需要企业在利用数据的时候做到稳定,以免为了应付突发的信息不能考虑周全而犯更多的营销错误。企业需要及时厘清数据所带来的信息准确性,合理利用口碑,保证营销策略的正确性与延续性。

第四节 商业模式设计

彼得·德鲁克曾经说过,未来企业间的竞争,不再是单一产品或者服务的竞争,而是商业模式之间的竞争。任何一个组织,都有自己生存与发展的目标以及运作的手段和措施,对非营利性组织而言,可以将其称为运作模式;而对于营利性组织而言,则被称为商业模式。

一、商业模式的内涵

商业模式是指为实现客户价值最大化,把能使企业运行的内外各要素整合起来,形成一个完整的高效率的具有独特核心竞争力的运行系统,并通过最优实现形式满足客户需求、实现客户价值,同时使系统达成持续盈利目标的整体解决方案。

通俗来讲,商业模式就是描述企业如何通过生产运作来实现生存与发展的框架,解决三个核心问题:卖什么?多少钱?怎么卖?

二、商业模式设计的理念、原则、方法及工具

(一) 商业模式设计理念

商业模式设计理念是对商业模式理性化的想法、理性化的思维活动模式或者说理性化的看法和见解。商业模式设计的理念主要有以下四种:

1. 客户理念

商业模式目标是实现客户价值的最大化,通过最优实现形式满足客户需求,实现客户的价值。该理念下的商业模式设计的具体内容包括客户工作、痛点描述和客户收益。

2. 价值主张理念

该理念是指对客户的真实需求深入挖掘,通过商业模式的设计,使公司在实践过程中通过产品或服务给消费者提供其所需要的价值。价值主张的类型包括成本价值主张、效率价值主张、价值创新主张。

3. 盈利理念

该理念下的商业模式设计需要考虑成本、收益与利润的关系,需要考虑企业盈利,其核心问题涉及:你向谁收钱?你拿什么去向别人收钱?你为客户创造了什么价值?你能收多少钱?你能收多久?你的成本是多少?去除成本你的利润是多少?

4. 竞争理念

当今企业间的竞争是商业模式的竞争,而不仅仅是产品的竞争。商业模式是资本市场甄别企业优劣的关键,也是企业获得成功的基石。因此,商业模式设计需要有竞争理念。

(二) 商业模式设计的原则

商业模式的设计需要考虑客户价值最大化原则、持续盈利原则、资源整合原则、创新原则、融资有效性原则、组织管理高效率原则、风险控制原则和合理避税原则。

1. 客户价值最大化原则

商业模式能否持续盈利与是否实现客户价值最大化有必然关系。当一个商业模式不能满足客户价值时,即使盈利也一定是暂时的、偶然的,不具有持续性;而当一个商业模式

满足客户价值最大化,即使暂时不盈利,也终究会因顾客的青睐而获得最终的盈利。

2. 持续盈利原则

企业能否持续盈利是判断其商业模式是否成功的唯一外在标准,即商业模式不仅要使企业盈利,还得具有可持续性。

3. 资源整合原则

资源整合原则是指以系统论的思维方式,通过组织协调,优化资源配置,使企业与合作伙伴整合成一个具有"1+1>2"的有机体。

4. 创新原则

成功的商业模式需要创新,或者在技术上取得突破,或者对某一环节进行改造,或者对原有模式进行重组、创新,甚至是对整个游戏规则的颠覆。商业模式的创新贯穿于企业经营的整个过程之中,贯穿于企业资源开发模式、制造方式、营销体系及市场流通各个环节,即每一个环节均有可能形成一种成功的商业模式。

5. 融资有效性原则

资金是所有企业发展中很难突破的瓶颈,谁能解决资金问题,谁就赢得了企业发展的先机,掌握了市场的主动权。

6. 组织管理高效率原则

高效率是企业管理模式追求的最高目标,也决定着企业是否具有盈利能力,因此,在商业模式的设计过程中,应注意组织管理的高效率原则。

7. 风险控制原则

任何商业模式均存在一定的系统内风险和系统外风险,在商业模式设计中要将这些风险考虑在内并具有可控性。

8. 合理避税原则

商业模式在现行的制度、法律的框架内,合理地利用有关政策进行避税可以大大增加企业的盈利能力。

(三)商业模式设计方法

商业模式设计方法主要有改进型和创新型两大类。

1. 商业模式改进型设计方法

商业模式改进型设计方法是指以国内外商业模式为参考,结合企业的资源特点进行调整,确定企业商业模式设计的方向,探索出适合本企业的商业模式。

2. 商业模式创新型设计方法

商业模式创新型设计方法是对传统商业模式的颠覆,其创新之处在于与传统商业模式的运营流程和盈利点完全不同。商业模式的创新设计方法主要有客户洞察、创意构思、可视思考、原型制作、故事讲述和情景推测六种。

(四)商业模式设计工具

商业模式设计主要的工具有商业模式画布和四要素商业模式设计框架。

1. 商业模式画布

商业模式画布由亚历山大·奥斯特瓦尔德（Alexander Osterwalder）和皮纽尔（Pigneur）提出，他们认为商业模式包含九种必备要素：价值主张、消费者目标群体、分销渠道、客户关系、价值匹配、核心能力、合作伙伴网络、成本结构和收入模型。

（1）价值主张。价值主张即企业通过其产品和服务所能向消费者提供的价值。价值主张确定了企业对消费者的实用意义。从消费者的角度来看，价值主张就是消费者所能感知到的企业为其创造的价值。企业必须清楚地定义目标客户、客户的问题和痛点，提供独特的解决方案以及从客户角度解决方案的净效益；创业公司的价值主张必须明确所要填补的需求或是解决的技术难题。

（2）消费者目标群体。消费者目标群体即公司所瞄准的消费者群体。群体或社会群体是指两人或两人以上通过一定的社会关系结合起来进行共同活动而产生相互作用的集体；具有某种共同特征的若干消费者组成的集体就是消费者群体。这些群体常常表现出相同或相近的消费心理行为，因经常接触和互动从而能够相互影响。公司可以针对消费者目标群体展现的共性研发产品，制定营销策略，从而创造价值。定义消费者群体的过程也被称为市场划分。

（3）分销渠道。分销渠道总的来说是公司用来接触消费者的各种途径，即某种产品或服务从生产者向消费者转移过程中，取得这种产品或服务的所有权或帮助所有权转移的所有企业和个人。分销渠道包括渠道起点、经销商、代理中间商和终点的消费者，但不包括供应商和辅助商。分销渠道阐述公司如何开拓市场，涉及公司的市场和分销策略。

（4）客户关系。客户关系是指企业为达到其经营目标，主动与消费者群体之间所建立的联系。这种联系可能是单纯的交易关系，也可能是通信联系，也可能是为客户提供的交流平台，还可能是为双方利益而形成的某种买卖合同或联盟关系。

（5）价值匹配。价值匹配即资源和活动的配置，是指如何优化配置企业的内外部资源，将独特的顾客价值生产出来。

（6）核心能力。核心能力是企业在生产经营过程中的知识积累和特殊技能以及相关资源组合成的一个综合体系，即公司执行其商业模式所需的独具的与他人不同的能力和资格。

（7）合作伙伴网络。合作伙伴网络即公司同其他公司之间为有效地提供价值并实现其商业化而形成的合作关系网络，包括供应链上下游的众多企业，描述了公司的商业联盟范围。

（8）成本结构。成本结构亦称成本构成，指产品成本中各项费用所占的比例或各成本项目占总成本的比例。当某种生产要素成本占企业总成本的比例较高时，该生产要素将成为企业的主要风险。

（9）收入模型。收入模型即公司通过各种收入流来创造财富的途径，即企业通过什么方法来获得顾客的回报从而创造盈利。

九种要素之间的关系如图9-2所示。

根据九大要素间的逻辑关系，商业模式设计可以分四步进行：

第一，价值创造收入。提出价值主张，寻找客户细分，打通渠道通路，建立客户关系。

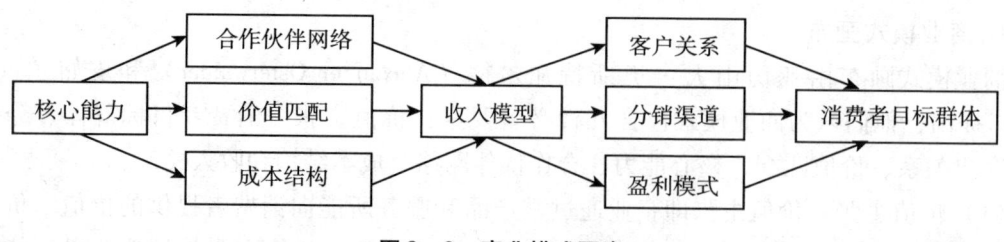

图 9-2 商业模式要素

第二,价值创造需要基础设计。衡量核心资源即能力,设计关键业务,寻找重要伙伴。

第三,基础设施引发成本。确定成本结构。

第四,差额即利润。根据成本结构,调整收益方式。

2. 四要素商业模式设计框架

四要素商业模式设计框架由日本学者三谷宏志提出,商业模式设计体系包括顾客、价值提供、盈利模式和竞争力四个要素。我们以剃须刀的商业模式演化为例(见表 9-1)。

表 9-1 剃须刀的商业模式四要素

要素	一般企业	吉列的"刀片+刀架"模式
顾客	一般男性	一般男性+军需用品
价值提供	持久耐用	无须研磨、价格低廉的替换刀片
盈利模式	整体出售	刀架定价低、靠刀片盈利、靠专利维护市场
竞争力	坚韧的刀片	薄刀片的制造技术、专利能力

资料来源:三谷宏志. 商业模式全史 [M]. 南京:江苏凤凰文艺出版社,2016:66.

第五节 供应链重构

"新零售"以消费体验为中心,以数字化为驱动力,推动零售业态模式、物流供应链等走向更高效的形态。传统供应链的顺序被颠覆,企业的研发、生产、营销、物流等活动都将以消费者数据为驱动力和决策依据,这就要求企业对全价值链进行数字化改造,重塑供应链环节,实现供应链的升级。在升级与重塑的过程中,完成三个重构:消费关系重构、供应链管理重构、销售场景重构。

一、供应链概述

(一)供应链的概念

供应链是围绕核心企业,通过对信息流、物流、资金流的控制,将供应商、制造商、分销商、零售商直到最终用户连成一个整体的功能网链结构模式。供应链的中心是核心企业，它的服务对象是产品或服务的最终用户，一般有五个主要评价指标：速度、柔性、质量、成本和服务。

在典型制造商的成本结构中，供应链涉及的成本占60%～80%，高效的供应链管理可以使总成本下降10%，相当于销售额提高3%～6%，而且显著提高了客户需求预测和管理水平。美国的PRTM咨询公司（Pittiglio Rabin Todd & McGrath）的调查分析结果也表明，企业实施供应链管理可以获得以下益处：

（1）供应链管理的实施使总成本下降10%。
（2）供应链成员的按时交货率提高15%以上。
（3）订货—生产的周期缩短25%～35%。
（4）供应链成员的生产率提高10%以上。
（5）供应链核心企业的资产增长率为15%～20%。

（二）供应链的分类

根据不同的划分标准对供应链进行以下分类：

1. 根据范围不同分类

根据供应链范围的不同，可以将供应链分为内部供应链和外部供应链。内部供应链是指企业内部产品生产和流通过程中所涉及的采购部门、生产部门、仓储部门、销售部门等组成的供需网络。外部供应链则是指企业外部的，与企业相关的产品生产和流通过程中涉及的原材料供应商、生产厂商、储运商、零售商以及最终消费者组成的供需网络。

2. 根据稳定性不同分类

根据供应链稳定性的不同，可以将供应链分为稳定的供应链和动态的供应链。基于相对稳定、单一的市场需求而组成的供应链，其稳定性较强，而基于相对频繁变化、复杂的需求而组成的供应链，其动态性较高。在实际管理运作中，需要根据不断变化的需求，相应地改变供应链的组成。

3. 根据功能不同分类

根据供应链的功能模式（物理功能、市场中介功能和客户需求功能）可以把供应链划分为三种：有效性供应链、反应性供应链和创新性供应链。有效性供应链主要体现供应链的物理功能，追求低成本、高周转率，适合需求可预测的生产，即以最低的成本将原材料转化成零部件、半成品、产品，以及在供应链中的运输等；反应性供应链主要体现供应链的市场中介功能，快速响应顾客需求，以速度、质量、柔性为核心，把产品分配到满足用户需求的市场，对未预知的需求做出快速反应等；创新性供应链主要体现供应链的客户需求功能，即根据最终消费者的喜好或时尚的引导，进而调整产品内容与形式来满足市场需求。

4. 根据企业地位不同分类

根据供应链中企业地位的不同，可以将供应链分成盟主型供应链和非盟主型供应链。

非盟主型供应链是指供应链中企业的地位彼此差距不大，对供应链的重要程度相同。盟主型供应链是指供应链中某一成员的节点企业在整个供应链中占据主导地位，对其他成员具有很强的辐射能力和吸引能力，通常称该企业为核心企业或主导企业。例如，奇瑞汽车等公司的供应链是以生产商为核心的，中国烟草系统、香港利丰等公司的供应链是以中间商为核心的，沃尔玛、家乐福等企业的供应链是以零售商为核心的。

二、供应链管理

供应链形成了一个涵盖供应商、生产商、分销商、零售商和消费者的网络，实现了物流、信息流和资金流的有效集成。供应链管理就是指对整个供应链进行计划、协调、运营、控制和优化的各种活动与过程。我国《物流术语》将供应链管理定义为"利用计算机网络技术全面规划供应链中的商流、物流、信息流、资金流等，并进行计划、组织、协调与控制等"。

供应链管理作为一种先进的管理理念，已经发展成为保障供应链成员协调运营、实现"利益共享，风险共担"的工具。供应链管理的目标是全方位的。例如，以更完整的产品组合，满足不断增长的市场需求；以不断缩短的交货期，应对市场需求多样化的趋势；通过缩短供给与消费之间的距离，快速、有效地反映市场需求的不确定性；借助供应链成员之间协调、协同的运营机制，不断降低整个供应链的运营成本；建立一个和谐的供应链管理体系，在创新的管理体系中创造管理价值。

三、供应链的重构

（一）供应链重构的背景

随着新零售业态的发展及人工智能和5G技术商用化的推广，供应链面临着重塑与升级。

1. 新零售

消费者从感性到理性，从单一商品消费到复杂的综合性消费，渠道多元化、场景碎片化、健康化。消费者从侧重价格取向逐渐转变为侧重价值取向，从单一的消费转变为复杂且综合性的消费。零售发展呈现出全渠道、人性化、数据化、无边界、可视化等趋势。实现新零售业态下的供应链升级突围，可以从三个方面入手。一是供应链的科技化。应用物流自动化即智能化技术来实现物流作业高效率、低成本。二是供应链的数据化。应用仓储管理系统等软件，采集并汇总仓储、运输、配送、销售等环节所产生的全部数据，通过分析处理，挖掘运营的特点、规律、风险等信息，科学合理地进行管理决策与资源配置。三是供应链的协同化。依托云计算，利用历史大数据，构建多维度运筹模型，协同仓储、运输、配送等环节，优化网络布局；应用多仓融合解决方案，提升整个供应链的效率。

2. 物联网+5G+人工智能

随着技术的发展，物联网不再局限于人与小型设备间的交互联系，已应用到更多行业运作场景。在5G技术规模化商用的带动下，工业物联网将进一步实现物物、物人、人物相连，物流行业将逐渐从劳动密集型向技术密集型转变，实现物流业的提质增效。

随着"智能+"战略的推动，先进信息技术与交通运输进一步融合，以"数据链"为主线，构建数字化的采集体系、网络化的传输体系和智能化的应用体系，交通运输信息化将进一步向数字化、网络化、智能化的方向发展。未来将形成交通基础设施全要素、全周期数字化，形成天地一体的交通控制网，数字交通产业整体竞争能力全球领先。

（二）供应链重构的主要方式

1. 多链重构

"多链"是指与企业经营紧密相关的产业链、供应链、价值链。三条链式关系反映了企业内外部经济活动，对任何一个链条的重构都需要其他链条的协同调整。

"多链重构"以增强客户核心竞争力与盈利能力为出发点，协同上下游或相关企业，整合链条上利益相关者的业务活动，优化企业生产及销售流程，为客户提供物流、商流、信息流和资金的整合和优化解决方案，协助客户建立高效、通透、最优的多链协同体系。

2. 多仓融合

随着消费者消费习惯的变化，随着互联网红利逐渐消退、获客成本飙升，销售渠道向多元化、全渠道方向发展，单一渠道的重要性下降，线上线下渠道的边界模糊，技术推动渠道新老更替、结构分化和线上线下融合重构，渠道融合渐渐成为企业发展的刚需，多仓融合应运而生。

多仓融合是一种基于订单集成的智能处理，为具有多平台、全渠道模式的客户提供库存融合、仓储服务资源共享、不同分拣模式并行、线上线下一站式订单履约交付服务。多仓融合既可以合理集约资源，减少重复备货，又可整合数据便于进一步分析与优化。

3. 商流物流一体化服务

B2B电商进入3.0时代后，不仅局限于线上交易服务，还将延伸至仓储、配送、退换货等线下服务。物流企业以商流为契机，打通供应链上下游环节，为买卖双方提供包括仓储物流、数据分析、金融信贷等在内的供应链一体化服务，以商流物流一体化服务，实现产业赋能，构筑供应链一体化服务能力，形成核心竞争力。

商流物流一体化服务主要有三种模式：

（1）交易模式。企业购进商品再出手，赚取商品差价，物流服务为辅助。

（2）服务模式。为企业搭建平台，赚取平台服务费、物流费。

（3）综合模式。既为企业搭建平台，又发展自有品牌商品；既赚商品差价，又赚取平台服务费、物流费等。

4. "两业"深度融合

"两业"深度融合是指先进制造业和现代服务业的融合，这是顺应新一轮科技革命和产业变革以及增强制造业核心竞争力、培育现代产业体系、实现高质量发展的重要途径。总体来看，目前先进制造业和现代服务业融合的程度较低，需在以下两方面加以改进。一是应强化先进制造业对现代服务业的衍生需求,充分挖掘原材料工业、消费品工业、装备制造和汽车制造等对绿色化、个性化定制、研发设计、智慧出行等服务的需求,为两业融合提供内生性动力;二是应强化现代服务业对先进制造业的支撑作用,鼓励加大研发设计投入力度,尤其是在人工智能、5G等新一代信息技术领域加强基础研究和应用,防止与制造企业嵌入式合作时成为制约融合发展的短板。

5. 合同物流的平台化

伴随着数字化的高速发展,平台经济不仅深入改变了普通消费者的生活方式,而且重塑了零售、消费品、物流等众多行业的业务模式和竞争格局。物流企业在平台化的过程中主要有两类路径:

(1)资源整合。资源整合类物流平台整合司机、车辆、船东、路线等资源,为第三方物流企业、中小型货主企业提供基于运力的物流解决方案。

(2)信息整合。信息整合类物流平台主要为物流订单整合平台,包括快速订单整合平台和统仓统配平台,以核心企业的强号召力整合经销商端的配送订单,在解放经销商"双手"的同时,形成区域规模效应,实现降本增效。

第六节 区块链管理

2008年11月,一位名为中本聪(Satoshi Nakamoto)的人,在密码学论坛metzdowd.com发表了一篇名为《比特币:一种点对点的电子现金系统》的论文,比特币(bitcoin)第一次被提出。2009年1月3日,中本聪发布了比特币系统并挖掘出第一个区块——"创世区块",最初的50个比特币宣告问世。截至2020年,比特币系统已经运行12年。比特币软件全部开元,系统本身分布在全球各地,无中央管理服务器,无任何负责的主体,无外部信用背书。这样一个"三无"系统,一直稳定运行,没有发生过重大事故。[①]近年来,随着比特币风靡全球,越来越多的人对其背后的区块链技术进行探索和发展,已经运用到金融、物联网和物流领域、公共服务领域、数字版权、保险和公益等领域。

一、区块链的内涵

(一)区块链的概念

工信部指导发布的《中国区块链技术和应用发展白皮书(2016)》中提出,狭义来看,区块链是一种按照时间顺序将数据区块以顺序相连的方式组合成的一种链式数据结构,并以密码学方式保证的不可篡改和不可伪造的分布式账本。广义来讲,区块链是利用块链式数据结构来验证和存储数据、利用由自动化脚本代码组成的智能合约来编程和操作数据的

---

① 华为区块链技术开发团队. 区块链技术及应用[M]. 北京:清华大学出版社,2019.

一种全新的分布式基础架构与计算范式。

简单来说，区块链是一种数据以区块为单位产生和存储，并按照时间顺序收尾相连形成链式结构，同时通过密码学保证不可篡改、不可伪造及数据传输访问安全的去中心化分布式账本。这里的账本按照一定的格式记录流水等交易信息，比如在供应链溯源应用中，区块链中记录了供应链各个环节中物品所处的责任方、位置等信息。

（二）区块链的特征

一个成熟的区块链系统具备透明可信、防篡改可追溯、隐私安全保障以及系统高可靠四大特征。

1. 透明可信

在区块链系统中，网络所有节点均是对等节点，用户平等地发送和接受网络中的信息，即每个节点都可以完整观察系统中节点的全部行为，整个系统对每个节点都具有透明性。

区块链系统是典型的去中心化系统，网络中所有交易对所有节点均是透明可见的，而交易的最终确认结果也由共识算法保证在所有节点间的一致性，因此整个系统对所有节点均是透明、公平的，系统中的信息具有可信性。

2. 防篡改可追溯

"防篡改"是指交易一旦在全网范围内经过验证并添加至区块链，就很难被修改或者抹除。若要对区块链系统进行篡改，整个过程会被全网见证，继而引发整个系统的弃用，所以篡改很难发生。

"可追溯"是指区块链上发生的任意一笔交易都是有完整记录的，使用者可以针对某一状态在区块链上追查预期相关的全部历史交易。"防篡改"为"可追溯"特性提供了保证。

3. 隐私安全保障

区块链的去中心化特征使得区块链系统中的任意节点都包含了完整的区块校验逻辑，任意节点都不需要依赖其他节点完成区块链中交易的确认过程，这就使得节点之间不需要互相公开身份，根据其他节点的身份进行交易有效性的判断，这为区块链系统保护用户隐私提供了前提。

4. 系统高可靠

区块链高可靠体现在：

（1）某一个节点的故障并不影响整个系统的工作正常。

（2）区块链系统支持拜占庭容错，即当系统中的节点行为不可控，可能存在崩溃、拒绝发送消息、发送消息或者发送对自己有利的消息（即恶意造假）等行为时，区块链系统可以使用共识算法抵御该风险，由于参与节点数目通常较多，所以一般认为，区块链系统是具有高可靠性的。

（三）区块链的分类

根据网络范围及参与节点特性，区块链被划分为公有区块链、联盟区块链和私有区块链三类。

1. 公有区块链

公有区块链中世界上任何个体或者团体都可以发送交易,且交易能够获得该区块链的有效确认,任何人都可以参与其共识过程,不受任何单个中央机构的控制,数据完全开放透明。公有区块链是最早的区块链,也是应用最广泛的区块链,各大比特币系列的虚拟数字货币均基于公有区块链,世界上有且仅有一条该币种对应的区块链。

2. 联盟区块链

联盟区块链通常应用在多个互相已知身份的组织之间,比如多个银行之间的支付结算、多个企业之间的物流供应链管理、政府部门之间的数据共享等。联盟区块链系统一般都需要严格的身份认证和权限管理,节点的数量在一定时间段内也是确定的,适合处理组织间需要达成共识的业务。

3. 私有区块链

私有区块链仅仅在组织内部使用,不对外开放,即仅仅使用区块链的总账技术进行记账,可以是一个公司,也可以是个人,独享该区块链的写入权限,比如企业内部的票据管理、账务审计、供应链管理或者政府部门内部管理系统等。私有区块链通常具备完善的权限管理体系,要求使用者提交身份认证。

二、区块链的发展历程

区块链的发展先后经历了区块链1.0"加密数字货币"、区块链2.0"企业应用"、区块链3.0"价值互联网"三个阶段。

1. 区块链1.0:加密数字货币

2009年1月,比特币系统正式运行并开放了源码,标志着比特币网络的正式诞生。通过构建公开透明、防篡改、去中心化的账本系统,比特币及多种衍生出来的加密数字货币得到了空前的发展,呈现百花齐放的状态,目前常见的数字货币有比特币、莱特币(litecoin)、狗狗币(dogecoin)、达世币(dashcoin)等。同时也吸引人们对其背后的区块链技术加以关注及传播,人们开始尝试在比特币系统上除开发加密数字货币之外的应用,比如存证、股权众筹等。

2. 区块链2.0:企业应用

在加密数字货币的基础上,区块链逐渐支持用户自定义的业务逻辑,即引入智能合约,从而使区块链的应用在各个行业迅速落地,极大地降低了社会生产消费过程中的信任和协作成本,提高了行业内和行业间协同效率。区块链2.0可编程允许用户写出更精密和智能的协议,因此,当利润达到一定程度的时候,就能够从完成的货运订单或者共享证书的分红中获得收益。区块链2.0技术跳过了交易和"价值交换中担任金钱和信息仲裁的中介机构"。它们被用来使人们远离全球化经济,使隐私得到保护,使人们"将掌握的信息兑换成货币",并且有能力保证知识产权的所有者得到收益。区块链2.0技术使存储个人的"永久数字 ID 和形象"成为可能，并且对"潜在的社会财富分配"不平等提供解决方案。

3. 区块链 3.0：价值互联网

2018 年 5 月 28 日，习近平总书记指出："进入 21 世纪以来，全球科技创新进入空前密集活跃的时期，新一轮科技革命和产业变革正在重构全球创新版图、重塑全球经济结构。以人工智能、量子信息、移动通信、物联网、区块链为代表的新一代信息技术加速突破应用"[1]，这表明区块链是"新一代信息技术"的一部分。区块链与云计算、大数据和人工智能等新兴技术交叉演进，将重构数字经济发展生态，促进价值互联网和实体经济深度融合。

价值互联网是一个可信赖的实现各个行业协同互联、实现任何万物互联、实现劳动价值高效、智能流通的网络，主要用于解决人与人、人与物、物与物的共识协作以及效率提升问题，将传统的依赖人或依赖中心的公正、调节、仲裁功能自动化，按照共同认可的协议交给可信赖的机器自动执行。

我国区块链技术发展标志性事件：

（1）国家互联网信息办公室 2019 年 1 月 10 日发布《区块链信息服务管理规定》。

（2）2016 年 12 月 20 日，数字货币联盟——中国 FinTech 数字货币联盟及 FinTech 研究院正式筹建。

（3）2016 年 1 月 20 日，中国人民银行数字货币研讨会宣布对数字货币研究取得阶段性成果。会议肯定了数字货币在降低传统货币发行等方面的价值，并表示央行在探索发行数字货币。这是继 2013 年 12 月 5 日央行等五部委发布关于防范比特币风险的通知之后，第一次对数字货币表示明确的态度。

三、区块链的应用场景

区块链提供了一种在不可信环境中，通过信息与价值传递交换的机制，为实体经济提供可信的平台。区块链行业应用已经在金融、医疗、物联网和物流领域、公共服务领域、数字版权、保险和公益等领域落地，在娱乐、创意、文旅、软件开发等领域有所尝试。那么什么领域适合区块链技术？一般来说适合的场景需有三个特征：第一，存在去中心化、多方参与和写入数据需求；第二，对数据真实性要求高；第三，存在初始情况下相互不信任的多个参与者建立分布式信任的需求。

比如华为物流部基于区块链技术进行货物追踪的典型应用案例。华为物流部基于区块链进行货物跟踪，该区块链应用提升了数据安全性、隐私性、共享性，解决了商品转移过程中的追溯防伪问题，有效提高物流行业的结算处理效率，节约 20% 以上的物流成本；基于华为云区块链所打造的供应链金融平台，加强了供应链金融业务中多方信息的共享，简化了企业间的互担保、风险分摊、机构信用评估等流程，提升了企业融资效率，融资过程从半个月降低到 2 天，同时也降低违约处理成本；基于华为云区块链实现数据内容版权区

---

[1] 习近平：在中国科学院第十九次院士大会、中国工程院第十四次院士大会上的讲话［EB/OL］. http：//cpc.people.com.cn/n1/2018/0528/c64094-30019215.html.

块链平台，数据内容版权公司能够为海量作品提供低成本、高效率的版权存证方案，版权存证处理流程耗时由 10～20 天提升到实时版权存证，促进版权合理合法的快速流通。[①]

区块链的应用从加密数字货币，到金融结算市场的优化，逐渐演进到创造性地重构传统行业的大量应用。随着应用场景的日益丰富，应用将推动区块链技术不断完善，区块链与云的结合日趋紧密，该技术也会逐渐应用于新兴市场如房屋租赁共享经济、社交网络、内容分发网络等场景中。区块链数据的去中心化、防篡改及可信性，将成为价值网络的基础，逐渐成为未来互联网不可或缺的一部分。

思考题

1. 平台经济的内涵是什么？
2. 平台经济的特征包括哪些？
3. 企业实施平台经济战略的路径是什么？
4. 什么是知识管理？
5. 大数据营销的特点包括哪些？
6. 商业模式设计的原则包括哪些？
7. 商业模式设计工具有哪些？
8. 根据不同的划分标准，供应链可以进行哪些分类？
9. 为什么要进行供应链重构？
10. 区块链有哪些应用场景？

案例研究

从 S1 到 S2，成就线上的超级入口

在"注意力经济"的时代，保持信息黏性，抓住客户眼球成为互联网产品和服务的核心命题。抓住了眼球就有了流量，自然就能吸引大量的广告投资金额实现盈利。而流量的本质就是客户时间，抢占流量就相当于抢占用户流量，入口成为企业必争之地。流量之争由来已久，从 PC 端到移动互联网，一大批互联网企业抓住了流量红利迅速崛起。

某网络公司通过两款社交软件 S1 和 S2 占领了社交入口，其中 S2 已成为当今的超级 App。

从 S1 开始，该公司就一直掌握着社交大权，人们通过 S1 进行沟通、交流、办公、社交，表达自己。S1 空间使得 S1 能够加载更多商家的信息，将其推送展示到用户面前。当互联网转移到移动互联网时，该公司抓住了时机，开发了一款基于移动互联网的应

[①] 华为区块链技术开发团队. 区块链技术及应用[M]. 北京：清华大学出版社，2019.

用——S2。很多人在最开始的时候并没有将 S1 和 S2 分得很清楚,认为都是联络交流所用,然而 S2 使人们有了更为紧密的社交联系,慢慢地,S2 展现出其巨大的影响力。

该公司已经成为一个拥有近 10 亿用户的超级企业,不仅汇集了大量的用户,成为巨大的流量入口,同时,它还培育出众多在 S2 旗下的小的流量入口进行导流工作,帮助上游企业更有效地引流。

最先的应用是 H1 程序。企业和个人均可以运用 H1 发布自己的内容,类似"微博",以吸引客户。然而这样的引流有相当的局限性,很多时候好不容易做活动拉上来的粉丝,因为一篇不感兴趣的文章就会流失。H1 程序需要依托内容增强,对顾客的黏性有限,能加载的功能也有限。

H2 程序作为一种新的内容呈现方式,曾经一度非常火爆。然而 H2 更多的是类似广告,能瞬间吸引很多眼球,但很难将线上与线下完美结合,甚至有些割裂,业务板块整合能力有限,流量也容易分散。

H3 程序的出现,使得 S2 的平台化发展有了大的跨越。

H3 程序团队隶属于 S2 组织架构中 S2 开放平台。这个平台旨在帮助各类合作伙伴提升使用 S2 的能力,包括 S2 账号的注册、登录以及 S2 支付、分享等。在这样的架构下,H3 程序好比一个内部连接器,将 S2 的各个能力整合到一起。

S2 开放平台一位高管曾说,H3 程序拥有 S2 原生的一些能力,我们可以赋予它更好的体验,更快的速度。这就是 S2 的先天禀赋(巨大的用户量带来的巨大流量)上的后天习得(改善体验)。

目前 H3 程序有五大类,包括零售、电商、生活服务、政务民生和小游戏。关于产品理念,S2 团队的描述是"无须安装,无须卸载,用完即走"。H3 程序的关键指标不是粉丝留存率,而是用户回访率。而 H3 程序真正的意义在于,彻底打通了线上与线下的壁垒,将 S2 变成了工具之王,免掉了众多 App 的作用,线下的实体是 H3 程序应用的土壤。

在 S2 团队看来,H3 程序代表了一种表达,未来万事万物可能都包含信息,所有的信息都需要用某一种方式被人触达,跟人沟通,H3 程序刚好是这样一种信息的组织方式,或者说是一个信息的载体。所以 H3 程序最终的目的不光是在线上玩一个游戏或者获取一个服务的信息,对于线下的场景,它就代表了我们所能触及的、所能见到的任何事物背后的信息,以及对于背后信息访问的方式。

可见,S2 的一端是 10 亿的用户,他们可以互相连通,成为一种螺旋式的强关联,而 H1 程序以及 H2 程序的发布,使得信息在社交中快速流转。另一端,S2 通过 H3 程序,连接了线下实体,线上线下无缝连接,给人们的衣食住行都带来了极大的便利。

(案例改编自:李宏,孙道军. 平台经济新战略[M]. 北京:中国经济出版社,2018)

讨论题:

1. S2 软件是如何给商家带来流量的?
2. 平台型战略在该案例中是如何体现的?

参考文献

[1] 埃尔顿·梅奥. 工业文明的社会问题 [M]. 时勘, 译. 北京: 机械工业出版社, 2016.

[2] 彼得·德鲁克. 卓有成效的管理者 [M]. 许是祥, 译. 北京: 机械工业出版社, 2009.

[3] 查理·巴贝奇. 论机器和制造业的经济 [M]. 北京: 外语教学与研究出版社, 2003.

[4] 陈劲. 协同创新 [M]. 杭州: 浙江大学出版社, 2012.

[5] 陈晓曦. 数智物流 [M]. 北京: 中国经济出版社, 2020.

[6] 陈又星, 刘湘云, 李焕荣. 商业模式设计 [M]. 北京: 经济科学出版社, 2018.

[7] 大野耐一. 丰田生产方式 [M]. 谢克俭, 李颖秋, 译. 北京: 中国铁道出版社, 2016.

[8] 丹尼尔·A. 雷恩. 管理思想史（第6版）[M]. 孙健敏, 黄小勇, 李原, 译. 北京: 中国人民大学出版社, 2014.

[9] 菲根堡姆. 全面质量管理 [M]. 杨文士, 译. 北京: 机械工业出版社, 1991.

[10] 菲利普·科特勒. 市场营销: 原理与实践（第16版）[M]. 楼尊, 译. 北京: 中国人民大学出版社, 2015.

[11] 冯文娜. 互联网经济条件下的企业跨界: 本质与微观基础 [J]. 高等学校文科学术文摘, 2019, 36 (3): 50-51.

[12] 冯云霞. 人力资源管理——哈佛商学院案例（第二辑）[M]. 北京: 中国人民大学出版社, 2007.

[13] 弗雷德里克·泰勒. 科学管理原理 [M]. 马风才, 译. 北京: 机械工业出版社, 2013.

[14] GB/T 19001—2016, 质量管理体系要求 [S]. 北京: 中国国家标准化管理委员会, 2016.

[15] 郭国庆, 陈凯. 市场营销学（第五版）[M]. 北京: 中国人民大学出版社, 2015.

[16] 哈罗德·孔茨. 管理学（第10版）[M]. 马春光, 译. 北京: 经济科学出版社, 1998.

[17] 赫伯特·西蒙. 管理行为 [M]. 詹正茂, 译. 北京: 机械工业出版社, 2013.

[18] 亨利·法约尔. 工业管理与一般管理 [M]. 迟力耕, 张璇, 译. 北京: 机械工

业出版社，2013．

［19］华为区块链技术开发团队．区块链技术及应用［M］．北京：清华大学出版社，2019．

［20］黄旭．战略管理：思维与要径［M］．北京：机械工业出版社，2015．

［21］李弘，董大海．市场营销学（第六版）［M］．大连：大连理工大学出版社，2010．

［22］李宏，孙道军．平台经济新战略［M］．北京：中国经济出版社，2018．

［23］李玮玮，郑文清．企业商业模式的内涵及创新途径［J］．商业经济研究，2013（3）：94－95．

［24］联合国．世界人口展望（2017年修订版）．

［25］廖开际．知识管理原理与应用［M］．北京：清华大学出版社，2010．

［26］刘冀生．战略管理［M］．北京：清华大学出版社，2003．

［27］刘丽文．生产与运作管理（第四版）［M］．北京：清华大学出版社，2011．

［28］吕丽，流海平等．创新思维：原理·技法·实训［M］．北京：北京理工大学出版社，2014．

［29］罗伯特·欧文．欧文选集［M］．马清槐，吴忆萱，黄惟新，译．北京：商务印书馆，1981．

［30］马克思·韦伯．经济与社会（第二卷）［M］．阎克文，译．上海：上海人民出版社，2010．

［31］玛格丽特·A. 怀特，加里·D. 布鲁顿，吴晓波，杜健．技术与创新管理：战略的视角［M］．北京：机械工业出版社，2012．

［32］彭诗金．市场营销学［M］．北京：中国铁道出版社，2010．

［33］钱军，周海炜．知识管理案例——六朝松知识管理文库［M］．南京：东南大学出版社，2003．

［34］切斯特·巴纳德．经理人员的职能［M］．王永贵，译．北京：电子工业出版社，2016．

［35］芮明杰．管理学原理［M］．上海：格致出版社，2008．

［36］沈远，王方鑫，汪云霄．浅析海底捞的企业战略管理策略［J］．商场现代化，2019（12）：12－13．

［37］孙卫东．中小企业商业模式创新与实现路径的分析——基于系统框架的思考［J］．当代经济管理，2017（12）：27－31．

［38］仝新顺，刘芳宇．生产与运作管理［M］．北京：清华大学出版社，2020．

［39］王惠连，赵欣华，伊嬬．创新思维方法［M］．北京：高等教育出版社，2004．

［40］王健．市场营销案例新编（第2版）［M］．北京：北京交通大学出版社，2009．

［41］王跃新，王洪胜．创新思维应用学［M］．长春：吉林人民出版社，2010．

［42］威廉·威尔斯．广告学：原理与实务（第9版）［M］．桂世河，汤梅，译．北

京：中国人民大学出版社，2013．

[43] 维克托·迈尔-舍恩伯格，肯尼思·库克耶．大数据时代：生活、工作与思维的大变革［M］．周涛，等译．杭州：浙江人民出版社，2013．

[44] 魏朝金．管理学的故事［M］．北京：中国法制出版社，2016．

[45] 吴贵生．技术创新管理：中国企业自主创新之路［M］．北京：机械工业出版社，2011．

[46] 西奥多·舒尔茨．对人进行投资［M］．吴珠华，译．北京：商务印书馆，2017．

[47] 夏清华，方琪．制造业转型与商业模式创新的路径研究——基于格力和美的的双案例分析［J］．学习与实践，2017（4）：32-42．

[48] 项目管理协会．项目管理知识体系指南（第4版）［M］．王勇，张斌，译．北京：电子工业出版社，2009．

[49] 徐新跃．"三确认"现场质量管理法［C］．机械部企业管理创新成果，2001．

[50] 亚当·斯密全集（第2卷）：国民财富的性质和原因的研究（上卷）［M］．郭大力，王亚南，译．北京：商务印书馆，2014．

[51] 亚瑟·W．小舍曼．人力资源管理［M］．张文贤，译．大连：东北财经大学出版社，2001．

[52] 杨紫．沃尔沃汽车：玩转物流［J］．现代物流报，2008-04-11．

[53] 于翠华，贾志林．现代企业管理［M］．北京：北京大学出版社，2009．

[54] 曾杰．一本书读懂大数据营销［M］．北京：中国华侨出版社，2016．

[55] 张宝荣．创新思维及其培养［M］．石家庄：河北教育出版社，2008．

[56] 张铁飞．差异化战略管理在施工企业中的应用［J］．中外企业家，2019，637（11）：115-116．

[57] 张炜光．企业设备管理创新［M］．北京：中国石化出版社有限公司，2015．

[58] 张骁，吴琴，余欣．互联网时代企业跨界颠覆式创新的逻辑［J］．中国工业经济，2019（3）：44-56．

[59] 中国互联网络信息中心（CNNIC）．第41次中国互联网络发展状况统计报告，2018．

[60] 周广亮，刘珂．人力资源管理［M］．北京：中国铁道出版社，2013．

[61] 周三多．管理学：原理与方法（第6版）［M］．上海：复旦大学出版社，2014．